KB121006

HOW TO GET RICH

빈손으로
시작해도
돈이
따라올 거야

펠릭스 데니스 지음
장호연 옮김

위즈덤하우스

이 책을 읽으면 나도 정말
부자가 될 수 있나요?

사람들이 직장을 갖는 솔직한 이유는 돈을 벌기 위해서다.

■ 새뮤얼 존슨

부자가 왜 남들 부자 되는 거 돕는 책을 쓰며
시간을 낭비하겠어요?

두 가지 이유가 있어. 우선 나는 내가 잘 안다고 생각하는 주제에 대해 글 쓰는 것을 좋아해. 그리고 웬만큼 머리가 돌아간다면, 충분한 동기가 있고 적용하는 방법만 안다면 누구든지 부자가 될 수 있다고 믿기 때문이야.

지금 내가 있는 곳을 한번 묘사해볼까. 나는 지금 이 글을 쓰면서 실로 근사한 와인(정확히 말하면 1986년산 샤토디켐)을 마시고 있어. 옆에는 기막힌 훈제 소라 요리가 있고, 창문으로는 세상에서 가장 아름다운 풍경이 내다보이지. 저 아래로 한참 내려가면 계곡이 나오는데, 그 너머 항구에는 고기잡이배와 요트 들을 따라 야자수들이 쫙 펼쳐져 있어. 서쪽 만으로 시선을 돌리면 청록색 바다가 잔물결을 일으키며 자줏빛, 분홍빛 수평선으로 이어져 있지. 바다 색깔을 보니 오늘도 일몰이 장관일 것 같군. 빅토리아 시대의 영국 시에 이런 구절이 있어.

돈이 있다는 건 얼마나 즐거운 일인가, 야호!
돈이 있다는 건 얼마나 신나는 일인가.

이곳은 카리브해 윈드워드 군도의 작은 섬 무스티크야. 더 정확히 말하면, 평화롭고 조용한 분위기에서 내가 원하는 것을 마음껏 집필하려고 지은 별장에 와 있어. 본채에서 조금 떨어진 서재인데, 대개는 이곳에서 시를 쓰지. 잘 알겠지만 이렇게 하는 데는 돈이 들어. 이런 것들을 누리고 싶다고? 부자가 되면 가능해.

**그러니까 당신은 돈을 위해
이 책을 쓴 게 아니란 말이죠?**

돈은 항상 환영이지. 하지만 이 책은 돈 벌려고 쓴 게 아니야. 게다가 책을 써서 부자가 된 작가는 정말 정말 극소수야. 확률이 거의 없다고 할 수 있지. 픽션을 토대로 영화, 게임, 장난감 등 관련 상품들을 만들어가는 소위 '브랜드 확장' 전략은 가끔 먹혀들기도 해. 하지만 요즘 누가 '부자론' 같은 시시한 책에 관심을 갖겠어. 보드게임, 리얼리티 쇼 같은 오락거리가 넘쳐나는 세상인데. 웃기는 얘기지!

혹시 이 책, 사기 아니에요?
대필작가가 다 써준 거죠?

절대로, 절대로 그렇지 않아. 《빈손으로 시작해도 돈이 따라올 거야》는 사기가 아닐 뿐더러 대필작가 같은 건 고용해본 적도 없어. 나는 이 책의 모든 내용을 직접 썼어. 내 모든 걸 걸고 맹세해.

이 책에 애매한 표현이나 어물쩍 넘어가는 말 따위는 없어. 그리고 행여 오디오-비디오테이프나 DVD로 만들어지지 않을까, 심야 텔레비전 방송용 홍보 프로그램이 제작되지나 않을까 하는 기대로 만들어지는, 책 하나로 모든 게 해결될 거라고 떠벌리는 그렇고 그런 '자기계발서'와도 거리가 멀어. 그러니 괜히 책을 읽고 나서 주문을 외우거나 자석 목걸이를 목에 두르는 허튼짓을 할 필요도 없어. 그런 우스꽝스러운 짓거리는 축구 선수나 정치가들의 아내나 하게 내버려두자고.

《빈손으로 시작해도 돈이 따라올 거야》는 내 경험을 그대로 담은 책이야. 대학 교육도 못 받고 땡전 한 푼 없던 내가 어떻게 부를 일궈냈는지 차근차근 설명할 작정이야. 그 과정에서 있었던 숱한 실수들도 이야기할 텐데, 사실 이런 부분이 책의 상당한 분량을 차지해! 여러분이 그 같은 시행착오를 겪지 않고 부자가 되는 몇 가지 방법을 제안하는 것으로 이 책을 마무리할 거야.

이 책이 정말로
나를 부자로 만들어줄까요?

아마도. 그건 당신이 얼마나 동기 부여되어 있는지에 달려 있어. 내가 여러분을 행복하게 만들어줄 수는 없어. 건강하게 만들어줄 수도 없지. 하지만 장담하건대, 당신이 부자가 될 확률을 높여줄 순 있어.

그럼 내가 얼마나 빨리
부자가 될 수 있을까요?

아마 당신이 노력한 것보다는 빠르겠지만 기대했던 것보다는 늦을 수도 있어. 워낙 변수가 많아서 명확하게 대답하긴 어려워. 5년 만에 부자가 된 경우도 봤지만 사실 이 책뿐만 아니라 인생에도 '지름길' 따위는 없어. 미국의 평론가 헨리 루이 멩켄은 이런 말을 했어. "열등한 사람이 배우기 싫어하는 이유가 뭔지 아나? 복잡하다고 생각하기 때문이야. 보잘것없는 두뇌 용량에 엄청난 부담을 준다고 생각하기 때문이야. 그래서 항상 지름길을 찾곤 하지. 그 결과, 대개 미신에 이르게 돼. 미신은 이해하기 어려운 것을 쉽고 분명한 것처럼 보이게 꾸며내거든."

멩켄의 말이 옳아. 그래서 나는 이 책에서 과학적인 척, 전문가인 척 굴지 않기로 마음먹었어. 그런 척하면 책이 더 많이 팔리고 꽤 그럴듯해 보이니 권위를 세우기도 쉽지만, 그래 봤자 눈속임일 뿐이야. 무슨 뜻인지 이해되지 않는 애매모호한 말로 독자들을 현혹하려는 거니까. 가능한 한 실수하지 않으면서 힘들게 얻은 지식이야말로 성공의 가장 굳건한 토대가 되는 법이야.

이 책을 읽는 것 말고
또 무엇을 해야 하나요?

통상적으로 하는 것들을 다 해야지. 왕년의 레게 뮤지션 지미 클리프의 유명한 노래에도 나오잖아. "당신이 진정 원한다면 얻을 수 있어요"라고. 그가 성공했으니 당신도 성공할 수 있어. 다만 성공을 진심으로 원해야 해. 그리고 "계속 노력…… 노력…… 또 노력해야지." 나중에 이 문제를 자세히 살펴볼 거야.

　요는 내가 성공했으니 당신도 성공할 수 있다는 거야. 나는 밑바닥에서 시작했어. 궁색하기 이를 데 없는 초라한 방에서 지내며 실업수당으로 근근이 살아가는 히피 낙오자였지. 집세 낼 돈도 없고 아무 대책도 없이 살던 비렁뱅이에서 시작해 부자가 됐어. 내 라이벌들은 내가 사업 수완이 뛰어난 천재라도 되는 것처럼 말하는데 실은 전혀 그렇지 않아. 그런데도 내가 그들보다 훨씬 부자가 됐으니 참 묘한 일이지.

어떻게 그렇게
부자가 됐나요?

이 책을 읽어본 다음 스스로 찾아내!

이 책을 처음부터 끝까지
차례대로 읽어야 하나요?

아니. 좋을 대로 골라 읽으면 돼. 단, 메모하면서. 각자 자신의 상황과 성격에 따라 적용해볼 만하다고 생각되는 대목을 적어두면 좋겠지. 아니면 그저 마음에 드는 문장이나 사례에 밑줄을 그어놓아도 좋고. 이런 책은 책장에 꽂아두고 감상하는 예술품이 아니라 도구에 지나지 않아. 그리고 내가 말하는 것에 모두 동의할 필요도 없어. 추잡한 욕망이 어디 한 가지로 다 채워지겠어.

이 책《빈손으로 시작해도 돈이 따라올 거야》와
성공하는 법을 다룬 다른 책들 사이의 차이는 뭐죠?

간단해. 나는 기적을 일으킬 수 있다고 떠벌리는 돌팔이가 아니야. 《빈손으로 시작해도 돈이 따라올 거야》는 소위 자기계발서 시장에서 한몫 챙기려고 쓴 책이 아니라 내가 쓰고 싶어서 쓴 책이야. 게다가 난 돈 번 걸로 말하자면 증명해보일 것도 없는 사람이니까 내 책은 그야말로 정직하고 완벽하다고 할 수 있지. 한 가지 덧붙이자면, 나는 이 책에 이어 속편을 내거나 비디오테이프나 DVD를 만들어 독자들의 호주머니를 우려낼 생각이 전혀 없어. 지금 당신이 읽고 있는 이 책《빈손으로 시작해도 돈이 따라올 거야》가 내가 당신에게 보여줄 수 있는 전부야.

나는 다른 사람에게 부자 되는 법을 알려주는 책을 써서 부자가 된 게 아니야. 얼굴에 진주 가루를 잔뜩 뿌리고 1만 달러가 넘는 근사한 정장을 빼입고 텔레비전 프로그램에 나가 열광적으로 자신을 추종하는 '팬들'을 방청석에 대동한 가운데 듣기 좋은 말만 골라 번드레하게 지껄여대는 치들과는 다르다고. 난 내 식으로 부자가 됐어. 구태의연하다고 말할지도 모르겠지만, 실수를 범하고 또 실수하는 가운데 하나둘씩 배워가며 부자가 됐어.

내가 당신에게 알려주려는 것도 내가 거둔 성공에 관한 것보다는 시행착오에 관한 것이 훨씬 많아. 내가 하고 싶은 말은 난 사기꾼이 아니라는 거야. 실제 세계에서 돈을 번 사람이지 다들 읽고 나서 기분 좋아질 뿐인 '자기계발서'를 팔아서 돈을 벌지 않았어. 자기계발서 세계에서는 포장과 치장에 능한 약삭빠른 놈들만 승자가 돼.

그렇다면 당신은 대체 얼마나 부자인가요?

사실 잘 몰라. 부자들은 다들 그래. 자산을 모두 현금화해본 적이 없어서 총액이 얼마나 되는지 모르는 거지. 내 이야기를 하자면, 대충 세전 순자산 규모가 4억 달러에서 9억 달러 사이일 거야. 더 정확한 수치는 대기 어려워. 집이 다섯 채, 사유지 세 곳, 고급 자동차들과 전용 비행기(비행기는 늘 대여해서 쓰고 있어. 장기적으로 생각하면 그게 싸니까), 수천만 평의 땅이 있지. 다섯 채의 집 벽은 하나같이 미술품으로 빼곡하게 채워져 있고, 서재에는 초판본들이 가득해. 드넓은 정원은 멋들어진 청동상으로 꾸며놓았지. 내가 어딜 가든 운전사와 가정부, 재정자문, 기타 개인 비서들이 뒤를 졸졸 따라다녀. 참, 지하실에 저장해둔 최상급 와인 수천 병을 빼놓을 뻔했군. 와인을 잊으면 절대 안 되지.

물론 얼마 안 되지만 빚도 있어. 3,000만 달러 정도. 부자들은 다들 어느 정도 빚이 있어. 세금을 줄이려는 목적이지. 난 그렇게 치밀한 편이 아니라서 세세하게 따지는 것도 귀찮아하고, 실은 대차대조표 작성하는 요령도 아직 익히지 못했어. 무형 자산에 대한 부채상환비 계산은 은근히 복잡하거든.

아무튼 나는 비행기를 몰 줄 모르고, 롤스로이스를 운전할 줄도 몰라. 배울 시간도 없고, 배울 의향도 없어. 어렸을 때 친구들 차를 얻어 탈 때마다 이렇게 말하곤 했어. "너희들이 뭐라고 할지 모르지만, 난 운전사가 모는 차만 타고 다닐 팔자야." 그때는 친구들이나 나나 그저 잘난 척하느라 해보는 말이라 생각하고 넘어갔는데, 이제와 돌이켜보니 내 미래를 예감했던 건 아닌지 몰라.

한두 가지 질문이 더 남았군. 다음 질문으로 넘어갈까.

솔직히 말해서 부자가 될 사람은 따로 있는 거 아닌가요?

흥미로운 질문이야. 작가 프랜시스 스콧 피츠제럴드는 이런 말을 했어. "대단한 부자가 어떤 사람인지 내 말해주지. 그들은 당신이나 나와 전혀 다른 존재야."

그는 이 말을 통해 부자들이 '열등한' 인간들과는 근본부터 다른 자질을 가진 존재라는 말을 하려고 했던 것 같아. 이 말을 들은 어니스트 헤밍웨이는 이렇게 대꾸했어. "맞아. 그들은 달라. 돈이 더 많잖아." 전형적인 헤밍웨이식 반응이지. 하지만 이런 답변은 재치는 있을지언정 만족스러운 답은 못 돼.

맏이로 태어난 아이들에게선 뭔가 자신감 같은 게 배어 나오는 걸 느낄 수 있어. 모든 맏이가 그런 건 아니지만, 우연이라 치부하기에는 지나치게 자주 관찰되는 현상이지. 자신감은 부자들에게서도 볼 수 있어. 부잣집에서 태어났든, 거액을 상속받았든, 스스로의 노력으로 부를 거머쥐었든 간에 부자들은 대개 자신감이 넘치더라고.

부자들의 이런 면모는 이들이 처음 가보는 호텔이나 식당에 어떻게 걸어 들어가는지만 살펴봐도 금방 알 수 있어. 부유한 여인네들이 바자회에서 유명 브랜드 옷값을 깎는 볼썽사나운 광경에서도 알 수 있고. 평범한 직장 여성이라면 그런 짓은 상상도 할 수 없지. 그들이야말로 물건값을 깎아야 하는 처지인데 말이야. 부잣집 애들은 세상이 온통 자기를 위해 만들어진 것처럼 방자하게 굴지. 돈이 많으면 돈에 무심해져. 그게 부의 가장 매력 없는 점이야.

1685년 영국의 공화주의자 리처드 럼볼드는 음모에 가담한 죄로 처형되기 전에 이런 말을 남겼어. "말을 타고 박차를 가할 준비가 된 자는 세상에 몇 명 보내지 않고, 누군가가 안장 위에 앉혀주기를 기다리는 사람들만 잔뜩 내려보내다니. 신의 섭리가 어찌 이럴 수가."

독자들이여, 나 또한 이런 신의 섭리가 원망스럽다네.

부자들의 특징은 부자가 되려는 집요한 의지만 있으면 누구나 얻을 수 있어. 중요한 건 자신감이야. 자신감과 나도 할 수 있다는 굳건한 믿음을 가져야 해. 주위를 살피지 않고 앞만 보고 달리는 집념도 도움이 돼. 밀어붙이는 배짱과 뻔뻔스러움도 중요하지. 굳건한 체력은 결정적인 요소야. 친한 친구들이 비웃고, 애인은 절망하고, 지인들은 옆에서 경탄 반 경멸 반으로 지켜보며 얼마나 잘하나 두고 보자고 할 만큼 열심히 일하려면 체력이 좋아야 하거든. 행운도 따르면 좋겠지. 다만 운은 좇는다고 얻어지는 게 아니야.

따라서 질문에 대한 답은 이래. 원한다고, 필요하다고 부자가 되는 건 아니다. 어떤 대가를 치르고서라도 부자가 되려는 굳은 결심을 한 자만이 부자가 된다.

부자가 되려는 사람들이
가장 착각하고 있는 것은 뭘까요?

처음부터 부자가 되려고 했던 게 아니라 '어쩌다 보니' 부자가 됐다는 말을 그대로 믿는 거야. "그저 내가 좋아하는 일을 했을 뿐인데 어느 날 일어나보니 부자가 되어 있더라고요." 다들 그런 식으로 말하지. 물론 이런 사람도 없지는 않겠지만 내가 아는 바로는 아주 드물어.

욕심을 잘 숨기는 사람들이 있어. 그래서 그렇게 말하는 거야. 돈에 대한 욕망을 얼굴에 노골적으로 써 붙이고 다니면서 말끝마다 돈, 돈 하는 사람과는 어울리고 싶지 않을 테니까. 하지만 안 그런 척 내숭을 떤다고 해서 자수성가한 부자들이 부를 얻기 위해 남몰래 혹은 공공연히 미친 듯이 일했다는 사실이 바뀌진 않아.

두 번째 착각은 사람들이 '좋은 아이디어' 때문에 부자가 됐다고 믿는 거야. 어쩌다 보니 부자가 됐다는 생각보다는 그럴듯한 가설이지만, 여기엔 함정이 있어. 이런 말은 일부만 사실이야.

누구든 가끔은 좋은 아이디어가 떠오르는 법이야. 나만 해도 집에 강도가 들었을 때 끈적끈적한 거미줄이 나오는 스파이더맨 총을 발사해서 아무런 해를 끼치지 않고 붙잡을 수 있으면 어떨까 생각해 본 적이 있어. 그런데 이런 아이디어가 실제로 먹혀들까? 아마 아닐 거야. 후속 조치, 즉 실행이 '좋은 아이디어'보다 천 배, 만 배 중요해. 사실 완벽히 실행하기만 한다면 그 아이디어가 얼마나 뛰어난지는 그리 중요하지 않아. 그러니 부자가 되고 싶다면 그저 앉아서 엄청난 영감이 떠오르기만을 기다리지 말고 아이디어가 떠올랐으면 일단 부지런히 몸을 놀려.

세 번째이자 마지막 착각은 어쩌면 가장 치명적이라고도 할 수 있는데, 이런 거야. "글쎄, 옛날이라면 그런 방식이 통했겠지. 하지만 시대가 변했어. 요즘에는 그런 식으로 해선 성공할 수 없어."

그럴 수도 있겠지. 하지만 부를 쟁취하는 데 정해진 방식은 없어. 시대는 변했지만 부에 대한 유혹과 그것을 쟁취하려는 인간의 본성은 야망의 세계에선 영원불변의 진리야. 그리고 내가 사업을 시작했을 때는 태어나지도 않았던 사람들이 옛날 방식으로 일해서 부자가 된 경우도 많아. 이들이야말로 이런 생각이 틀렸음을 입증해주는 예이지. 옛날 방식이 통하지 않는다고 생각하는 등 오랫동안 편견에 갇혀 있으면 계속 가난한 상태에서 벗어날 수 없어. 간단해.

차례 앞에 있는 시는 뭔가요?
직접 쓴 건가요?

맞아. 내가 썼어. 시라기보다는 동요에 가깝지만. 부자가 되면 인생에서 가장 귀중한 것을 얻을 수 있다는 것을 보여주려고 일부러 단순한 형태로 골랐어. 부가 줄 수 있는 인생에서 가장 귀중한 것이라……. 그게 뭘까? 간단해. 내겐 시간이야. 좋아하는 시를 읽고 쓸 수 있는 시간. 아이디어가 떠오르면 책을 쓸 수 있는 시간. 내킬 때 언제든지 여행할 수 있는 시간. 숲속을 산책하고, 사색하고, 미술품 제작을 의뢰하고, 독서하고, 술 마시고, 사랑하는 이들과 함께할 수 있는 시간. 부자가 되면 뭐든 원하는 것을 할 수 있는 시간이 생겨. 사무실이나 공장에서 다른 사람에게 돈을 벌어주느라 하루 종일 뼈빠지게 일하는 것과는 다르지.

그게 바로 돈의 위력이야. 그래서 당신도 이 책을 손에 쥔 거고. 당신 역시 정말 원하는 것을 맘껏 할 수 있기를 바라며 돈을 벌고 있을 거야.

얼마나 부자가
되고 싶어?

1,000달러로 뭐해?
쥐꼬리만 한 돈이구먼. 가축 사료로 쓰면 딱이겠어.

■ 그루초 마르크스 〈코코넛 대소동〉

얇다면 얇은 이 책을 사느라 만만치 않은 돈을 지불했을 테지. 하지만 무슨 일이 있어도 기필코 부자가 되어야겠다고 갈망하는 사람이라면 책값이 아깝지 않을 거야.

상상을 초월한 갑부가 되고 싶다는 생각은 집어치워. 돈이 썩어나게 많은 부자를 꿈꾸는 사람도 사양이야. 이 책은 빌 게이츠나 찰스 황태자 같은 사람들 무리에 끼려는 이에게는 도움을 줄 수 없어. 그건 나의 관심거리가 아닐뿐더러 그런 도움을 줄 수 있는 책은 세상 어디에도 없어. 빌 게이츠의 엄청난 재산은 그저 뛰어난 아이디어를 실행하거나 하나의 비전을 밀어붙여서 얻어진 게 아니니까. 그건 빌 게이츠 본인만 아는 내면 깊은 곳에서 나온 거야. 이 문제는 나중에 살펴보자고.

찰스 황태자의 막대한 부는 선대로부터 물려받은 거지. 현재 그의 재산은 50억 파운드 정도. 그가 하는 일은 가문의 재산을 후대에 안전하게 물려주는 거야. 특히 탐욕스러운 세금 징수원과 씀씀이 헤픈 정부가 약탈해가지 못하도록 평생 조심해야 하지. 나는 그런 그가 전혀 부럽지 않아. 얼굴도 모르는 후대를 위해 죽을 때까지 해야 하는 노동이라니. 생각만 해도 피곤하지 않아? 게다가 찰스 황태자의 경우, 자산은 엄청 많지만 현금은 상대적으로 얼마 안 돼. 상대적이라는 말에 주목하도록. (말장난이 아님) 이 장의 뒷부분에서 이 문제를 살펴볼 거야. 상대적인 부는 무척 흥미로운 주제거든.

그럼 이 책에서 이야기하려는 부자는 어떤 사람인 걸까? 나는 '보통' 부자가 되는 법을 알려주려고 해. 세계적인 축구 스타나 J. K. 롤링 정도 되는 부자, 마음에 드는 물건을 보면 가격을 생각하지 않고 집어 들 수 있는 부자, 은퇴하든지 워커홀릭이 되든지 아니면 매일 밤 술로 지새우든지 원하는 것을 마음대로 할 수 있는 부자.

그날 기분에 따라 은행 간부에게 부드러운 미소를 지을 수도 있고 비웃음을 보낼 수도 있는 부자, 친척들이 질투심을 억누르고 염치없이 손 벌리게 만들 수 있는 부자, 거대한 요트(권하는 것은 절대 아님)를 사서 멋진 석양을 찾아 몇 년이고 항해할 수 있는 부자. 원하는 곳에 살고 원하는 곳에 가고 원하는 것을 하고 원하는 사람을 만날 수 있는 부자.

건강과 사랑을 제외하면 인생에서 쟁취할 만한 가치가 있는 유일한 두 가지, 즉 여유로운 시간을 누릴 수 있고, 집세를 내거나 대출금을 갚기 위해 특정한 날 특정한 장소에서 특정한 일을 하지 않아도 될 정도의 자유가 있는 부자.

그리고 세금 문제가 슬슬 신경 쓰이기 시작할 정도의 부자. 불쑥불쑥 당신을 찾아와 이런저런 상의를 해대는 변호사니 회계사니 고문이니 부동산 전문가니 하는 전문 인력 군단을 고용해야 할 정도의 부자. 이 정도의 부자가 되면 당신은 매년 이들에게 엄청난 돈을 지불해야 하지만 이들 없이는 아무것도 할 수 없게 될 거야. (이쯤 되니 거대한 요트를 타고 멋진 항해를 떠나고 싶은 생각이 들지 않아?)

물론 사람들의 존경도 받아야겠지. 하지만 부자에 대한 존경은 죽어가는 아이들을 돌보는 사람이나 교육자처럼 정말로 힘들고 가치 있는 일을 하는 사람들에 대한 존경과는 달라. 퀴리 부인이나 넬슨 만델라 같은 위인들에 대한 존경과도 분명히 다르고 말이야.

상당한 부를 축적하면 질시에 뿌리를 둔 묘한 성격의 존경을 불러일으키게 마련이야. 죽어가는 아이들을 돌보거나 독재에 맞서 투쟁하다가 수십 년을 감옥에서 보낼 용기를 가진 사람은 많지 않지. 그래서 우리는 그런 일을 하는 사람들을 우러러볼지언정 시기하지는 않아. 하지만 돈은 거의 대부분의 사람이 원해. 우리는 부자에게 거리낌 없이 질투심을 느끼지. 그리고 대부분의 사람이 엄청나게 많은 돈을 버는 데 따르는 중압감은 전혀 문제가 되지 않는다고 말하는 경향이 있어(실은 그렇지도 못하면서). 좀 더 생각이 깊은 사람이라면 돈을 벌어서 자신과 가족들만 호의호식하는 게 아니라 사회에 좋은 일을 많이 할 수 있을 거라는 생각을 하기도 해. 그런데 과연 그럴까?

스스로에게 한번 물어봐. 1,000만 파운드의 유산을 사회에 선뜻 내놓을 수 있는 사람이 주위에 한 명이라도 있는지. 결단코 나는 못 해. 아마 당신도 그럴걸.

그런데 돈이 얼마나 많아야 부자라고 할 수 있지? 돈의 가치는 세월에 따라 달라지지. 심지어 물가 상승률이 높지 않은 몇십 년 사이에도 크게 달라져. 경제학자와 역사학자들이 장기간에 걸친 화폐의 상대적인 가치를 평가하는 이런저런 방법들을 만들어냈지만, 전문가들이나 써먹는 방법일 뿐이야. 상품의 질과 선택의 폭, 사람들의 구매력은 시대에 따라 다르고, 토지나 예술품 같은 조상 대대로 내려오는 자산은 가치를 따지는 데 있어 보존 상태도 중요하기 때문에 일반인들에겐 다 쓸데없는 소리야.

그냥 다 무시하고 대충 지난 사반세기 동안의 '구매력'에만 초점을 맞춰 이야기해볼게. 1980년 미국에서 100만 달러가 갖는 구매력은 현재 반 토막 난 상태야. 영국의 경우, 1980년 100만 파운드가 가졌던 구매력은 오늘날 38만 파운드 정도밖에 안 돼. 바꿔 말하면, 1980년의 현금 76만 파운드가 오늘날 200만 파운드에 해당하는 가치를 갖는다는 얘기야. 즉, 1980년에 말 그대로 백만장자가 아니었던 사람도 오늘날에는 백만장자일 수 있단 소리지.

그렇다면 지금은 어느 정도 돈이 있어야 부자라고 할 수 있을까? 〈표 1〉은 수중에 있는 현금이나 금방 현금으로 바꿀 수 있는 자산을 기준으로 작성한 거야. 상장회사의 주식과 지분, 은행 환어음, 금 같은 것이 여기에 속해. '특매 처분'을 통해 손실을 보지 않고 현금화하

|| 표 1. 현금 혹은 유동자산 규모에 따른 부의 정도 ||

자산 규모	부의 정도
5만~20만 파운드	아쉽지 않게 사는 정도
20만~50만 파운드	그럭저럭 넉넉한 편
50만~100만 파운드	그럭저럭 유복한 편
100만~500만 파운드	조금만 더 모으면 부자
500만~1,500만 파운드	그럭저럭 부자
1,500만~3,500만 파운드	어엿한 부자
3,500만~5,000만 파운드	상당한 부자
5,000만~1억 파운드	엄청난 부자
1억 파운드 이상	지독한 부자, 상상을 초월한 갑부

주: 자산이 아무리 많더라도 일주일이나 한 달 만에 수중에 1억 파운드의 현금을 쥘 수 있는 사람
은 극히 드물어. 이들은 자신의 부에 쏠린 사람들의 지나친 관심 때문에 자신의 자산을 유동자산
이나 현금으로 바꾸는 게 쉽지 않아. 게다가 자산을 현금으로 바꿀 때는 양도소득세를 물어야 하
는데, 이는 부자들에게 흑사병과도 같은 재앙이야. 내가 만약 그 정도의 돈이 필요한 상황이라면,
남한테 돈을 빌린 다음 자산을 매각해서 빚을 갚는 방법을 택하겠어.

려면 다소 시간이 걸리는 자산들, 즉 집이나 소유물, 토지, 비상장회
사의 지분, 연금, 확정 공채는 제외했어. 또한 소유주가 빚이 많지 않
고 서구 민주주의 사회에 산다고 가정했어.

금방 현금화할 수 있는 자산이 아니라 총자산 규모를 따진다면 위
의 수치는 상당히 달라져. 여러 이유 때문인데, 양도소득세를 비롯
한 세금 문제도 있고, 자산가가 죽을 경우 상속세 문제도 있어. 재산

상속 계획이나 자선단체 기부 같은 문제도 수치를 달라지게 만들어. 이 밖에도 이런저런 이유가 있지. 가장 결정적인 변수는 대부분의 부자들이 자신의 주요 자산이 전부 매각되기 전에는 총자산이 얼마나 되는지 모른다는 거야. 이상하게 들릴지 모르지만, 자산 규모가 늘어나 더 많은 재정 자문을 고용할수록 자신의 총자산이 얼마나 되는지 알기 어려워져. 기분 좋은 문제이긴 하지만 문제는 문제지.

이런 이유로 많은 부자가 신문이나 잡지에 실리는 '부자 목록'이나 재산 기록을 신뢰하지 않아. 우리 같은 사람이나 회계사들이 총자산 규모를 정확히 계산해주지 않는데 경제부 기자들이 정확한 목록을 작성할 수 있을 리 없으니까. 미술품 수집가이자 석유 갑부인 존 폴 게티는 이렇게 말했어. "자신의 재산이 얼마나 되는지 정확히 계산해낼 수 있는 사람은 진정한 부자가 아니다."

총자산 규모에 관한 마지막 문제는 아주 간단해. 재산이 어느 수준을 넘어가면 그다음부터는 얼마나 부자인가 하는 것은 부자들에게 그다지 중요한 문제가 아니야. 괴팍한 구두쇠거나 1억 파운드 정도 차이 나지 않는 한 그래. 총자산이 중요해지는 것은 사실 유산을 상속받을 때밖에 없어. 그대들이여, 상속인이 되면 중요해진다네!

얼마나 많은 부자가 적절한 절세 계획을 세우기는커녕 심지어 유언장도 남기지 않고 세상을 떠나는지 알면 아마 놀랄 거야. 유언에 따라 처분되지 않은 자산은 결국 재무장관과 그 졸개들만 좋은 일 시키는 셈이야. 법적 효력이 있는 유언장을 남기지 않고 죽는다면 세금 징수원이 대부분 꿀꺽 삼킬 가능성도 높아.

|| 표 2. 총자산 규모에 따른 부의 정도 ||

자산 규모	부의 정도
100만~200만 파운드	아쉽지 않게 사는 정도
200만~500만 파운드	그럭저럭 넉넉한 편
500만~1,500만 파운드	그럭저럭 유복한 편
1,500만~4,000만 파운드	조금만 더 모으면 부자
4,000만~7,500만 파운드	그럭저럭 부자
7,500만~1억 파운드	어엿한 부자
1억~2억 파운드	상당한 부자
2억~4억 파운드	엄청난 부자
4억~9억 9,900만 파운드	지독한 부자
9억 9,900만 파운드 이상	상상을 초월한 갑부

주: 자산에 붙는 세금을 얕잡아봐서는 안 돼. 절세 계획을 거의 혹은 전혀 세우지 않았다면 세금이 총자산의 절반 정도나 붙을 수도 있어.

〈표 2〉는 총자산 규모를 기준으로 작성한 것인데, 시간을 두고 자산을 현금화했을 때의 액수를 바탕으로 했어. 소유주가 당장 죽을 염려도 없고, 물론 빚이 많지 않고 서구 민주주의 사회에 산다고 가정했어.

당신은 얼마나 부자가 되고 싶어? 보통은 '행복하다고 느낄 만큼 부자'가 되고 싶다고 답할 거야. 하지만 부는 행복을 가져다주지 않아! 나는 이 말을 친구들에게, 연인들에게, 지인들에게 수없이 많이 했어. 특히 현금 100만 파운드를 처음 손에 쥐었을 때 이런 말을 많이 했어. 이젠 더 이상 그런 말을 하지 않아. 그 말을 했을 때 사람들의 얼굴엔 하나 같이 말도 안 된다는 표정이 떠올랐거든. 아마 다들 속으로 이렇게 생각했을 거야. '펠릭스, 자네는 그렇게 많은 돈을 갖고 있으면서도 행복하지 않단 말이지. 하지만 나라면 행복할 텐데. 어디 한번 나한테 그 돈 줘보지 그래!'

하지만 다시 한번 말하는데, 부자가 된다고 해서 반드시 행복해지는 것은 아니야. 실제로는 그 반대인 경우가 많지. 설령 재산을 지켜야 한다는 압박감이나 긴장감을 느끼지 않더라도 돈에 따라오기 마련인 죄의식에 시달릴 수도 있지.

천국이 어쩌고 낙타와 바늘구멍이 어쩌고 하는 돈의 도덕적인 면을 다룬 성경 구절은 제쳐두더라도 제임스 볼드윈의 《아무도 내 이름을 모른다(Nobody Knows My Name)》에 나오는 지혜로운 문장은 한 번쯤 생각해볼 만해.

돈은 결국 섹스와 같은 것. 갖지 못했을 때는 자꾸 생각하게 되지만, 가지고 나면 다른 것을 생각하지.

이제 본론으로 돌아가자. 당신은 행복해지기 위해서 이 책을 산 게 아니야. 부자가 될 수 있는 방법을 알아낼 수 있지 않을까 하는 희망에서 이 책을 산 거지. 내가 작성한 표에 따르면 총자산 규모가 1,500만~4,000만 파운드(조금만 더 모으면 부자) 정도 되면 부자 소리를 듣기 시작해. 목표를 이쯤으로 잡는 게 좋겠어. 이 정도면 부자 되기 과정을 시작하는 사람에게 적당한 수치일 것 같아.

4,000만 파운드면 〈선데이 타임스〉 부자 목록의 마지막 몇 자리쯤에 이름을 올릴 수 있을지도 몰라(물론 가능성에 지나지 않지만!). '부자 목록'은 매년 필립 베레스퍼드와 그의 연구팀이 자료를 수집해서 작성하는데, 영국 부자들의 재산을 분석한 표준적인 자료로 꼽혀.

이 정도면 어떤 수준이냐고? 순위로는 〈선데이 타임스〉 부자 목록 1,000명 중 999위 정도? 미국이라면 이 정도로는 부자 목록에 들 엄두도 낼 수 없지. 물론 가족이나 친구들, 파트너, 돈 밝히는 치들, 주식 중개인, 은행원, 부동산업자들에게 잔뜩 뻐기고 유세 부릴 정도는 될 거야. 아무튼 내가 말했듯 1,500만~4,000만 파운드는 그저 시작일 뿐이야! 물론 모든 수치는 임의적이야. 이 혼란스러운 세상에서 질서를 찾아내려는 인간의 가련한 시도일 뿐, 결국은 무의미한 숫자놀음에 불과하지.

자산 가치나 은행 예금 총액을 추정하는 것만큼이나 효과적인 방법으로 '요청에 따른 입수도'와 '평생 소비 총액'을 생각해볼 수 있어. 본인은 돈이 없지만 멋진 후견인이 있어서 요청할 때마다 필요한 것을 바로 얻을 수 있다면, 〈선데이 타임스〉 부자 목록에는 이름을 올릴 수 없어도 세상에서 그 누구보다 부유한 사람일 테지.

그리고 평생 소비 총액에 대해 말하자면, 나는 나 자신을 포함해서 다른 사람들이 평생 동안 얼마나 많은 돈을 쓰는지 알고 싶어. 물론 슬프게도 이를 알 길은 전혀 없지만, 내가 이제까지 수억 달러를 쓴 건 분명해. 그러니 나의 평생 소비 총액은 무시무시할 정도로 엄청나게 높겠지.

조상 대대로 부자인 집안은 부주의로 한 세대가 재산을 모조리 날려버려서는 안 되기 때문에 가족 명의의 부를 신탁기금이나 세습 재산으로 묶어놓는 경우가 많아. 따라서 유서 깊은 부잣집에서 태어난 아이들은 사실상 교회 쥐와 다를 바 없이 가난해. 재산에 마음대로 손댈 수 없기 때문이지. 그들의 평생 소비 총액은 놀랄 정도로 낮아. 분명 부자치고는 청렴결백하고 매너도 좋아 보이지만 실제로 쓸 수 있는 돈은 쥐꼬리만 하지.

그럼 이제 더 이상 부자를 정의하느라 시간 낭비하지 말고 본론으로 들어가 돈 버는 법을 이야기해보자. 부자가 되는 길을 향해 출발!

"일단 시작해봐.
큰소리 뻥뻥 치면서 곧장 나아가라고.
물론 위험한 일은 알아서 피해야겠지!
그럼 성공을 비네.
행운이 함께하길!"

부자가 되는 비결

행운?
사실은 이래.
노력한 만큼,
흘린 땀방울만큼
행운이 따라오는 법이야.

아이디어?
이브가 아담을 속여 넘긴 이후
아이디어는 늘 넘쳐났잖아.
필요하면 내 걸 갖다가 써.
중요한 건 실행이야.

돈?
원하는 걸 손에 얻으려면
투자할 만한 사람을 물색해서
귀찮게 졸라봐.
탐욕스러운 자에게 알랑거려.

재능?
인재를 발견하면 무조건 잡아.
하지만 멋진 접대부터 해주라고.
재능 있는 풋내기와 시간을 보내는 건
지루하지만 어쩔 수 없는 일.

좋은 타이밍?
뭔가를 쟁취하려면
그 자리에 미리 가 있어야 해.
관두든가 미끼를 물든가
어쨌든 너무 늦으면 아무것도 할 수 없어

확장?
다 헛일이야!
이윤을 남기는 게 최고야.
괜히 이것저것 사업을 벌여봤자
경비만 많이 든다고.

차례

1부 부자가 되지 못하는 이유

2부 부자 되기의 첫걸음

3부 부자를 완성하는 힘

4부 성공을 굳히는 결정적 한 판

HOW TO GET RICH

1부

부자가
되지 못하는
이유

1장

극과 극,
서로 다른 입장들

아무도 가려 하지 않는 과업이야말로 힘들고 어려운 법.
그것은 악몽이 되지.

■ 샤를 보들레르, 《벌거벗은 내 마음》

신사 숙녀 여러분,
시동을 겁시다

부자 되는 과정에서 가장 어려운 것은 뭘까? 대다수의 사람이 부로
향하는 첫걸음을 떼는 게 가장 어려운 부분이라고 이야기해. 실제로
어렵건 말건 그렇게들 생각하지. 한 사람 한 사람의 사정을 일일이
신경 쓸 수는 없는 노릇. 부자가 되고 싶어 하는 사람들이 털어놓는
어려움을 정리하면 대충 세 가지 범주로 나눌 수 있어. 대개 나이에
따라 어려움이 갈리는 경향을 보여.

젊고 상대적으로 돈이 없는 경우

많은 이들이 경험과 자본(특히 자본!)이 없어서 수십 년 동안 노예 같은 월급쟁이 신세를 피할 수 없다고 주장해.

그런대로 직업도 괜찮고 발전 가능성도 있는 경우

이들의 문제는 이미 얻은 것마저 잃어버릴 수 있다는 걱정에 사로잡혀 있다는 거야. 자본이 부족한 것도 문제고.

부장급 직원이나 전문가인 경우

이 정도의 지위에 오른 사람이라면 대부분 널찍한 집의 융자금을 갚아야 하고 한창 애들 뒷바라지를 해야 할 나이일 텐데, 과감한 모험에 뛰어들었다가 아이들(그리고 어쩌면 배우자까지도)의 안전과 편안함을 포기해야 할 수도 있어. 부족한 자본은 이들에게도 물론 큰 문제이지.

부자 되기를 방해하는 이런 걸림돌들은 나름대로 타당한 이유 같지만 실은 쓸데없는 변명일 뿐이야. 하나하나 짚어보기에 앞서 잠깐 옆길로 새서 집안, 인종, 피부색, 학력, 성별에 관한 문제를 살펴볼게. 이런 이야기를 하는 까닭은 그 누구의 시간도 낭비하고 싶지 않기 때문이야. 한마디로 정리할게. 내 경험에 의하면 돈은 피부색 차별, 인종 차별, 성차별, 학력 차별을 하지 않아. 돈은 당신이 어떤 환경에서 어떻게 자랐는지에 전혀 관심이 없어.

세상에 돈만큼 중립적인 녀석은 없어. 다른 녀석들은 당신이 쟁취하려는 뜻만 내비쳐도 편협함과 편견을 무기로 삼아 방해 공작을 펴지. 당신이 실패했다면 그건 이런 무기에 무릎을 꿇었기 때문일 거야. 하지만 명심해. 당신이 목표로 삼은 돈은 감각이 없는 무생물이야. 당신이 인종이나 성별이나 집안 때문에 부자가 될 수 없다고 진심으로 믿는다면 그냥 여기서 포기해. 책장을 덮고 서가에 도로 꽂아놓든가 이미 샀다면 환불해달라고 해. 아니면 친구에게 선물해서 그를 기쁘게 해주는 것도 좋고. 어쨌든 당신은 절대로 부자가 될 수 없을 거야.

젊고 돈 없고
경험도 없다?

지금 당신은 부자가 될 수 있는 최고의 기회를 가지고 있어. 좋은 학벌로도, 집안의 영광으로도, 심지어 돈으로도 살 수 없는 유리함이 있으니까. 가진 게 아무것도 없다. 그렇다면 잃을 것도 없겠지. 알아, 알아. 이미 들어본 이야기란 걸. 하지만 생각해봐. 막대한 부를 이룬 기업가들은 대부분 잃을 게 없었기 때문에 부를 일굴 수 있었어. 이러저러한 일은 안 된다거나 실패할 가능성이 높다는 말을 그들에게 해준 사람도 없었거니와 그런 말을 들어도 전혀 신경 쓰지 않았어. 바쁘게 일하다 보면 아무래도 주위 사람들 말에 관심을 가질 여유가 없지.

하지 못할 일이 있다는 것을 모르는 상태라면 아무도 선뜻 나설 용기를 내지 않는 미지의 지뢰밭에도 기꺼이 뛰어들 수 있어. 놀랍게도 운이 따라주면 어느 정도 성공을 거둘 수도 있지. 그러면 사람들이 수군대는 말이 살짝 달라져. 당신이 한 일은 사실 누구나 할 수 있는 거였다고 말이야. 직접 그 일을 해보면 당신이 지뢰를 밟지 않은 것은 순전히 운이 좋았기 때문이라는 것을 알게 되겠지만 말이야.

항간의 속설이란 게 대개 이런 식이야. 그러니 그 무엇도 절대적으로 믿지 마. 물론 귀중한 지혜도 있지만, 대개 도전은 기피하기 마련이야. 진취적인 의욕을 꺾어놓고, 굳이 새로운 일에 도전하지 않아도 되는 너무도 좋은 핑곗거리가 되어주지. 특히 잃을 게 많은 사람에게는 더더욱. 다행히도 당신은 잃을 게 없으니 이런 고정관념을 과감히 깨고 한번 도전해보는 게 어떨까. 오랫동안 산에서 생활하다가 결국 산을 떠받들게 된 예레미야처럼 속설을 가까이하다 보면 결국은 철석같이 믿게 돼.

잃을 게 없어서 위험을 두려워하지 않는 것 말고도 당신에게는 유리한 점이 또 있어. 바로 나이 든 사람들보다 훨씬 체력이 좋다는 것이지. 체력은 부자가 되는 과정에 꼭 필요한, 장시간의 강도 높은 노동을 버틸 수 있게 해주는 중요한 바탕이야. 밤새도록 파티를 즐기며 놀고 난 뒤 다음 날 하루 종일 일해도 끄떡없는 강철 같은 체력. 그런 체력이 무척 그립네. 나 같은 노인네들이 젊은이들의 체력을 얼마나 부러워하는지 짐작조차 할 수 없을 거야. 감정에 흔들리지 않는 초연함, 실패를 딛고 재빨리 일어서는 회복력과 더불어 탄탄한 체력은 젊은이들의 비밀 병기야. 체력만 받쳐준다면 나이 든 사람들은 사실상 나가떨어질 재앙과 마주쳐도 버틸 수 있지.

게다가 젊은 사람들은 새로 나온 기술도 금세 쉽게 이해하잖아. (컴퓨터나 비디오게임을 하느라 보낸 숱한 시간이 무익했던 것만은 아니지) 기술자라고 해도 적어도 아이팟과 JPEG 압축파일의 차이점은 알 거야. 피땀을 흘려서 알게 된 것이든, 자연스럽게 터득하게 된 것이든 아는 건 항상 힘이 돼.

이런 직감적인 이해는 아주 중요해. 영국에서 발행되는 개인용 컴퓨터(PC) 잡지 중 절반 정도는 내 거야. 〈PC 프로〉, 〈컴퓨터 쇼퍼〉, 〈컴퓨터 바이어〉, 〈맥유저〉, 〈커스텀 PC〉가 전부 내 소유의 잡지들이지. 어렸을 때 핀볼게임과 전자오락게임에 몰두했던 경험이 약간은 도움이 되지 않았을까 생각해. 컴퓨터에 대해 까막눈이었을 때(지금도 그렇지만) 무수히 많은 시간 동안 슬롯에 돈을 밀어 넣으며 감각을 연마한 덕분에 컴퓨터의 가능성을 남보다 한발 앞서 깨달은 게 아닌가 싶거든. 그러니까 내가 처음으로 호주머니에 큰돈을 챙길 수 있었던 것은 항간의 속설과는 맞지 않았지만 내 직감을 믿은 결과였지.

두 가지 예가 떠오르는군. 뒤에 가서 자세히 이야기하겠지만, 예전에 전면 컬러 포스터(뒷면에는 표제와 기사를 실었지) 여덟 장을 묶어서 그보다 페이지 수가 열 배는 많은 잡지와 같은 가격에 판 적이 있어. '포스터 잡지'라는 이름으로 불리며 전 세계적으로 수백만 부가 팔려 나갔지. 누구도 그런 게 팔릴 리 없다고 말하지 않았는데, 그건 나보다 먼저 그런 일을 한 사람이 없었기 때문이야.

비슷한 예로, 1980년대에 막 주목받기 시작한 PC에 관한 잡지를 대여섯 종 발행했어. 당시 영국의 잡지 소매상들은 그런 잡지가 팔릴 리 없다며 한목소리로 말렸지만 나는 뚝심 있게 밀어붙였지. 그 결과가 어땠을까? 지난 25년 동안 PC 잡지들이 내게 벌어준 돈은 수천만 파운드나 되고, 지금도 여전히 잘 팔리고 있어. 항간의 속설은 대개 맞아. 하지만 가끔은 틀릴 때가 있는데, 그때가 바로 고집이 세거나 경험이 없어서 선의에서 나온 "안 돼, 안 돼" 하는 말을 흘려들은 자들이 엄청난 기회를 잡게 되는 때이지.

젊고, 돈 없고, 경험 없는 이들이 가진 가장 중요한 장점은 '전문가'가 아니라는 거야. 그렇기에 나이 든 사람들보다 더 열심히 배우려 하고, 실수하는 것을 두려워하지 않으며, 실수하면 깔끔하게 인정하고 금세 처음부터 다시 시작할 수 있는 거지(아직 이루어놓은 것이 없으니 아쉬울 것도 없잖아).

이것은 공짜로 손에 넣을 수 있는 값비싼 진주나 마찬가지야. 신에게 감사해야 할 일이지. 부지런히 배우지 않는 사람은 명도 짧아. 계속 배우려는 자세를 갖고 있으면 뇌동맥이 딱딱해지거나 생각이 굳는 것을 막을 수 있어. 호기심이야말로 많은 사람을 엄청난 부의 계곡으로 이끄는 원동력이야.

야망, 두려움을 모르는 용기, 자신에 대한 믿음, 굳건한 체력, 감정에 흔들리지 않는 초연함, 기꺼이 배우려는 자세, 이런 것들이 바로 당신이 한창때가 지난 노인네들보다 유리한 점이야. "할 수 있을 때 장미 봉오리를 열심히 모으렴!" 만약 시간을 40년 정도 뒤로 돌릴 수만 있다면 난 내가 가진 모든 것을 한 푼도 남김없이 기꺼이 내놓을 거야. 그러고도 내가 남는 거래를 했다고 생각할걸!

그렇다면 부모보다 훨씬 큰 부자가 되리라는 당찬 포부를 가진 젊은이들의 앞날에는 어떤 일이 기다리고 있을까? 내 생각은 이래. 그 길은 대개 어렵고 실패도 많을 거야. 즐거울 때도 있겠지만, 위험도 많고, 때로는 두렵기도 하겠지. 하지만 일찍 시작할수록, 더 많은 위험을 무릅쓸 각오가 되어 있을수록, 그리고 주위 사람들의 말을 귀 기울여 듣고 적절한 목표를 고른다면, 자그마한 성공을 거머쥐게 될 가능성도 그만큼 높아지지. 그리고 운이 좋아 한 번 성공하면 또다시 성공하는 것은 일도 아니야.

이 책을 읽고 가장 많은 것을 얻을 수 있는 사람은 바로 당신 같은 사람이야. 젊고 돈 없고 경험 없는 사람. 나도 그랬기 때문에 잘 알아. 내가 그랬듯이 당신도 이 책을 통해 깨달음을 얻어서 성공을 위해 이겨내야 할 어려움들을 슬기로운 방법으로 잘 헤쳐나갈 수 있었으면 해.

젊은 친구들이여, 내 말을 믿게. 자네들은 젊은이들이 흔히 겪는 혼란과 경험 부족으로 고생하고 있지만 그런 건 시간이 지나면 다 해결돼. 확고한 결심과 실행력이 있다면 금방 해결될 문제들이야. 믿든 말든 난 자네 같은 젊은이들이 정말 부럽다네.

그런대로 괜찮은 직장에
발전 가능성도 있다?

이 시기가 되면 많은 사람이 혼자서든 한두 명의 파트너와 함께든 자기 사업을 시작하려고 어렴풋이나마 생각하지. 이들은 경험을 통해 자신이 일하는 회사가 어떻게 돌아가는지 충분히 이해하고 있어. 자기가 몸담은 분야에 대해서도 훤하고, 개척할 틈새시장도 알고 있지. 좋은 아이디어도 있고 말이야. 하지만 선뜻 결심하지는 못해. 새로운 도전에 나서 스스로를 더욱 풍족하게 만들고 싶은 욕망보다 이미 이루어놓은 것을 잃을지도 모른다는 두려움이 크기 때문이야. 개인적으로 나는 이런 사람들에 대해 누구보다 잘 알고 있어. 왜냐하면 매일 그런 사람들과 마주치거든. 우리 회사를 이끌어가는 훌륭한 직원들 말이야. 아마 우리 회사의 직원들은 대부분 이런 생각을 하고 있을 거야.

우리 회사엔 나보다 똑똑한 직원들이 많아. 겸손 떠는 게 아니라 엄연한 사실이야. 그런데도 그들이 내 밑에서 계속 일하면서 내 호주머니에 돈을 벌어다 주는 이유는 딱 두 가지야. 긍정적인 측면에서 보자면 자신의 일을 즐기기 때문이고, 부정적인 측면에서 보자면 자신이 이미 얻은 것을 잃을까 봐 두려워하기 때문이지. 도전할 만한 일, 마음 맞는 동료들, 어엿한 지위, 승진과 연봉 상승에 대한 기대 같은 거 말이야.

그들 자신도 나만큼이나 이런 사실을 잘 알아. 다시 한번 강조하지만 그들은 절대 바보가 아니야. 그랬다면 내가 그들을 계속 그 자리에 두지 않았겠지. 그저 두려움 때문에 어쩔 수 없이 지금 자신이 하는 일에 매여 있는 거야. 물론 자신의 몫에 그럭저럭 만족스러워하는 경우도 있지만 그런 사람은 소수야.

그렇다면 대체 이렇게 똑똑한 이들을 옴짝달싹 못 하게 만드는 두려움이란 무엇일까? 일본의 옛 속담에 이런 말이 있어. "두려움은 작은 죽음. 야금야금 파고들어 결국 죽음에 이르게 하지." 재치 있는 말이지만 썩 도움이 되는 설명은 아니야. 이런 이야기를 하는데 셰익스피어가 빠질 순 없지. "겁쟁이는 죽기 전에 여러 번 죽지만, 용감한 사람은 한 번밖에 죽지 않는다네."

그런데 정말 두려움은 소심함의 아버지일까? 그런 문제는 철학자들이나 고민하라고 해. 분명한 건 사업을 벌여 부를 쌓는 데는 두려움이 걸림돌이란 거지. 한데 무모하게 날뛰는 것 또한 마찬가지야. 가장 문제가 되는 것은 실패에 대한 두려움이야. 이것은 반드시 극복해야 할 문제로, 앞으로 계속 되풀이해서 설명할 거야.

지금 말하고 있는 부류의 사람들, 즉 그런대로 괜찮은 직장에 다니면서 나름대로 잘나가는 사람들이 우리 회사를 그만두고 자기 사업을 하겠다고 할 때, 사람들은 종종 내가 보이는 반응에 놀라곤 해. 난 항상 그들이 잘 되기를 빌어줘. 겉으로만 그런 척하는 게 아니라 진심으로 말이야. 때론 그들을 위해 파티를 열어주기도 해. 근사한 추천서를 써준 적도 있고, 한 번인가 두 번인가 사무실 빌릴 자금을 대준 적도 있어. 내가 거래하는 은행이나 변호사를 소개해주기도 했어.

내가 왜 이렇게 한 걸까? 세 가지 이유가 있어. 첫째, 난 그들이 자랑스러워. 내 밑에서 일하던 사람들이 자기 사업을 하겠다고 뛰쳐나갈 만큼 용기 있고 목적의식이 뚜렷하고 유능하다는 뜻이니까. 용기는 그 자체로 갈채를 받을 만한 가치가 있어. 작가이자 철학자인 괴테는 이에 관한 시를 남겼지.

당신이 할 수 있는 것, 꿈꿀 수 있는 것을 시작하라!
용기야말로 천재적인 힘이요, 마술적인 능력이라네.

둘째, 서로 '윈윈'하자는 거야. 그리고 당연히 그런 일이 없기를 바라지만 그들이 실패하고 우리 회사에 다시 돌아올 수도 있잖아. 나와 간부들이 새로운 사업을 하겠다는 그들의 성공을 진심으로 빌어주었다는 것을 기억한다면 더욱 그렇겠지. 따라서 그들이 실패하더라도 회사는 그들의 복귀로 이익을 얻을 수 있어. 그들이 성공한다면 옛 동료가 우호적인 경쟁자가 되어 우리 회사의 활동 분야가 더욱 풍성해지니 그것도 좋은 일이지. 서로를 경계하는 적이 되는 것보다는 훨씬 낫잖아.

마지막 이유는 내가 그들을 두려워하기 때문이야. 내가 시장에서 놓쳤을 수도 있는 뭔가를 그들이 찾아냈을 수도 있고, 그들이 우리 회사에 근무할 때 소위 '대박' 아이템을 제안했는데 내가 귀담아듣지 않았을 수도 있지. 또 그들의 새 사업이 성장하면서 우리 회사의 직원들을 빼가고 우리의 시장 점유를 갉아먹을지도 모르잖아. 이 모두가 두려움을 불러일으키지. 두려움에 대처하는 유일한 방법은 그것과 친해지는 거야. 똑바로 쳐다보고 손을 맞잡는 거. 부정적인 에너지를 아드레날린으로 바꾸는 거. 대놓고 비웃기보다 함께 웃는 거지.

어쩌면 이 글을 읽는 당신도 지금 회사를 박차고 독립할 생각을 하는 건 아닌지. 제법 쓸 만한 아이디어를 가지고 있다면 괜찮은 회사가 투자하겠다고 달려들지도 몰라. 아니라면 당신의 빛나는 재능 덕을 볼 자격이 없는 회사인 거고. 혹시 생각만 하고 있는 건가? 이 글을 읽을 독자들 대부분의 나이보다 더 오랫동안 '사장' 노릇을 해왔던 사람으로서 한마디 하자면, 분명 당신들은 스스로 생각하는 것보다 투자받을 기회가 훨씬 많을 거야. 물론 직접 시장에 뛰어들지 않고서는 결코 알 수 없는 일이지.

그런대로 괜찮은 직장에 다니면서 발전 가능성도 엿보이는 사람이라면 바로 지금이 선택할 때야. 계속 나 같은 사람 배를 불려주면서 살지 아니면 자기 자신을 부자로 만들지. 마음을 정했으면 최대한 서둘러야 해. 시간이 많지 않거든. 당신의 젊음과 체력은 이 순간에도 시들어가고 있어. 시간이 지날수록 안주하고 싶은 마음은 커질 테고.

물론 이것은 모든 사람에게 추천할 만한 방법은 못 돼. 하지만 무슨 말인지 알아들을 사람은 알아들었을 거야. 그럼 바로 시작하라고!

부장급 직원
또는 전문가?

환영하네! 이런 책을 직접 찾아서 읽다니 놀랍군. 좋은 징조야. 여전히 호기심이 많다는 뜻이니까. 여전히 배고프단 말이지. 물론 첫 번째 부류로 언급한 땡전 한 푼 없는 젊은이들만큼 배고프진 않겠지만. 대신 그들은 젊기 때문에 소모될 수밖에 없는 게 있지. 무엇보다 배워야 할 게 많으니까, 안 그래? 반면 당신은 충분히 배웠어. 회사에 관해 모르는 게 없고, 업계의 사정도 훤히 꿰뚫고 있지. 많은 어리석은 자들이 프리랜서로 나서니 회사를 새로 차리니 하면서 부푼 희망을 품고 모험에 뛰어드는 과정도 지켜봤을 거야. 그리고 그들이 대부분 화염 속에 추락하거나 남들 몰래 파산신청을 하느라 법정을 들락거리는 것도 봤을 테지.

하지만 이런 이들도 분명 봤을 거야. 결단코 맹세하는데, 분명히 봤을 거야. 한두 명 정도 성공한 사람을 말이야. 그동안 함께 사업하자고 권한 사람은 없었어? 혹시 싫다고 단칼에 거절했나? 그런데 저기 벤츠 컨버터블을 타고 고급 골프 클럽에 가는 길에 손 흔드는 저 여자가 혹시 그 사람 아니야? 그는 당신은 꿈도 못 꿀 선착장이 있는 수상 저택에 살 테지. 능력도 없으면서 부자가 됐다고? 운이 좋아 그렇게 된 거라고? 말이야 바른 말이지 과거에도 그랬고 지금도, 앞으로도 당신이 그 사람보다 더 똑똑할 거라고? 정말 짜증 나는 상황이지? 하지만 포기할 필요는 없어. 운만 따른다면 당신은 4~5년 후쯤 회사 중역이 될 거야. 아직 중역이 아니라면 말이야. 경솔하게 덤비는 것보다는 그런 지위에 오른 뒤 자기 사업을 시작하는 게 성공할 확률이 훨씬 더 높아. 은행도 아무것도 없는 젊은 풋내기보다는 능력을 검증받은 회사 임원의 말을 훨씬 귀담아듣는 법이니까.

그리고 당신은 분명 돌봐야 할 사람들이 많을 거야. 갚아야 할 대출금도 아직 몇 년 정도 남아 있겠지. 그 와중에도 집의 가치는 매년 상승하겠지만 말이야. 애들은 얼마 후면 대학에 갈 나이가 될 테고.

그러니 그저 기다려. "현재의 현실은 과거의 필연성과 미래의 가능성이 적절히 조합된 것"이라는 R. G. 콜링우드의 말도 있잖아. 그는 역사에 대해 이런 말을 한 거지만, 뭐 어때.

지금 내 말이 빈정거리는 것처럼 들린다면 제대로 들은 거야. 왜냐? 내가 40년 가까운 세월 동안 사업하면서 40대에 자기 사업을 시작한 사람을 딱 여섯 명 봤거든. 그중 둘은 변호사였어. 한 명은 자신의 법률 회사를 상당히 잘 꾸려갔어. 두 명은 그럭저럭 괜찮았지. 한 명은 완전히 끝장나서 다시는 재기하지 못했어. 한 명은 아예 포기하고 크로아티아로 건너가 섬에서 작은 술집을 열었고. (아마 그가 그들 중 가장 행복한 이가 아닌가 싶어) 그리고 마지막 한 명은 사업이 쫄딱 망하자 권총으로 자살했지. 어쨌든 진짜 큰 부자가 된 사람은 아무도 없어.

그런데도 이 책을 놓지 않는다? 여전히 호기심이 많은가 보군. 여전히 배고프고. 그렇다면 친구여, 계속 이 책을 읽게나. 가능성이 많진 않지만 《빈손으로 시작해도 돈이 따라올 거야》가 당신의 운명을 뒤바꿀 수도 있으니까.

그런데 혹시 이거 알아? 아이들이니 집이니 대출금이니 은퇴하신 부모님, 인생의 동반자, 가장으로서의 책임감, 이런 게 진짜 문제가 아니라는 것을. 정작 이런 것들은 당신이 어떤 선택을 하든 상관하지 않아. 어쩌면 가족들은 당신이 기회를 포착하기로 결심했다면 놀라거나 실망할 수도 있어. 하지만 정말 그러고 싶다면 도전하고 나중에 결과로 보여주라고.

입에는 쓰지만 그만 사실을 인정하는 게 어때? 이런 게 다 핑계라는 것을. 연막이자 알리바이라는 것을. 당신이 결코 부자가 될 수 없다는 사실을 차마 받아들일 수 없어서 듣기 좋은 말로 둘러대는 것임을.

이제 선택해. 많은 사람이 선택하기엔 너무 늦었다고 말할 거야. 하지만 당신은 이 책을 집어 들었어. 여전히 호기심이 많아. 여전히 배고파. 그리고 아직 가능하다는 것을 알아. 젊고 돈 없는 애들보다, 그럭저럭 잘나가는 자들보다 그 사실을 더 잘 알고 있지. 게다가 어떻게 하면 되는지도 알잖아. 다른 사람이 부자 되는 걸 도와준 경험이 있으니까.

내가 당신에게 하고 싶은 질문은 오직 하나야. 과연 시작할 용기가 있는가? 시작하더라도 가능성은 100만 명 중 한 명, 혹은 두세 명 정도? 아주 희박한 가능성이지만 절대 불가능한 건 아니야. 내가 당신에게 해줄 수 있는 진심 어린 조언은 이거야. 젊고 패기 있고 체력 좋은 파트너를 구하라는 것. 사람을 잘 골라야 해. 그게 당신이 부자가 될 수 있는 최선의 방법이야.

2장

100만 명 중
1명의 확률

세상에는 세 종류의 거짓말이 있지.
거짓말, 새빨간 거짓말, 그리고 통계.

■ 토머스 칼라일, 《차티스트 운동》

'차마 용기가 없어서 못 하는 것'과 '할 수 없는 것'은 별개의 문제야. 모든 사람이 부자가 될 순 없어. 그러나 누구든 부자가 될 용기는 내볼 수 있어. 그렇게 해야 하는 사람도 있고. 잠깐 옆길로 새서 부자가 될 수 있는 확률을 수학적으로 계산해볼까.

앞서 내가 규정한 정의에 따르면 6,000만 명의 영국 국민 중 고작 0.0016퍼센트만이 부자 소리를 들어. 전체 인구의 1퍼센트의 1퍼센트에도 못 미치는 수치야. 가령 당신의 친한 친구가 뜻하지 않게 100만 파운드를 물려받아서 0.0016퍼센트를 나눠준다면 당신 손에는 황송하게도 16파운드가 들어올 거야. 부가 복권처럼 무작위로 결정되는 것이라면 당신이 영국에서 가장 부유한 사람 1,000명리스트에 이름을 올릴 확률은 100만 분의 16 정도야. 상위 50명 안에 들려면 그보다 훨씬 높은 확률이 필요하지. 상위 리그에 속한 사람들 중 상당수가 선대로부터 부를 물려받았음을 생각한다면 거의 100만 분의 1의 확률이라고 할 수 있어. 아무리 봐도 그렇게 흥미가 동하는 수치는 아니지.

다행히도 운 좋게 부를 물려받아 부자가 된 사람들의 수는 점차 줄고 있어. 〈선데이 타임스〉 부자 목록에 이름을 올린 사람 가운데 순전히 상속받은 유산 덕분에 부자가 된 경우는 4분의 1에 불과해. 물론 그 정도도 많은 편이지. 하지만 25년 전에는 훨씬 더했어. 당시에는 거의 4분의 3 정도가 부잣집 자제로 떵떵거리며 살았지. (그 시절에는 상위 200명까지만 집계했지만 말이야) 그러니 수치가 얼마나 떨어진 거야! 게다가 이 책을 읽고 있는 당신들처럼 무일푼에서 출발해 신흥 부자가 된 사람들이 치고 올라온다면 그 숫자는 더욱 떨어지겠지. 당신이 부자가 된다면 그렇다는 얘기야. 모두가 부자 될 소질이 있는 건 아니니까.

그렇다면 부자가 되지 못하게 방해하는 잠재 요인에는 뭐가 있을까? 늑대와 사슴을, 포식자와 먹잇감을, 당신과 월급 노예들을 편 가르는 요인 말이야. 먼저 건강이야. 허약한 치들은 아무리 똑똑한들 부자가 되기 위해 필요한 체력을 발휘하기가 어려워. 게다가 정말 건강이 좋지 않다면 그까짓 부가 뭐 그리 유혹적이겠어. 물론 최고급 의료 서비스를 받으려면 막대한 돈이 들겠지만 그건 다른 얘기지. (나는 개인적으로 죽을 만큼 몸이 아프면 돈 따위는 전혀 중요하지 않다는 사실을 뼈저리게 느껴본 경험이 있어. 이제까지 목숨이 위태로울 만큼 심각하게 아팠던 적이 두 번 있었는데, 당시에는 돈 버는 게 눈에 들어오지도 않았어. 너무도 절망적인 상황이라 담당자 녀석들을 고소하는 것조차 잊어버릴 정도였으니 말 다 한 거지. 돌이켜보면 그때 정말 심각하게 아팠던 모양이야!) 하지만 항상 그렇듯 예외는 있어. 이론 물리학자 스티븐 호킹은 지독한 희귀병에 걸려서 평생을 휠체어에 의지하며 살았어. 하지만 보통 사람들은 끝까지 읽기도 힘든 《시간의 역사》라는 책을 써서 상당한 돈을 벌었지. (그는 〈심슨 가족〉 에피소드에도 출연한 적 있었는데 혹시 알고 있나?) 정말 대단한 교수님이라니까.

또한 나이와 기타 불리한 조건도 고려해야 해. 피부색이나 성별, 인종, 종교, 집안, 교육 정도는 상관없어. 서구 민주주의 사회에서 이런 것들은 극복하지 못할 장애물이 아니야. 하지만 정신장애나 나이 들면서 찾아오는 치매와 기력 쇠퇴는 단기적으로 생명을 위협하진 않지만 재산을 모으는 데는 심각한 문제가 돼. 이런 사람들은 부자가 되고 싶다면 유산을 상속받거나 복권에 당첨되기를 기대할 수밖에 없어.

그럼 이제 상대적으로 건강하고 스스로 아직 팔팔하다고 생각하는 사람들이 남았나. 영국 인구의 40퍼센트 정도는 너무 늙어서 상당한 부를 얻을 가망이 없거나, 너무 어려서 유산 상속을 제외하면 단기간에 부를 거머쥘 가능성이 없는 자들이야. 당신이 이런 부류에 속하지 않는다면 이제 35,999,000명만 제치면 부자 소리를 들을 수 있어. 이로써 영국에서 부자 목록에 들 확률이 100만 분의 25로

높아졌군. 그래도 여전히 까마득한 확률이지만 말이야.

하지만 조급함은 금물! 부자가 될 생각이 전혀 없거나 부자가 될 가능성이 전혀 없는 직업을 택한 사람들도 엄청나게 많으니까. 언젠가 나는 영국에서 공무원으로 일하는 사람들의 숫자가 얼마나 되는지 조사해달라고 의뢰한 적이 있어. 이론적으로야 공무원이 직장을 그만두고 억만장자가 되지 못하란 법도 없지만(특히 국방부 같은 데서 일한 적이 있다면 부자가 되는 데 조금 유리할 수도 있어), 부자 목록에서 한때 공무원이었던 사람은 극소수야. 두 명은 권력의 복도를 자랑스레 누빌 때 이미 유산을 상속받은 상태였고, 한 명은 장관이 되기 오래전부터 부자였던 사람이지. 그나저나 조사 결과가 어땠을까? 놀라운 숫자였어. 무려 500만 명이 넘는 사람이 직간접적으로 영국에서 공무원으로 일하고 있었어. 이들도 부자가 될 가능성이 없다고 봐야겠지. 그럼 확률은 이제 100만 분의 28이 됐어.

자, 이제 주위를 한번 둘러보자고. 직장 동료와 이런저런 일로 만나는 사람들, 거리에 다니는 사람들 중 얼마나 많은 이들이 부자가 되기 위해 올인하고 있거나 조만간 그러리라 생각해? 혹은 그런 시도를 할 추진력이나 소질을 갖춘 사람은? 2퍼센트? 3퍼센트? 아니면 5퍼센트? 적당히 3퍼센트라고 치자. 이 정도도 꽤 높게 쳐준 거야. 개인적으로 부자가 되기 위해 사업을 성공시키는 데 전념하는 사람은 여태까지 다섯 명밖에 보지 못했어. (사업을 성공시키기 위해 열심히 일하지만 자신이 노동한 대가의 상당 부분을 남들이 챙겨가도록 내버려두는 부장급 직원이나 전문가들은 뺄 거야) 이 다섯 명은 내 생각에 원한다면, 혹은 용기를 냈다면 부자가 될 수도 있었던 사람들의 3퍼센트에 훨씬 못 미치는 수치야.

부자 레이스에서 탈락하지 않은 3,000만 명 남짓한 사람들의 3 퍼센트면, 100만 명 정도 되는 라이벌이 아직 있는 셈이군. 모든 조건이 동등하다고 가정할 때 부자 목록 상위 1,000명에 들 확률은 1,000분의 1로 좁혀졌어. 우리가 이야기를 처음 시작했을 때의 확률인 100만 분의 16에 비해 몰라보게 상승한 수치지. 이제 알겠어? 칼라일이 "거짓말, 새빨간 거짓말, 통계"라고 말한 게 무슨 뜻인지.

마지막으로, 부자가 되지 못하는 이유 가운데 뒤늦게 깨달은 인생 철학이 있어. 만약 내게 다시 시간이 주어지고 지금 알고 있는 것을 그때도 알았더라면, 편안한 삶을 보낼 정도의 돈(대략 3,000만~4,000만 파운드)만 벌고 그만둘 것 같아. 빨리 벌면 서른다섯 정도면 그 정도의 돈을 모을 수 있겠지. 그런 다음에는 곧바로 은퇴해서 내가 좋아하는 시를 쓰고 나무를 가꾸며 지낼 거야. 돈 버는 것은 분명 즐거운 일이지만, 그 때문에 사생활이 망가지기도 하거든. 나는 돈 버느라 50대 초반이 될 때까지 좋아하는 시를 쓸 수 없었어. 깨어 있는 시간 내내 일만 했지. 술 담배를 달고 살았고, 스트레스를 풀답시고 매춘부들과 유흥 행각에 빠져 지냈어. 철학자라면 이런 생활을 가리켜 부를 좇는 사람들이 으레 빠지기 쉬운 따분한 고통이라고 표현했을 거야. 그런 와중에 내 몸이 망가져버린 것은 당연한 결과겠지.

하지만 계속 얻어터지면서도 권투를 포기하지 못하는 늙은 복서처럼 나는 이런 생활을 그만둘 수 없었어. 하루만 더 멋지게 돈을 벌

자는 생각에 빠져 있었던 것 같아. 관중의 함성이 들리고, 오래된 글러브의 가죽 냄새가 코를 찌르는 가운데 멋진 조명을 받으며 링에 오르는 복서의 심정이 아마 이럴 거야. 한 번만 더 싸우자. "이 애송이를 때려눕힐 수 있어. 난 할 수 있어. 이번 한 번만이야. 그런 뒤 승자로서 멋지게 그만두는 거야. 챔피언으로서 은퇴하는 거지. 이번 게임이 마지막이야." 애처로운 일이지. 그때 깨달았어야 했어. 영원한 챔피언은 없다는 것을. (헛소리라고?) 나는 1974년에 무하마드 알리의 베스트셀러 전기를 공동으로 쓴 적도 있어. (그가 그랬다는 건 아니지만, 복서에 대해선 나름대로 잘 안다고 생각해) 그리고 사실 그의 팬들도 그렇게 생각했을 거야. 알리가 힘에 부쳐 어쩔 수 없이 은퇴하기 전 영광의 순간에 자발적으로 링에서 내려오기를 다들 원했을걸.

변명은 아니지만 돈 버는 것은 일종의 중독이야. 돈 자체가 중독이 아니라 돈 버는 일이 중독이지. 호들갑 떤다고 생각하겠지만 사실이야. 과학자들이 운동할 때 나오는 엔도르핀이니 뭐니 하는 것들을 발견하기 전에는 운동에 중독될 수도 있다는 걸 아무도 믿지 않았잖아. 내 생각엔 돈 버는 것도 마찬가지야. 조깅보다는 뜀박질에 훨씬 가까운 중독이지.

7년 전만 해도 나는 돈을 버느라 하루에 12시간에서 16시간 정도 일했어. 자산이 수억 달러에 이르는 데도 멈출 줄 몰랐지. 아까 말했듯 애처로운 일이야. 돈만 많이 번다고 해서 인생의 승자가 되는 건 아닌데 말이야. 진정한 승자란 자신의 한계를 알고 그것을 존중할 줄 아는 사람이야.

하지만 나는 결국 굴레를 벗어나는 방법을 찾았어. 매일매일 쉬지 않고 사업을 관리하는 일을 나보다 젊고 똑똑한 어린 친구들한테 넘겼지. 그리고 나서 사생활을 깨끗하게 정리하고, 내가 해야 하는 일이 아니라 하고 싶은 일을 하기 시작했어. 여태까지 나는 남들에게 보여주기 위한 일을 했을 뿐, 날 위한 일은 하지 못했거든.

당신은 부자가 되더라도 나 같은 실수를 하지 않을 수 있어. 꼭 그러길 바랄게. 한 가지는 확실해. 부자들이 으레 빠지기 쉬운 고통이 부자 되기를 시도하지 않아도 되는 이유는 아니라는 것. 경제적 성공이 꼭 사생활을 망쳐버린다는 법은 없어. 말도 안 되는 소리지.

아직도 확률이 멀게만 보이나? 그렇다면 당신은 굳건한 배짱과 결단력이 부족한 거야. 부자 될 확률이라는 숫자놀음에 지레 움츠러들고 포기한다면 당신은 평생 가난하게 살아도 싸. 너무 매정하다고? 아무리 불평한들 당신은 계속 가난하게 살 팔자야.

당신이 부자가 되지 못하는 이유는 여기까지. 이제 시작일 뿐 본론은 지금부터야. 보들레르는 틀렸어. 우리가 헤쳐갈 것은 악몽이 아니라 영광의 세월이야. 이제 부자가 되는 긴 여정의 첫걸음을 떼는 법을 집중적으로 살펴보기로 하지.

HOW TO GET RICH

2부

부자 되기의 첫걸음

3장

실패에 대한
두려움을 다스리는 법

길손이여, 가서 스파르타인들에게 전하게.
여기 그들의 법도에 따라 우리가 누워 있노라고.

■ 존 드라이든, 《테르모필레의 스파르타인들》

거구의
고릴라

350킬로그램이나 나가는 거구의 고릴라가 당신 앞에 떡 하니 버티고 서 있어. 악몽에나 나올 법한 괴물 같은 녀석이지. 당신이 부자 되는 일을 아직 시작도 하지 못한 건 바로 저 녀석 때문이야. 거대한 덩치의 녀석이 팔씨름을 걸어오면 분명 나가떨어질 테니까. 그런데 생각만큼 그렇게 무서운 녀석은 아니야. 바나나 꾸러미로 살살 달랠수도 있어. 아니면 독살시켜? 쭈그리고 앉아 구걸하는 법을 가르쳐? 어디 한번 볼까.

"절반 정도 이루지 않았으면 아직 시작도 못 한 것이다." 200년쯤

전에 존 키츠가 친척에게 보낸 편지에서 침울하게 한 말이야. 키츠는 불과 스물다섯 나이에 세상을 떠난 탁월한 시인이야. 영어에 정통한 작가 가운데 내가 가장 좋아하는 스무 명, 어쩌면 열 명 안에 들 정도로 나는 그의 시를 사랑해. 하지만 그가 사업가로 나섰다면 정말 끔찍했을 거야. 나라면 이렇게 말했을 거야. "일단 시작했으면 절반은 이룬 거나 마찬가지다." 왜냐하면 결정적인 첫걸음을 내딛는 것이야말로 사업에서 가장 어려운 부분이거든.

미국의 철학자이자 시인인 랠프 월도 에머슨의 말 중 이런 게 있어. "한가하게 쳐다보며 아무리 많은 것을 알고 있어도 직접 행하는 것과는 거리가 멀다." 세상에는 하지 않아야 하는 이유가 너무도 많아. 대개는 예레미야 같은 사람들이 달콤하게 쏟아내는 핑계들이지. 세상에는 이런 사람들 천지야. 당신 집 거실에도, 술집에도, 사무실에도, 중역 회의실에도 득실거리고 있어. 새로운 사업이 성공하지 못하면 망한 거네, 하는 빤한 소리나 해대며 배배 꼬인 즐거움을 얻는 치들을 어디서나 볼 수 있지.

물론 꼭 이렇게 말하는 건 아니야. 그렇게만 말한다면 그들의 빈정거림을 깔아뭉개기가 훨씬 쉬웠겠지. 이런 이들은 진상이 어떠니 수치가 어떠니 하며 통계나 차트, 도표를 들먹이고, 과거에 실패했던 사례들을 끝도 없이 끄집어내. 특히나 마침 그 자리에 없는 사람들의 실패담을 강조해서 늘어놓는데, 그러면서도 자기가 실패했던 얘기는 쏙 빼놓지. 그들은 회사나 개인의 역량이 부족해서 실패한 거라고 말해. 이미 이전에 남들이 다 해봤던 거니. 시도해봤자 건질

것도 없다고 말하지. "외부의 조언을 구하거나 아니면 상담을 더 받아봐", "그 사람도 그렇고 회사도 그렇고 그런 기획을 추진하기에는 부적합해", "그 같은 아이디어가 성공하기에는 시기가 안 좋아" 등등. 이렇게 비관적인 말들을 듣느라 매년 얼마나 많은 시간을 낭비하고 있는지 몰라. 정말 지긋지긋할 정도야.

마지막 하나가 더 남았어. 새로운 사업을 계획할 때면 꼭 외부 실력자를 불러들이자는 놈들이 있어. 이런 이들은 이렇게 말하지. "사업 진행의 타당성을 조사하기 위해 위원회를 구성해야겠습니다. 그게 해답이죠. 위원회 구성. 자, 그럼 누구를 위원회 의장으로 앉히면 좋겠습니까?" 이건 십중팔구 새로운 기획을 파멸로 몰고 가는 지름길이야. 그런데도 왜 이런 일을 고집할까? 나중에 생길지도 모를 실패의 책임을 가급적 여러 사람이 나눠 가지려는 거야. 위원회가 결성되고 여기서 건의 사항이 제안되면, 일을 했든 안 했든 나중에 비난받을 일이 생겼을 때 특정 개인이 다 뒤집어쓰지는 않을 테니까. 사업계의 전문 용어로 이런 짓거리를 '연대 책임'이라고 부르지. 아니면 '허물 덮어주기'라고 하고.

영국 하원 사무총장을 지낸 바넷 콕스 경은 "위원회는 아이디어를 꾀어내서는 목 졸라 죽이는 막다른 골목"이라고 했어. 어쩌면 바넷 경이 이런 일을 숱하게 겪었는지도 모르지. 익명의 한 미국인이 남긴 재치 있는 말도 있어. "위원회는 그다지 필요도 없는 일을 위해 의욕 없는 부적합자들을 모아놓은 집합소다." 맞는 말이야. 그들은 이런 일에 정말 선수야. 대학 기숙사에도 이런 위원회가 있고, 호두

나무 창틀로 장식된 다국적 거대 기업의 중역 회의실에도 이런 위원회가 있지. 어쩌면 당신 집 부엌 식탁에도 있을지 몰라.

물론 활발한 논쟁 자체가 잘못된 건 아니야. 다른 사람과 상의하든 혼자서 고민하든 논의하는 과정은 필요하지. 다만 논쟁을 통해 위험 요소를 미연에 막을 수 있다고 착각하지는 말자고. 그런 일은 불가능해. 논쟁이란 다음 단계를 추진할 것인가 반대할 것인가를 결정할 수 있는 정도야. 아무리 떠들어봤자 위험 요소는 그대로 고스란히 남아 있다고.

이런 이유 때문에 총탄이 빗발치는 전장에서는 위원회가 쓸모없어. 사령관이 내린 판단은 잘못될 수도 있고 옳을 수도 있어. 하지만 옳든 그르든 신속하게 결정하고 명령하는 것이 끝없이 논쟁하고 발뺌하는 것보다 훨씬 바람직해. 혼자서 고민하는 경우도 그래. 미적거리면서 안절부절못하는 것만큼 비생산적인 것은 없어. 행동에 나서지 못하는 것 역시 마찬가지야. 당신이 앞으로 나가지 못하는 건 실패에 대한 두려움 때문이란 걸 알아야 해. 하지만 알기만 하면 뭐해. 아는 것은 행하는 게 아닌데.

실패에 대한 두려움, 비난을 면하려는 생각. 바로 이런 것들 때문에 다들 평계를 찾는 거야. 솔직히 말하면 누구나 다들 이런 성향이 있지. 본인이나 다른 사람을 실망시키지 않으려는 욕구와 그런 실패를 외부에선 모르게 하려는 생각은 남녀노소 누구나 갖고 있는 본능이니까. 지금 이 책을 읽고 있는 대부분의 사람이 마음속으로 고개를 끄덕이고 있을걸. 아니라면 왜 굳이《빈손으로 시작해도 돈이 따라올 거야》라는 제목의 책을 읽고 있겠어. 전혀 부끄러워할 일 아니야.

실은 나도 그랬던 적이 있어. 오랫동안 함께 일해온 노련한 파트너들과 회사 동료들과 빙 둘러앉아서는 그들이 돌아가며 말하는 동안 영 신뢰하지 못하겠다는 얼굴로 잠자코 듣기만 했지. 보통 동그랗게 혹은 8자형으로 둘러앉아. 그렇게 앉아야 "좋아요, 그렇게 합시다" 혹은 "알았어요, 그 일은 없던 걸로 하죠" 같은 말을 누구도 선뜻 꺼내지 못하거든. 지금에 와서야 털어놓는 건데, 소란을 피하기 위해 그렇게 마지못해 앉은 채 보낸 시간들이 무척 후회돼. 점잔 빼고 있는 걸 보통 현명한 처사라고들 하는데, 차라리 자리가 불편해지더라도 잘못된 부분을 지적해주는 게 나았겠다는 생각이 들어.

예를 하나 들어볼까. 1970년대 말에 나는 시내 중심가에 있는 소매점 W.H. 스미스의 부장을 만나 이야기를 나눈 적이 있어. W.H. 스미스는 잡지와 신문 쪽에서 막강한 힘을 누리고 있는, 소위 실세였지. 부장은 나보다 훨씬 나이가 많았는데, 친절하게도 내가 운영하던 작은 출판사에 큰 도움을 주었어. 당시 나는 PC 잡지를 창간할까 생각 중이었는데, 그가 극구 말리며 경고하더라고. "저 하잘것없는 컴퓨터 따위를 다룬 월간지를 돈 주고 사볼 사람은 없을 거네" 하면서 말이야. 회사 동료 중에도 그의 말에 동의하는 사람들이 꽤 있었어. 몇 주 동안 고민한 끝에 나는 계획을 없던 걸로 했어. 그런 일이 있고 얼마 지나지 않아 안젤로 즈고렐렉이란 기획자가 〈퍼스널 컴퓨터 월드〉라는 잡지를 창간했어. 엄청난 성공을 거둘 조짐이 곳곳에 보였어. 다행히도 안젤로가 홍보할 자금이 부족해서 나는 그 잡지의 지분을 손에 넣을 수 있었어. 4년 후에는 짭짤한 돈을 받고 대기업에 지분을 팔아넘겼지.

내가 무슨 얘기를 하려는 건지 알겠어? 나는 잡지 창간을 만류하는 말을 듣자마자 계획을 접었기 때문에 훗날 안젤로의 지분을 인수하는 대가로 100만 파운드가량을 지불해야 했어. 멋지군, 안젤로. 자네는 남는 장사를 한 거야! 만약 내가 포기하지 않고 안젤로보다 일찍 비슷한 잡지를 직접 펴냈더라면 1982년 가을쯤 100만 파운드 더 부자가 됐겠지. (오늘날 가치로 따지면 240만 파운드 정도 돼) 그 정도면 낮은 이율의 복리로 계산해도 지금 400만 파운드로 불어났을걸. 결국 이 돈은 선의로 조언해준 노신사의 충고를 받아들였기 때문에 내가 지불해야 했던 대가인 셈이야. 그가 지금 내 주머니에서 400만 파운드를 꺼내 간 것이나 마찬가지지. 이게 누구 잘못일까? 말해 뭐해. 내 잘못이야. 머뭇거리며 예레미야의 말을 귀담아들은 잘못.

실패에 대해 두려움을 갖는 두 가지 이유로 다시 돌아가자. 첫 번째 이유, 실패하면 당신 자신이나 다른 사람들을 실망시키고 재정적 타격도 클 거라고? 내 대답은 이래. 그게 뭐가 문젠데? 당신의 행동으로 인해 다른 사람들의 기가 꺾일 수도 있어. 그렇다고 해서 행동하지 않으면 당신 자신이 실망하게 되겠지. 게다가 완전히 실패해봤자 타격이 얼마나 되겠어? 무릇 실패는 젊고 돈 없는 친구들의 부자 레이스에서 엄청난 자산으로 작용하는 법. 그들은 40년 전에 밥 딜런이 노래한 진실을 본능적으로 아는 거지. "당신이 가진 게 없다면 잃을 것도 없다네."

물론 잠재적 손실이 어느 정도 되는지는 항상 중요하게 생각해야할 문제야. 모든 건 당신이 사업에 얼마만큼의 열의와 믿음을 갖고 있는가에 달려 있어. 당신은 그것을 얻기 위해 무엇을 희생할 각오가 되어 있지? 그리고 그 희생은 얼마만큼 크지? 걱정 때문에 새벽 3시까지 밤잠을 설치는 것 말고 현실적으로 입을 손해 말이야. 혹시 사업이 잘못되면 완전히 거리에 나앉게 되나? 혹시 (이럴 가능성이 훨씬 높을 거야) 재정적 타격보다 실패했다는 창피함이 더 두려운 건 아니고?

두 번째 이유는 바로 이렇게 전혀 현실적 영향은 없고 성가시기만 한 거야. 당신이 잘못 판단했거나 실수했다는 것을 세상 모든 사람들, 특히 동료들이 알게 될까 봐 걱정된다고? 두 가지 경우를 생각해볼까. 내가 데니스 출판사의 동료들과 함께 수백만 파운드를 새 자동차 잡지를 창간하는 데 투자하는 문제로 고민하는 경우, 그리고 대학을 갓 졸업한 젊은 여성이 아버지의 중고차 사업을 물려받을 것인지 아니면 2년을 더 투자해 생물공학 박사학위를 받을 것인지 고민하는 경우.

양쪽 모두 어떤 결정을 내려도 재정적으로 엄청난 타격을 입지는 않아. 하지만 뭔가를 시도하는 데서 오는 두려움은 만만치 않지. 특히 그 결과가 명백히 드러난다면, 우리가 의식하든 의식하지 않든 그 타격이 클 거야. 이건 단지 부자가 되는 문제만이 아니라 거의 모든 사업과 경력에 관계된 결정에도 적용되는 문제야. 아마 우리가 살아가면서 내리는 중요한 결정에는 대부분 이런 문제가 수반될 거야.

데니스 출판사를 이끄는 임원들은 우리가 계획한 새 잡지가 망할 경우, 회사 직원들이 겪게 될 사기 저하 문제에 대해 진지하고 현명하게 논의하겠지. 자신의 사기에 대해 이러쿵저러쿵 얘기하지는 않는 법이니까. 그리고 내가 금전적으로 얼마나 손해를 볼지, 내 사기가 얼마나 저하될지 말하는 사람도 없어. 그런데 사실 〈더 위크〉나 〈맥심〉, 〈컴퓨터 쇼퍼〉 같은 데니스 출판사가 펴내는 잡지에서 일하는 직원들은 회사가 새로 출간한 자동차 잡지가 폭삭 망하더라도 눈 하나 깜짝하지 않을 게 분명해. 임원들은 그런 식의 논의를 통해 다른 사람들의 두려움을 걱정해주는 척하면서 실은 자신들의 두려움을 달래는 거야.

욕망이나 두려움, 사기 문제를 다른 사람 탓으로 돌리는 건 모두 그럴싸한 심리적 핑계일 뿐이야. 하지만 이게 그렇게 나쁜 것만은 아니야. 무언가를 결정하는 과정에 기여하는 바는 없을지 몰라도 적어도 그 덕분에 진지하게 의견을 나누는 건 가능해지니까. 그렇긴 해도 결국은 자신의 소심함을 그럴듯하게 숨긴 것에 지나지 않지만 말이야.

앞서 언급한 젊은 여성의 경우는 보다 개인적인 차원의 문제야. 그녀는 자동차 판매 분야에서 경력을 쌓고 싶어해. 그것도 회사의 공동소유자로서. 과거에 어쩌면 아버지가 해왔던 것보다 더욱 공격적으로 사업을 확장할 생각인지도 모르지. 반면 박사학위가 있으면 사회적으로 명망을 얻을 수 있고 과학 분야에서 경력을 쌓을 가능성이 열려. 어쨌든 그녀는 빨리 결정을 내려야 해. 아버지가 건강이 좋지 않아서 그녀의 결정을 2년이나 기다려줄 수 없는 상황이거든. 그런데 만약 그녀가 아버지의 회사를 떠맡은 뒤 회사가 망한다면 어떻게 되지? 그녀가 학위를 얻으려고 대학원에 들어갔는데 결국 학위를 따지 못한다면?

학위를 따지 못한 사실은 감추기 쉬워. 세상 모든 사람에게 알려질 일이 없지. 이미 학사학위를 갖고 있으니 대학원 과정을 이수하는 게 어려울 것 같으면 언제든 그만두고 생물공학 공부가 싫증났다고 둘러대면 그만이야. 그런데 아버지 회사를 물려받는 일은 그렇게 호락호락하지 않아. 친척과 이웃은 물론이고 거기서 일하는 사람들, 라이벌 자동차 판매상, 은행 간부, 그리고 무엇보다 그녀의 아버지가 늘 예의주시하고 있을 테니까. 그래서 그녀가 실패라도 하면 웃음거리가 되거나 동정의 대상이 될 가능성이 크지.

그러면 이 여성은 어떤 선택을 하는 게 최선일까? 그건 그녀의 욕망과 삶의 목표가 무엇이냐에 달렸어. 생물공학자로 일하면서 부자가 될 가능성은 적어. 하지만 자동차 판매 사업을 확장해서 부자가 되는 건 가능해. 특히 인터넷처럼 앞으로 마케팅과 홍보 면에서 투자를 늘릴 부문이 남아 있다는 것을 고려한다면 말이야. 기회는 있어. 문제는 이를 적극 활용할 생각이 있는가 하는 거지.

생물공학 분야에서 일하면 왜 부자가 될 가능성이 적을까? 생물공학 회사를 새로 차리려면 무엇보다 자본이 많이 들어, 막대한 자본을 끌어오려면 리처드 브랜슨 같은 설득의 노하우가 필요하지. 하지만 자동차 판매업은 이미 어느 정도 투자가 이뤄진 상태잖아.

그리고 언젠가는 아버지에게 진 빚을 다 갚아야겠지만 시간이 오래 걸려도 재촉받을 일이 없으니 큰 부담이 없지. 자기 딸을 대상으로 빚을 갚지 않았다고 회사를 팔아치우는 유질 처분을 하지는 않을 테니까.

그렇다면 우리의 젊은 여성은 무엇을 해야 할까? 일반적인 경우라면 선뜻 조언해주지 않을 거야. 하지만 나는 그녀와 아는 사이야. 한때 사랑하는 애인이었지. 그녀는 실제로 존재하는 사람이고 이름은 줄리야. 이 모두가 오래전에 일어났던 일이지.

결국 그녀는 학위 과정을 밟기로 결정했고, 그녀의 아버지는 사업을 다른 사람에게 넘겼어. 그녀는 지금 대단히 유능한 생물공학자로 화려한 경력을 이어가고 있어. 그럼에도 불구하고 아버지의 사업을 이어받지 않은 걸 후회한다는 말을 몇 번인가 하더군. 시간이 더 지나고 행복한 결혼 생활을 하면서 그런 후회가 누그러지긴 했지만 마음 한구석에는 계속 남아 있을 거야. 아마 평생 그러겠지.

하여튼 그녀가 결정을 내리고 움직이게 한 것은 '공적' 부문에서 실패하면 어쩌나 하는 두려움이었어. 적어도 당시 그녀는 자동차 사업을 공적 부문이라고 느꼈던 것 같아. 그녀는 어렸고, 무엇보다 여자였어. 남들이, 특히 남자들로 득실대는 자동차 판매업계 사람들이 자신을 깔보거나 실무 경험이 없다고 비웃지 않을까 두려워했어. 마음만 먹었으면 그녀는 훌륭한 자동차 판매상이 됐을 거야. 하지만 거북이 등딱지를 둘러쓰고 사람들의 비웃음을 무시하며 "마음대로 하라지. 난 내 길을 갈 테니까!" 하고 말할 준비가 안 됐던 거지.

그녀는 지금도 종종 당시 자기가 내렸던 결정에 대해 생각해. 그리고 자신이 결코 부자가 될 수 없을 거라는 생각을 하며 짜증을 내지. 줄리처럼 많이 배운 사람들은 대개 이래.

또 다른 예를 이야기해볼까. 이번에는 우리 어머니 얘기야. 내가 이 책에서 이런 맥락으로 어머니를 언급했다는 걸 혹시라도 알게 된다면 분명 화를 내실 거야. 하지만 난 어머니를 잘 알아. 내가 이룩한 모든 것은 어머니의 보살핌과 사랑은 물론이요, 어머니의 유전자 덕분에 가능했어. 어머니는 원하기만 했다면 엄청난 돈을 버셨을 거야. 많은 부자가 갖고 있는 쾌활함과 추진력, 그리고 지칠 줄 모르는 에너지를 모두 갖고 계셨거든. 그건 형도 마찬가지였어. 우리 가족 내력인 것 같아. 나 역시 그런 성격을 타고났지.

하지만 60년 전에는 여자가 자신의 야망을 실행한다는 것은 들어본 적도 없는 일이었어. 어머니가 행동에 나섰더라면 외조부모님은 분명 엄청난 구설에 시달렸을 거야. 이웃들은 그런 어머니를 아주 이상하게 바라봤을 테고, 혹시 실패라도 하면 다들 그것 보라는 듯 고개를 끄덕였겠지. 설사 성공했더라도 공포와 공포의 연속이었을 거야. 사람들의 수그러들 줄 모르는 적대감에 맞서야 했을 테니까. 당시 여자가 자신의 힘으로 큰돈을 번다는 것은 있을 수 없는 일이었어. 영화배우나 범죄소설 작가라면 모를까. 상상도 할 수 없는 일이었지.

1940~1950년대에 웬만한 집안 출신으로 미혼이거나 막 결혼한 여자가 경제활동을 한다면 타이핑 일을 하거나 백화점에서 일하

는 게 고작이었어. 아이라도 있으면 특히 더했지. 영국 남부에서 살았다면 더 말할 것도 없고. (사실 여자들이 이렇게 음으로 양으로 일했기 때문에 안방에서 벌어진 전쟁에서 이긴 거야. 그런데도 예외적인 일이라 우기고 있으니 참으로 졸렬하지!) 회계사로 일했던 어머니는 너절한 상사 놈보다 훨씬 유능했지만 소용없었어.

그런데 왜 당시 여자들은 직접적인 경제활동에 나서는 데 제약 받았을까? 그건 그들의 남편이나 오빠나 아버지에게 그런 일을 맡겨야 했기 때문이야! 오늘날에도 여전히 여자들의 발목을 잡는, 눈에 보이거나 보이지 않는 수많은 장애물이 있어. 결혼 전에는 떠받들듯 모시다가 결혼하고 나면 부엌이나 아이 방만 지키라고 하는 통념이 그것이지. 다행히 세상은 조금씩 나아지고 있어. 하지만 우리 어머니는 그런 변화의 혜택을 받기에 이미 늦어버렸지. 아무튼 그래서 어머니는 부자가 되지 못했어. 그럭저럭 괜찮은 경력을 쌓았을 뿐이야. 나와 형을 돌보고 그런대로 남부럽지 않게 키울 정도로 돈을 벌긴 했지. 그리고 재혼해서는 다시 가정을 지키는 데 전념했어. 하지만 나는 분명히 알아. 어머니는 "마음대로 하라지. 난 내 길을 가겠어!"라고 말하며 자신의 길을 걸었을 때 사람들이 뱉어낼 온갖 불쾌하고 추잡한 소리를 견뎌낼 준비가 안 됐던 거야.

우리 어머니의 경우 실패에 대한 두려움이 문제가 아니라 어머니가 살았던 사회의 근간을 흔들 수도 있다는 두려움이 문제였어. 어머니 세대에 속하는 여성 중에 과감하게 자기 길을 걸은 사람이 그렇게 드문 건 바로 이런 이유야. 그 시대 여자들은 이웃 사람들의 말에 엄청나게 신경을 썼지. 그리고 이제 어머니는 강아지를 데리고 시골길을 조용히 산책하는 나이 지긋한 여인이 됐어. 어머니도 당연히 이 모든 것을 알아. 장남을 통하지 않고서는 결코 부자가 될 수 없다는 것도. 물론 여기에는 미묘한 차이가 있지만 말이야.

요약 정리하면 이렇게 말할 수 있겠군. 부자가 되고 싶다면 거북이 등딱지를 뒤집어써. 정신적 갑옷 말이야. 그렇다고 주위의 믿을 만한 사람들이 해주는 건설적인 비판과 조언을 듣지 못할 만큼, 또 친구와 가족을 멀리할 만큼 두꺼운 갑옷은 곤란하겠지. 하지만 당신이 어쩔 수 없이 실패했을 때 뒤따를 빈정거림이나 악의적인 조롱은 무시해버릴 수 있을 만큼 두꺼워야 해. 당신이 성공했을 때 사람들이 보일 시기심도 가볍게 웃어넘길 수 있어야겠지. 흔히들 인생에서 확실한 것으로 죽음과 세금을 이야기하지. 이외에 세 가지가 더 있어. 경제적으로 성공하려고 노력하는 것을 비웃고 조롱하는 것, 그리고 시기하는 것, 실패했을 때 고소해하는 것. 세상인심이 이래. 다른 사람의 마음에 쉽게 상처를 주고, 도통 배려라는 게 없지. 그러니 신경 쓰지 마. 가볍게 웃어넘길 수 있는 마음의 준비만 갖추면 돼.

독일어에는 사람들이 남들의 불행을 보며 느끼는 (은밀한) 기쁨을 가리키는 탁월한 단어가 있어. 바로 '샤덴프로이데(Schadenfreude)'라는 말이야. 샤덴은 '해로움'이라는 뜻이고(섀도shadow가 여기서 나왔지) 프로이데는 '기쁨'이라는 뜻이야. 성공의 길을 걷다 보면 주위의 멍청한 자들의 얼굴과 몸짓에서 이런 것을 자주 보게 될 거야. 자신 있게 말할 수 있어. 세상 사람들이 말하는 높은 위치에 오르고 싶은 사람이라면 어쩔 수 없이 치러야 할 대가인 셈이지. 내 생각엔 까마득한 옛날에도 마찬가지였을 것 같아.

이제 본격적인 부분에 들어섰어. 본격적으로 첫걸음을 떼기에 앞서 아래 목록을 주의 깊게 살펴보자고. 모든 것을 포괄하는 목록은 아니야. 앞으로도 계속 목록이 제시될 테지만, 아래 요구 사항 중 어느 하나라도 해당하는 사람은 책을 덮고 그냥 친구한테 줘버려. 얄궂은 상황을 즐길 줄 안다면 적한테 줘도 좋고.

- 혹시나 실패했을 때 사람들에게 알려지고 좋지 않은 일을 겪게 될까 봐 두렵다면 당신은 부자가 될 가능성이 거의 없다.
- 주위 사람들이 무슨 생각을 하는지 신경 쓰인다면 결코 부자가 될 수 없다.
- 직장이라는 안전한 길을 버리고 외롭고 위험한 길을 개척해 가족이나 배우자, 또는 애인에게 걱정거리를 안겨줄 생각을 하니 참을 수 없다면 결코 부자가 될 수 없다.
- 당신에게 예술가적 기질이 있고, 부를 좇는 것이 그 같은 재능을 욕되게 하는 일이라 생각된다면 결코 부자가 될 수 없다. 이 경우 그 염려는 대개 사실이다.
- 동료들과 친구들의 수군거림에도 불구하고 그 누구보다 오랫동안 일할 각오가 되어 있지 않다면 결코 부자가 될 수 없다.
- 부자 되는 것이 너무너무 좋은 일이라는 확신이 없다면 결

코 부자가 될 수 없다.

- 부를 추구하는 것을 일종의 게임으로 생각하지 않으면 결코 부자가 될 수 없다.
- 실패에 대한 두려움을 똑바로 바라보지 못하면 결코 부자가 될 수 없다.

요는 부자가 되려면 희생이 따른다는 거야. 그것도 혼자만의 희생이 아닌 게 골치 아픈 문제지. 이런 것을 받아들이지 못하면 부를 추구하는 일을 포기하는 수밖에. 소심한 겁쟁이들은 결코 부자가 될 수 없어. 돌아선다고 해도 부끄러워할 필요는 없어. 모든 사람이 다 부자가 되겠다고 기꺼이 희생의 길에 나섰다면, 나 같은 사람의 회사에는 아무도 남아 있지 않을 테니까.

희생 말고도 당신이 맞부딪쳐야 할 냉혹한 진리가 하나 더 있어. 거의 대부분의 사람이 실패에 대한 두려움으로 망설일 거야. 그렇다면 어떤 방법으로 여기서 벗어날 수 있을까? 책은 큰 도움이 되지 않아. 이 책도 마찬가지야. 내가 해줄 수 있는 것은 직시해야 할 문제를 가르쳐주고 몇 가지 행동을 제안하는 게 전부야. 이런 방법을 제안하고 싶군. 실패에 대한 두려움을 끔찍한 킹콩이 아니라 암말이라고 생각하면 어떨까. 암말(mare)이 밤에 돌아다니면 악몽(nightmare)이 되지만, 그래도 결국 말은 말일 뿐이지. 그리고 말은 길들이고, 재갈을 물리고, 안장을 놓고, 마구(馬具)를 얹으면 결국 그 위에 올라탈 수 있어. 녀석의 힘을 잘만 다스리면 당신에게 보탬이 될 거야. 마찬가지로 앞으로 겪게 될 실패에 대한 두려움은 당신이 얻으려고 애쓰는 바로 그 기회를 마련해줄 수도 있어. 당신보다 똑똑한 사람들이 두려움 때문에 부자 되는 것을 포기할 수도 있지. (이런 두려움이 없다면 세상엔 부자들이 엄청나게 많아졌을 거야) 하지만 두려움에 맞서 잘 헤쳐나간다면 자신감을 가질 수 있을 거야.

잊지 마. 너무도 인간적인 이런 감정을 어떤 식으로든 다스리지 못하는 자는 가난을 벗어나지 못할 운명이라는 사실을. 여기에는 여러 방법이 있지. 극복하거나, 돌아가거나, 직접 맞서거나, 올라타거나, 요령껏 피하거나, 친해지거나 등등. 하지만 굴복만은 안 돼. 굴복하는 순간, 무기력함과 발뺌과 치욕과 패배감이 뒤따를 뿐이야.

평생 동안 돈을 벌면서 나보다 똑똑한 사람들이 중도에 포기하는 것을 숱하게 봐온 사람으로서 한마디 하자면, 세상 사람들 눈에 실패자로 낙인찍힐까 봐 두려워하는 것이야말로 부자가 되는 데 있어 가장 큰 걸림돌이야. 이건 정말 확실해. 믿어도 좋아. 그러니 만약 당신이 어떤 이유를 들어 꽁무니를 빼고 물러선다면 부자로 가는 길은 막혀버릴 거야. 한번 문이 잠기면 결코 다시 열리지 않아. 시작 한번 못해보고 끝나는 거지. 부자 되는 건 영영 딴 사람들 얘기가 될 거라고.

4장

직업 선택의 함정

실행하기까지는 주저하는 순간이 있고, 철회할 기회가 있고,
주도적으로 뭔가를 하는 데 도움이 안 되는 것들이 따라붙기도 한다.
한 가지 진실이 있는데, 이것을 모르면 수많은 아이디어도
멋진 계획도 다 소용없다. 이는 바로 실행하는 순간,
하느님의 섭리가 모든 것을 이끌어간다는 사실이다.
시작하지 않았다면 일어나지 않았을 온갖 일이 도움의
손길을 보낸다. 결단을 내리는 순간, 모든 일이 시작된다.
자기 손에 들어오리라고는 누구도 생각지 못했던 호의적인
일과 만남과 금전적 도움이 행하는 자에게 호의를 베푼다.

■ 요한 볼프강 폰 괴테, 《테르모필레의 스파르타인들》

고도를
기다리며

"넌 커서 뭐가 되고 싶어?" 이제 막 말문을 뗀 어린아이일 때부터 주위 친척들이 무심하게 던지는 두렵고 공허한 질문이지. 좀 더 자라면 시험 성적이 어떻게 나왔어 하는 짜증 나는 질문으로 바뀌고. 대학 진학이 코앞에 닥칠 즈음에는 미래에 대해 은근슬쩍 묻거나 뻔한 조언을 한답시고 불편하게 하는 어른들을 참다못해 많은 10대가 여차하면 물리적 폭력을 가하기 직전이 되지.

다들 이런 경험이 있을 거야. 대부분 겪어본 일일 테니까. 이런 질문에 대한 최고의 대답으로 몇 년 전 내 손자가 참견하기 좋아하는 한 이웃에게 한 말을 이야기해주고 싶군. 손자 아이는 차분하게 미소를 지으며 또박또박한 음성으로 이렇게 말했지. "오, 밀번 부인. 전 장차 랩의 신이 될 거예요. 당신네 브라운 가족만 해도 가사로 만들어 부를 사연이 숱하게 많으니까요." 질문한 당사자는 무안해서 얼굴이 굳어지고 말았지.

호르몬이 온몸을 들쑤셔놓아 여드름, 마약, 알코올, 스포츠, 패션, 조립기계, 자동차, 음악, 보디 피어싱, 파티, 섹스에 온통 마음이 팔리는 시기가 되면 우리는 돈 문제에 부딪히게 돼. 사실 이건 사람을 굉장히 초조하게 만드는 문제인데, 언젠가는 먹고사는 문제에 매달려야 한다는 너무도 빤한 결론을 들이대기 때문이야.

그런데 부모와 친척들이 걱정한답시고 내뱉는 이런 말에는 날카로운 지혜가 숨어 있어. 그런 질문을 하는 사람들은 대개 자신의 직업을 직접 선택하지 않았다는 거지. 어쩌다 보니 하게 됐거나 어쩔 수 없이 하게 된 경우가 대부분이란 말씀. 이런 사실을 생각하면 스스로 부끄럽기 때문에 젊은 애들이 가급적 빨리 인생 최대의 결정에 마주치게끔 하려는 거야. 세련되지 못한 방식이긴 해도 고민이 빠를수록 자신의 운명을 현명하게 결정할 가능성이 높아지니까.

우리는 부모를 고를 수 없어. 국적을 고를 수도 없고, 사랑하는 사람을 고를 수도 없지. 우리 아이의 성격, 심지어 자신의 성격도 우리 마음대로 정하는 게 아니라 DNA의 변덕스러운 조합이 만들어낸 결과일 뿐이야. 그러나 우리는 결심만 단단히 하면 무엇을 하며 생계를 꾸려 나갈지 정할 수 있어. 대부분의 사람이 이런 시험을 통과하지 못했을 뿐이야. 나만 해도 그래. 순전히 우연이 겹쳐서 잡지를 발행하게 됐어. 열여덟 살 때 누군가 내게 앞으로 뭘 하며 살고 싶은지 물었다면, 세상에서 가장 유명한 리듬앤블루스 가수가 되는 게 꿈이라고 했을 거야. 물론 그런 일은 일어나지 않았지. 솔직히 말하면 그렇게 빨리 내 꿈을 접은 데 지금도 나 자신에게 조금 실망스럽기도 해. 하지만 이봐. 난 음식을 슬쩍하고 담배를 얻어 피우고 집세를 제때 못 내는 생활이 지겨웠다고. 혹시나 복도에서 집주인을 만날까 봐 두려워 배수관을 타고 기어 내려오는 건 정말이지 끔찍했어. 아무튼 난 성공했어. 나 스스로 선택한 길은 아니지만 이렇게 오랫동안 버틴 것만 봐도 알 수 있지.

> **에스트라공:** 멋진 곳이군. 전망도 좋고. 그럼 갈까.
> **블라디미르:** 그럴 수 없어.
> **에스트라공:** 아니 왜?
> **블라디미르:** 고도를 기다리는 중이잖아.
> — 사뮈엘 베케트, 《고도를 기다리며》

고도는 결코 오지 않아. 그런데 대부분의 사람이 무슨 일을 하며 살지 미리 계획한 뒤 그에 매진하지 않고 그저 어쩌다 하게 된 일에 만족하면서 사는 게 그렇게 나쁜 걸까? 그리고 자신이 두각을 나타

낼 수 있는 일이 뭔지는 어떻게 알아낼 수 있는데?

이 책을 읽고 있는 대다수의 부모와 교사들은 내 대답을 좋아하지 않을 거야. 부자가 되고 싶은 사람은 어떤 직업을 택하든 상관없다는 게 내 주장이거든. 그렇다고 젊은이들에게 '진로 탐색'이 중요하지 않다는 말은 아니야. 그건 중요하고 두렵고 재밌고 몹시도 혼란스러운 일이지. 대부분의 사람은 20대와 30대 초반에 진로를 선택하게 돼. 누가 봐도 뛰어난 재능이 있는 경우나 나쁜 무리와 어울려 돌아다니느라 너무 많은 시간을 보낸 경우처럼 10대에 진로가 결정되는 사례도 없진 않아.

아무튼 대부분의 사람은 진로를 탐색하는 과정에서 두려움을 느껴. 그 이유는 아이러니하게도 서구 민주주의 제도가 성공을 거두었기 때문이야. 젊은이들이 선택할 수 있는 직업의 폭이 지나치게 넓거든. 선택의 자유가 좋다는 것은 누구도 부인할 수 없을 거야. 심지어 멋진 일이기도 해. 하지만 뭘 선택할까 혼란스러운 것도 사실이야. 진지하게 생각하고 인턴으로 일해본 다음 이건 내 일이 아니다 싶어 돌아서려면 시간이 걸려. 이런 것들이 다 꾸물대고 망설이게 되는 이유야.

물론 이 때문에 환상을 품게 되기도 해. 언젠가 〈더 위크〉지를 읽다가 영국의 10대 학생들 중 20퍼센트는 텔레비전에 출연하기 위해 학교를 포기할 수도 있다고 답했다는 글을 보고 충격을 받은 적이 있어. '유명인'이 될 수만 있다면 뭐든 하겠다는 거지. 그래서 리얼리티 쇼에 나와 망신당하려는 친구들이 그렇게 줄을 서 있는 모양이야. 이런 프로그램은 사실 고대 로마의 검투사들이 시합을 벌였던 원형경기장과 다를 바 없어. 나도 열일곱 살 때 롤링스톤스 멤버들이 사는 아파트에 찾아가 문을 두드린 적이 있으니 할 말은 없지.

우리 모두에게는 각자 꿈이 있어. 그것이 무엇이든 멸시하거나 비웃어서는 안 돼. 그게 어떤 것이든 꿈은 우리들의 소중한 일부니까. 동료들의 시중드는 일을 하고 싶다면 그렇게 해. 교수나 변호사, 경제 전문가 같은 전문직에서 일하고 싶다면 그렇게 해. 그냥 결혼해서 애들 키우며 살 정도의 안정된 일을 원한다면 공무원도 괜찮아. 관료의 삶은 항상 꾸준한 법이니까. 세계 최고의 작가나 음악가, 운동선수, 영화감독이 되는 게 꿈이라면 그렇게 해. 그럴 재능이 있는지 여부는 금방 드러나겠지. 무슨 말인고 하니 어떤 일을 꼭 해야겠다는 마음이 생기면 그걸 하면 된다는 말이야. 하지만 큰돈을 벌고 싶다면 천천히 한 푼 두 푼 모으는 걸로는 어렵다는 것을 알아야 해.

먼저 말해두지만, 봉급생활은 나름대로 매력도 있고 중독성도 있어. 꼬박꼬박 나오는 월급이나 코카인이나 중독이라는 점에서는 똑같지. 중요한 건 다른 사람을 위해 일하는 생활을 오래 하다 보면 기꺼이 위험을 감수해내려는 의지가 시들해진다는 거야. 이게 중요해. 위험을 무릅쓰고 이를 극복해내는 능력이야말로 부자와 가난한 자를 가르는 중요한 기준이거든.

그러니 부자가 되고 싶다면 일을 통해 '경력'을 쌓으려고 하지 마. 일은 사회생활의 출발점이나 관심 있는 업계가 돌아가는 사정을 파악하는 기회 정도로만 생각해. 풍부한 훈련이 되는 직업은 그럭저럭 지내며 술과 음식이 떨어지지 않게 해주는 수단일 뿐, 삶의 목표가 되어서는 곤란해. 또한 일을 하다 보면 직원 관리나 협상 기술에 대해 많은 것을 배울 수 있어. 시장 내부 정보도 얻을 수도 있고, 무엇보다 동료들의 99.9퍼센트가 어떤 식으로 사는지 파악할 수 있지. 이들은 복권을 사서 부자 될 꿈을 꿀지언정 부를 직접 쟁취하기 위한 행동은 눈곱만큼도 안 해.

이기적이고 재수 없게 들린다고? 분명 공명정대하지는 않아. 인사관리자가 '건설적인 팀워크'라고 부르는 것과도 거리가 멀고. 하지만 인사관리자가 부자 됐단 소리 들어본 사람 있어? 나도 들어본 적 없어. 그리고 어쨌든 당신이 일을 제대로 한다면 그런 관리자가 있을 필요도 없지.

당신이 부자 되기를 원하고 지금 진로를 모색하는 단계에 있다면 한 가지만 기억하면 돼. 당신은 팀의 일원이 아니라는 것. 물론 겉으로는 그런 척해야 할 때가 있겠지. 당분간은 팀워크라는 개념을 받아들여야 할지도 모르고. 그럴 때라도 그건 개인이나 부서, 회사, 혹은 업계가 어떻게 돌아가는지 더 잘 이해하기 위해서라는 것을 잊지 마.

물론 당신은 열정적으로 성실하게 일해야 해. 하지만 아무리 열심히 일하더라도 (부자 되기를 원하는 사람이라면 옆에 있는 풋내기보다 부지런히 몸을 놀리는 게 당연하겠지) 마음속으로는 자신의 본분이 뭔지 늘 명심하고 있어야 해. 다른 사람을 위해 일하는 것은 정찰을 위해 원정을 나온 것과 같아. 수단일 뿐, 그 자체가 목적은 아니야. 배우는 과정으로 생각해야지 그걸 목표로 삼아서는 안 돼.

처음 일할 회사 세 군데 정도는 회사의 중장기적인 요구 조건이 당신과 맞지 않는 곳이 좋아. 승진은 언제나 환영인데, 더 많은 것을 배울 수 있는 기회를 주기 때문이지. 하지만 당신이 그 회사에 있는 이유는 당신이 알아야 할 것을 뼛속까지 철저히 흡수하고 이해한 다음 그것을 더 큰 상황에 적용해 부자 되는 기회를 잡기 위해서야.

부의 관점에서 말하자면, 팀워크라는 것은 패배자들을 위한 것일 뿐이야. 독립할 능력이 없는 사람들을 서로 붙여놓는 접착제 같은 거지. 고용자가 써먹을 만한 직원들을 큰돈 들이지 않고 붙들어놓기 위해 사용하는 방법일 뿐이야. 군인이나 소방대원 같은 직업에서는 팀워크가 정말 중요하지만 영리사업에서는 야망 있는 개인에게 제동을 거는 장애물일 뿐이야. 어떻게 보면 팀워크가 만들어진 목적이 바로 그런 거라고 볼 수도 있어.

예를 하나 들어볼까. 1980년대 초 나는 미국에서 〈스타 히츠〉라는 잡지를 창간했어. 엄청난 성공을 거둔 영국의 팝 음악 잡지 〈스매시 히츠〉를 보고 만든 거야. 〈스매시 히츠〉를 소유하고 있던 잡지 그룹 EMAP와 협상을 벌여 미국에서 판매되는 잡지 부수에 따라 소액의 로열티를 지불하기로 했어. 대신 그들은 내가 〈스매시 히츠〉 직원 두 명을 고용해서 뉴욕에서 같이 일할 수 있게 해주었어. 이들 중 한 명이 바로 닐 테넌트라는 편집자야. 항상 쓴웃음을 짓고 독수리 같은 외모를 한 젊은 친구였지.

잡지를 창간하는 것은 엄청난 에너지가 필요한, 대단히 소모적인 일이야. 대부분의 잡지가 2년을 못 버티고 망해. 〈스타 히츠〉는 그보다는 오래 갔지만 역시 한때 반짝하다가 곧 사라질 운명이었지. 물론 1984년에는 그것을 몰랐어. 당시 미국에서는 듀란듀란을 비롯해서 영국 팝 그룹들이 대단한 인기를 누렸어. 우리 잡지는 영향력 있는 영국 잡지 〈스매시 히츠〉의 자매지였기 때문에 그들의 사진을 찍고 인터뷰를 하는 데 유리한 점이 많았지. 〈스타 히츠〉는 미국에서 힘차게 출발했어. 잡지는 매달 수십만 부씩 팔려나갔어. 미국 전역에서 독자들이 보내오는 수천 통의 편지가 뉴욕의 좁은 사무실 복도에 쌓여 있었지. 〈스타 히츠〉 직원들은 밤낮을 가리지 않고 일했어. 그 누구도 잡지의 성공을 믿어 의심치 않았어. 거의 모든 직원이 젊었지. 〈스타 히츠〉가 겨우 두세 번째 직장인 친구들도 많았어.

당연한 이야기이지만 내 작은 회사는 재정적으로 풍족하지 않았어. 이 말은 곧 직원들이 금방금방 승진했다는 뜻이야. 얼마 지나지 않아 닐 테넌트는 미국에서 가장 잘 팔리는 잡지의 편집장이 됐어. 뉴욕이 그의 발밑에 있었지. 그의 책상은 음반사들이 보내오는 홍보 자료들로 뒤덮였고, 그는 어떤 공연장이든 자유롭게 드나들며 무대 뒤까지 찾아갈 수 있었어. 매디슨 스퀘어 가든이든 시내의 북적이는 나이트클럽이든 상관없었지. 매니저들과 홍보 담당자들은 조금이라도 그의 시선을 끌어보려고 경쟁했어. 그는 영국을 포함해 원하는 곳은 어디든 갈 수 있었고, 원하는 사람은 그 누구와도 인터뷰할 수 있었어. 정말 꿈같았지. 한마디로 닐은 세상의 꼭대기에 있었어.

사무실의 사기와 팀워크 또한 높았어. 직원들은 굳이 정장을 입고 넥타이를 매지 않아도 괜찮았어. 일만 제대로 하면 옷차림이 어떻든 상관하지 않았고, 사무실 규칙이 어떠니 하며 귀찮게 구는 사람도 없었지. 닐은 재능 있는 친구로 약간 괴짜 기질이 있고 무엇을 결정하면 까다롭게 요구하는 타입이었지만, 〈스타 히츠〉 직원들은 다들 즐겁게 일했어. 나 역시 마찬가지였지.

그러던 어느 날 오후 늦게 그가 내 사무실에 들어왔어. 낡은 의자에 털썩 주저앉더니 수줍어하는 것 같기도 하고 반항하는 것 같기도 한 표정으로 날 쳐다보는데, 그의 손에 심혈을 다해 작업한 것 같은 카세트테이프가 하나 들려 있었어.

"펠릭스, 나는 〈스타 히츠〉를 떠날 겁니다."

그가 말했어.

"그동안 몇 곡을 작업해봤는데 지금이야말로 본격적으로 나서야 할 때인 것 같아요. 이 테이프를 듣고 당신 생각을 솔직하게 말해줬으면 좋겠어요."

그날 저녁 그가 준 테이프를 들었어. 지금도 그 테이프를 잘 보관하고 있지. 내가 좋아하는 스타일은 아니지만 〈웨스트 엔드 걸스(West End Girls)〉는 끝내주는 곡이었어. 닐이 녹음 작업에 관심이 많다는 것은 어렴풋이 알고 있었지만, 그가 그 멋진 자리를 내던지고 팝스타가 되기로 작정할 줄은 꿈에도 생각하지 못했어.

다음 날 나는 그를 설득하러 갔어. 더 많은 돈을 주겠다, 조금만 더 하면 〈스타 히츠〉는 대단한 잡지가 될 거다, 언젠가 내 경쟁자들이 그에게 훨씬 솔깃한 자리를 제안하게 될 정도로 엄청나게 성장할 거다, 무엇보다 그가 떠나면 함께 일했던 편집 팀원들이 얼마나 실망하겠느냐 등등. 그런데도 그는 요지부동이었어. 결국 닐이 옳았어. 닐과 크리스 로우가 만든 그룹 펫샵보이즈는 어마어마한 스타가 됐으니까. 송별 파티 자리에서 그는 1년 안에 〈스타 히츠〉 커버를 장식하는 인물이 되겠다고 호언장담했어. 그리고 정말 그렇게 됐지!

솔직히 말해서 팀워크가 중요하다느니 동료들의 사기를 떨어뜨리면 안 된다느니 하는 말은 기회가 왔을 때 꾸물대는 것에 대한 나약한 핑계일 뿐이야. 창피스러운 실패를 피하고 싶어서 핑계를 대는 거지. 함께 일하는 동료가 1,000만 파운드를 상속받고도 동료들의 사기를 떨어뜨리지 않으려고 계속 출근할 거 같아? 말도 안 되는 소리지. 제정신 가진 사람이라면 그럴 리 없잖아.

우리는 영악하게 굴어야 해. 부자가 될 가능성이 없는 사람은 다른 사람이 부자가 되는 꼴을 못 봐. 형편없어 보이겠지만 '난 저런 평범한 무리와는 달라', '사장과 난 공동 운명체가 아니야', '일터에서 팀워크라는 말에 속아 넘어가지 않는 자만이 성공할 수 있어' 이렇게 생각하고 행동해야 해. 안 그러면 결국 평생 열심히 일해서 다른 사람을 부자로 만들어줄 뿐이야. 은퇴할 때 고맙다는 말을 듣고 금시계를 선물로 받을 수는 있겠지. 하지만 부자가 되지는 못해!

친구들과 친척들 사이에서도 마찬가지야. 다들 겉으로는 당신이 꿈을 이루길 바란다고 말하겠지. 하지만 속으로는, 때로는 그들 자신도 의식하지 못한 채 무의식적으로는 당신이 실패하거나 별거 아닌 사소한 성공만을 거두길 원해. 세상은 이기적인 사람 천지야. 하지만 난생처음 수백만 파운드를 손에 쥐게 됐을 때 친척들에게 후하게 베풀면 양심의 가책을 충분히 달랠 수 있어. 젊은 관리인들을 승진시키거나 팀워크 운운하며 바람을 넣을 수도 있고. 물론 가장 똑똑한 친구들은 당신 말을 믿지 않겠지.(그런데 그들이야말로 가장 빨리 승진시켜야 할 친구들이야)

진로를 탐색하는 단계에서 또 무엇을 살펴봐야 할까? 다른 업계보다 더 매혹적이고 번드르르해 보이는 업계가 있어. 어떤 사업은 시작하려면 엄청난 투자가 필요하고, 어떤 사업은 다락방이나 차고에서도 충분히 시작할 수 있지. 또 어떤 사업은 한창 물이 오른 상태고, 어떤 사업은 내리막길을 걷고 있어. 그렇다면 겉보기에 좋고 성장하는 업계의 일만 선택해야 할까? 최고의 직장은 어떻게 찾아야 할까?

일단 번드르르한 직장은 잊어. 내가 아는 어떤 자수성가한 부자는 가정 쓰레기 매립하는 일을 해. 회사의 연차 보고서에는 조금 다르게 표시되어 있지만 실제로 하는 일은 그래. 쓰레기 소각장 건설도 병행하고 있지. 이게 번드르르해 보여? 아닐 거야. 하지만 실적이 좋을 때는 한 해에 2,000만~3,000만 파운드 정도 총수입을 올리고 순이익이 20퍼센트가 넘어. 개인 소유의 작은 회사치고는 놀라운 수준이지. 게다가 포장제품 산업의 지속 성장세를 볼 때 그의 사업은 끝 모르게 성장할 거라고 예상해. 매립할 땅은 아직 충분하니까 말이야.

번드르르한 사업에는 사람들이 몰리기 마련이니 그보다는 성장 가능성이 높은 사업에 눈을 돌리는 게 좋아. 시대의 흐름을 거스르지 말고 무엇이 뜰 것인지 고민해야 해. 힘차게 솟아오르는 파도는 모든 배를 들어 올리는 법이야. 거기엔 당신의 배도 포함될 테지.

번쩍번쩍 폼 나는 동네의 다른 면을 볼까. 〈보그〉 표지에 자신의 모습을 올리고 싶어 하는 사람, 영화감독이 되려는 사람, 세상에서 가장 잘나가는 기획사 사장이 되려는 사람들은 뭔가를 얻기가 아주 힘들어. 왜 그럴까? 수요와 공급의 법칙 때문이야. 상품이 아니라 사람들 얘기야. 블록버스터 영화를 만들고 버벌리힐스에서 살고 싶어 하는 사람은 너무너무 많아. 반면 쓰레기를 매립하는 일을 하려는 사람은 많지 않지. 새로 생긴 사업이나 무섭게 성장하는 사업은 이미 잘 다져진 업계보다 부자가 될 기회가 더 많아. 겉보기에 얼마나 근사한지는 전혀 중요하지 않아. 여기엔 세 가지 이유가 있어. 위험 자본을 쓸 수 있고, 새로운 조류에 대해 사람들이 아직 잘 모르고, 마지막으로 떠오르는 산업 자체가 갖는 힘 때문이지.

투자자들이 신흥 산업에 관심을 갖는 건 재빨리 돈을 벌 수 있을 거라는 희망 때문이야. 부자가 되려면 자본이 필요한데, 자본을 얻으려면 투자처를 찾고 있는 자본이 노리는 곳에 있어야 해. 새로운 시장과 테크놀로지에 으레 따라다니는 무지와 오해도 도움이 되지. 재빨리 개념을 파악하고 업계의 전문 용어를 익힌다면 '단기간의 전문가'가 될 수 있어. 투자자들은 전문가를 아주 좋아하거든. 마지막으로, 떠오르는 조류의 힘은 창업 단계에서 부닥치는 많은 어려움을 충분히 감당해낼 수 있을 정도로 대단해. 개인이나 작은 회사도 거대 기업이나 안정적인 사업체와 손잡고 일할 기회가 생기지. 적어도 당분간은 말이야.

개인적으로 나 역시 이런 광풍을 경험한 적이 있어. 1970년대 말이었을 거야. 당시 나는 PC에 까막눈이었어. 정말 아는 게 하나도 없었지. 내가 본 컴퓨터라고는 공부밖에 모르는 풋내기가 조립해서 만든 거였는데, 지금 보면 가련해 보일 정도로 조잡한 '퐁'이라는 게임을 몇 명이 함께할 수 있게 하는 용도로 개발된 거였어. 게임을 하면서 서로 대화를 나눌 수도 있었는데, 외부 사람들은 도통 이해하지 못할 은어들을 써가면서 게임을 했지. 한마디로 PC는 '찌질이'들을 위한 것이었어.

출판 사업가로서 볼 때 PC는 사실 전혀 유망한 분야가 아니었어. 그렇긴 해도 저 괴짜들이 보여주는 열정과 주류 언론의 과학부 기자들이 컴퓨터에 거는 기대는 계속 높아만 갔지. 요점만 얘기하자면 (사연은 30년이 지난 지금도 계속되고 있으니까) 우리 회사는 컴퓨터에 관한 '인스턴트 전문가'가 됐어. 업계와 소비자를 위한 잡지를 잇달아 창간했고, 컴퓨터 전시회도 몇 차례 열었지.

우리가 언뜻 보기에는 '전문가'다운 지식이 있는 것 같고 새로운 일들을 계속해서 벌이자 우리의 협력업체들, 특히 인쇄 업체들이 존경의 눈으로 보기 시작했어. 그들은 다른 업체들에 요구하는 것보다 더 나은 거래 조건을 앞다퉈 제시해왔어. 이런 상황이 계속되면서 사업을 확장하기 위해 절실히 필요한 자금을 확보할 수 있었지. 물론 다른 잡지사들도 손 놓고 있지만은 않았어. 하지만 적어도 우리는 우리가 무엇을 하는지 알고 있는 것처럼 보였던 모양이야. 정말로 이 분야를 잘 아는 유능한 편집자들이 우리 잡지에 들어왔으니까. 게다가 PC의 인기는 갈수록 높아졌어. 그것도 모든 사람의 예상을 훨씬 뛰어넘는 속도로 빠르게 확산됐지.

이게 바로 새로운 시장이 갖는 위력이야. 우리의 최대 라이벌들이 잘 몰라서 망설이는 것을 그만두고 우리 회사에 맞서 비슷한 잡지를 내놓을 즈음에는 업계 거물들도 어찌할 수 없을 정도로 이미 엄청난 흐름이 만들어져 있었어. 새로운 자본 투입, 분야의 생소함, 신흥 조류의 힘이 제대로 맞아떨어진 거지. 이 경우는 분야를 정말 제대로 잘 골랐다고 할 수 있어.

대체로, 창업 자본이 상대적으로 덜 드는 성장 산업은 사양 산업이나 창업 자본이 상당히 필요한 산업에 비해 부자가 되려는 사람들에게 더 좋은 기회야. 물론 절대적인 진리는 아니야. 잡지와 신문 판매는 지난 수십 년 동안 서구 사회에서 서서히 하강 곡선을 그리고 있는데, 내가 엄청난 돈을 모은 분야는 바로 이런 '사양' 산업이었으니까.

특정 산업을 선택하는 문제보다 더 중요한 것은 산업 내 어떤 부문을 고를 것인가 하는 문제야. 같은 크기의 물고기라도 성장하는 부문에 있는 것이 줄어들거나 정체되어 있는 연못에서 노는 물고기보다 투자자들의 눈에 더 잘 들어오겠지. 이것은 주식시장에 거품이 생기는 요인이기도 해. 가격이 오르는 것은 무조건 좋고, 가격이 떨어지는 것은 치명적이라고 투자자들이 생각하니까. 나는 그런 생각이 잘못됐다고 믿지만, 내가 어떤 생각을 하든 그건 전혀 중요하지 않아. 중요한 건 자본을 가진 사람들의 생각이지. 그들의 생각이 설사 비논리적이더라도 상관없어. 은행과 투기 자본가들은 결국 태양이 내리쬘 때 우산을 주고 비구름이 보이는 순간 그것을 빼앗아가는 고리대금업자들이나 마찬가지야. (이래서 오래된 농담이 좋다니까)

일상용품, 출판, 귀금속 같은 정체된 산업에서 자수성가해서 엄청난 돈을 번 사람들도 없지는 않아. 운 좋게 은행과 투기 자본가들을 설득해서 수백만 달러를 투자받을 수 있었던 사람들이지. 물론 이런 경우 자기 운명을 자기가 통제할 수 없어. 자본주의의 속성상 가장 큰 재정 부담을 떠맡은 자가 주인이 되거든. 가장 큰 보상을 받는 자는 좋은 아이디어를 낸 사람도, 제국을 건설한 사람도 아니야. 사업에 돈을 댄 개인이나 사업체, 지분을 가장 많이 소유하고 있는 사람이 가장 큰돈을 벌지. 탐색 단계에선 항상 이 점을 명심하라고.

이게 바로 당신이 가담하게 될, 그러면서 격파해야 할 체제야. 부자가 되려면 가담해야 하고, 자본이 충분하지 않으니 격파해야겠지. 여기에는 재정적으로 뒷받침해줄 사람과 손을 잡는 방법이 있고(그러면서도 당신이 보유한 주식은 꼭 붙들고 있어야 해), 신성한 지분을 처분하지 않고 사업을 키울 돈만 조금씩 빌리는 방법이 있어. 힘 빠지는 소리이지만, 사업을 시작하는 사람이 성공하기 위해 자본을 투자받는 대가로 지분을 넘겨주는 것 말고는 방법이 없을 때가 많아. 하지만 탐색 단계에서 꼭 기억해야 할 점은 투자자들에게 어떤 약속이나 말로 된 보증을 받더라도 결국은 모두 지배권 문제로 귀결된다는 점이야. 흔히 '51퍼센트 대 49퍼센트 분할'이라는 식으로 표현하듯, 사업 지분의 1퍼센트를 누가 소유했느냐에 따라 지배권이 넘어가는 경우가 많아.

누가 사업을 지배하고 있느냐는 사업을 매각할 때도 막대한 영향을 행사해. 사업을 지배하는 사람은 합병을 추진할 수 있고, 당신을 해고할 수도 있어. 고작 1퍼센트 포인트 차이라도 사업 지배권을 획득하기만 하면 소액주주들보다 훨씬 많은 돈을 챙길 수 있지. 비상장회사든 상장회사든 똑같은 주식이라고 해서 의결권이나 재정적 가치가 모두 동등한 것은 아냐. 그러나 성장 산업이나 정체된 산업 내의 성장 부문을 고르면 지배권에 목숨을 거는 사람들로부터 자유로울 수 있어.

회사의 지배권을 얻기 위해 투자자들은 기꺼이 웃돈을 건네기도 해. 소액주주들은 법적으로는 대주주의 '횡포'로부터 보호받을 수 있을지는 몰라도 회사의 중요한 의사결정에는 영향을 미칠 수 없어. 회사를 세우는 데 공을 세우고도 소액주주로 전락한 사람들에게는 참기 힘든 일이지. 그들은 어떻게든 회사를 살리기 위해 자신이 가진 지분의 일부를 판 것일 텐데 말이야. 작은 싸움에서 이겨놓고도 전투에서는 진 꼴이니까 더더욱 속이 쓰릴 거야.

특히 창업 당시에는 이런 일이 빈번하게 발생하는데, 상당한 자본이 투자되지 않은 창업의 경우 이런 일이 많이 일어나. 오늘날 소프트웨어 업계의 거물들이 처음 사업을 시작했을 때 어땠는지 생각해봐. 그들은 대부분 25년 전쯤 지하실이나 차고 같은 곳에서 사업을 시작했어. 무엇을 할지 스스로 찾았고, 어디가 틈새시장인지 투자

자본은 어디서 구할지 스스로 찾아 나섰지. 예전에는 이런 엄청난 잠재력이 있는 사업이 처음 상장될 때 이들에게 주식을 매입할 기회가 있었어. 한데 원시적인 컴퓨터 운영 시스템과 어디에 사용될지도 모르는 응용 프로그램을 만드느라 뼈 빠지게 일만 했지 세상 물정에는 어두운 괴짜들은 대부분 자신의 조그마한 회사 지분 중 1~2퍼센트를 누가 소유하든 상관없다고 생각했어. 사실 발명가나 '창조적인 유형'의 사람들은 훌륭한 사업가가 되기 어려운 법이야. 그리고 오늘날 그런 1~2퍼센트의 지분은 현금으로 수억 달러의 가치를 갖게 되었지.

창업자들은 사업을 확장하고 버티기 위해 자본을 빌리는 대가로 지분을 조금씩 양보해. 그러다가 결국 대부분 자기 회사의 지배권을 잃게 되지. 회사를 설립한 주역이 회사에서 봉급 받고 일하는 직원으로 전락하는 거야. 이런 상황에선 그들이 지배권을 잃은 시점이 주식 공개 공모 이전이냐 이후냐가 중요한데, 이 문제는 넘어가자고.

이런 괴짜들 중 충분한 주식을 계속 붙들고 있어서 나중에 엄청난 부자가 된 사람은 극소수야. 소유권은 이렇게 중요해. 마이크로소프트의 빌 게이츠나 오라클의 래리 엘리슨은 다 그렇게 해서 부자가 됐어. 하지만 세계 최초로 스프레드시트를 발명했다고 주장하는 녀석은 멍청하게도 이런 사실을 몰랐지. 최근 들은 얘기로는 샌프란시스코의 초라한 동네에서 복지연금을 받으며 살고 있다더군.

지금 우리는 성공을 향해 나아가는 중이야. 이득 분할도 나눌 이득이 있을 때의 얘기지. 그렇다면 어떤 분야에서 큰돈을 벌 수 있을지 어떻게 알 수 있을까? 보통 직업을 선택하는 데 영향을 미치는 요인에는 세 가지가 있어. 적성, 재능, 그리고 운이야.

누구에게나 각자 좋아하는 성향이 있어. 내 이야기를 해볼까. 기름으로 더러워진 헝겊을 깔고 최고급 자동차 엔진을 손보며 오후를 보내는 건 내게 지옥의 형벌이나 다름없는 일이야. 하지만 은퇴한 내 친구는 내가 가진 롤스로이스 자동차 두 대를 시간 날 때마다 손봐주곤 해. 그 일을 어찌나 좋아하는지 내가 사례하겠다고 해도 한사코 거부하지. 반면 나처럼 하루에 열여덟 시간씩 쉬지도 않고 난해한 시를 쓰느라 끙끙대는 것을 즐길 사람은 얼마나 될까? 내 친구 말마따나 세상에 인간보다 기이한 존재는 없어.

적성은 실로 중요해. 각자 무엇을 좋아하는지 생각해봐. 나처럼 텔레비전을 혐오한다면 방송계에 들어가는 건 좋은 생각이 아니겠지. 프로그램을 제작하거나 각본을 쓰는 일에 열정을 갖고 있지 않는 한 말이야. 이건 밤새도록 텔레비전을 보는 것과는 전혀 다른 일이니까. 미술을 좋아하지만 평생 회화나 조각 작업을 하며 지낼 생각이 없더라도 미술계에서 일하며 수백만 달러를 벌 수 있어. 그러기 위해선 미술을 천성적으로 좋아하고, 미적 감각이 있어야 할 뿐만 아니라, 재능 있는 젊은 미술가들을 찾아내는 능력이 필요해. 팔 수 있는 능력도 중요한데, 이건 단도직입적으로 말해서 사기나 다름없어. 데미언 허스트와 정어리 조림도 구별할 줄 모르는 잠재 구매자에게 50배나 높게 값을 부르면서 태연한 표정을 지을 수 있는 능력이 필요하지.

어떤 주제든 제대로 이해하고, 열정적으로 좋아하고, 효과적인 관리·판매·마케팅 기술을 갖춘다면 진로를 결정하는 데 보다 완벽을 기할 수 있어. 당신이 좋아하는 것을 소중하게 생각해야 해. 절대적으로 확실한 것은 아니지만 적성을 따르다 보면 대개 옳은 방향으로 갈 수 있거든. 하지만 당신의 열정을 무조건 숭배하는 오류는 피할 것. 이 책을 읽는 이유는 부자가 되기 위해서지 당신 자신의 적성에 대해 갖고 있는 선입견을 확인하기 위한 것은 아니니까.

재능은 전혀 다른 문제야. 너무도 눈에 띄는 재능을 타고나서 무엇을 하며 살까 고민할 필요가 없는 행운아는 아주 드물어. 하지만 적성은 부를 쌓는 데 걸림돌이 될 수도 있어. 한때 내 밑에서 일한 적 있는 세일즈맨 중 가장 유능한 이는 내가 이전 직장보다 봉급도 두 배나 주고 보너스까지 챙겨주었는데도, 지금 콘월 지방에 살면서 수채화를 그리고 있어. 그런데 내가 보기에 그녀가 그린 수채화는 썩 훌륭한 것 같지 않아. 나는 그녀가 서른다섯이 되기 전에 억만장자가 될 수 있을 거라고 장담까지 했지만 결국 그녀의 마음을 잡는 데 실패했어. 그녀의 광고 판매 능력은 탁월했어. 모든 동료가 그녀의 재능을 부러워했지. 하지만 적성이 그녀를 다른 곳으로 이끈 거야. 내가 아는 한 지금 그녀는 더없이 행복해. 그녀가 잘되기만을 바랄 뿐이야. 하지만 결코 부자가 되진 못할 거야. 부자가 되고픈 생각은 없다고 했으니까 그나마 다행이라면 다행이지.

그런데 어떤 재능이 있는지 대체 어떻게 알아내지? 내가 알기론 시행착오가 유일한 해답이야. 문제는 우리가 유년기와 청소년기에

91

(종종 부모나 형제자매 혹은 친구들의 성화에 못 이겨) 스스로에 대한 이미지를 만들고 나면 이후 여기에 얽매여 다른 생각을 못 한다는 거야. 그런데 이게 제대로 열매를 맺지 못하는 경우가 많고, 그 결과 당황하고 실망하게 되지. 참나무를 민들레에 접목하려고 끙끙대느니 차라리 당신이 재능을 보이는 분야가 무엇인지 냉정하게 분석해서 이를 따르는 것이 훨씬 나을 거야.

아직 젊다면 믿을 만한 선생님의 조언을 받아보는 것도 좋아. 전문적인 직업 상담자의 조언도 괜찮아. 부모님과 상의해봤자 자식 사랑에 눈이 멀어 당신의 실제 능력과 잠재력을 엄청나게 높이 평가하거나 외면할 가능성이 높거든. 오직 부모님의 마음에 들려고 의사나 변호사가 됐다가 나중에 후회하는 사람을 정말 많이 봤어. 부모님의 자긍심보다는 공정함이 훌륭한 안내자가 되어줄 거야.

정말로 당신의 적성에 대한 조언을 구하고 싶다면, 당신이 진지하다는 것을 보여줘야 진지한 대답을 들을 수 있어. 이때 필요한 게 준비야. 내게 이런 문제를 상의하는 것은 기꺼이 환영이지만, 그러려면 미리 질문하고 제안할 항목을 만들어 와야 해. 당연히 일 대 일 만남이어야 하고. 거실에 여럿이 옹기종기 둘러앉아 쓸데없이 참견하는 사람, 조롱하는 사람, 잘난 체하는 사람들이 저마다 한마디씩 하는 산만한 분위기라면 따분하기도 하거니와 역효과가 나기 쉬워. 야망이 있는 젊은이에게 적성을 찾는 것은 진지한 문제이니 진지하게 상의해야 해.

물론 그렇게 상의한다고 해서 당신이 바로 부자가 되는 건 아니야. 하지만 진로를 탐색하는 단계에서는 큰 도움이 되지. 일단 자신 감이 커지는데, 자신감이야말로 위험을 이겨낼 수 있는 기반이자 내 가 알기로 무일푼에서 출발해 부자가 될 수 있는 유일한 방법이거 든. 게다가 서로 이야기를 나누다 보면 자신의 약점이 무엇인지 알 수 있어. 약점을 알아야 다른 사람이 부자 되는 것을 도우며 인생을 허비하지 않을 수 있어. 불행하게도 대부분의 사람이 그렇게 살고 있지.

당신이 좀 더 나이가 들어 30대가 되었다면 일은 훨씬 까다로워 져. 일단 다른 사람의 조언을 구하는 단계는 지났으니까. 그 나이 정 도 되면 "내 장점이 정말 뭐라고 생각해?" 하고 물었을 때 충실한 대 답을 해줄 사람이 주위에 별로 없을 거야. 설사 그런 주제를 편안하 게 상의할 수 있는 친구가 있더라도 상대방을 당혹스럽게 만들지도 모르는 솔직한 의견을 말해줄 수 있는 사람이 얼마나 되겠어. 아쉽 지만 맹목적인 믿음과 시행착오가 남아 있는 유일한 선택이야. 더 나은 방법도 있을 수도 있지만 나로선 모르겠어. 자신이 뭘 좋아하 는지는 쉽게 말할 수 있어. 재능은 그러기 어려워. 시행착오를 겪어 보고, 모진 결심을 하고, 자신에 대한 환상을 기꺼이 버릴 수 있는 자 세를 가지라는 말밖에는 해줄 말이 없군.

우리가 의식적으로 내리는 중요한 결정은 대부분 운에 따른 경우 가 많다는 사실은 몹시 실망스럽고 좌절감을 주지. 하지만 작은 성 공을 들여다보면 실마리를 얻을 수 있어. 내가 잡지 사업을 시작할 수 있었던 것도 거리에서 잡지를 팔면서 성공했던 경험 덕분이었어.

결국 이건 운의 문제야. 기회의 문제이고, 뜻밖에 뭔가를 발견하는 문제지. 그리고 조금은 사람들이 미신이라고 부르는 것과도 관련이 있어. 나로 말할 것 같으면, 마음의 안정을 찾기 위해 종종 나무 조각을 두드리긴 해도 특별히 남들보다 미신을 잘 믿는 편은 아니야. 하지만 자수성가해서 부자가 된 사람들의 전기를 읽어보면 부를 캐낼 광산을 어찌도 그리 잘 발견하는지 놀랄 때가 많아. 대체 그들을 그곳으로 이끈 힘은 뭘까? 그들은 어디를 뒤져야 할지 어떻게 알았을까?

아마도 자수성가해서 부자가 된 사람과 그럭저럭 아쉽지 않을 정도로 사는 사람을 가르는 기준은 기회가 왔을 때 그것을 본능적으로 잡을 줄 아는 능력 같아. 항간의 속설을 무시하고, 다른 사람들이 모두 바보짓이라고 생각하는 모험에 과감하게 뛰어들 수 있는 용기가 필요하지. 젊은 헨리 포드가 자동차에 마음이 끌리지 않았어도, 루벤 라우징이 포장 기술을 고르지 않았어도, 혹은 빌 게이츠가 소프트웨어에 관심을 갖지 않았어도 그들은 그처럼 엄청난 재산을 모을 수 있었을 거야. 그들의 역할과 활동한 시대가 서로 바뀌었더라도 분명 평범한 사람들보다 경제적으로 두각을 나타냈을 거야. 결국 모험을 감행하고 이어 성공이 처음 찾아왔을 때 그것을 한껏 이용할 줄 아는 능력이 어떤 분야를 선택할 것인가 하는 문제보다 중요해. 전략을 실행하는 것이 몰두할 대상을 찾아내는 것보다 더 중요한 패인 거지.

행운? 운명? 이런 말을 쓰는 것 자체가 썩 내키진 않지만, 이런 것이 없으면 사실 어떤 것도 이룰 수 없어. 인정하기 싫지만 그렇지 않다고 우기기에는 내가 아는 사람들 가운데 불운에 덜미를 잡힌 사람이 너무 많거든. 행운이 우리 삶에 영향을 미친다는 생각이 착각이라면, 사실상 모든 사람이 그런 착각을 하고 있다고 해두지.

엄청난 부자들은 신이 아니야. 그들도 당신네처럼 아침에 속옷 바람으로 침대에서 일어나는 사람이지. 그들이 때마침 적절한 곳에서 적절한 일을 한 건 사실이야. 차이가 있다면, 그들은 운명이 알려준 방향으로 발을 내딛고 운명이 재빨리 달아나려 할 때 기회를 놓치지 않고 잡았다는 거지. 행운의 여신은 뒤통수가 대머리라서 지나가고 나면 붙잡기 어렵다는 말도 있잖아. 이 말을 재미없게 표현하자면, 그들은 탐색 단계에선 운이 좋았고 후속 조치에 능숙했다고 할 수 있어. 대담함이 그들을 도운 거지. 실패에 대한 두려움을 정복하고, 끈질기게 매달린 것이 그들을 부자로 만들었어. 하지만 어떤 분야에 뛰어들지 탐색하는 단계에서 어느 정도 운이 작용하지 않는다면 개인의 적성과 재능에 딱 맞는 분야를 찾아내기는 사실상 어려워.

대담함? 전쟁의 역사를 돌아볼 때 큰 성공을 거둔 장군들에겐 공통된 특징이 하나 있어. 급변하는 상황에 대처하기 위해 명령을 무시하고 불명예의 위험을 기꺼이 무릅썼다는 거야.

기회가 왔을 때 그들은 재빨리 가능성을 계산해 기회를 포착했고, 자신의 목숨과 경력을 내걸어 승리를 거머쥐었지. (그들 주위에 있는 사람들의 목숨과 경력은 말할 것도 없고) '행운'과 관련해서 내가 즐겨 인용하는 말들이 있어.

"행운은 준비이고 그것을 배가시키는 것은 기회다."

- 로마의 철학자 세네카

"열심히 연습할수록 행운도 따라오는 법."

- 골프 챔피언 게리 플레이어

"행운은 땀 흘린 만큼 얻는 몫."

- 맥도날드 창립자 레이 크록

행운은 대담한 용기를 가진 자를 편애해. 괴테가 말했듯, 대담함이야말로 천재적인 힘이야. 대담함은 때로 처참한 실패를 가져오기도 해. 항간의 속설도 완전 엉터리는 아니야. 하지만 대담함이 성공할 때, 다시 말해 기회를 잡고 충분히 실행할 때 그 성공은 엄청난 영예를 가져다주지. 우리 주위에는 매일매일 부자가 되는 기회가 펑펑 솟아나고 있어. 주의 깊게 살펴보면 이런 기회를 발견할 수 있어. 준비를 충실히 할수록 기회를 성공으로 연결할 확률은 더욱 높아져. 대담한 자는 상장할 때 주식을 매입해 유리한 위치를 점할 수 있어. 자신에 대한 믿음이 강하면 목표와 타이밍이 확실하게 보이지. 그리고 주위 사람들이 어떻게 생각하는지 신경 쓰지 않을 때 모험을 하고 기회를 충분히 활용할 수 있는 법이야.

이것이 바로 진로를 탐색할 때 가장 중요한 열쇠야. 당신이 무엇을 좋아하고 무슨 재능이 있든 상관없이 기회가 왔을 때 움츠러들지 말라는 것. 승세를 잘 판단해서 확신이 든다면 다른 사람들의 반대와 판에 박힌 경고는 무시해. 행운의 여신을 굳건히 잡고 인생을 걸어. 치밀하게 준비된 계획에 따라 차근차근 밀고 올라간 사람보다 단 한 번의 기회를 잡은 사람 중에 부자가 된 사람이 훨씬 많아.

　기회는 누구에게나 찾아와. 온갖 모양을 하고 때로는 기회가 아닌 척 위장도 하지. 위험하다는 신호를 보내기도 하고, 창피를 무릅써야 할 것처럼 보일 때도 많아. 위험 요소를 분석하고 창피함을 이겨내고 지독하게 성실히 행동할 준비가 된 자, 그런 자가 바로 돈다발을 품에 안을 행운아들이야. 그들은 스스로 운을 개척한 사람들이야. 탐색을 멈추지 않은 자들이지. 어쩌면 몇 달, 심지어 몇 년을 엉뚱한 곳에서 헤맸을지도 몰라. 아니면 단 한 번에 찾던 분야를 발견했을 수도 있고. 필요한 곳에서 필요한 것을 발견했고 필요하다고 생각되는 일을 했다면 이제 탐색 단계는 끝. 바로 그들이 앞으로 부자가 될 사람들이지.

5장

멋진 아이디어에
지배당하는 사람

아이디어와 현실 사이에
몸짓과 행동 사이에
그림자가 지네

■ T.S. 엘리엇, 〈텅 빈 사람들〉

'이렇게 멋진 아이디어가
방금 떠올랐는데'

소설가이자 시인인 블라디미르 나보코프는 1960년대 중반에 가진 한 인터뷰에서 "멋진 아이디어라는 건 다 시시껄렁한 소리고, 스타일과 구성이 책의 본질"이라고 말했어. 하지만 적어도 현실 세계에서 아이디어는 시시껄렁한 소리가 아니야. 하지만 아이디어가 있다고 해서 당신이 부자가 되는 것도 아니지. 이보다 중요한 사실이 있는데, 누가 특정한 아이디어를 냈는지는 사실 중요하지 않다는 거야. 특허권과 발명에 관한 법을 보면 이를 잘 알 수 있어. 아이디어는 특허 대상이 아니야. 아이디어를 실행하는 방법으로 특허를 받는 거지. 그래서 평생 멋진 아이디어 한 번 내놓지 않았으면서도 부자가 된 사람들이 그렇게 많은 거야. 공교롭게도 나 또한 이 부류에 포함 되지.

목표를 갖는 건 좋아. '멋진 아이디어'를 신봉하는 이들은 대개 특 정한 목표를 이루겠다는 생각에 빠져 있어. 제대로만 된다면 부를 일궈낼 수도 있을 테지. 그런데 슬프게도 부가 꼭 부를 창출한 사람 의 호주머니에 들어가는 건 아니야. 돈 버는 놈은 따로 있다는 뜻이 야. 그들의 목표에 뭔가 잘못된 게 있다는 얘기지.

작은 예를 하나 들어볼게. 20여 년 전 내 친구 토니 엘리엇은 영국 의 텔레비전 방송사들에 그들의 방송 프로그램 스케줄을 자신이 소유 하고 있던 주간지 〈타임아웃〉에 싣게 해달라고 강압적으로 요구할 생 각이었어. 이에 대해 BBC와 ITV는 경악했어. 이 방송사들은 〈라디 오 타임스〉와 〈텔레비전 타임스〉에 주간 프로그램 스케줄을 독점적 으로 싣도록 라이선스를 줘서 큰돈을 챙기고 있었거든.

토니의 아이디어는 단순했어. 안온한 독점 구조를 깨고 방송사들 이 자기들의 스케줄을 원하는 출판업자 모두에게 넘기도록 강요할 생각이었지. 그렇게 되면 〈타임아웃〉은 영화, 연극, 공연, 식당 리뷰 와 소개에 텔레비전 프로그램까지 더해져 명실상부한 문화 가이드 가 될 수 있었어. 분명 괜찮은 목표로 보였지.

그런데 이런 목표 자체로는 독자들을 더 많이 양산해내는 효과밖 에 나타나지 않아. 게다가 성공하면 다른 많은 출판업자도 텔레비전 방송 스케줄을 자기들 잡지에 마음대로 싣게 되지. 그중 상당수는 가판대에서 〈타임아웃〉과 경쟁하는 라이벌 잡지들이고. 또한 텔레비전 방송사들과 지루한 법정 공방을 벌이다 보면 상당한 돈이 들어갈 수밖에 없어. 그런데도 이런 모험을 할 만한 가치가 있을까?

토니는 그렇다고 생각했어. 그는 자신을 도와줄 협력자들을 찾았어. 그리고 자신의 목표를 이루기 위해 법정에서 엄청난 돈을 썼어. 내 눈에만 그렇게 보였는지 모르겠지만, 그는 한동안 이 목표에 온 정신이 팔려서 회사 직원이 앞으로 헤쳐가야 할 문제들이 많고 처리해야 할 급박한 논의들이 생길 거라고 걱정하는 데도 무시해버렸지. 심신을 지치게 하는 지루한 싸움 끝에 마침내 토니는 승리를 거뒀어. 하지만 그저 그런 하나의 승리였을 뿐이야. 텔레비전 방송 스케줄은 어느 정도 퍼블릭 도메인으로 넘어갔어. 이제 많은 잡지에서 방송 스케줄을 싣고 있지.

그래서 어떻게 됐냐고? 나는 전면적으로 텔레비전 방송 스케줄이 실리기 시작하면 〈타임아웃〉 판매가 일시적으로 늘어날 것이라고 생각했어. 하지만 이런 일을 이뤄내느라 소요된 법정 비용과 토니가 미처 신경 쓰지 못해서 빚어진 경영상의 손실을 만회해줄 만큼 판매량이 충분히 늘어나기는 힘들 것임을 알고 있었어. 더욱 안 좋은 사실은 가장 크게 실속을 챙긴 쪽이 〈타임아웃〉이 아니라는 거였어. 지금도 여전히 그래. 오늘날 영국의 소매점 선반에는 텔레비전 방송 스케줄을 실은 잡지들이 넘쳐나. 토니의 아이디어는 정말 멋지고 훌륭했지만, 다른 잡지사들에 훨씬 더 좋았던 셈이지.

다행히도 〈타임아웃〉은 그 이후로 영국에서 많은 구독자를 확보했고 안정적인 가판대 판매 부수를 유지했어. 게다가 여러 해외판을 발행하는 성과도 거뒀는데, 특히 뉴욕판은 토니가 예전에 텔레비전 제왕들에 맞서 고매한 싸움을 벌이면서 치러야 했던 대가보다 훨씬 많은 돈을 벌어다 주었지.

멋진 아이디어만으로는 충분하지 않아. 궁극적인 목표가 아이디어보다 훨씬 더 중요해. 장기적으로 볼 때 관건은 아이디어가 어떻게 실행되는가 하는 거야. 좋은 아이디어는 나이키 운동화 같아. 운동화를 가지고 있는 선수에게 도움을 줄 순 있지만, 그 자체로는 비싼 운동화일 뿐이지. 훌륭한 아이디어는 특별한 기술을 도입해 만든 운동화라고 할 수 있어. 하지만 목표는 승리하는 것이고, 운동화는 승리하지 않아. 승리하는 건 운동선수지. '좋은 아이디어'가 있다며 나를 찾아왔던 사람들 중에 아이디어 자체가 당장이라도 부를 안겨줄 티켓이라도 되는 것처럼 으스댔던 사람들이 얼마나 많았는지 몰라. 아이디어는 티켓이 아니야. 기껏해야 부를 얻을 수 있는 수단일 뿐이지.

맥도날드로 유명한 레이 크록은 '패스트푸드'라는 아이디어를 발명한 사람이 아니야. 역사가 시작된 이래 사람들은 항상 '급하게 돌아다니며' 음식을 입에 쑤셔 넣었어. 그의 천재적 재능은 이런 사실을 깨닫고 간단한 다섯 가지 과정을 계획하고 실행한 데서 발휘됐어. '음식과 가격을 표준화한다, 식당을 프랜차이즈로 운영한다, 청결한 환경에서 음식을 신속하게 만든다, 돈에 합당한 가치를 내놓는다, 계속해서 새로운 상품을 시장에 선보인다.' 말로 하기는 쉽지만 실행하기는 어렵지. 게다가 이런 생각은 패스트푸드에 대해 당시 사람들이 갖고 있던 편견에 정면으로 반박하는 거였어. 하지만 당뇨병과 천식으로 고생하던 쉰두 살의 밀크셰이크 믹서 판매원을 억만장자로 만들어준 것은 바로 이런 계획의 실행이었지. 그의 계획에 담긴 모든 요소는 이미 다 '발견'된 상태였어. 당시 미국에선 수천 개의 패스트푸드 가게가 영업 중이었는데, 크록은 맥도날드 형제가 소유한 가게를 거점으로 자신의 시장을 넓혀갔어.

결국 시장의 지배자로 떠오른 건 크록의 맥도날드였어. 아이디어만 좋았던 게 아니라 부단하게 노력하고 핵심 원리에 충실한 덕분이었지. 나는 개인적으로 패스트푸드를 경멸해서 마땅히 대체할 음식이 없을 때가 아니면 입에 대지 않지만, 레이 크록의 이야기는 한 사업가의 노력으로 업계의 모습이 바뀔 수 있음을 보여주는 훌륭한 증거야. 물론 그 과정에서 그 자신은 엄청난 부자가 됐지.

비즈니스 세계에서 아이디어 문제는 이렇게도 볼 수 있어. 훔치는 거야. 이 표현이 마음에 안 든다면 베낀다고 해도 좋아. 매력적인 아이디어를 베끼지 못하는 건 모든 업계에서 흔히 볼 수 있는 실수야. 주로 게으르거나 우둔하기 때문이지. 게으름에 대해서는 더 할 말이 없지만, 우둔함은 특정한 형태를 취할 때가 많아. 보통 NIH(Not Invented Here) 신드롬이라고 부르는데, 나는 이것이 바로 개인이나 회사가 큰 성공을 거두지 못하는 중요한 이유라고 생각해.

사람들이 왜 타인의 성공을 베끼는 것을 혐오하는지 밝히는 것은 심리학자들의 몫이야. 중요한 건 사람들이 실제로 그런 행위를 혐오

한다는 거지. 그처럼 우둔한 행태는 종종 재앙적인 결과를 초래하기도 하는데, 나는 값비싼 대가를 치르고 나서야 그 사실을 깨달았어.

데니스 출판사는 1980년대 사업을 시작했을 때부터 컴퓨터와 전자게임 관련 잡지를 발행해왔어. 물론 경쟁업체들도 있었지만 우리는 확실히 영국 시장에서 막강한 지위를 차지하고 있었지. 그런데 얼마 지나지 않아 그리 크지 않은 라이벌에게 호되게 당하게 돼. 이 대목에서 퓨처 출판사를 창설한 크리스 앤더슨이 등장해.

크리스는 두 가지 멋진 아이디어를 가지고 있었고, 이를 완벽하게 실행했어. 먼저 그는 소니 같은 회사에 거액의 돈을 지불하고 〈오피셜 소니 플레이스테이션 매거진〉 같은 잡지의 출판권을 확보하려고 했어. 둘째, 그는 잡지와 전자게임을 함께 가방에 넣어 판매하는 전략을 시도했어. 이렇게 되면 퓨처 출판사의 잡지가 경쟁지들에 비해 생산비가 더 비싸기 때문에 가판대에서도 더 비싼 가격에 팔리게 돼. 물론 퓨처 출판사는 그 같은 잡지의 소유권을 가질 수 없어. 하드웨어 업체로부터 잡지와 게임의 출판권 라이선스를 받은 것일 뿐이니까. 결국 〈오피셜 소니 플레이스테이션 매거진〉은 크리스 소유가 아니야. 그는 그저 발행인일 뿐이지. 자신이 소유하지도 않은 잡지를 발행한다니 생각만 해도 끔찍했어. 더욱이 소니나 세가 같은 거대한 회사에 수백만 달러를 미리 넘겨주고 싶은 생각도 없었고. 그래서 데니스 출판사는 게임 시장에서는 '비공식' 잡지를 출판하는 데 주력했지. 어때, 괜찮은 생각 같지?

우리 잡지는 만드는 데 비용이 그렇게 많이 들지 않았어. 물론 우리도 가방에 함께 넣을 게임이 필요했기에 이류 게임을 찾아 곳곳을 뒤져야 했지만 말이야. 퓨처 출판사의 잡지는 '공식' 잡지였기에 잡지에 딸려 오는 게임도 1급이었지. 지금은 대부분의 독자가 전자게임 잡지에 '공짜로' 게임이 딸려 오는 것을 당연하게 여기는 추세야.

그 결과는 다들 짐작한 대로야. 퓨처 출판사는 컴퓨터와 전자게임 잡지 시장에서 데니스 출판사를 완전히 압도했어. 독자들은 잡지에 별 관심이 없었어. 그저 가방 속에 들어 있는 공짜 게임에 신경을 썼지. 우리 잡지에 소개되는 게임의 제작자들은 우리가 '비공식' 잡지였기에 마지못해 게임을 제공했어. 결국 시장은 독점 구조로 흘러갔고, 데니스 출판사는 해적판을 밀다가 결국 패하고 말았지. 우리는 어쩔 수 없이 아직 접지 않은 게임 잡지를 '특매 처분가'로 퓨처 출판사에 넘겼어. (사실 특매가는 아니었지만 내가 받고 싶었던 가격에는 턱없이 못 미쳤지!) 우리는 그들에게 한 방 먹었어. 그래도 싸다고 생각해.

잡지를 넘기는 데는 몇 년이 걸렸어. 그동안 우리는 매년 불가능한 일을 시도하며 꾸준히 배웠어. 우리는 인터넷에 상당한 투자를 해서 성공적인 게임 포털을 만들었고, 이 또한 퓨처 출판사에 팔았어. 데니스 인터넷 게임 포털은 잡지보다 더 성공했어. 왜인지 알아? 가판대와 달리 인터넷에서는 '공식'과 '비공식'의 구분이 없었고, 우리는 뒷짐 지고 사태를 바라만 보지 않았거든. 적어도 인터넷에서 우리는 '해적판' 취급을 받지 않았어.

데니스 출판사가 싸울 생각이 없었다거나 우리가 낙담한 채 자포자기한 상태였다는 뜻은 아니야. 하지만 우리는 퓨처 출판사를 흉내

내서 '공식적인' 라이선스를 얻으려고 돈을 투자할 생각이 없었어. 실은 나중에 마이크로소프트의 게임 플랫폼 X-박스에 관심을 갖기도 했는데, 경쟁업체가 우리를 시장에서 몰아내기 위해 터무니없이 비싼 가격을 지불해서 낚아채더라고. 그 경쟁업체는 당연히 퓨처 출판사였지. 퓨처 출판사의 성공은 분명해 보였지. 데니스 출판사는 재정적 여력이 있었고 여차하면 자금을 빌릴 수도 있었어. 하지만 우리는 우리가 잘못했다는 것을 결코 인정하고 싶지 않았어. 우리가 어리석었다는 것을 깨달았을 즈음에는 이미 퓨처 출판사가 중요한 '공식' 게임 잡지 출판권을 사실상 모두 따낸 뒤였지. 우리가 게임 잡지에 쏟아부었던 피와 땀과 돈을 생각하면 지금도 몸이 떨릴 정도야.

데니스 출판사가 전자게임 시장에서 실패한 이유는 매력적인 아이디어를 베끼지 못했기 때문이야. 우리 회사 부장들에게는 라이선스를 획득하는 것 자체가 대단히 어려운 일이었어. 일단 퓨처 출판사가 소니의 라이선스를 획득한 후에는 소니라는 회사가 갖는 우월한 지위 때문에 다른 회사 게임의 출판권을 얻는다 한들 성공하기 힘들 거라고 주장했어. 시간이 지난 후에 보니 그들의 말이 맞았던 것 같기도 해. 그러면 결국 그렇게 오랫동안 독점 구조가 이어질 것을 알면서도 왜 진작 싸움을 그만두지 않았을까? 그건 퓨처 출판사의 기막힌 아이디어를 우리가 베끼지 못했다는 사실을 인정하는 것이 끔찍하게 싫었기 때문이야.

차라리 내 밑에서 일하던 최고의 직원들을 일본, 유럽, 미국 등지로 보냈어야 했어. 세가, 소니, 마이크로소프트 같은 회사가 우리를 만나 주겠다면 어느 곳이든 달려갔어야지. 그래서 그들을 근사하게 접대하면서 친근하게 다가섰어야 했어. 아니면 그런 게임의 인기를 이용할 수 있는 방법에 잡지 말고 또 다른 길은 없는지 찾아보든가. 다른 방도가 없다면 아예 퓨처 출판사를 통째로 사들이는 것도 괜찮은 방법이었겠지. 현금이야말로 가장 유능한 설득자이니까. 이런 시도가 먹히지 않으면 미련 없이 시장을 떠났어야 했어. 하지만 우리는 이런 일들을 전혀 시도하지 않았고, 결국 돈만 날렸어. 베끼기를 거부했기 때문에 호되게 당한 거야.

이렇게 쓰라린 일만 있었던 건 아니야. 좋은 아이디어를 베껴서 멋지게 실행했을 때 어떤 근사한 일이 일어나는지 보여주는 예도 있지. 1994년 5월, 영국에서 가장 큰 잡지 출판사인 IPC는 젊은 남성들을 위한 잡지 〈로디드〉를 창간했어. 편집자인 제임스 브라운의 아이디어였어. 브라운이 IPC 간부들을 어떻게 설득해서 이런 기발한 발상을 실현할 수 있었는지는 알려지지 않았어. 제임스 개인의 매력과 설득력을 가까이서 지켜본 나로서는 그 과정을 대충 짐작할 따름이지.

아무튼 〈로디드〉는 젊은 남자애들을 위한 최초의 잡지로, 새로운 장르를 만들어낼 만큼 큰 성공을 거뒀어. 가판대에서 엄청나게 팔려나가며 〈에스콰이어〉, 〈GQ〉 같은 터줏대감을 위협할 정도였지. 〈로디드〉는 남성 잡지 시장에 새바람을 몰고 온 신선한 충격이었어. 불량하고 재미있고 전복적이고 중독성이 강했지. 타이밍도 절묘했어. 당시 BBC의 시트콤 〈행실이 고약한 남자(Men behavior badly)〉와 스포츠 퀴즈 쇼 〈다들 끝났다고 생각해(They think It's All Over)〉가 엄청난 인기를 끌고 있었는데, 〈로디드〉는 이런 프로그램들과 성격이 흡사했어. 영국의 잡지 발행인들은 하나같이 〈로디드〉의 성공에 질투를 느꼈지.

당연히 IPC의 최대 라이벌 EMAP가 가만있을 리 없었지. EMAP은 곧 〈FHM〉이라는 이름의 남성 패션지 하나를 인수해서 손보기 시작했어. 잡지 이름으로는 가히 최악이라고 할 수 있지만, 사실 이름이 뭐 그리 중요하겠어. 롤링스톤스나 비틀스도 이름은 그저 그렇잖아.

〈FHM〉은 〈로디드〉의 판박이였지만 나름대로 변화를 주기도 했어. 〈로디드〉가 명성을 얻는 데 큰 몫한 무모함을 피하고 보다 섹시하고 정교한 이미지를 내세웠지. 〈FHM〉은 처음부터 독자들은 물론 광고주들에게도 공격적으로 다가갔어. EMAP는 IPC 간부들이 〈로디드〉의 뻔뻔스러운 어조에 다소 불편함을 느껴서 잡지의 광고 판매와 마케팅에 전력을 쏟지 않았다는 것을 제대로 간파했던 거야.

게다가 〈FHM〉은 타블로이드 신문 〈선〉과 손잡고 비키니 차림의 유명인사 사진을 독점적으로 제공해서 인기몰이를 했어. 〈FHM〉은 금세 젊은 남성지 시장의 강자로 부상했지. 데니스 출판사도 이 시장을 노리고 1995년 〈맥심〉을 창간했는데 〈FHM〉은 절대 강자의 자리를 놓치지 않았어.

〈FHM〉이 영국에서 거둔 성공은 베끼기 전략이 자신감을 갖고 힘 있게 실행될 때 얼마나 큰 위력을 발휘하는지 보여주는 좋은 예야. 영국판 〈FHM〉의 순이익이 1,200만 파운드를 넘어섰다는 얘기를 들은 적 있는데 EMAP는 그럴 만한 자격이 있어.

교훈은 분명해. 오리지널이 최선은 아니라는 거지. 독창성이 항상 최고의 자리를 보장해주는 것은 아니야. 부자가 되고 싶다면 라이벌의 행동을 주시하다가 좋은 전략이 있으면 서슴없이 따라 하라고. 한동안 조롱받긴 하겠지만 그 대가로 엄청난 이익이 돌아올 거야.

좋은 아이디어의 문제점은 마음이 온통 아이디어 자체에 쏠린다는 거야. 거기까지는 좋아. 그런데 제대로 훌륭하게 실행되지 않는다면 아무리 좋은 아이디어도 말짱 헛수고일 뿐이야. 게다가 사업은 실패하고 말지. 아이디어는 분명 엄청나게 중요하지만, 돈 버는 일보다 자신의 아이디어가 옳다는 것을 입증하려고 회사를 차린 사람들은 다들 시간만 낭비하다가 흐지부지해지고 말더라고.

아이디어가 옳은지 아닌지는 아무도 신경 쓰지 않아. 아이디어를 낸 본인만 신경 쓰지. 애플(내가 지금 이 문장을 타이핑하는 컴퓨터를 만든 회사)이 좋은 예야. 애플은 스티브 잡스와 스티브 워즈니악이라는 두 명의 '괴짜'가 차고에서 시작한 회사로 25년도 더 전에 애플II 컴퓨터를 내놓으면서 본격적으로 사업을 시작했어. 야심적으로 내놓은 모델 '리자'가 실패해서 힘든 시기를 보낸 뒤 1980년대 중반 매킨토시 컴퓨터로 대단한 성공을 거뒀지. 최근에는 음악 저장장치 아이팟을 개발해 소비자 테크놀로지의 지형을 완전히 바꾸어놓기도 했어.

혹시나 싶어서 말하는데, 나는 애플의 충성스러운 소비자이자 엄청난 팬이야. 1983년경 리자를 구입했고, 이듬해 최초의 매킨토시 컴퓨터를 구입한 이후 새 모델이 나올 때마다 거의 다 샀어. 아울러 우리 회사는 지난 20년 동안 세계에서 가장 훌륭한 매킨토시 컴퓨터 잡지 〈맥유저〉를 발행하고 있어. 나는 애플과 그 회사의 제품을 적어도 역사적인 면에서는 아주 잘 안다고 자부해.

하지만 애플에도 문제가 하나 있어. 이 문제는 항상 있었는데, 그 이름은 바로 스티브 잡스야. 스티브는 계속해서 좋은 아이디어의 오류에 걸려든 희생자야. 1984년으로 거슬러 올라가면 당시 애플은 PC 세계를 지배하기 직전이었어. IBM을 비롯한 막강한 라이벌들은 모두 우왕좌왕하고 있었지. 라이벌들은 PC 혁명을 이루지 못했어. 잡스와 워즈니악은 그걸 이뤘고.

애플의 제품들은 혁신적이고 미끈하고 멋졌으며, 당시 어떤 회사가 내놓은 PC보다 훨씬 우수했어. 실제로 얼마나 뛰어났는지 사용자들이 '컴퓨터를 애플로 바꾸기' 운동을 벌이기까지 했을 정도야. 내가 바로 그중 한 사람이야. 그런 애플이 왜 지금 PC 시장에서 그렇게 작은 부분만을 점유하고 있을까? 그건 바로 스티브 잡스 때문이야.

스티브는 멋진 아이디어를 자주 내놓고 그 아이디어를 권장하는 편이야. 배포 있게 아이디어를 지원하고 추진하지. 그는 똑똑하고 열정적이고 멋진 친구야. 하지만 자신의 잘못을 좀처럼 인정하지 않아. 자기가 잘못했다고 인정하느니 차라리 빈털터리가 되는 게 낫다고 생각하지. 초창기 매킨토시 컴퓨터가 '밀폐형 상자'여야 하고 매킨토시 컴퓨터의 운영 시스템을 다른 제조업체와 호환되게 하거나 라이선스로 내줄 수 없다고 고집한 사람도 바로 스티브였어.

당시 애플 판매원들이 쓰던 표현 중에는 매킨토시 컴퓨터는 쿠진아트 믹서기처럼 만능이라서 나머지 세상과 연결될 필요가 없다는 표현이 있어. 매킨토시 컴퓨터 한 대만 있으면 컴퓨터로 할 수 있는 당신이 원하는 모든 것을 할 수 있다고 얘기했지. 굳이 그보다 못한 기계나 장치와 연결해서 사용하도록 해 체면을 깎을 필요가 없었던 거야.

하드웨어도 애플, 액세서리도 애플, 소프트웨어도 애플. 이런 식이었지. 개방형 구조는 절대 사절! 새롭게 떠오르는 이 시장에 침을 질질 흘리며 관심을 보이는, 덩치만 큰 구닥다리 컴퓨터 회사 운영자들과는 손잡을 이유가 없다고 생각했어. 스티브는 자신의 운영 체제를 공유할 생각이 전혀 없었어. IBM을 비롯한 경쟁자들 역시 훗날 그렇게 했어. 어쨌든 이런 경쟁자들에 대한 스티브의 태도는 대단히 거만했어. 내가 직접 목격한 적도 있어. 장담하는데 지금도 분명 그럴 거야.

애플 초창기에 스티브가 거대한 컴퓨터 기업의 최고경영자 자리를 제안받았다는 소문이 돌았어. 내 생각엔 사실일 것 같아. 스티브가 대기업 임원실 책상 모서리에 엉덩이를 걸치더니 몸을 숙이고는 이렇게 말했다는군. "난 당신을 매장시킬 겁니다. 애플이 당신 회사를 매장시킬 거라고요." 하지만 그는 그러지 못했어. 그들이 그를 매장시켰지.

이런 거만함, 자신(혹은 자기 회사)의 아이디어만 옳다는 믿음 때문에 지난 30년 동안 애플이 재정적으로 롤러코스터를 탄 것처럼 심한 부침을 겪은 게 아닌가 싶어. 스티브는 물론 애플의 구세주야. 또한 거울에 비친 자신의 모습에 묶여 있는 사람이기도 하고.

스티브의 애플 사무실 책상 위에 "내 방식대로가 아니면 그만둬"라는 문장이 커다란 글씨로 적혀 있다는 소문은 사실이 아니야. 하지만 많은 사람이 그렇게 믿는다는 게 그에 대해 뭔가를 말해주지. 애플의 혁신과 아이디어(여기에 거만한 정신)는 컴퓨터 업계에서 하나의 전설이야. 그들의 아이디어, 그리고 기필코 실행해내는 의지는 대단한 성공을 거두곤 했지. 하지만 아이디어만으로는 충분치 않아. 결코. 기술로 구현해내는 데 성공하더라도 회사가 나머지 세계와 어우러지려는 노력을 하지 않으면, 다른 회사 제품을 이용하는 소비자들을 배려하지 않으면 결코 성공을 이어 나갈 수 없어.

애플의 아이팟은 분명 대단한 기술과 마케팅의 성과이지만, 나머지 세계의 접근을 견제하기 위한 제품이기도 해. 아이팟에 노래를 내려받으려면 인터넷에 있는 애플 음악 가게에 가야만 해. (공식적으로) 다른 소스의 음악은 아이팟에 연결할 수 없어. 왜일까? 이게 바로 "내 방식대로가 아니면 그만둬"라는 철학이야. 스티브 잡스의 고전적인 수법이지.

내가 예측하건대, 스티브는 20년 전에 그랬듯 자기 회사 주가를 정상으로 이끈 뒤, 열등한 라이벌들이 서로 손잡고 연합 전선을 구축해서 애플의 고객들을 훔쳐 가면 내리막길로 가파르게 추락할 거야. 그 과정이 엄청나게 비극적이지는 않겠지만 상당히 흥미로울 거야.

애플의 이야기는 일종의 도덕적 우화야. 훌륭한 아이디어가 한 사람(스티브 워즈니악은 이미 회사를 떠났으니)의 열정에 갇힌 이야기, 거만함에 갇히고 천재적인 마케팅 솜씨라는 껍질에 갇힌 이야기이지. 게다가 대단히 흥미진진한 이야기야. 경제 잡지와 IT 관련 웹사이트에 단골로 오르내리는 이야깃거리이지. 역사적 맥락을 아는 사람에게는 지켜보는 재미가 있고. 하지만 영리하게 사업을 운영했다고는 하기 어려워. 열등한 사람들이 따라잡기 전 잠깐 동안은 영리했을지 몰라도. 물론 스티브 본인은 예외로 봐야 하지만 말이야.

스티브가 없었다면 애플은 결코 무명 회사에서 세계 최고의 브랜드로 성장하지 못했을 거야. 하지만 그 때문에 애플은 앞으로도 계속 스티브 개인의 비전에 따라 움직여야 할 테고, 계속 그 대가를 치러야 하겠지. '열등한' 업체와 사람들은 애플의 아이디어를 훔치고 서로 연합해서 애플을 때려눕히려고 할 테고 말이야.

스티브는 괴물이 아니야. 내가 그에 대해 좀 아는데 반은 천재고 반은 골칫거리일 뿐이지. 스티브처럼 뛰어난 사람이 (그의 시체를 밟고) 애플에 들어와서 스티브가 그토록 오랜 세월 동안 길들여놓은 체제를 과감하게 타파하기 전까지 애플은 그저 경외감을 불러일으키는 아이콘에 머물 수밖에 없어. IBM 같은 괴물을 '매장할' 정도의 규모의 회사로 크려면 다른 방법이 없어.

그렇다면 이런 점에도 불구하고 내가 애플 컴퓨터를 계속 사용하는 까닭은 뭘까? 그건 애플이 좋은 컴퓨터이기 때문이야. 지구상에 있는 그 어떤 컴퓨터보다 탁월하기 때문이지. 그리고 워즈니악과 잡스가 '남은 우리 맥 유저들'이라고 부른 사람들의 마음을 흔들어놓은 놀라운 설렘과 흥분을 개인적으로 생생히 체험했고, 지금도 여전히 느끼고 있기 때문이야. 나는 여전히 맥 유저 가운데 한 명이고, 계속해서 애플 제품의 충성스러운 소비자로 남을 거야. 그리고 나는 마음속 깊이 진심으로 스티브 잡스와 스티브 워즈니악이 그들의 거대 라이벌들을 매장시키기를 원했어. 원래 내가 삐딱한 사람들에게 껌뻑 넘어가는 편이거든.

스티브에 관해 기억할 점은 내가 귀찮을 정도로 반복해서 말한 '성격적 결함'이 그를 엄청난 갑부로 만든 원동력이었다는 거야. 그는 내가 생각한 것보다 훨씬 부자가 됐지. 그의 애니메이션 회사 픽사는 어마어마한 성공을 거뒀고, 거의 70억 달러에 디즈니로 넘어갔어. 70억 달러!

스티브는 픽사의 대주주야. 이제 월트 디즈니라는 낡은 미디어 괴물의 최대 주주가 된 거지. 차고에서 시작한 '성격적 결함'이 있는 친구에게는 나쁘지 않은 성과지. 안 그래? 그가 유서 깊은 낡은 짐승의 위엄을 되살릴 수 있기를 기대해보자고.

어쨌든 멋진 아이디어는 조심해야 해. 아이디어를 적극 권장하고 열심히 찾아다니는 건 중요하지만, 그것을 잘 통제해서 발전시키지 못한다면 아이디어가 온통 당신의 사고를 지배하게 될 테니까. 그건 결코 좋은 일이 아니야. 당신이 스티브 잡스라면 모를까.

방금 한숨을 돌리려고 동네 술집에 들러 석양을 바라보며 맥주 몇 잔 마시고 왔어. 거기서 그만 지금 쓰고 있는 아이디어의 오류에 관한 얘기를 떠들고 말았어. 내 옆에는 막대한 돈을 관리하는 집사가 앉아 있었는데, 이 현명한 신사가 내게 미국의 철학자이자 시인인 랠프 월도 에머슨의 다음 구절을 상기시켜주더군.

> 그가 이웃보다 더 훌륭한 책을 쓰고, 더 나은 설교를 하고, 더 나은 쥐덫을 만든다면, 그가 숲속에 집을 짓더라도 세상이 그 의 집 문 앞까지 길을 낼 것이다.

"멋진 아이디어의 힘이 바로 이런 게 아니겠습니까, 펠릭스 씨." 그 는 이렇게 말하며 미소를 짓더군.

나는 그렇지 않다고 응수했어. 효과를 발휘한다는 의미의 동사는 '메이크(make, 만들다)'야. '싱크 업(think up, 생각해내다)'이나 '드림 업 (dream up, 언뜻 생각이 들다)'이 아니라고. 쥐덫이 만들어졌다는 얘기 를 사람들이 듣지 못한다면 누구도 길을 내지 않을 거야. 그러면 아 이디어는 쓸모없는 것이 되고 말 테지.

언젠가 기사에서 읽었는데, 미국에서 엄청난 성공을 거둔 인터넷 검색 엔진 구글이 몇몇 직원들에게 근무 시간의 20퍼센트를 근사한 아이디어를 개발하는 데 쓰도록 권장했다고 하더라고. 이런 정책이 어떤 성과를 거둘지 지켜보는 것도 흥미로울 것 같아. 구글이 주식 시장에 상장해서 엄청난 돈을 끌어오면서 많은 직원이 하룻밤 사이 에 백만장자가 됐어. 컴퓨터공학 박사학위를 가진 백만장자들은 과 연 구글을 더 부자로 만들고 싶어 할까? 아니면 독자적으로 새로운 길을 걷고 싶어 할까? 성공적인 아이디어를 누가 개발했는가를 놓고 소송이 일어날까? 지켜보면 무척 흥미로울 것 같아.

당신이 평생 근사한 아이디어 한 번 내본 적 없지만 다른 사람의 아이디어를 실행하는 데 능숙하다면, 당신은 상상 이상으로 큰 성공을 거둘 수 있을 거야. 괜찮은 아이디어를 찾아내서 실현해봐. 꼭 당신이 낸 아이디어일 필요는 없어. 다시 한번 강조하지만 실행이 전부야. 반면 하루 종일 마음속으로 이런저런 아이디어를 생각하고 이리저리 굴려보는 편이라면 당신은 부자가 될 가능성이 거의 없어. 다른 사람만 부자로 만들어주겠지. 원래 그런 법이야. 아이디어는 당신을 부자로 만들어주지 않아. 아이디어를 제대로 실행하는 것, 그게 바로 부자가 되는 길이지.

6장

자본은 이렇게 구해!

> 좋은 의도만 가진 선한 사마리아인은
> 누구도 기억하지 못해.
> 돈도 갖고 있어야 사람들의 기억에 남는 법이지.
>
> ■ 마거릿 대처

돌고래, 상어, 물고기

자본을 구하는 방법은 딱 여섯 가지야. 유산을 물려받는다. 훔친다. 복권에 당첨된다. 돈 많은 사람과 결혼한다. 직접 번다. 빌린다.

앞의 네 가지는 이 책이 다루는 범위를 넘어서는 방법이야. 복권이나 도박에 대해 내가 해줄 수 있는 말은 당첨 확률이 매우 낮다는 것 정도야. 그런 방법으로 부자가 되기는 불가능하지. 포커 같은 게임에서 믿기 어려운 솜씨를 보여주는 사람이 있긴 해. 하지만 결국 연속해서 잃는 것은 더 길게 보이고 연속해서 이기는 것은 더 짧아 보이는 법. 도박은 거의 천재적인 재주를 가진 사람일지라도 시간이 많이 걸리고 심신을 완전히 피폐하게 만드는 일이야. 복권은 아예 말을 꺼내지도 않는 게 당신의 지성을 존중하는 일일 테지. 복권은 조직적인 공감 협박에 그럴듯한 이름을 붙인 것에 지나지 않아.

  절도에 대해 말하자면, 도덕적인 문제는 제쳐두더라도 시도할 일이 못 된다는 게 내 생각이야. 내리막길은 너무 가파르고 오르막길은 지나치게 불확실하니까. 설사 많은 돈을 훔쳐내는 데 성공하더라도 발각되지 않을까 두려워하며 가슴 졸이는 것으로 많은 세월을 보내야 하지. 셰익스피어의 말도 있잖아.

  의혹은 항상 죄지은 마음을 따라다니고
  도둑은 제 발 저리는 법이지.

  돈 많은 사람과의 결혼은 귀가 솔깃해지는 이야기일 수도 있어. 하지만 당신이 왜 결혼했는지 당신의 순진한 배우자는 모를 수도 있지만 부자 친척들은 아주 잘 알 거야. 그렇다고 이 방법이 먹혀들지 않는다는 말은 아니야. 내가 아는 KGB 대령은 이혼할 때 받은 위자료를 기반으로 지금 무기 거래상이 됐어. 조상 대대로 부유한 가문과 결혼한 치료사도 한 명 알아. 하지만 그들이 부자가 되는 과정은 전혀 평탄하지 않았어. 가혹한 요구 조건을 내거는 질투심 많은 배우자는 제쳐두더라도 그들은 늘 불안해했고 남들이 자신을 비웃는다고 생각해서 불쑥 화를 내곤 했지. (물론 실제로 비웃음을 당하는 경우도 있었고) 프랑스의 사회주의자 피에르 프루동이 "재산은 절도!"라고 소리 지른 게 충분히 이해돼. 아무렴 그렇고말고. 하지만 이건 합법적인 절도지.

서구 자본주의는 인간사를 주무르는 썩어빠지고 고약한 체제이지만 다른 경쟁 체제들이 모두 사라진 후에도 끝까지 살아남은 유일한 체제이자 사회를 유지하는 중심 기둥이지. 자본주의에 대해 어떻게 생각하든 이 책을 읽는 당신은 자본주의 체제하에서 노동하면서 살아갈 수밖에 없어. 그리고 자본주의라는 이름에서 알 수 있듯, 게임에서 이기고 성공하려면 우선 자본이 있어야 해.

자본을 구하는 다섯 번째 방법인 '직접 버는 것'에는 장기적인 계획이 필요해. 무일푼에서 시작해 부자가 된 사람들은 대개 어떤 식으로든 돈을 빌릴 수밖에 없어. 돈 버는 재능이 있다는 것을 어렸을 때부터 보여준다면 나중에 다른 사람에게 돈 빌리는 게 쉬워질 수는 있지. 그럼 어떤 방법으로 돈을 빌릴 수 있는지 살펴보기로 할까?

먼저 현금 서비스는 절대적으로 피할 것. 자본을 구하기 위해 수십 장의 신용카드로 돈을 인출한 다음 몇 달 동안 카드 한도액을 돌려막으며 자그마한 사업을 시작한 사람들의 이야기를 들어봤을 거야. 영웅적인 이야기라고 볼 수도 있지만 분명 현명한 방법은 아니야. 신용등급은 정말 중요해. 신용카드나 사채의 이자율은 합법적인 사업해서는 털어내기 어려울 만큼 높고, 파산법은 최근 들어 점차 채권자에게 관대해지는 방향으로 바뀌고 있어. 파산한 적이 있으면 다시 사업을 시작하려고 할 때 그 경험이 당신을 계속 따라다니면서 괴롭힐 거야.

당신을 노리는 약탈자들은 또 있어. 혹독한 이자율을 요구하는 놈들이지. 매주 매달 대출금을 갚느라 피 같은 돈을 털려 몸은 만신창이가 되고 정작 사업을 시작했을 때보다 돈을 더 벌지 못한 사람이라면, 그런 식으로 돈을 빌렸을 때 얼마나 혹독한 대가를 치러야 하는지 뼈저리게 알 거야. 고리대금업자에게 개나 소처럼 끌려다니느니 차라리 노예 같은 월급쟁이 생활을 하는 게 훨씬 낫다는 것을.

그렇다고 해서 상황이 비관적인 것만은 아니야. 당신 눈에는 안 보이겠지만 세상에는 돈이 넘쳐. 자본이 넘쳐나고 마땅히 투자할 곳은 없지. 경제신문을 펼치면 증권사, 금융 전문가, 투기 자본가, 뮤추얼펀드 매니저, 그리고 새롭게 부상하는 악덕업자인 헤지펀드 매니저들이 이런 소리를 하는 것을 보게 될 거야. (〈포춘〉에 따르면 헤지펀드는 "단기 이익을 노리고 신종 투자 방법을 사용하는" 뮤추얼펀드야. 영악한 작자들이지) 당신이 헤지펀드와 아스파라거스 화단도 구별하지 못하는 수준이라면 제대로 찾아온 거야. 내가 수십 년 동안 비상장회사와 상장회사 모두를 소유하고 경영해본 경험에서 말하는데, 아스파라거스 화단과 헤지펀드는 한 가지 공통점이 있어. 거름이 필요해. 그것도 엄청나게 많은 거름이. 내가 알기로 헤지펀드를 운용해서 엄청난 부자가 된 사람들은 모두 (당신도 짐작했겠지만) 헤지펀드 매니저야.

그런데 그렇게 돈이 넘쳐난다면 왜 이렇게 돈 구하기가 힘든 걸까? 간단해. 당신이 생각하는 돈의 액수가 너무 적기 때문이야. 적다는 것에도 여러 차원이 있어. 2004년 우리 회사는 뉴욕의 은행과 금융기관들을 여러 차례 돌아가며 방문했어. 5~6년에 걸쳐 갚기로 하고 적당한 이자율로 2,000만 달러 정도를 빌릴 생각이었거든. 그런데 어림없더라고. 까놓고 말해서 1억 달러는 빌려야 한다는 거야. 게다가 자금을 댈 자가 경영에 끼어들어 수익금을 분배받겠다고 했지. 말도 안 되는 소리라고 생각했어. 나는 담보물도 많고 그저 얼마 되지 않는 돈만 빌리면 되는데 우리 회사에 파트너까지 들여앉히라니. 결국 우리는 유럽에 가서야 필요한 자금을 빌릴 수 있었어.

그래서 어쩌란 얘기냐고? 지금 미국의 돈줄을 쥐고 있는 많은 이들은 떡고물을 노리고 돈을 대주는 거야. 원금과 이자를 받는 것은 당연한 거고! (그렇게 보면 우리는 저금리 시대의 희생자인지도 몰라. 전통 은행들이 어쩔 수 없이 다윈식 적자생존 게임에 뛰어들어야 하니까. 이자율로 장사가 안 되면 할 수 없이 수익금 분배라도 요구해야지. 은행도 진화하지 못하면 도태되는 판국이거든.)

물론 이건 투기 자본가들이 행동 습성이야. 자본을 구하는 방법이 꼭 이것만 있는 건 아니야. 하지만 자본을 빌려주겠다는 이들은 거의 항상 당신 회사의 지분을 상당 부분 넘겨 달라고 요구해. 게다가 그들은 당신의 새 벤처 사업을 매각하는 시점을 정하자고 고집 부리기도 해. 왜 그러는 것 같아? 그들의 펀드는 대개 부유한 개인들에게서 나오는 돈으로 이뤄져 있는데, 이 부자들이 시간을 못 박고 높은 이자를 요구하기 때문이야. 그래서 많은 투기 자본가들이 투자하려는 사업에 대해 조언하는 수준에서 벗어나 직접 경영에 참여하려 들지. 그러다 보면 당신이 능력을 발휘하는 데 방해가 되고, 당신의 동료들을 불평불만 하는 일도 생겨. 펀드에 돈을 대는 부유한 투자자들은 인정사정 봐주지 않는, 무자비한 자들이야. 투기 자본가들은 당신의 사업에서 단기간에 높은 수익을 끌어내기 위해서는 무슨 일이든 하려 들거든.

자본가들의 행태는 상어(고리대금업자를 지칭하는 별명 — 옮긴이)보다는 돌고래에 가까워. 거래를 가급적 잽싸게 '채가려는' 필사적인 욕망에서 나온 별명이지. 채간다는 건 달리 말하면 매각한다는 거야. 그들은 벤처 사업이 누구에게 팔리든 상관하지 않아. 투자에 대한 보수, 위험 부담과 투자 능력에 대한 막대한 보너스에만 눈독을 들이지. 심약한 편이라면 투기 자본, 이른바 돌고래 자본에 의지하는 건 피해야 해. 단기 수익을 노리고 수익금을 챙기기 위해 사업을 하는 게 아니라면 급전이 필요한 사람만 손대는 게 좋아. 그렇다고 해서 단기 수익을 노리는 것 자체가 나쁜 것은 아니야.

사정이 이러니 일급 돌고래들은 경영 능력과 경험이 풍부하다고 떠벌릴 수 있어. 그들은 자신들이 떠벌리는 분야를 이론적으로 알 뿐 실질적으로는 잘 몰라. 그래서 필요하다면 인재를 고용해서 사업을 불리지. 앞서 말한 엄청난 부자들, 그리고 그들과 손잡은 기관투자가들은 냉혹한 자들이야. 당신이 투기 자본을 받아들여 벌인 사업이 성공했다면, 바로 그 투기 자본가들이 작년에 투자했다가 실패한 것까지 보상해줘야 해. 조너선 스위프트의 멋진 말 중에 이런 게 있지.

박물학자들의 관찰에 따르면,
벼룩에게는 그들에게 기생해 사는 더 작은 벼룩들이 있고 그들에게는 그들을 먹이로 삼는 더 작은 벼룩들이 산다네.

그런 식으로 무한히 계속되지.

그리고 그보다 후대의 사람인 어거스트 드 모르간의 시를 보면 다음과 같은 구절이 나와.

커다란 벼룩은 그 위에 작은 벼룩을 달고 살고

작은 벼룩 위에는 더 작은 벼룩이 있고, 그렇게 무한히 계속

되지.

한편 커다란 벼룩은 더 큰 벼룩 위에 붙어 다니고

더 큰 벼룩은 그보다 더 큰 벼룩을 찾으니, 이 또한 그렇게 계

속된다네.

참으로 무한히 계속되지! 실로 놀라운 자본주의의 경이로운 풍경 아닐까! 애덤 스미스여, 뭐라고 할 말 있으면 해보라고.

나는 사업을 확장하거나 신규 사업을 벌이고 싶어 하는 회사들이 교활한 돌고래에게 손 벌리는 것을 숱하게 봐왔어. 물론 아주 멋지게 성공한 사람들도 없진 않아. 하지만 대부분 미처 대박을 터트리기도 전에 소유주나 창업주가 쫓겨나고 말았어.

만약 당신의 사업이 아주 빨리 성장하지 못한다면 돌고래가 초조함을 이기지 못하고 끼어들 거야. 그의 존립(혹은 적어도 연말 보너스)은 바로 그해 당신이 거둔 실적에 달려 있어. 돌고래는 장기적인 전망

같은 건 거들떠보지도 않아. 주가가 장기적으로 어떻게 될지에도 관심이 없어. 오로지 성장, 그리고 지금 당장에만 신경을 쓸 뿐이야.

돌고래와 공생 관계에 있는 심해의 상어에 대해 말하자면, 그는 앞으로 나아가지 않으면 가라앉고 말지. 당신도 그와 함께 가라앉지 않으려면 계속 앞으로 나아가는 수밖에 없어. 그런데 중요한 사실은, 일이 잘못되었을 때 소용돌이를 그리며 깊게 가라앉는 것은 그의 시체가 아니라는 거야. 그는 어떻게든 살아남아 다른 일거리를 찾아낼 테니까. 하지만 당신은 그날로 상어 밥이 될 거야.

단기주의, 3~4년 내 사업을 어디에 팔아먹을까에 온통 관심이 쏠려 있는 것, 이게 바로 거의 모든 투기 자본의 속성이야. 그들은 어떤 사업에 자본을 대든 지분, 특히 경영권 행사가 가능할 정도의 지분을 탐내. 그들은 경험을 통해 이렇게 지배권을 확보해놓고 돈을 쏟아부으면 그들의 투자자들, 즉 그들 등짝에 달라붙어 사는 거대한 벼룩들을 만족시킬 만한 이익을 거둘 수 있다는 것을 잘 알고 있지.

사실상 그들은 우리를 혹독하게 부려먹으려 드는 십장이나 마찬가지야. 하지만 꼭 그들의 도움을 받아야 사업을 시작할 수 있는 건 아니야. 충분한 자본은 아니지만 자신의 돈으로 시작할 수도 있고, 조금 후에 살펴볼 물고기들의 도움을 받을 수도 있어. 돌고래에겐 한 단계 높은 수준으로 도약하기 위해 자본이 필요할 때만 의지하면 돼. 보통 그렇게들 해. 그들에겐 어느 정도 성과를 보여줘야 해. 그리고 당신이 가져갈 수익이 다소 초라해질 수도 있어.

내게도 투기 자본가들이 여러 번 접근해왔어. 그들은 사악한 사람들이 아니야. 전혀 그렇지 않아. 대부분 똑똑하고, 인맥이 넓고, 설득력이 뛰어나며, 성공을 열렬히 갈망하지. 그러나 그들이 가장 좋아하는 것은 빠른 투자자금 회수야. 그들과 사업을 하려면 위험 부담을 각오해야 해. 아마 처음으로 큰돈을 벌 가능성이 생길 수도 있어. 하지만 대신 그들에게 훨씬 더 많은 돈을 벌어줘야 해. 만약 투자를 과하게 받았다면 당신은 마음대로 사업을 하지 못하게 될 수도 있어.

만약 투기 자본가들의 도움을 받기로 결심했다면, 그리고 운이 좋아 그들이 자금을 대주기로 했다면, 최고의 법률 상담을 받아 이어질 협상에 대비하라고 권하고 싶어. 최초의 계약서에 명기된 문장 하나, 심지어 단어 하나도 몇 년 후 엄청난 결과의 차이를 가져올 수 있거든.

돌고래들은 노련한 전문가야. 그들에게 당신은 바다에 가라앉지 않으려고 발버둥치는, 어떻게든 회사를 키워 돈을 벌어보려는 아마추어에 지나지 않아. 아마추어는 쉬운 먹잇감이지. (실제로도 돌고래는 아이들이 믿는 것처럼 그렇게 신사적인 동물이 아니야. 위험하고, 주둥이는 뼈처럼 단단하지. 돌고래는 필요하다면 떼로 몰려다니며 상어를 공격해서 죽음으로 몰아갈 수도 있어. 또 하나. 식욕이 엄청 왕성해)

상어를 피해 돌고래와 헤엄쳐봤으니 이제 물고기를 살펴볼 차례군. 나는 물고기를 얼마나 사랑하는지 몰라. 아마 당신도 그렇게 될 거라고 믿어!

내가 처음으로 돈을 번 것은 물고기들 덕분이었어. 데니스 출판사의 초창기에 회사의 지배권과 소유권을 지키는 선에서 자본을 빌려 사업을 키웠지. 물고기들은 모양과 크기가 제각각이야. 친구, 지인, 친척, 사업상의 동료, 소액 투자자, 고리타분한 사고방식을 지닌 은행 간부, 고문 위원, 예전의 회사 상사, 협력업체 모두 물고기가 될 수 있어. 그렇다면 이들이 어떤 쓸모가 있을까?

내 이야기를 하는 게 좋겠군. 1972년에 나는 예전에 만난 적 있는 멋진 젊은 변호사에게 일을 맡아달라고 부탁했어. 그의 이름은 버니 시먼스야. 봉급을 줄 형편이 못 됐는데 나의 뻔뻔스러움에 흥미가 동했던 모양이야. 그는 나를 도와 100파운드 유한책임회사를 등록했고, 몇몇 골치 아픈 일들을 그럴듯하게 처리해주었지. 그 대가로 그에게 20파운드를 지불했어. 회사 이름은 H. 번치 어소시에이츠라고 지었고, 만화책을 내는 출판사로 키울 작정이었어.

이어 친한 친구 딕 파운틴을 설득해서 공동이사 겸 제작부장 자리에 앉혔어. 많은 연봉을 제시하진 못했지만 딕은 그래도 괜찮다며 수락했어. 우리는 딕과 내가 만난 직장인 잡지사 〈오즈〉가 사업을 접는다는 소식을 듣고 그 사무실에 몰래 가서 사무용 가구 몇 점과 전동 타자기 두 대, 플로어 카메라 한 대를 훔쳐 왔어.

레미라는 또 다른 친구는 자기가 아는 사람이 런던 웨스트엔드에 위치한 낡은 아파트를 하나 갖고 있는데, 곧 빌 테니 그리로 들어올 생각이 없느냐고 물어왔어. 레미는 나중에 헤비메탈 밴드 모터헤드로 유명해졌지. 레미는 술을 퍼마시거나 약물에 찌든 날이면 〈오즈〉 디자인 사무실에서 종종 잠을 자곤 했어. 레미가 낡았다고 말한 거는 정말 사실이었어. 평생 그렇게 위험한 계단은 본 적 없는 것 같아. 아찔한 계단을 오르면 방이 세 개 나왔어. 런던 대공습 때 심하게 망가진 건물로, 이후 제대로 손을 보지 않았던 것 같아. 마지막으로 살던 세입자가 지푸라기를 깔고 강아지들을 키웠는지 개똥 냄새를 없애는 데 엄청난 시간이 걸렸어.

장소는 완전히 꽝이었지만 적어도 '사무실'은 이렇게 해서 마련할 수 있었어. 집주인에게 줄 보증금은 타자기 한 대를 팔아 겨우 마련했지. 집주인은 우리가 아파트를 사무실로 쓴다는 말을 하지 않았다며 화를 내더군. 지방의회가 그곳을 '거주지'로 분류했다나. 나 참, 부엌도 침실도 천장도 없는 집이 거주지라니. 어떤 방에서는 서까래 너머 지붕 타일 틈새로 하늘이 보이는 곳이었는데 말이야.

다음으로, 친한 친구이자 동료인 리처드 애덤스가 회사 이름과 주소가 찍힌 메모지 디자인을 공짜로 맡아주었어. 우리 사업이 잘되면 그에게 일거리가 생기리라 생각했던 모양인데 정말로 그랬지. 기꺼이 인쇄를 맡아준 사람은 내가 〈오즈〉에 근무할 때 알고 지내던 인쇄업자였는데, 그 역시 우리가 당장은 돈이 없다는 사정을 잘 알고 있었어. 토트넘 코트 로드에 있는 바클리은행 부장 한 명이 우리 계획에 흥미를 보여 회사 명의의 계좌를 만들어주었고, 나는 50파운드라는 거금을 예치했어. 〈오즈〉와 거래한 잡지 배급사 무어 하니스가 우리 회사 책을 배급해주기로 했어. 그들에게 보여줄 책은 아직 없었지만 말이야. 이제 필요한 것은 만화책에 들어갈 콘텐츠를 확보하고 인쇄업자를 선정하는 게 전부였어.

콘텐츠는 문제가 안 됐어. 만화 일러스트레이터를 많이 알았고,

126

그들은 선금을 기대하지 않았으니까. 사실 몇 명은 돈을 받으리란 기대를 전혀 하지 않았어. 나중에 우리가 돈을 지급하자 깜짝 놀라더라고. 반면, 인쇄 문제는 커다란 걸림돌이었지. 겨우 한 인쇄업자를 만나 아파트에서 우리가 바쁘게 준비한 만화책을 제작하는 데 필요한 기계 돌리는 시간과 종이를 확보할 수 있었어. 금액은 수천 파운드 정도 들었을 거야.

〈오즈〉에 근무할 때 나는 엄청나게 많은 음반의 리뷰를 써댔어. 음반사들이 리뷰를 부탁하며 보내온 앨범들이 집에 많았는데, 물론 돌려줄 필요가 없는 것들이었지. 과감하게 처분해도 될 것 같은 음반들을 골라 동네 음반점에 팔았어. 이렇게 해서 몇몇 인쇄업자와 적어도 이야기를 나눠볼 수 있는 자금은 그럭저럭 모았지. 딕과 나는 일주일에 10파운드 정도만 쓰며 버텼어. 그들에게까지 돈을 주지 않으려 했다면 아마 아무도 일하려 하지 않았을 거야.

그러던 중 아이디어가 떠올랐어. 나는 우리 만화책의 배급을 맡아주기로 한 브라이언 무어와 찰리 하니스에게 부탁해서 한 인쇄업자에게 편지를 써달라고 했어. 책이 나오면 가장 먼저 브라이언과 찰리의 회사엔 무어 하니스가 돈을 챙겨주겠다고 약속하는 편지였어. 브라이언과 찰리가 지불을 완전히 보증한 건 아니지만 꽤 그럴듯하게 들리는 제안이었어. 만화책을 팔면 인쇄비와 종잇값을 치를 정도의 돈은 그럭저럭 마련될 테니까. 그들은 자신들의 고객, 다시 말해 우리 회사는 인쇄업자가 받을 돈을 모두 챙기고 나서 남은 금액을 가질 거라고 강조했어. 이게 먹혀들었지. 브라이언과 찰리는 결국 내 야망을 펼치기 위한 연못에 돌아다니는 가장 유용한 물고기들이었던 셈이야.

경기가 좋지 않던 시절이었어. 그러니 인쇄업자가 무어 하니스의 제안을 받아들였던 거지. 내가 계속 조를까 봐 귀찮아서 제안을 받아들인 게 아닐까 하는 생각도 들어. 끈질김은 의욕적으로 일을 벌이는 굶주린 젊은이들의 강력한 무기라고 할 수 있지. 그리고 아마 인쇄업자는 무어 하니스 같은 막강한 배급 회사를 불편하게 하고 싶지 않았던 것 같아. 배급 회사는 종종 누가 무엇을 인쇄할지 결정하는 권한을 갖거든.

〈코즈믹 코믹스〉 창간호는 이렇게 해서 세상에 나오게 됐어. 큰돈을 벌지는 못했지만 출판 사업의 기본 틀은 마련할 수 있었지. 2년 후 내 은행 계좌에는 6만 파운드가 모였어. (지금으로 치면 50만 파운드 정도 될 거야) 물론 인쇄업자는 돈을 받았어. 기고가들도 돈을 받았고, 디자이너도 돈을 받았지. 집주인, 버니 시먼스, 심지어 딕과 나도 돈을 받았어. 무엇보다 중요한 건 내가 회사의 지배권을 잃지 않았다는 거야. 30년이 지난 지금도 난 회사의 지분을 100퍼센트 갖고 있어. 나는 물고기들과 헤엄치며 자본을 마련할 수 있었던 거야.

딕의 전문 기술, 변호사의 친절함, 기고가들과 디자이너의 믿음, 배급업자의 인내심, 그밖에 주위 사람들의 수많은 격려가 없었다면 이런 일은 불가능했을 거야. 신문과 잡지에 실린 나에 관한 기사들 역시 옛 친구들과 동료들에게 충실했던 것을 나의 최고 덕목으로 꼽더라고. 정말 맞는 말이라고 생각해. 그런데 여기까지 읽고도 아직도 내 말에 의심을 품은 사람이 있으려나?

1972년과 지금은 사정이 다르다고 주장할 사람이 있을 테지. 그런데 인간의 본성은 변하지 않는 법이고, 기본적으로 인간은 협력하는 동물이야. 많은 사람이 젊은이들에게 관대해. 결국 우리 모두는 한때는 다 젊은이였으니까. 사업을 시작하거나 부자가 되려는 사람은 무임승차를 기대하지 마. 대신 자신을 어떤 식으로든 도우려는 물고기들을 찾아봐. 이런 자들이 연못에 엄청나게 많다는 것을 알면 깜짝 놀라게 될 거야.

그건 그렇고, 이후 내 사업은 어떻게 됐을까?

- 무어 하니스는 계속해서 우리 회사의 잡지를 배급하는 일을 맡아주었어. 몇 년 후 브라이언과 찰리가 회사를 어쩔 수 없이 팔아야 했을 때, 나는 그들에게 섭섭하지 않은 대우를 해주려고 애썼어. 그 무렵에는 처음에 그들이 내게 보여준 호의를 되돌려줄 정도의 위치가 됐으니까.
- 딕 파운틴은 데니스 출판사의 이사로 일했어. 30년 이상 회사가 그의 생계를 책임져준 거지.
- 집주인은 한참 뒤에 은퇴하면서 우리 사무실이 있던 건물 전체를 기꺼이 내게 팔았어.
- 인쇄업자는 그가 일을 그만둔 마지막 그날까지 우리랑 함께 일했어. 딕과 나는 그에게 큰 빚을 진 셈이야.
- 바클리은행과는 필요 이상으로 오랫동안 계속 거래했어.

순전히 우리를 믿고 충실해 대해준 데 대한 보답이었지.

- 리처드 애덤스는 우리 회사 잡지의 디자인 일을 계속 맡아 주었어.
- 또 누가 있을까? 영국에서 우리 회사의 법률고문을 맡은 이들은 '시먼스, 뮈어헤드 앤드 버튼'이라는 회사야. 사업 전선에 뛰어든 꼬맹이가 첫 번째 회사를 등록하는 것을 도와준 변호사 버니 시먼스가 만든 회사지.
- 마지막으로 나는 항상 독립적으로 사업을 하려는 모든 사람에게 진심으로 격려를 보내고 실질적인 도움을 주고 싶어.

투기 자본가, 기관투자가, 은행가들 모두 개인과 창업 회사에 자본을 대주는 자들이야. 하지만 모두와 손을 잡는 게 가능하다면 나는 상어나 돌고래보다는 물고기를 택하겠어. 돈 버는 데 시간은 더 걸리겠지만 장기적으로 보면 훨씬 큰 부자가 될 수 있으니까. 설령 그렇지 않더라도 마음만은 훨씬 편할 수 있지.

마지막 한마디만 더. 자본을 구하는 것은 부자가 되는 과정에서 가장 곤혹스러운 부분이야. 당신의 사업 계획이 아무리 근사해도, 당신의 결심이 아무리 확고해도 여기저기 손 벌리고 다니는 것보다 자존심 상하고 심신을 지치게 만드는 일은 없을 거야. 다들 싫어하지만 꼭 해야 하는 일이지. 자수성가하려면 어쩔 수 없어. 혹시 누군가가 당신에게 다가와 자본을 구할 수 있는 지름길이 있다고 하면 그런 사람은 조심해. 가족이나 친구 말고는 그런 사람이 있단 소리를 들어본 적 없어.

좋은 면을 생각해. 이 난처한 일을 회피하려는 게으른 녀석들은 다들 여러분 밑에서 일하게 될 거야. 그들은 당신을 부자로 만들어 줄 거야. 이런 소모적이고 비참한 과정이야말로 마음만 있는 사람과 직접 뛰어드는 사람을 가르는 기준이라고 할 수 있어. 이 과정을 성공적으로 수행해내기 위해서는 계속 찾아다니는 수밖에 없어. 윈스턴 처칠의 말을 기억해.

빌어먹게도 뭔가를 헤치고 나갈 때는 계속 전진하는 수밖에 없다.

옥수수 씨앗을 얻기 위해 고개를 수그려야 한다는 것을 참지 못하는 사람은 결코 농장을 소유할 수 없는 법이야. "원하는 걸 손에 얻으려면 탐욕스러운 자에게 알랑거려." 그렇지 않다면 부탁하는 거지 뭐. 무지무지 상냥하게.

7장

포기하지 않고
버텨서 일어난 일들

절대 포기하지 마! 절대로! 절대 절대 포기해선 안 돼!
큰 것이든 작은 것이든, 중요한 것이든 사소한 것이든.
포기란 있을 수 없어.
명예와 현명한 판단에 따른 확신이 아니라면 절대 포기하지 마.

■ 윈스턴 처칠

지옥의 언저리에서
물구나무서기

몇 년 전 소설가 J. B. 프리스틀리의 개인 도서관을 일부 사들인 적이
있어. 그가 소장하고 있던 책들을 살펴보다가 1924년에 나온 무명
시인이나 다를 바 없는 케네스 H. 애슐리의 《산 넘고 골짜기 건너》
를 봤는데, 거기에 프리스틀리가 특정한 시에 표시해둔 쪽지가 들어
있었어.

실직

하루가 저물고 있는데 내 옆엔 아무도 없네.
별이 하나둘 보이는 차가운 맑은 하늘
공기 중에 실려 오는 외양간 냄새.

부지런히 이곳저곳 다녀봤지만
일꾼을 원하는 농부는 어디에도 없네.
어디에도 일할 곳 없어.

방앗간 위로 떠오르는 커다란 달을 보며
나 자신에게 말했네.
배고픈 자와 배부른 자를 선택하는 것은 신의 뜻이라고.

휘파람을 불었지, 용감해지려고 했어.
하지만 새로 경작된 밭에는 무덤처럼 축축한 냄새뿐.
차라리 죽은 목숨이면 좋겠어.

이게 어떤 심정인지 잘 알지. 밑바닥부터 자기 사업을 시작하려는
사람이라면 누구라도 알 거야. 앞선 장에서 센 척하려다 보니 내색
은 안 했지만, 사실 1970년대 초 사업을 시작하면서 맨땅에 헤딩하
는 심정으로 보낸 몇 달보다 더 끔찍한 때는 없었어. 완전히 비참함

그 자체였지. 성공한 지금, 샴페인 잔을 기울이며 회상해보니 그때가 내 인생 최고의 순간이었던 것 같기도 하군. 물론 당시에는 전혀 그런 생각이 들지 않았지만 말이야. 솔직히 말해서 파산 일보 직전이었거든.

하지만 난 결코 포기하지 않았어. 그게 성공의 비결이었지. 난 끊임없이 되뇌었어. 난 월급 노예가 되지 않을 거야. 난 '아니요'라는 대답을 하지 않을 거야. 난 포기하지 않을 거야. 난 부자가 될 거야. 어떻게든. 어떤 식으로든. 언제가 됐든. 거리에 나앉아 굶어 죽기 전에는 그런저런 직장이 주는 안전함으로 물러서지 않을 거야. 난 결코 포기하지 않을 거야.

솔직히 신경 쓰지 않아서 잘 몰랐는데, 당시 영국은 치명적인 재정난에 시달리고 있었어. 은행 이자는 하늘로 치솟고, 파업은 일상이었지. 데모, 공장 폐쇄, 노동쟁의가 할퀴고 가지 않은 풍경을 찾아보기 어려웠어. 은행과 시장은 단순히 긴장한 정도가 아니라 완전 겁에 질려 있었지. 자산 가치는 치솟거나 폭락했고, 정치인들은 신경과민 상태인 데다 IRA의 폭탄이 곳곳에서 터져댔어. 당시 영국은 서둘러서 유럽 공동체에 가입한 상태였어. 좋은 시절과는 거리가 멀었지. 누구도 스스로 출판업자라 부르는 런던 남부 출신의 직장 없는 장발의 사내애한테 선뜻 돈을 빌려주지 않을 것 같았어. 사실 그런들 누굴 비난하겠어?

이런 내게 불을 붙인 것은 내가 자본 문제를 해결하지 못하면, 내에너지를 내 사업을 벌이는 데 쏟지 않으면 평생 임금 노예로 살아가야 할 운명이라는 절박한 깨달음이었어. 꼬박꼬박 나오는 두툼한 월급봉투보다 부자가 되려는 열망에 치명적인 것은 없거든.

친구들도 비슷한 상황이었지. 그중에는 나보다 더 많이 교육 받고 더 똑똑한 친구도 제법 있었어. 똑똑한 친구들은 광고사나 음반사, 혹은 텔레비전이나 라디오 일을 택했지. 친구들을 만나 한잔할 때 최근에 승진했다는 이야기를 들으면 속이 상했어. 그들과 달리 난 술집에서 친구들에게 멋지게 한 잔씩 술을 돌릴 만한 처지가 못 됐거든. 매달 그럭저럭 버티던 당시의 내 심정은 아래 인용한 시 그대로였어.

새로 경작된 밭에는 무덤처럼 축축한 냄새뿐,
차라리 죽은 목숨이면 좋겠어.

하지만 난 포기하지 않았어. 일자리를 제안받은 적도 있어. 몇몇 자리는 조건이 꽤 괜찮았지. 나를 고용하면 내가 그들에게 돈을 벌어다 줄 거라고 생각한 사람들이 있었나 봐. 만약 수락했다면 분명히 그랬을 거야. 어쨌든 상당히 유혹적인 일자리였어.

잡지사 〈오즈〉에서 일한 경험은 내게 훌륭한 자산이 됐어. 항상 고맙게 생각하는 일이지. 덕분에 예술계, 언론계, 정치계에서 일하는 사람들을 알게 됐거든. 〈오즈〉의 오너 리처드 네빌이 ECAL이라는 이상한 이름의 포스터 회사에 몇 주간 나를 파견근무 보낸 것도 큰 도움이 됐어. ECAL는 '효율적인 커뮤니케이션 예술 회사

(Effective Communications Arts Limited)'의 약자인데 〈오즈〉에 광고비를 상당히 많이 빚지고 있었던 모양이야. 그 돈을 받아오는 게 내가 할 일이었어.

화창한 여름날 아침, 코벤트 가든에 있는 ECAL 사무실에 갔는데 세상에 그런 난장판이 없더군. 지하실에는 포스터를 잔뜩 쌓아놓고, 월급만 받고 빈둥거리는 사람들은 너무 많았어. 조직 체계라든지 판매 직원, 회계 직원은 눈 씻고 찾아봐도 없었어. 보다 못한 내가 인원을 몇 명 정리해야겠다고 말하자 사람들은 경악했어. 그들에게 해고는 입에 담을 수 없는 말이었어. 히피들은 서로를 해고하는 법이 없으니까. 그들은 회사 대표인 빌 버틀러 앞에 나를 데려갔어. 그들은 ECAL의 공동 설립자인 배리 마일스와 빌 버틀러가 내게 한동안 그들 회사의 운영권을 맡기기로 동의했다는 사실을 전혀 모르는 상태였거든. 돈이 돌지 않자 협력업체들은 짜증을 냈고, 직원들의 봉급도 줄 수 없는 형편이었지. 나는 어쩔 수 없이 몇 명을 해고했어.

나는 왕따가 됐어. 그래도 신경 쓰지 않았어. 대신 몇 주 동안 일에 매달렸어. 모든 사람이 나를 퉁명스럽게 대했지. 사람들에게 미움을 받으면서도 일만 생각한 덕분에 대단한 성과를 거둘 수 있었어. 특정 포스터(화장실에 앉아 있는 프랭크 자파)가 날개 돋친 듯 팔린다는 것을 알고는 주문량을 늘렸어. 하지만 기다려야 한다는 말만 들었어. 프린터가 바쁘다나 뭐라나. 그래서 다른 프린터를 가동해 조잡한 종이에 인쇄했지. 무슨 상관이야? 그래도 잘 팔리기만 했는데. 직원들은 또 한 번 경악했어. "ECAL은 예술 사업이에요." 새침 떨며 그렇게 말하더군. 예술은 무슨 얼어 죽을.

그래도 코벤트 가든의 지하실에서 내가 열심히 일한 덕분에 〈오즈〉는 돈을 돌려받았고, ECAL은 수익성을 개선할 수 있었어. 한동안은 그랬어. 하지만 그들은 곧 예전의 안일한 방식으로 되돌아갔고 회사 문을 닫아야 했지. 내가 사업을 해볼 수 있겠다는 생각이 든 것은 그때였어. 시행착오를 겪을 준비도 되어 있었어. 다만 대체 어디서 창업 자금을 마련해야 할지는 막막했어. 그래도 난 포기하지 않았어.

옷감 공장 뒤편에 있던 웨스트엔드 아파트에서 오들오들 떨며 겨울밤을 보냈던 기억이 생생해. 에드워드 히스의 주3일 근무 정책이 시행 중이었거나 적어도 그에 준하는 정책이 시행되고 있었지. 정신 나간 장관은 영국 시민들이 전기를 아끼기 위해 '캄캄한 데서 면도하는 법'을 배워야 한다고 제안했어. 내겐 새로울 것도 없었어. 이미 몇 주 전에 전기가 끊겼으니까. 가스도 마찬가지였어. 낼 돈이 없으니 어쩔 수 없었지.

건축 현장 근처에서 부서진 가구를 주어와 거실 난로에 집어넣어 불을 피우고 앉았지. 시커멓게 그을린 베니어합판과 껍질이 벗겨져 나간 의자 다리 한 짝을 물끄러미 쳐다봤어. 옆에는 여자친구가 뭉개진 헝겊 주머니를 깔고 앉아 있었지. 우리가 방금 요리해 먹은 것은 그녀가 사 온 것들이었어. 우리가 피운 담배도 그녀가 사 온 거였고. 그녀는 카나비 스트리트 모퉁이에 있는 옷가게에서 일했어.

부드럽고 신중하고 집요하게 그녀는 나를 설득하기 시작했어. 제안이 들어온 일을 잡아 돈을 벌면 되지 않느냐. 스물다섯이면 아직 젊은 나이다. 언제든 일을 그만두고 자기 사업을 시작할 수 있다. 아직은 때가 아니다. 그렇게 짜증을 부리며 계속 계획이나 세우고, 사업을 시작하려고 자본 모을 궁리나 하며 헛바퀴를 돌리는 꼴은 더는 보고 싶지 않다. 이렇게 말하더군.

나는 거의 마음이 돌아설 뻔했어. 그녀에 대한 내 사랑은 젊으니까 가능한 사랑이었어. 그리고 내가 그녀의 말을 듣지 않으면 그녀가 내 곁을 떠나리라는 것을 알았지. 꼭 그런 말을 해서가 아니라, 욕심이 많거나 잔인한 애는 아니었지만 분명 그랬을 거야. 어쩌면 그녀의 말이 옳았을 수도 있지. 직장을 잡고 1~2년 후에 내 사업을 시작하는 게 나았을지도 몰라. 그녀가 행복해진다는데 왜 안 되겠어? 결국은 일일 뿐이잖아. 군대에 들어가는 것도 아니고, 몇 주 후나 몇 달 후라도 원하면 그만둘 수 있는 일이니까. 내가 그때 난로 옆에 앉아 그녀에게 남들처럼 평범한 월급쟁이로 살겠다고 약속했으면 이후 내 인생은 전혀 다른 길을 걸었을 거야. 하지만 로버트 프로스트의 시에도 나오잖아.

어떤 길이 어디로 이어지는지 알기에
다시 돌아오는 일은 결코 없을 거야.

지금이 아니면 영원히 할 수 없어. 그것이 문제지. 그래서 어떻게 됐더라? 내가 직접 그렇게 말했던가? 나이가 들면 기억이 오락가락해지는 법이야. 한 가지 확실한 건 내가 그런 약속을 결코 하지 않았다는 것.

나는 포기하지 않았어. 그때 전화기가 울렸어. (그땐 전화선마저 잘릴 판이었어. 정말 거리에 나앉기 일보 직전이었지) 내 친구였어. 나중에 내가 직원으로 고용하게 된 친구인데, 그가 좋은 소식을 알려왔어. 그는 광고 판매 일을 해서 받은 봉급으로 산 중고차를 끌고 내 아파트에 왔어. 전화 박스에서 전화를 건 그에게 올라오라고 했어. 그는 맥주 몇 병과 담배를 내놓았어. 돌아갈 때는 내 여자친구를 집에 데려다주었지. 이제 대충 짐작 가겠지. 유전무죄 무전유죄지 뭐.

다음 날 나는 자본을 구하기 위해 문을 두드리고 전화기를 돌리고 사람들을 만나 귀찮게 졸랐어. 물고기들과 헤엄치는 법을 배우는 과정이었지. 내 인생을 남들 부자로 만들어주느라 허비할 수는 없었어. 음반사에 취직해서 한물간 히피로 살 수도 없었고, 돈 버는 흥거운 일 말고는 아무것도 하고 싶지 않았어. 진짜 돈 말이야. 내 돈. 난 포기하지 않을 거라고 맹세했어.

사업을 시작할 때는 다들 이래. 항상 필사적이고 항상 굴욕을 당하지. 부잣집에서 태어나지 않는 한 누구도 별수 없어. 부자가 되고 싶다면 먼저 자본을 마련하기 위해 좁고 외로운 길을 걸어야 해. 그러는 과정에 옆에선 친구들과 부모님, 직장 상사, 기타 상식적으로 살아가는 사람들이 조금은 당신이 잘되기를 바라는 마음에서, 조금은 당신이 정말로 성공할까 봐 은근히 시샘하는 마음에서 점잖은 사이렌(그리스신화에 나오는 마녀. 노랫소리로 뱃사람을 유혹해 바다에 빠뜨려 죽였다―옮긴이)의 유혹을 속삭이지. 가혹한 표현이라고 할지도 모르지만 사실이 그래.

나는 전기를 좋아해서 매년 20권 정도 읽는데, 그런 책들을 읽다 보면 곤경을 헤치고 성공을 거둔 모든 이야기에 일관되게 흐르는 특징을 하나 발견할 수 있어. 돈을 많이 번 사람이든 아니든, 성공한 사람이든 실패한 사람이든, 심지어 슬프게도 죽고 난 다음에야 성공하게 된 사람이든 공통점이 하나 있어.

그런 책들 가운데 최고로 꼽히는 건 화가 빈센트 반 고흐의《반 고흐, 영혼의 편지》라고 할 수 있어. 그가 죽고 나서 한참 후에 편집되고 출간된 책이지. 여기서 우리는 참을 수 없는 비탄, 광기, 거절, 굶주림, 열정, 끔찍한 공포, 그리고 그럼에도 불구하고 결코 포기하지 않은 한 남자의 이야기를 만나게 돼. 설령 목숨을 잃게 되더라도 포기하지 않았던 남자의 이야기를. 반 고흐가 몰입한 대상과 그의 재능은 그를 광기로 몰고 갔어. 그 자신도 알았지. 미술과 재능은 그를 꼬드기고 못살게 굴었어. 자신의 작품에 목숨을 걸었던 그는 늘 정신이 반쯤 나가서 혼잣말을 해댔지. 그의 우주에는 친절하게 대해주는 빛나는 별이 딱 하나 있었어. 바로 그의 동생 테오였지.

테오는 상식적으로 살아가는 아내(남편의 넋 나간 형을 이해하기는커녕 참아주지도 못했지)의 간절한 부탁에도 불구하고 빈센트가 붓과 캔버스, 물감을 구입할 수 있게끔 돈과 필요한 물품들을 계속 보내주었어. 그 자신도 여유가 없었는데도 테오가 이렇게 돌봐주었기 때문에, 그리고 빈센트가 마음 아파하면서도 테오의 도움을 순순히 받아들였기 때문에 미술의 역사가 바뀔 수 있었던 거야.

빈센트는 돈이 전혀 없었어. 한 끼 식사와 하룻밤 잠자리를 얻기 위해 농부나 여관 주인에게 자신의 그림을 팔려고 했을 정도였지. 훗날 수천만 달러에 팔릴지도 모를 캔버스를 몸 누일 외양간과 아침 식사와 맞바꾼 거야. 나는 그렇게 팔린 캔버스가 아직 발견되지 않은 채 네덜란드의 더러운 낡은 다락방에 처박혀 있는 건 아닌가 하는 생각을 가끔 해.

그는 다 낡아빠진 옷을 입은 채 부랑자처럼 시골을 돌아다녔어. 그는 자신이 가족들에게, 그리고 그의 존재를 기억하는 몇 안 되는 친구들에게 실망을 안겨주었다는 것을 잘 알았지. 함께 살았던 유일한 여자에게도 실망거리였지. 분명 자신에게도 그랬을 거야. 세상에서 가치 있는 것은 그림뿐이었지. 모든 게 그를 힘들게 했지만 무엇보다 자신이 동생에게 짐이 된다는 사실이 가장 마음을 아프게 했지.

하지만 그는 포기하지 않았어. 포기하느니 차라리 스스로 목숨을 끊었을 거야. 실제로 자살을 시도하기도 했지. 인류에게 있어 영원히 부끄러운 사실이지. 그는 죽어가면서 이런 글을 남겼어.

내 그림이 팔리지 않는다는 사실을 참을 수 없다. 언젠가는
사람들이 내 그림의 가치를 알아볼 날이 분명 오겠지.

아무렴 그렇고말고. 그런 날이 분명히 왔어. 빈센트, 당신의 그림은 지금 엄청난 가격에 팔리고 있다오.

지금 당장 빈센트의 책을 한 권 사서 읽어봐. 그의 그림은 당시에 불쏘시개로나 쓰면 좋을 조잡한 그림으로 평가받았지만, 그의 편지는 지금도 일상이라는 진흙 속에서 다이아몬드처럼 빛나고 있어. 삶이 힘들다고 생각될 때마다 자신이 믿는 유일한 것을 거절당하고 궁핍함에 시달리면서 끔찍한 나날을 견뎠던 고흐를 생각해봐. 스스로 실패했다고 믿었던 그를. 하지만 그는 어떤 어려움 속에서도 결코 포기하지 않았어.

이제 선택해. 서구 세계는 대부분의 사람에게 그럭저럭 편안한 삶을 약속해줘. 유럽 대부분의 나라에는 사회보장제도라는 안전망이 있고, 정부가 지원해주는 의료 서비스도 꽤 쓸 만한 편이야. 그런대로 괜찮은 봉급을 받으며 그런대로 괜찮은 동료들과 함께 직장에 다니다가 은퇴하는 거지. 혹시라도 파산할까 봐 마음 졸일 필요도 없고, 수치스러운 실패를 당할까 봐, 위험 부담이 있을까 봐 걱정할 일도 없어.

뭐 하려고 지옥의 언저리에서 물구나무서기를 해? 왜 굳이 그런 식으로 자신을 힘들게 괴롭혀? 다른 사람들은 안 그러잖아. 왜 당신만 그래? 그냥 주위 사람들 편하게 좋게 좋게 살면 되지. 그러니 포기하는 게 어때?

당신이 마음만 있는 사람이라면 사이렌의 유혹 소리가 곳곳에서 들릴 거야. 하지만 당신이 직접 뛰어드는 사람이라면 유혹의 소리는 들리지 않을 거야.

오디세우스처럼 밀랍으로 귀를 틀어막고 돛대에 몸을 붙들어 매는 거야. 그리고 좁고 외로운 길을 걸어 사이렌의 소리가 울리는 지옥으로 들어가는 법을 배우라고.

포기하지 마. 당신은 부자가 될 수 있어.

8장

사업을 시작하려는 사람들의 다섯 가지 착각

모든 아이디어의 역사는 무모한 꿈, 완고한 고집,
그리고 착각의 역사다.

■ 칼 포퍼 《추측과 논박》

첫 번째 착각:
막연한 소망과 열망 혼동하기

모든 착각은 잘못된 가정에서 비롯되지. 고로 가정이 없으면 착각도 없어. 베트남 전쟁 당시 한 해병대 지휘관의 책상에 "가정은 모든 멍청한 짓거리의 어머니"라는 구절을 새긴 팻말이 걸려 있었다는 이야기가 있어. 이 말은 사업하는 사람이라면 누구나 마음속에 새겨둬야 해. 부자든, 부자가 되려고 마음먹은 사람이든, 직접 행동을 취하는 사람이든, 예전에 부자였던 사람이든 말이야. 당시 미국 대통령 책상에 이런 팻말이 걸려 있지 않았던 게 유감이야.

부자 되기와 관련해서 사람들이 기본적으로 하는 착각은 부자가 되고 싶다는 막연한 기대를 안고 시작한다는 거야. 부자가 되고 싶어 하는 것은 이성에 대한 환상을 제외하면 인간의 욕망 가운데 가장 흔한 것이지. 하지만 그것을 성공적으로 이루는 사람은 거의 없어. 막연한 바람은 그저 스쳐 지나가는 것일 뿐. 근사한 옷가게 앞을 지나다가 순간적으로 마음속에 떠오르는 생각과 비슷해. "내가 부자라면 얼마나 좋을까. 여유만 있으면 곧장 안으로 들어가서 저 아름다운 핸드백을 살 텐데." 그때 기다리던 버스가 오면 그런 생각은 길 위에 그만 내동댕이쳐지고 말지.

소망은 사자(死者)들이 사는 바닷가에
난파한 사람들이 쳐놓은 그물에서 노니는 물고기들.
그곳에선 뱃사공의 부채만큼이나 동전이 귀하고
당신이 무엇을 했는지, 무슨 말을 했는지 아무도 관심이 없지.

소망은 아이 없는 부인들의 탐욕스러운 꿈속에서나
깡충거리며 놀려고 하지.
소망은 구부정한 거지들이 한평생 절뚝거리는데도
눈치 없이 건초를 포식하는 순종 말이지.

뭔가를 소망하거나 바라는 것은 그것을 얻고자 하는 내면의 열망이 받쳐주지 않는다면 헛수고에 불과해. 꼭 솔직하게 인정할 필요는 없지만, 그런 열망이 없다면 개인적으로 큰 불행일 수 있어. 자신에게 전혀 맞지 않는 직업을 택해서 우물쭈물하는 심각하게 불행한 영혼들을 다들 본 적 있을 거야. 더 나쁜 것은 계속 바라기만 할 뿐 실천에 옮기지 않으면 자신감을 잃을 우려가 있고, 결국 자석처럼 불운을 몰고 다니는 사악한 소용돌이 속으로 추락하게 된다는 거야. 뭔가를 강렬하게 소망하면 목표를 이룰 수 있으리라는 가정은 그저 멍청한 짓거리에 머무는 것이 아니라 개인적인 비극을 초래할 수도 있어.

인생에는 리허설이 없어. 그런데도 왜 그토록 많은 사람이 이런 식으로 자신을 소모적으로 굴리는 걸까? 대부분의 경우, 하고 싶은 일은 따로 있으면서 은행원이나 변호사가 되라는 주위의 말에 굴복했기 때문이야. 열정이 부족하다는 것을 진작 깨달았다면 그들의 삶은 훨씬 평탄해졌을 텐데 그렇지 않으니 그들의 비참함이 한층 더해질 수밖에.

이 책이 계기가 되어 당신에게 진실로 부자가 되려는 내적 열망이 있는지 곰곰이 생각해보았으면 좋겠어. 만약 그렇지 않다면 아예 부자가 되려는 시도조차 하지 말라고 진심 어린 충고를 건네고 싶군. 건강이나 마음의 평정은 약간의 만족감을 갖는 정도만으로도 충분하다지만 부는 대체 어떻지? 엄청난 부는 그 자체로는 만족감을 안겨주는 경우가 별로 없어.

정말이야. 나는 사업가이지만 시인이기도 해. 그리고 지금 이 글을 쓰는 나는 시인이지 사업가가 아니야. 그렇지만 내가 당신에게 조용히 마음속으로 정말 부자가 될 생각인지 깊이 생각해보라는 홀륭한 조언을 해줬다고 해서 생색내려는 건 절대 아니야. 어차피 부라는 야망을 좇으려면 그 본질적인 포악함을 감당할 희생이 따르는 법인데, 그리고 거기에는 가족의 희생도 포함되는 법인데, 그걸 감내할 가치가 있는지 깊이 생각해봐야지.

내가 이제까지 만나본 자수성가해서 부자가 된 사람 중에 돈 버는 일이 가족관계나 개인적 인간관계에 부담을 주어서 곤란을 겪지 않은 사람은 한 명도 없었어. 아무리 적은 돈이라도 그래. 결혼생활은 불안정해지지, 애들과 보내는 시간은 없어지지, 집을 자주 비워서 죄책감이 드니까 값비싼 선물로 만회하려고 하지, 아이들이 특권 의식에 익숙해져 교육받기를 소홀히 하고 야망을 포기하지는 않을까 걱정되지, 이 모든 것들이 자수성가로 부자가 되는 과정에 꼭 따라다니는 걸림돌이야. 다들 자신은 예외라고 믿고 싶겠지만 여기서 빠져나갈 방법은 없어. 이게 부자가 되려면 어쩔 수 없이 치러야 할 대가일까?

이건 약과야. 버텨내겠다는 다짐 없이 섣불리 부자가 되려고 했다가는 최악의 상황과 마주칠 수도 있어. 개인적으로 많은 희생을 치른 끝에 부를 얻었다면, 지금쯤 상당한 자산이나 현금을 갖고 있겠지. 그런데 내면 깊숙이 성공에 대한 확신이 없다는 것을 알면서 충분한 열정과 헌신도 없이 뛰어들었다면, 이건 그나마 부가 줄 수 있는 위안도 얻지 못하고 스스로 만든 수렁에 뛰어든 꼴이야.

막연한 소망과 열망을 혼동하지 말길. 내면의 열망이 부르는 소리는 오직 자신만이 들을 수 있어. 부로 가는 좁고 외로운 길을 따라갈 준비가 되어 있는지도 자신만이 알 수 있지. 다른 사람은 몰라. 누구도 당신에게 이걸 해라, 이건 포기해라 말해주지 않아. 상황이 힘들어지거나, 모든 것을 잃어버릴 것 같거나, 파트너도 행운도 당신을 저버리거나, 금방이라도 파산과 실패가 닥칠 것 같은 상황에 맞닥뜨리면 어떤 대가를 치르고라도 기필코 성공하겠다는 독한 열망만이 당신을 버텨 나가게 해줄 수 있어.

자수성가해서 부자가 된 사람들은 다들 마음 깊은 곳 보이지 않는 어딘가에 차가운 칼날을 품고 있어. 가족이나 신 같은 다른 대상에 대한 사랑으로 이 칼날을 억누를 수는 있겠지. 커다란 부를 추구하다 보면 이 칼날은 점차 날카로워져. 야수의 본성 같은 거지. 그게 싫으면 지금이라도 부자 되는 꿈을 접는 게 좋아. 소설처럼 허무맹랑하게 들리겠지. 하지만 나 자신이 직접 겪은 일이야. 경쟁자들을 없애기 위해, 밤이면 내부의 열망을 난도질하기 위해, 패배에 맞서 스스로를 단련하기 위해 나 자신이 칼날을 날카롭게 갈았을 뿐만 아니라 다른 부자들에게서도 그런 모습을 보았어. 마음 깊은 곳에 숨겨져 있다가 당신이 부자 되는 길에 들어서는 순간, 거북이 등딱지처럼 서서히 부풀어 오르지.

"아예 시도도 하지 않는 것보다는 시도했다가 실패하는 것이 더 낫다." 자주 회자되는 옛날 속담이야. 하지만 이 경우엔 잘못된 말이지. 완전히 잘못됐다고. 시작하기 전에 곰곰이 생각해보고 이 길이 아니다 싶으면 굳이 당신과 사랑하는 주위 사람들을 고통의 길로 내몰지 말고 다른 삶, 다른 인생을 택하는 것이 나아. 다시 한번 말하지. 막연한 소망과 열망은 전혀 달라. 이 둘을 혼동했다가는 당신 자신은 물론 주위 사람들에게 엄청난 타격만 입힐 뿐, 거의 대부분 실패하고 말 거야.

두 번째 착각:
현금 유동성에 대한 지나친 낙관주의

회계사나 회계 감사원이 이 책을 읽고 있다면 방금 고개를 끄덕였을 거야. 위의 제목은 대부분의 사업이 실패하는 원인이니까. 그런데 부자 되기로 결심한 사람들이 현금 유동성에 신경 써야 하는 이유가 뭘까? 현금 유동성은 회계 쪽의 주제 아닌가? 회계사들이나 관심을 갖는 일이잖아?

왜냐하면 현금 유동성 문제는 모든 사업에 치명적일뿐더러 이런 문제가 생기면 소유주나 대주주가 자칫 사업체의 지배권을 빼앗길 수도 있기 때문이야. 사업체의 지배권과 소유권이 있어야 미래의 부를 확보할 수 있는 법이지. 현금이 부족해서 사업체의 지배권을 잃어버리면 결국 소액 투자자나 월급쟁이와 다를 바 없게 돼. 일단 지배권을 잃어버리면, 어떤 은행이나 백기사도, 투자자나 새 소유주도 당신이 다시 지배권을 쟁취하게 놔두지 않을 거야. 이런 문제는 전적으로 당신이 자초한 일이야. 애초에 사업의 현금흐름을 지나치게 낙관했기 때문이지. 새로 시작하는 모든 사업(이미 궤도에 오른 사업도 그렇지만)이 성장하고 성공하려면 현금이 잘 돌아야 해. 이건 너무 기본적인 사항이라서 더 설명할 필요도 없지. 나는 현금흐름이 좋지 않은 틈을 타서 유망한 벤처 사업이 다른 사람의 손에 넘어가는 것을 숱하게 봐왔어.

현금은 아주 중요한 문제야. 그것을 어떻게 관리하느냐는 사업에서 결정적인 문제지. 하지만 나처럼 숫자에 젬병이라고 해도 걱정할 필요는 없어. 숫자에 능한 사람을 고용해서 그가 하는 말을 잘 들으면 되니까. 다행히도 세상에는 유능한 회계사들이 널렸고, 현금유동성을 예측하는 것은 로켓 만드는 것처럼 복잡한 공식이 필요한 게 아니거든.

내가 관여한 벤처 사업 하나가 상장회사가 됐을 때, 나는 처음으로 수석 회계사에게 대차대조표가 뭔지 설명을 좀 해달라고 부탁했어. 그는 깜짝 놀라더군. 어떻게 대차대조표도 이해하지 못하면서 그렇게 엄청난 부자가 될 수 있었냐고. 처음에 그는 아무것도 모른다는 내 말을 믿으려 하지 않았어. 나는 그런 것들은 모두 재무이사와 회계사들에게 맡겨두었다고 설명했지. 일단 돈 버느라(그리고 쓰느라!) 너무 바빴고, 재정 흐름이나 현재 자금 상태를 공식적으로 세세하게 기록하는 데 드는 시간을 항상 아깝다고 생각했거든.

물론 지금은 대차대조표의 감가상각이니 하는 기본적인 사항들은 이해하고 있어. 하지만 현금 유동성에 대해 말하자면, 난 유능한 회계사에게 더 이상 배울 게 없어. 현금 유동성에 대해선, 사업가라면 누구든 처음부터 완전하게 파악하고 있어야 해. 대차대조표는 회계사나 은행, 혹은 회계감사원에게 맡겨둬도 괜찮아. 하지만 현금유동성은 회사의 핵심이지. 현금흐름만 좋으면 회사 운영이나 경영이 아무리 형편없어도 그럭저럭 돈을 벌 기회가 생겨. 적어도 돈을 벌 시간은 확보할 수 있지. 하지만 현금이 잘 돌지 않으면 조만간 문을 닫거나 매각되거나 채권자들에게 빚을 갚기 위해 자산을 처분해야 할 수도 있어.

그렇다면 사업 실패의 원인이 현금흐름의 문제인 경우가 왜 그렇게 많은 걸까? 대개는 사업이 가망 없거나 무리하게 확장했기 때문이야. 돈을 너무 투자하지 않는 것도 사업이 망하는 이유가 될 수 있어. '타조 증후군(Ostrich Syndrome)'이라는 말을 알아? 위험이 닥치면 적을 피해 도망가기는커녕 모래 속에 머리를 처박는 타조의 습성을 빗대 위험을 회피하는 심리를 가리키는 용어야. 경험이 많지 않은 경영자나 오너가 직원들의 봉급, 집세, 세금 문제 같은 세세한 업무는 소홀히 하고 새로운 사업에만 골몰하는 경우에도 사업이 위험해질 수 있지. 이보다 더 나쁜 경우이자 가장 일반적인 경우는 현금흐름을 책임지는 사람의 말을 귀담아듣지 않는 거야. 설마 고객들이 돈을 지불하지 않겠어? 설마 빚이 자꾸 쌓여 감당할 수 없는 수준이 되겠어? 설마 새로운 고객 말고 남아 있는 고객들이 없을 리 있겠어? 찰스 디킨스의 소설《데이비드 코퍼필드》에 나오는 낙관적인 미커버 씨처럼 이런 오너들은 사태를 수습하기 위해 뭔가 조치를 취하기보다는 항상 '뭔가가 일어나겠지' 하고 확신해. 실제로 뭔가가 일어나긴 해. 파산 집행 영장이 날아오고 법원 출두 명령서가 전달되지.

영국에서 회사를 이끌던 초창기에 나는 투자 자본이 턱없이 부족한 상태였어. 내가 원하는 만큼 빨리 회사를 키우기 위해 필요한 정도의 자금이 없었어. 뭔가 행동에 나서지 않으면 몇 주 후에는 현금이 바닥날지도 모르겠다는 생각이 들자 공포가 밀려오더군. 그래서 여기서 이름을 밝힐 순 없지만 작게나마 자신의 회사를 운영하던 친구를 찾아갔어. 그 역시 현금흐름 때문에 곤란을 겪는 중이었어. 우리는 모두 이미 은행에서 당좌대월을 신청했는데, 내 회사는 생긴 지 얼마 안 돼서 그것도 부탁하기 어려운 상황이었지.

결국 우리는 음모를 하나 꾸몄어. 우리의 행위에 대해 이렇게밖에 표현할 수 없어. 나는 친구 회사에 송장을 보내고, 친구는 내 회사에 송장을 보냈어. 한 번만 그런 게 아니라 몇 달 동안 여러 차례. 그리고 그때마다 회사 수표로 대금을 지불했지. 영국에서는 미국과 달리 계좌에 돈이 부족한 상태에서 수표를 발행하는 것이 위법이 아니야. 잔액이 부족해도 지불하겠다는 의도만 있으면 돼. 이렇게 해서 두 회사의 거래액은 상당히 증가했지. 우리는 지불 시한을 정확하게 조정해서 계좌에 대금이 부족해서 돈을 지불하지 못하는 일이 일어나지 않도록 했어. 그러기 위해서는 서로의 현금흐름에 각별히 주목해야 했지. 그렇게 한동안 시간을 보낸 뒤 다시 은행에 갔더니 사업이 잘되고 있다며 반기더라고. 내가 현금흐름을 빈틈없이 주시하고 있다는 것을 알고는 굉장히 긍정적인 평가를 내렸어. 내 친구도 마찬가지였지. 결국 두 은행은 우리에게 당좌대월을 내줬어. 그 덕분에 나는 빠른 속도로 회사를 키울 수 있었고, 결국 더 성장하기 위한 이윤을 내고 당좌대월도 갚을 수 있었지.

친구와 내가 한 일이 만약 불법이었다면 어떻게 됐을지 모르겠어. 분명 윤리적인 일은 아니지만, 확실히 효과가 있었지. 무엇보다 중요한 건 은행이 우리 회사의 '성장'보다 현금흐름을 장악한 내 능력에 더 깊은 인상을 받았다는 거야. 예리하게 현금흐름을 장악하는 능력이야말로 당좌대월을 통해 더 많은 자본을 얻을 수 있는 열쇠였지. 이런 일을 겪으면서 자신감도 커졌어.

이제 까다로운 주제를 살펴볼 차례군. 채권을 팩터링 하는 문제야. 이 문제를 얘기하려니 내가 위선자라고 고백하는 기분이야. 물론 살아오면서 그보다 더한 말도 들어봤고, 험한 일도 많이 겪었어. 팩터링은 담배 피우는 것과 비슷해. 담배를 피우면 죽는다는 것은 누구나 아는 사실이야. 하지만 그 죽음이란 게 무시무시하긴 해도 다소 막연한 일이지. 지금 담배 한 대 피운다고 해서 금방 죽는 건 아니잖아! 당신은 채권 팩터링 업체에 당신 회사의 채권을 양도해. 대신 그들은 채권 가격의 몇 퍼센트 하는 식으로 수수료를 떼고 현금을 건네주지. 그 비율이 엄청나긴 해. 옳거니! 이러면 현금 유동성 위기가 단번에 해결되겠군.

좋아하긴 아직 일러. 장기적으로 볼 때 위기가 해결된 건 아니니까. 팩터링은 악마와의 거래나 마찬가지야. 당신은 파우스트처럼 거래에서 불리한 위치에 있어. 극단적인 상황이 아니라면 팩터링은 하지 않는 게 좋아. 그리고 회사가 엄청난 위약금을 물지 않고 팩터링 계약에서 벗어날 수 있도록 거래할 때는 무엇보다 신중해야 해. 가능한 한 팩터링은 절대로 하지 마. 사실상 이게 내가 흡연이나 팩터링에 대해 말해줄 수 있는 전부야. 둘 다 몹시 불쾌하고 건강에 좋지 않은 나쁜 행위지.

현금흐름을 주시하고 '타조 증후군'에 빠지지 않는 것이 창업할 때 가장 신경 써야 할 대목이야. 새로운 사업을 벌이는 과정에서 많은 업무를 다른 사람에게 맡길 수 있는데 현금흐름을 주시하고 예측하는 일만은 아니야. 이건 당신의 책임이고 당신의 일이야. 그 누구도 대신해줄 수 없어.

창업 초창기에 아래의 제안들을 잘 지킨다면 현금흐름을 개선할 수 있을 거야.

- 직원들의 봉급 총액을 최소한으로 낮춰라. 경비도 은근히 많이 든다.
- 사무실을 장기 계약하지 말고, 비싼 동네에 사무실을 열지 마라.
- 사업의 성격상 고객들에게 특별한 인상을 심어줘야 하는 경우가 아니라면 사무실을 호사스럽게 꾸미거나 근사한 가구를 들여놓지 마라.
- 상대방이 비즈니스 접대를 하겠다고 할 때 자기가 사겠다고 하지 마라. 그럴 기회는 나중에도 충분히 생긴다.
- 당신의 봉급은 먹고살 만큼만 받아라.
- 외상 고객은 개인적으로 불러서 이야기를 나눠라. 분명 효과가 있다.

- 시내에서는 가급적 걸어 다녀라. 건강에도 좋고 사람들에게 모범이 될 수도 있다.
- 직원들의 여행비와 오락비 청구서를 면밀하게 살펴라.
- 대금 지불이 늦어질 것 같으면 협력업체 사장을 불러 양해를 구해라. 언제까지 주겠다고 약속하고 기한을 꼭 지켜라.
- 직원들 봉급 날짜는 당신이 굶는 한이 있어도 꼭 지켜라.
- 직원들에게 회사 명의의 신용카드, 휴대전화, 차를 쓰라고 하면 망하기 딱 좋다.
- 밤새도록 사무실에 조명과 컴퓨터, 프린터, 복사기를 켜놓는 것은 어리석은 짓이다.
- 매주 사무실 입구에 멋진 화병을 갖다 놓으면 근사하지만 엄청나게 비싼 이탈리아제 가구를 놓는 것보다 좋은 인상을 만들 수 있다.
- 비굴함에 익숙해져라. 비굴함은 창업자의 현금흐름을 원활하게 해주는 훌륭한 도구다.
- 그들은 당신의 사업을 원한다. 당신 사업에 재료를 대는 업체들을 서로 경쟁시켜라. 그것도 무자비하게.
- 극단적인 상황이 아니라면 팩터링 거래는 하지 마라. 했다면 가급적 빨리 벗어나라.
- 낙담하지 마라. 최악의 상황은 아니지 않은가. 누군가의 밑에서 일할 수도 있었으니까.

현금흐름은 어떤 사업에서든 핏줄 같은 거야. 미국 대통령과 영국 총리가 평화를 바라면서 전쟁에 대비하는 것처럼, 당신은 현금이 회사에 들어오고 나가는 일과 관련해서 최선을 바라면서 항상 최악에 대비해야 해. 정기적으로, 때로는 강박적으로 주시하는 것이 열쇠야. 요즘 들어선 나도 이런 일이 무지 지겹게 느껴지지만, 나처럼 회계에 젬병인 사람도 하는데 당신이라고 못 할 리 없어.

세 번째 착각:
실패에 연연해하기

이것이야말로 이런 종류의 책에서 가장 하기 쉬운 말이면서 가장 피하기 어려운 실수일 거야. 사람은 실패에 연연해. 똑똑하기로 유명한 사람들조차 그래. 사업할 때도 이런 실수는 계속되지. 이것은 강철 같은 의지력이나 풍부한 경륜에 의한 지혜로만 넘어설 수 있는 고질적인 병폐야.

실패에 연연해하지 말라는 것은 쉽게 할 수 있는 일처럼 느껴져. 뭔가에 실패하면 그만두고 다른 걸 시작해라, 뭐 이런 말이잖아. 맞아. 그런데 문제는 실패했다는 것을 깨닫는 시점이야. 우리는 항상 자신이 실패했다는 것을 너무 늦게 깨닫지.

성공과 실패는 대체 뭘까? 성공에는 아버지가 여러 명 있지만 실패는 부모 없는 아이라고 말하지. 성공은 하나의 실패를 딛고 또 다른 실패에 도전하면서도 기가 죽지 않고 열의를 잃지 않는 능력이라고 설명하기도 해. 모두 맞는 말이야. 그런데 우리는 대체 자신이 실패했다는 것을 언제 어떻게 판단하지? 이걸 알아야 실패에 연연해하지 않고 계속 전진하든 말든 할 거 아냐.

이 문제에 대해서는 모든 예언자와 현인들, 지도자들이 입을 다물고 있어. 나는 실패가 대개는 타이밍의 문제에 불과하다고 생각해. 예전이라면 실패했을 것이 오늘날 성공하기도 하고, 한때 확실하다고 생각되던 것이 이제 더 이상 통하지 않기도 하잖아. 팩시밀리의 발명이 대표적인 예야. 팩스 기술은 팩시밀리가 보편적으로 사용되기 수십 년 전에 이미 존재했어. 그런데 무슨 이유에서인지 널리 보급되지 않았어.

언젠가 미국 회사의 한 부장이 나를 사무실 복도로 데려가더니 번들거리는 팩시밀리를 보여주며 그 사용법을 내게 알려주더군.

"우리에게 왜 이게 필요하지?"

"모든 사람이 갖고 있으니까요."

"좋아. 그런데 왜 모든 사람이 이걸 갖고 있지?"

"글쎄요. 그냥 다들 갖고 있더라고요."

내가 보기에 팩스 기술은 몇 년 전 처음 보았을 때의 원형과 그리 다르지 않았어. 기술이 향상된 건 아니란 말이지. 그런데 이제 모든 사람이 하나씩 갖게 됐어. 실패가 성공으로 둔갑한 거야. 팩스는 드디어 일상용품이 됐어.

다른 예를 들어볼까? 1977년 (영국 정부와 수년 동안 힘겨루기를 한 끝에) 프레디 레이커 경은 대서양을 횡단하는 스카이트레인 항공사를 열었어. 불필요한 서비스를 줄이는 대신 항공 요금을 경쟁사인 브리티시 에어웨이의 3분의 1로 낮췄지. 한동안 엄청나게 성공하는가 싶더니 1982년 결국 2억 5,000만 파운드가 넘는 빚을 갚지 못하고 파산하고 말았어. 런던 금융가와 월스트리트에는 저가 항공사는 실패한다는 속설이 나돌았지. 그런데 21세기가 들어서자 어떻게 됐지? 저가 항공사 열풍이 또다시 불어닥쳐 전 세계적으로 수십억 달러의 매출을 올리는 사업으로 떠올랐잖아. 한때 실패했던 것이 다음에는 성공한 거야. 이건 그저 타이밍의 문제일 뿐이야.

이 모든 것이 실패에 연연해하는 것과 무슨 관계가 있을까? 실패한 자도 완전한 패자로 계속 남는 것이 아니라 서서히 타오르는 승자가 될 가능성이 있다는 뜻이야. 그러니 재정적인 곤란을 겪고 있는 제품이나 서비스를 끈질기게 붙들고 버티다 보면 언젠가는 빛을 볼 수도 있어.

이제 편하게 앉아서 내가 들려주는 슬픈 이야기를 들어봐. 10년 전에 나는 뉴욕에 본사를 둔 〈블렌더〉라고 하는 인터랙티브(쌍방향) CD-ROM 디스크 사업에 엄청난 투자를 했어. 〈블렌더〉는 신작 영화와 음반, 전자게임, 애니메이션의 인터랙티브 리뷰를 담았고, 명사들의 인터뷰와 많은 특집 기사를 실었지. 컴퓨터에 CD-ROM을 넣고 플레이하면 볼 수도 있고 들을 수도 있는 매체였어. 미디어 시장에 엄청난 반향을 몰고 온 선구적인 프로젝트였어. 이 CD-ROM을 잡지처럼 매달 발행한다는 게 우리의 계획이었지. 근사한 마케팅 문구도 만들었어. '쿨하게 사는 법: 〈블렌더〉에 당신의 머리를 접속하라.'

나는 이 프로젝트가 마음에 들었어. 미디어 업계 사람들도 좋아했지. 우리는 상도 많이 받았어. 디자이너와 편집자들은 환호했고, 라이벌들은 〈블렌더〉가 종이 잡지의 죽음을 뜻하는 건 아닌가 염려하며 정찰에 나섰지. 사실은 기우였는데 말이야.

　〈블렌더〉는 팔리지 않았어. 포커스 그룹에 갖다 줄 때마다 애들이나 전문가들이나 할 것 없이 환호성을 지르며 멋지다고 엄지손가락을 치켜세웠는데도 말이야. 나는 공격적으로 나섰어. 광고를 하고 마케팅을 펼치기 시작했지. 〈블렌더〉를 들여놓는 가게에 돈을 주기도 했어. 우리는 밤낮 없이 일했어. 때로는 〈블렌더〉 직원들에게 집에 가서 자라고 명령해야 했을 정도로 다들 즐거운 마음으로 일했어. 우리는 마음속으로 새로운 미디어를 개척하고 있다고 믿었어. 우리는 전문 잡지처럼 전문 시장을 겨냥한 〈블렌더〉를 만들 계획도 세웠어. 자동차를 다루는 〈블렌더〉, 패션을 다루는 〈블렌더〉, 신작 영화를 취급하는 〈블렌더〉 이런 식으로 말이야. 나의 작은 회사는 아이디어로 불타올랐어. 몇몇 팝스타가 〈블렌더〉에 열렬한 관심을 보여 자신들의 미발표 뮤직비디오나 발매 예정 앨범의 트랙을 우리의 CD-ROM에 실을 수 있게 허락해줬어. 출판업계 잡지는 우호적인 기사를 써주었지. 나는 이 아이디어를 영국에서도 시도했어. 배급업자, 소매업자, 라이벌 출판사 모두가 이 새로운 아이디어에 열광하며 지지를 보냈어. 냉혹한 소비자들만이 예외였지. 새 호가 나올 때마다 판매는 점차 줄어들었어.

　유능한 한 소매업자가 이런 말을 한 적이 있어. "소비자를 이길 수는 없다." 그의 말은 정말 맞아. 하지만 나는 사람들이 〈블렌더〉를 일단 접해보기만 하면 여기에 빠져들 것을 확신했어. 진심이야. 내가 얼마나 손해를 보고서야 이 일을 그만두었을까? 100만 달러? 300만 달러? 아니야. 400만 달러를 잃은 후에야 정신이 들더군. 400만 달러는 1990년대에 개인 사업가에게 꽤 상당한 돈이었어. 생각해보니 지금도 그렇군. 〈블렌더〉는 심지어 내가 주력하는 출판 사업 부문도 아니었어. 결국 내가 개인적으로 돈을 댔다는 뜻이야. 400만 달러는 세금을 내고 남은 내 호주머니에서 나온 돈이었다고! 참으로 멍청했지. 나는 잠시 존 드라이든의 충고를 잊었던 거야.

> 실수는 지푸라기처럼 수면 위로 떠다니고
> 진주를 찾으려면 물밑으로 깊이 잠수해야 하는 법.
> ―존 드라이든 〈지상의 사랑(All For Love or The World Well Lost)〉

나는 '물밑으로 깊이 잠수'하는 것을 잊고 있었어. 지푸라기가 수면에 그리는 예쁜 무늬에 넋이 나갔던 거지. 그리고 내가 포기하지 않으려 하자 나의 고집이 격투기 사범이 되어 나를 사정없이 매트에 내리꽂았던 거야.

나는 왜 주가 바뀌고 달이 바뀌고 해가 바뀌어도 계속해서 실패에 연연해했던 걸까? 늘 자신에게 물었지만 만족스러운 답을 얻지 못했어. 내가 정기적으로 CD-ROM 디스크를 발매한다는 생각에 너무 깊이 빠져 있었고, 기술 발전에 매혹된 게 이유였던 것 같아. 또 하나, 데이비드 체리와 제이슨 피어슨이 이끄는 〈블렌더〉 직원들이 근면하고 재능 많고 혁신적이고 즐거운 친구들이었다는 점도 중요한 이유 같아. 요컨대 나는 계획과 사랑에 빠졌던 거야. 재정자문이나 다른 회사에서 일하는 오랜 파트너의 충고를 귀담아듣지 않았어. 계획에만 온통 정신이 팔려 아픈 줄도 모르고 자신을 학대했던 거지. 내가 2년 만에 200만 달러의 손실을 봤을 때 〈블렌더〉에서 손을 뗐다면, 아무도 〈블렌더〉(혹은 내 회사)가 있었다는 것도 몰랐을 거야. 그랬다면 8년이 지난 지금 내 은행 계좌에는 그동안 붙은 이자까지 쳐서 400만 달러가 더 들어 있었겠지.

400만 달러라. 기억해둬. 그게 내가 실패에 연연해서 치러야 했던 대가야. 당신은 그런 실수를 저지르지 말라고. 그 방법은 각자 찾아야겠지만 말이야. (그래도 〈블렌더〉와 관련해서 좋은 일이 하나는 있어. 〈블렌더〉를 세계적인 상표로 등록하느라 만만치 않은 돈을 지불했지. 몇 년 후 미국에서 음악 잡지를 창간하면서 거기에 〈블렌더〉라는 이름을 붙이고 다시 등록했어. 덕분에 저렴한 비용으로 등록 절차를 마칠 수 있었어. 지금 〈블렌더〉는 성공적으로 자리 잡았고, 전통 있는 강자 〈롤링 스톤〉과 그럭저럭 경쟁하는 유일한 음악 잡지가 되었지. 400만 달러가 있었다면 홍보비로 쓰면 딱 좋았을 텐데, 그건 아쉽군!)

네 번째 착각:
생각은 작게, 행동은 크게

이제 고통스러운 대목에 이르렀어. 솔직히 이 부분은 그다지 쓰고 싶지 않아. 가장 드러내기 싫은 나의 치부를 드러내야 할 대목이니까. 그래도 할 수 없지. 이 책을 사느라 돈을 지불한 당신은 번듯한 제품을 얻을 자격이 있어. 그나마 내게 위안이 되는 점이 있다면(솔직히 말하면 그렇게 큰 위안은 아니지만) 내 행동이 전혀 특이한 게 아니라는 사실이야. 나보다 앞서 나처럼 행동한 사람들이 있었고, 지금도 매년 그런 실수를 저지르는 멍청한 무리가 길게 줄을 서서 대기하고 있지. 적어도 나는 다시 일어섰으니 그걸로 됐다고 위로하고 싶군.

한동안은 일이 술술 잘 풀렸어. 그런데 어느 순간 '생각은 작게, 행동은 크게' 증후군에 휘말리더니 나는 돈은 물론이고 거의 모든 것을 잃고 말았어. 삶은 완전히 엉망진창이 됐지. 어떻게 된 일인지 처음부터 이야기할게.

1974년 〈월간 쿵후〉(무술영화 스타 이소룡을 다룬 단발성 포스터 잡지)를 내면서 처음으로 돈을 벌기 시작했을 때 이미 난 크게 생각하기 시작했어. 생각을 크게 갖는 것 자체에는 잘못된 점이 없어. 자그마한 이 단발성 잡지가 '월간'이라는 제목을 달고 있으니 영국 잡지계 사람들이 비웃더군. 단발성 잡지를 월간지라고 부르는 것은 아무래도 허풍이 심한 일이니까. 어쨌든, 쿵후에 대해 아무것도 모르는 히피 기자들이 한 사람만 다루는 잡지를 1년에 12번이나 내겠다고 했으니 그게 말이 될 소리였겠어? 나랑 친한 배급업자들도 〈월간 쿵후〉가 1년 안에 문을 닫을 거라고 장담했어. 그런데 모든 사람, 특히 나 자신이 놀랍게도 〈월간 쿵후〉는 이후 10년 동안 계속 발행됐어. 매호 이소룡의 미덕을 칭찬하는 기사들로 채워졌지. 이렇게 된 데는 우리에게 유리한 몇몇 상황들이 있었어.

첫째, 이소룡은 짧고 굵은 인생을 살았어. 이는 스타가 불멸의 신화가 되는 보증수표인 셈이지. 둘째, 죽은 사람에게는 명예훼손이 되는 말을 할 수 없어. 셋째, 그는 제3세계를 포함해서 전 세계 모든 나라에서 인기가 있었어. 넷째, 이소룡의 장례식 때 내 친구 돈 아티요가 홍콩에 건너가 이소룡의 귀중한 사진들을 엄청나게 입수했어. 돈은 훌륭한 기자야. 그는 이소룡을 개인적으로 아는 모든 사람과 인터뷰를 했는데, 이런 자료는 10년 동안 우리 잡지의 든든한 자산이 됐어.

어떻게 이보다 더 크게 생각할 수 있겠어? 〈월간 쿵후〉 창간호는 나오자마자 10만 부 넘게 팔리는 대단한 성공을 거뒀어. 나는 즉시 비행기에 몸을 실었지. 정말 많은 비행기를 탔어. 호주의 변호사 친구 앤드루 피셔와 함께 이 나라 저 나라를 돌며 수많은 외국 출판사들과 〈월간 쿵후〉 라이선스 계약을 맺었어. 그렇게 해서 독일판, 프랑스판, 이탈리아판, 스웨덴판, 네덜란드판, 스페인판, 아랍판이 나왔어. 심지어 중국에서도 〈월간 쿵후〉가 나왔지.

이어 나는 일반석 좌석을 타고 미국으로 날아갔어. 미국에서 〈월간 쿵후〉를 발행해줄 파트너를 찾기 위해 뉴욕 거리를 헤매고 다녔던 2주는 평생 잊지 못할 거야. 등을 반쯤 뒤덮은 머리카락에 굽이 높은 뱀 가죽 부츠를 신고 번들거리는 타이와 토미 너터 짝퉁 정장을 입은 모습은 분명 미국의 사업가들에게 낯설었을 거야.

당시 나는 스탠 리와 그의 마블 코믹스 왕국을 몹시도 숭상했어. 〈헐크〉와 〈스파이더맨〉, 그리고 내가 개인적으로 가장 좋아하는 〈실

버 서퍼〉를 발행한 만화 회사 말이야. 사연을 자세히 털어놓자면 한
도 끝도 없을 테니 요점만 간단히 말할게. 스탠 리는 시내에 있는 사
무실로 찾아간 나를 퇴짜 놓았어. 나와 보잘것없는 우리 잡지에 눈
길 한 번 주더니 문을 가리키더군. 우리에게 조금이라도 관심을 보
이는 사람은 아무도 없었어.

　절망적인 심정이 된 나는 런던에서 잡지 〈타임아웃〉을 출판한 친
구 토니 엘리엇의 소개로 이름을 알게 된 국외추방자 영국인을 찾아
갔어. 그의 이름은 피터였어. 그는 파트너인 밥과 함께 뉴욕에서 자
신의 잡지사를 막 차린 참이었어. 사무실은 공동으로 쓰고 있었는
데, 칸막이 방에 가까웠지만 그런대로 쓸 만했어. 그의 행동은 알쏭
달쏭했어. 하지만 두 가지 장점이 있었어. 일단 자본이 있었고, 그곳
에서 〈월간 쿵후〉를 발행할 수 있게 도와줄 사람들을 두루 알고 있
었어.

　피터는 샘플로 들고 간 〈월간 쿵후〉를 천천히 차근차근 살펴본 다
음 비용과 판매, 포스터 잡지라는 독특한 판형에 관해 질문하기 시
작했어.

　"이 점은 분명히 말해야겠네요." 그가 말했어. "사실 이건 일반 잡
지에서 자르지 않은 전지 16페이지를 묶어놓은 건데 이걸 독자들에
게 잡지 한 권 값을 받고 파시겠다?"

　"바로 맞혔어요." 내가 대답했어. "그 정도 값을 매겨도 돼요. 왜냐
하면 다 읽고 나면 아이들 방에 포스터로 걸어놓을 수 있으니까요."

　피터는 나를 쳐다보며 웃더군. "그래요. 한번 시도해봅시다. 어차

피 잃을 것도 없잖아요."

피터와 로버트는 30년이 훌쩍 넘도록 내 미국 파트너로 일했어. 〈월간 쿵후〉는 미국에서 성공했지. 그리고 우리는 또 다른 잡지들을 만들었어. 여러 해에 걸쳐 피터와 밥과 나는 수억 달러를 위험한 모험에 투자했고 수천 명의 미국인에게 일자리를 제공했어. 우리는 부자가 됐어.

크게 생각해. 그게 비결이야. 1970년대 영국에서 활동하던 수십명의 독립 잡지 발행인 중에 비행기를 타고 세계를 돌아다니면서 큰 시장에서 자신의 잡지를 팔아보겠다는 포부를 품은 사람은 많지 않았어. 그런 소수의 사람만이 미국에서 자신의 잡지를 라이선스로 발행했지. 대부분 파트너와 손잡고 사업을 확장하거나 자신의 자본을 위험한 모험에 투자하겠다는 생각을 결코 하지 않았어. 심지어는 IPC 같은 영국 최대의 잡지 재벌도 그럴 생각을 못 했어. 아마도 잃을 게 너무 많아서였겠지.

크게 생각하면 자연히 행동은 작게 하게 돼. 한두 번 성공을 손에 쥐었다고 해서 끝난 것이 아니니까. "성공은 결코 영원하지 않고 실패는 결코 치명적이지 않다. 진정 중요한 유일한 것은 결코 결코 포기하지 않는 것이다." 또다시 우리의 현인인 윈스턴 처칠의 말이야! 돈에 대해서 제대로 짚어낸 말이지.

자신은 잘못할 리 없다고, 성공은 자동으로 더 많은 성공을 불러온다고, 그래서 결국은 원하던 것을 이루게 되리라고 믿기 시작하는 순간, 현실이 당신을 착각에서 깨어나게 해줄 거야. 자신의 허풍을 믿는 것은 늘 위험천만한 일인데, 특히 벤처 창업을 한 오너에게 이보다 더 치명적인 것은 없어.

작게 행동하라는 말은 계속 상황을 주시하라는 뜻이야. 유연하게 대처하고, 어떻게 하면 자신의 회사가 더 잘될까 끊임없이 살피고, 균형감각과 겸손을 잃지 말라는 뜻이지. 자신이 최고라는 자만심을 버리고 이제까지 성공한 것은 재수가 좋아서였다는 것을 잊지 말라고.

사업의 초창기 때 작게 행동하면 주위 사람들에게 좋은 본보기가 돼. 점심을 먹으러 나가면 한참 지나서야 들어오고 근사한 회사 차를 굴릴 생각이나 하는 걸 직원들이 본다면, 짜증을 내거나 당신을 따라 하려 들 테니까 말이야. 이것은 좋은 행동이 못 돼. 이런 일은 나중에 당신 재산이 5,000만 달러 정도 모이면 그때 하라고.

내 인생 최고의 실수들도 대개는 작게 행동하는 것을 잊어버렸기 때문에 일어났어. 돈이 넝쿨째 굴러들어오고 모든 것이 술술 풀릴 때는 작게 행동하기가 어려워. 행동을 크게 하면 자기만족에 빠지기 쉽고, 자기만족은 성공한 창업가들의 발목을 잡는 이유가 되지. 당신은 매일 사업에 박차를 가하고, 열심히 일하는 동료 직원보다 더 많은 시간을 들여야 해. 항상 유연하게 대처하고, 성공한 다른 사례들을 기꺼이 찾아서 듣고 배우고 흉내 낼 필요가 있어. 그렇지 않고 이미 결실을 맺었다고 생각한다면, 이제 게임은 끝났고 샴페인을 터트릴 때라고 생각한다면 금세 나쁜 일들이 일어나기 시작할 거야.

내가 이런 것을 잘 아는 까닭은 1980년대 후반과 1990년대 초반에 작게 행동하는 것을 잊고 방종하게 지낸 적이 있기 때문이야. 술

먹고 마약 하고 여자들과 놀아나는 일에 수백만 달러를 쓰고 다녔지. 돈에 대한 존경심을 잃었고, 내가 돈을 얻기 위해 쏟아야 했던 피와 땀과 노력의 소중함을 잊었어. 나는 크게 행동했어. 그렇게 10년 동안 사치스러운 생활을 하느라 탕진한 돈이 1억 달러가 넘을 거야. 한때 개인적으로 봉급을 주고 열네 명의 여자를 부린 적도 있어. 뉴욕, 런던, 홍콩에서 하룻밤 노는데 3만~4만 달러를 썼지. 내가 하지 못할 일은 아무것도 없었어. 난 세상의 왕처럼 굴었으니까. 크게 행동했지.

이런 멍청한 짓에 회삿돈을 쓸 만큼 어리석지는 않았지만, 내 사업은 삐걱거렸고 건강도 좋지 않아졌어. 내가 믿고 의지했던 좋은 사람들 몇 명이 내 곁을 떠나기도 했지. 분명히 말하는데, 내가 한 행동 중 가장 멍청한 짓이었어. 그 결과, 나는 거의 죽을 지경이 됐지. 결국 나는 병원에 입원했어. 의사들이 지난 몇 년 동안 내가 얼마나 많은 코카인을 흡입하고 독한 술을 마셔댔는지 듣고는 격분하더군. 딱 잘라 말하기를, 내가 약물과 술을 끊지 않으면 그것들이 나를 끝장낼 거라고 했어. 그중에 말을 더듬던 젊은 의사는 이렇게 상황을 요약했어. "저저기 데니스 씨. 당신은 가가감옥행 또는 시시시체보관소행 편도 티켓이라도 가가진 것처럼 해해행동하시는군요. 어어어느 쪽을 택하고 시시싶나요?"

그의 말이 맞았어. 난 크게 행동한 거야.

마침내 정신을 차리고 삶을 바로잡기 시작했어. 크게 행동한 대가를 호되게 치르려는 참에 겨우 벗어날 수 있었지. 내 사업은 마술에라도 걸린 것처럼 다시 호전되기 시작했고, 나는 다시 경쟁의 장으로 뛰어들었어. 약물은 모두 끊었고(내가 했던 일 중 가장 힘든 일이었던 것 같아), 독한 술 대신 와인을 마셨고, 여자들과는 건전하게 놀았지. 그 결과, 나는 이전보다 훨씬 행복한 남자가 됐어. 어쩌면 더 근사한 남자가 됐는지도 모르지. 물론 상처는 여전히 남았고, 피해는 내가 감당해야 했지만 말이야. 하지만 해가 갈수록 이 모든 일이 마치 다른 사람에게 일어났던 일처럼 느껴져.

크게 생각하고 작게 행동하라. 이것은 절대불변의 처방전이야. 사업을 시작하는 사람에게 특히 중요하지만, 당신이 어느 정도 자리를 잡고 꽤 시간이 흐른 뒤에도 여전히 유효한 조언이지. 성공하고 겸손하기까지 한 사업가는 비즈니스 세계에서 늘 숭배와 존경을 받아. 그런 인간을 찾아보기가 극히 어렵다는 것이 문제지. 그리고 대체로 그런 삶이 밉살스러운 거물처럼 뻐기고 다니는 것보다 훨씬 재미있어. 작게 행동하는 것을 잊고 바람이 잔뜩 들어 돈을 뿌리고 놀았던 시절을 생각하면 지금도 얼굴이 후끈거리는 것 같아. 다시는 그렇게 살지 않을 거야. 젊은 친구들에게 맹세하지. 이걸로 설교는 끝.

다섯 번째 착각:
인재 발굴에 인색하기

부자 되기로 결심한 사람에게 필요한 재능은 딱 하나. 당신의 눈이 다음 문장으로 내려가기 전에 그게 뭔지 알아맞힐 수 있으려나. 맞아. 유능한 인재를 알아보고 고용하고 키우는 재능이야.

인재를 대체할 수 있는 것은 없다. 근면함도, 모든 덕목도 다
소용없다.

소설가 올더스 헉슬리의 말이야. 그의 문학을 그렇게 좋아한 적은
없지만, 그가 한 말은 정말로 옳아. 성실하고 원칙을 지키는 직원들
로 이루어진 회사는 운이 좋으면 그럭저럭 버티겠지만 번영할 수는
없어. 인재는 사업 성장의 열쇠야. 회사가 성장해야 부를 얻을 수 있
지. 그러니 반드시 제대로 된 인재를 알아보고 고용해야 해. 여기에
인색하게 굴지 말 것.

유능한 사람을 당신 밑에 두기 위해서는 때로 융통성을 발휘할 필
요가 있어. 돈이 반드시 가장 효과적인 유인책은 아니야. 물론 재능
있는 사람들은 봉급을 많이 받고 싶어 하지만, 그들은 의외로 새로
운 기회와 도전에 마음이 끌리는 경우가 많아.

뉴욕에 있는 데니스 출판사의 CEO 스티븐 콜빈이 좋은 예가 되
겠군. 벨파스트 출신으로 런던에 건너온 그는 우리 출판사에서 광고
판매 일을 하면서 유명해졌어. 그의 재능은 내 라이벌들의 마음을
끌 정도로 돋보였지. 그래서 한 경쟁사는 은밀하게(생각만큼 그렇게 이
례적인 일은 아니야) 그와 그의 아내 피파에게 접근해서 그들을 미국 서
해안으로 데려간 뒤 그에게 부장 자리를 주겠다고 유혹했어. 스티븐
과 피파는 미국을 마음에 들어 했고 거기서 살면서 일할 기회를 잡
기로 했어. 그들을 보고 뭐라고 할 수 있는 사람이 누가 있겠어? 벨
파스트 출신이 미국에서 일하게 되었다면 정말로 출세한 거지.

그 소식을 들은 나는 즉각 행동을 취했어. 스티븐은 욕심이 많은 친구가 아니야. 봉급을 올려주는 것만으로는 그를 붙잡아둘 수 없을 것 같았어. 그런데 그가 원했던 게 뭐더라? 그는 미국에서 살며 일하는 것을 원했지.

당시 나는 미국에서 〈블렌더〉 CD-ROM 사업을 벌여 한창 돈을 까먹고 있었고, 피터와 밥과 함께 마이크로웨어하우스 일로 엄청나게 바쁠 때였어. 마이크로웨어하우스는 몇 년 전에 우리가 설립한 회사로 카탈로그를 통해 컴퓨터 하드웨어와 소프트웨어를 파는 20억 달러 자산의 상장회사였어. 미국에서 벌인 출판 사업은 그에 비하면 부업 같은 거였지.

재능 있는 스티븐 콜빈을 다른 회사에 빼앗기지 않으려면 어떤 조건을 제시해야 했을까? 나는 스티븐에게 비행기를 타고 내 별장이 있는 코네티컷으로 오라고 부탁했어. 그는 내 제안에 시큰둥했어. 내가 자기 마음을 돌리려고 한다는 것을 잘 알았거든. 그리고 미국에 데니스 출판사라도 있으면 모르겠지만 그런 회사는 없었지. 그렇지만 그는 왔어.

스티븐이 도착하자 호수 선착장으로 내려가 함께 배를 탔어. 맥주 몇 잔을 마시며 호수를 한 바퀴 돈 다음 엔진을 끄고 마주 앉았지. 배가 캔들우드 호수 위에서 부드럽게 흔들렸어. 나는 달콤한 침묵을 깨지 않으려고 조심했어. 마침내 스티븐이 말을 꺼냈어.

"펠릭스, 난 데니스 출판사를 떠날 겁니다. 좋은 회사이지만 이직을 결심했어요. 피파와 함께 미국에 건너가 살 겁니다."

나는 고개를 끄덕였어. 바로 그때였어. 내가 무엇을 해야 할지 깨달은 순간이.

"그들이 자네에게 어떤 직함을 제시했지?"

"부사장입니다." 그가 대답했어.

"미국 회사의 사장이 될 생각은 없나?"

"어떤 회사 말인가요?"

"데니스 출판사지."

"펠릭스, 그런 출판사는 없어요. 〈블렌더〉와 잡동사니 몇 개가 있을 뿐이잖아요."

"아, 그래. 하지만 데니스 출판사가 생길 거네. 그것도 곧."

"어떤 종류의 출판물을 낼 건데요?"

"스티븐, 자네는 어떤 출판물을 만들고 싶은가? 자네가 무소불위의 사장이야!"

그는 거절할 수 없었어. 항상 꿈꾸어 왔던 기회였으니까. 나는 인재를 놓치고 싶지 않았고, 스티븐은 미국으로 가려고 했어. 그러니 이게 해답이었지. 그리고 보너스로 나는 그와 피파, 그리고 그의 아이들이 원하면 언제든 호숫가의 내 별장을 써도 좋다고 말했어. 몇 년 후 그는 '언론 매체에서 가장 촉망받는 젊은 CEO'인가 뭔가 하는 우스운 이름의 상을 받았어. 바로 그가 미국의 데니스 출판사를 처음부터 차근차근 건설한 장본인이야. 그 과정에서 그는 유명해졌지.

뛰어난 인재를 발견하면 때로는 그에게 자신이 하고 싶은 일을 펼칠 수 있는 조직을 직접 만들도록 내버려두는 것이 효과적일 때가 있어. 그들에게 새로운 사업의 책임과 지배권을 맡기면 십중팔구 아주 멋진 일을 해내지. 스티븐의 도움이 없었어도 내가 미국에서 데니스 출판사를 일으켜 세울 수는 있었을 거야. 다만 그렇게 즐겁지는 않았겠지. 그리고 우리가 이룬 정도로 성공하지도 못했을 테고.

인재들은 대개 자신의 가치를 잘 알아. 하지만 그 가치를 사기 위해 꼭 100만 달러의 연봉을 줘야 하는 건 아니야. 자신의 가치를 증명할 기회를 주는 것으로도, 때로는 매일매일 책임질 일거리를 맡겨두는 것으로도 그들을 붙잡을 수 있어. 기존 조직 내 작은 부서를 책임지게 맡겨도 좋아. 인재가 원하는 것은 자신의 능력을 입증하고 발휘할 기회이니까.

이 주제에 관해 내가 해줄 수 있는 말은 이미 앞에 나와 있어. 유능한 인재를 알아보라는 거지. 이어 그를 고용하기 위해 무슨 짓이든 해야 해. 고용한 다음에는 키워야 하고 적절하게 보상을 해줘야 경쟁자들에게 빼앗기지 않을 수 있어. 필요하다면 새로운 프로젝트를 구상하는 것도 좋아. 인재 보고 직접 구상하라고 하면 더 좋고.

인재는 젊을수록 가치가 있어. 40대 중반이나 50대 초반이라면 엄청나게 많은 돈을 줘야 할 테니까. 젊은 인재는 충분히 도전적인 일거리만 주어진다면 한동안은 적은 월급을 받고도 일할 거야. 그런 다음에는 시장 상황에 따라 대우해주면 되고. 언젠가는 과거의 명성만으로도 월급을 받는 단계가 오겠지. 그러면 그와 과감히 결별하는 거야.

프랑스의 인상주의 화가 드가는 이런 말을 남겼어. "모든 사람은 스물다섯일 때 제각각 재능이 있다. 하지만 쉰 살 때도 재능을 갖고 있는 것은 어렵다." 지당한 말씀. 대부분의 재능은 40대 중반을 넘으면서 조금씩 줄어들기 시작해. 물론 여기서도 예외인 비범한 인재들은 있지.

부자가 되려면 재능 없이는 안 돼. 자신에게 재능이 없다면 남의 재능이라도 빌려야지. 인재 없이는 부자가 될 수 없어. 당신이 기억해야 할 건 간단해. 인재를 발굴하고 키우고 보상하고 경쟁자들로부터 지켜라. 그리고 때가 되면 내보내라.

이렇게 인재 관리를 잘했는데도 사업으로 부자가 되지 못했다면 그보다 놀라운 일은 없을 거야. 왜냐하면 인재가 당신의 일을 다 해주기 때문이지. 역사가 시작된 이래 늘 그래 왔어. 사람들이 피라미드를 만든 사람을 누구로 기억하지? 파라오 아니면 기술자들? 잘 생각해봐. 그런 다음 인재를 찾아서 고용해. 파라오가 그랬던 것처럼.

HOW TO GET RICH

3부

부자를
완성하는 힘

9장

부자가 되기 위한 기본 덕목

> 그리고 아서 왕이 배에서 천천히 대답하기를
> "옛 질서는 변했고 새로운 질서에 자리를 내주니,
> 좋은 풍습이 세상을 타락시키지 않도록
> 신이 여러 방법으로 노력을 다할 걸세.
> 그러니 편히 마음을 갖게. 내가 무슨 위로를 해줄까?"
>
> ■ 알프레드 테니슨, 〈아서 왕의 죽음〉

이 장에서는 부자가 되기 위한 기초적인 덕목들을 살펴볼 생각이야. 아울러 나 같은 사람이 어떻게 자기보다 더 큰 부자가 됐는지 의아해하는 사람들이 흔히 갖는 오해도 설명할 참이야. 한 가지는 확실해. 부는 장점이나 공정함과 무관하다는 사실. 비틀스의 매니저 브라이언 엡스타인이 비틀스에서 쫓아낸 멤버 피트 베스트가 그의 후임으로 들어온 링고 스타보다 정말로 못한 드러머였을까? 아마 아닐 거야. 그런데도 불운한 '제5의 비틀스'가 된 건 결국 그였잖아.

끈기,
고집과는 달라

돌팔이들이 쓴, 소위 '자기계발서'에서 많이들 봤을 거야. 직접 부자가 되어본 적도 없으면서 그 분야의 대가인 척 으스대는 돌팔이들 말이야. 그런 책을 보면 끈기가 마치 경외의 대상이라도 되는 것처럼 진한 글꼴로 강조하는 유난을 떨지. 이 책은 그런 '자기계발서'가 아니야. 나는 책 한 권 사서 읽는다고 사람이 '계발'된다고 생각하지 않아. 실제 행동을 취함으로써 '계발'될 수 있을 뿐이지.

어떻게 보면 이 책《빈손으로 시작해도 돈이 따라올 거야》는 세상에서 처음 시도되는 책이라고 할 수 있어. 적어도 내 의도는 그래. 말하자면 이 책은 '안티 자기계발서'야. 이 책을 사서 읽고 부자가 될 가능성은 거의 없다고 대놓고 말하니까. 대다수의 독자는 부자가 되기에는 지나치게 사람 좋고, 지나치게 삶에 편안함을 느끼고, 지나치게 상식적이야.

내 책은 당신이 부자 되는 길을 추구할 때 현재의 만족스러운 상태가 어떻게 망가지고 당신의 미래와 인간관계에 어떤 위험이 닥칠지 적나라하게 까발리는 책이야. 다른 사람의 몫을 빼앗는 거칠고 힘든 경쟁 속에서 당신의 성격 역시 거칠어질 거야. 그리고 탐욕이 시간을 얼마나 잡아먹는지, 그래서 탐욕을 쫓다 보면 우리가 하고 싶은 일을 할 시간이 얼마나 부족해지는지도 이야기할 거야.

다시 주제로 돌아가 볼까. 끈기는 물론 중요해. 말할 것도 없지. 그리고 이를 위해서는 한결같은 의지와 이를 뒷받침해줄 체력이 필요해. 하지만 끈기 자체가 목적이 될 순 없어. 진한 글꼴로 끈기라는 두 글자를 강조하는 것은 거의 모든 '자기계발서'에서 볼 수 있는 실수야. 그 책을 쓴 사람들은 말할 것도 없고 옛날부터 이런 착각을 한 사람들이 많았지. 그들은 부자가 손가락으로 하늘을 가리키고 있는데 멍청하게도 하늘은 보지 않고 손가락 끝만 쳐다보고 있는 꼴이야. 그런 다음 손가락 끝에 대해 책을 쓰고 거기에 '손가락으로 하늘을 가리키면 누구나 부자가 될 수 있다'는 제목을 달지. 자신들의 책이 그저 멋진 석양을 가리키는 시늉만 한다는 것도 모르고 말이야. 그런데도 그런 치들은 끈질기게 똑같은 실수를 계속 저질러. 그들의 책을 읽는 독자들도 마찬가지야.

고집은 끈기와 달라. 고집은 그래서는 안 된다는 증거가 무수히 많은데도 계속 끈질기게 달라붙는 것을 말해. 고집스러운 사람은 자신이 틀렸다는 것을 남들이 알까 봐 두려워하지. 끈질긴 사람은 자신이 항상 옳다는 확신을, 그리고 세상이 곧 자신을 인정하리라는 확신을 갖고 있어. 조금만 더 노력하면 실패의 장막이 벗겨지고 성공이 모습을 드러낼 거라고 생각하지. 그렇다면 그 차이는 뭘까?

둘 사이의 차이는 지도에서 사막 지대의 두 나라 경계를 이루는 점선 표시처럼 손에 잡히지 않지만 대단히 중요해. 점선 자체는 별로 중요해 보이지 않지. 그곳에 사는 생물한테도 전혀 중요하지 않고. 예컨대 사막에 사는 게르빌루스쥐가 '여기서부터 아랍에미리트가 끝나고 사우디아라비아가 시작되는군' 하고 생각하지는 않을 테니까. 하지만 미래의 어느 시점에는 가혹한 자연의 현실과 비교할 때 극히 사소하게 보였던 바로 그 점선이 엄청나게 중요해질 수 있어. 그것 때문에 원유 소득이 수십억 달러 차이가 나기도 하지. 그 말은 곧 부자로 사는 것과 그럭저럭 사는 것을 가르는 차이가 될 수도 있다는 뜻이야.

여기서도 절대 포기하지 않는 자세가 중요해. 하지만 곧이곧대로 받아들이지는 마. 우리는 모두 언젠가는 사랑, 욕망, 죽음에 굴복해야 해. 죽음을 피할 수 있는 사람은 아무도 없고, 사랑에 굴복하지 않으면 바보 취급을 받지. 하지만 쉽게 포기하지는 마. 포기할 때 하더라도 포기하기 전에 적당하다고 생각되는 지점에서 한 걸음만 더 내디뎌봐.

소위 '끈기'는 부자가 되려는 사람들, 혹은 그 정도 되는 가치가 있는 다른 뭔가를 이루려는 사람들에게 필수적인 자질이야. 자신이 실수했음을 인정하고 새로운 행동을 계획해서 실행하는 능력도 마찬가지로 필수적이지. 자신의 실수를 깔끔하게 인정하는 것은 약점이 아니라 오히려 냉철한 사고능력을 보여주는 증거야. 인정하는 능력도 끈기가 없으면 안 되지. 시도하고 또 시도하라는 말은 이미 실패한 일을 계속해서 되풀이하라는 뜻이 아니야.

그만둔다고 해서 치욕스러운 것은 아니야. 성공할 수 있다고 믿는데도 불구하고 그만두는 것, 그게 치욕스러운 거지. 신념이 있어야 해. 자신과 자신의 계획에 대한 신념이 있으면 태산도 들어 올릴 수 있어. 하지만 이미 실패했음이 입증된 방법으로 태산을 들어 올리겠다고 고집을 피우면 안 돼. 인류 역사를 보면 수많은 성공 이야기들이 불행하게 끝맺는 경우가 많아. 성공이 그토록 힘들기 때문이고, 주위 사람들이 속으로 자신을 비웃고 있다고 느끼기 때문이야. 또한 목표는 맞는데 거기에 이르는 길이 완전히 잘못됐을지 모른다는 고약한 의심이 슬며시 들기 때문이지.

오래전 나와 미국의 파트너들은 새로운 사업을 구상했어. 우편 주문으로 컴퓨터 소프트웨어와 하드웨어를 판매하는 사업이었어. 그러려면 우편 주문 카탈로그를 만들고 디자인하는 일을 해야 했어. 누가 이 일을 맡아야 할까? 내가 적임자였어. 컴퓨터 잡지를 만들어본 경험이 있었으니까.

나와 동료들은 이 일에 열심히 매달렸어. 수석 디자이너는 몇 주 동안 마감 시간을 맞추느라 뉴욕의 사무실에서 숙식을 해결했어. 실수가 있어서는 안 되는, 몹시 고되고 힘든 일이었지. 기본적인 디자인이 모두 정해지자 내가 찬찬히 검토했어.

완전 실패였어. 뭔가가 잘못됐고 모두가 그것을 알았지. 나는 걱정되어서 죽을 지경이었어. 너무도 중요한 프로젝트였고, 나의 파트너인 피터와 밥은 내가 그것을 제대로 해놓을 것이라고 믿고 있었거든. 나는 그들에게 사실을 털어놓고 다른 사람에게 일을 맡기자고 하기 직전까지 갔어. 그랬다면 돈독한 파트너 관계에 금이 갈 수도 있었겠지. 아무튼 사업의 결과물을 세상에 선보이기까지 남은 시간이 별로 없었어.

내가 달리 뭘 할 수 있었겠어? 뭔가 일이 뒤틀린 거야. 잘못된 길에 들어섰는데 뭐가 잘못인지 알아내는 것조차 어려웠어. 대체 뭐가 문제였을까? 그때 몇 년 전부터 나와 함께 일했던 동료 수전 프리먼이 날카로운 지적을 했어. 그녀는 디자이너가 아니고 컴퓨터에 대해 특별히 많이 아는 것도 아니었어. 하지만 눈썰미가 날카로웠고 그녀 역시 이 프로젝트에 관여하고 있었지.

"왠지 잡지처럼 보이는데요." 그녀가 말했어. "카탈로그처럼 보이지 않아요. 카탈로그는 아니에요."

역시 그랬어! 나는 무의식적으로 팀원들에게 또 하나의 잡지를 만들라고 재촉했던 거야. 하지만 우편 주문 카탈로그에는 '독자'가 없어. 잠재적인 구매자들이 있을 뿐이지. 우리는 우리에게 익숙한 것을 행하는 함정에 빠지고 말았던 거야. 너무 급하게 서둘렀기 때문에 백지상태에서 새로 시작하는 대신 자신도 모르게 자동 조종 장치가 된 거지. 모든 팀원이 다들 나름대로 잡지 전문가들이었으니까. 이렇게 멍청할 수가.

뒤늦게 실수를 깨달은 우리는 프로젝트 초기에 함께 모아둔 온갖 모양과 크기의 성공적인 카탈로그들을 다시 살펴보았어. 이런 것들을 적절하게 참고해서 끈기를 발휘했지. 며칠 후 우리는 새 카탈로그 디자인을 만들어냈고, 이것은 몇 년이 지나서도 여전히 사용할 수 있을 만큼 훌륭했어. 우리가 시도한 몇몇 독창적인 요소들은 훗날 경쟁자들이 슬쩍 베껴 쓸 정도였지. 끈기가 빛을 본 거야. 하지만 이 경우에는 수전의 도움이 절대적이었지. 항로를 바꾸고 진로를 변경하고 원하는 것을 얻기 위해 새로운 계획을 세우는 것을 두려워하지 마. 뭔가 잘못된 길로 들어섰다는 것을 깨달았을 때는 특히 더욱 더. 무엇보다 똑같은 벽에 계속 머리를 찧는 어리석은 짓은 하지 말길. 그런다고 벽이 물렁해지는 것도 아니니까. 그리고 부자가 되고 싶다면 절대 포기하지 마.

자신감,
이것만은 기억해둬

자신감은 부자가 되기 위한 핵심 덕목이야. 끈기는 자신감만큼 중요하진 않아. 나는 자신을 믿고 자신감 있게 행동해서 금방 행운을 잡고 부자가 된 사람들을 많이 봤어. 끈기는 두세 번은 입질해야 달콤한 열매를 안겨줘. 그러나 자신감은 당신에게 대번에 열매를 한 바구니 안겨주지.

자신감은 값을 헤아릴 수 없을 만큼 귀중한 자산이야. 사람들은 도도한 것을 싫어하지만 한편으로는 약간 동경하는 것 또한 사실이지. 그런 도도함도 진정한 자신감에 비하면 어설프고 얄팍하다고 할 수 있어. 진정한 자신감의 짝퉁이랄까. 사람들은 왜 그러한 자질을 알게 모르게 동경하는 걸까? 그건 옛 현인들이 '독수리의 풍모'라 이르는 것을 자신감 있는 사람들이 갖고 있기 때문이야. 타고난 외모랑은 상관없어. 자신감(대개는 도도함도 살짝 가미해서)을 타고난 사람들은 혼자 힘으로 나라의 운명을 바꾸기도 해.

영국에도 그런 사람이 한 명 있었지. 어쩌면 그는 전쟁광이었는지도 몰라. 무능한 전략가에 애국심에 눈이 멀고 제국을 꿈꾼 늙은 광대, 특히 여성의 권리에는 까막눈이나 다름없었지. 하지만 그 사람,

윈스턴 처칠의 자기 운명에 대한 흔들림 없는 확신은 연합군이 됭케르크에서 후퇴한 이후 영국의 무기고에 남아 있는 전부였다고 할 수 있어.

1940년 영국에는 탱크 몇 대와 대포가 조금 있었어. 그런데 영국군은 이런 무기들을 벨기에와 프랑스 해변에 고스란히 내버려두고 후퇴할 수밖에 없었어. 유럽 지배의 야망을 품은 위험천만한 미친놈 앞에서 영국 국민들은 겁에 질려 화평을 청했지. 이때 그들 앞에 피곤해 보이는 노인 한 명이 마이크를 쥐고 나타난 거야. 아울러 수백 대의 전투기와 세계에서 가장 강력한 해군 병력이 있었지.

영국 내각과 귀족들 사이에선 평화 조약을 맺자는 움직임이 은밀하게 나돌았어. 심지어 파시즘을 공산주의자 무리에 대한 방어물로 삼으려는 이들도 있었어. 평화는 어떤 희생을 치르고라도 얻어야 하는 것이라고 주장했지. 오랜 세월 동안 영국 귀족들의 배를 부르게 해주었던 세상을 구해야 한다면서. 처칠의 표현대로 "추악한 게슈타포 기구"가 들끓는 나라에서 히틀러가 어떤 잔혹한 행위를 저질렀는지 잘 알면서도 그런 소리가 나왔다니 정말 어처구니없지.

아마 처칠의 내각 동료인 핼리팩스였다면 즉각 평화 조약을 맺었을 거야. '평화의 사도'로 알려진 전직 총리 네빌 체임벌린도 마찬가지였겠지. 만약 그때 우리가 평화 조약을 맺었더라면 무장을 해제하고 우리의 공군과 해군마저도 나치에게 다 넘겨줘야 했겠지. 그랬다면 유럽은 지금 어떻게 됐을까? 우리는 지금 모두 어떤 언어로 말하고 있을까? 우리의 신념은 어떻게 됐을까? 우리가 예배드리는 신은? 우리 중 얼마나 많은 사람이 사라졌을까? 그리고 얼마나 많은 사람들이 아예 태어나지도 못했을까?

이 책이 처칠의 정치 철학과 원칙을 논하는 자리는 아니야. 내가 말하고 싶은 건 그의 자신감이야. 그의 연설을 읽거나 녹음으로 듣는다면 자신감이 갖는 놀라운 힘과 최면적인 매력이 어떤 것인지 이해할 수 있을 거야. 젊은이들은 당시 사람들의 희망을 우습게 생각할지 모르겠지만, BBC 마이크 앞에 선 이 노인의 강철 같은 의지와 자신감은 그 순간 영국 역사상 어떤 왕이나 여왕도 주지 못했던 큰 힘을 영국 국민들에게 불어넣었어. 한순간이지만 영국 국민들은 실패에 대한 두려움, 두려움 자체에 대한 두려움, 그리고 악에 굴복하는 수치심에서 벗어날 수 있었어. 무엇이 이를 가능하게 했을까? 바로 한 노인의 자기 운명에 대한 믿음, 무모한 자신감, 그가 가진 조국의 운명과 서유럽의 자유에 대한 믿음이었어.

당신에게 윈스턴 처칠이 되라는 말은 아니야. 그럴 수도 없고, 그럴 마음도 없을 테니까. 그는 그 시대가 낳은 자식이었지. 다만, 지금 당장 각자 스스로에 대한 믿음이 있는지 자문해보라고 말하고 싶어. 당신은 자신을 믿어? 정말로? 만약 아니라면, 게다가 그런 자신감을 갖는 게 불가능하다고 믿는다면 부디 이 책을 계속 읽기를. 다만 이 말만은 명심해. 당신이 부자 되는 길은 복권에 당첨되거나 유산을 물려받는 방법 외에는 없다는 것을. 당신조차 스스로를 믿지 못하는데 누가 당신을 믿겠어?

자신감 없이는 어떤 것도 이룰 수 없어. 자신감이 있으면 불가능한 게 없지. 이는 엄연한 사실이야. 이 책에서 다른 것은 다 잊더라도 이것만은 꼭 기억해둬. 그것만으로도 책값은 충분히 할 테니까. 그렇다고 의심을 밟아 뭉개란 소리는 아니야. 의심은 고통과 같아. 인간이 고통을 느끼지 못한다면, 우리 몸에서 응급처치를 받아야 할 일이 벌어졌다는 경고를 어떻게 전달받겠어? 물론 외과 수술을 받거나 심각한 부상을 당하거나 사경을 헤맬 때는 고통을 덜어줘야 해. 하지만 고통을 우리 삶에서 완전히 없애는 것은 온당한 처사가 아닐뿐더러 우리를 위해서도 좋지 않아.

의심은 경고 체제 같은 거야. 결정을 내리는 데 나름의 중요한 역할을 하지. 의심이 없다면 히틀러의 청년당원이 그랬듯이, 적나라한 이기심과 뻔뻔한 확신만이 활개를 치고 결국 고삐 풀린 자만심을 낳게 될 거야. 때론 그보다 훨씬 나쁠 수도 있지. 의심이나 두려움 자체는 나쁜 게 아니야. 대단히 유용한 도구야. 다만 당신의 사고와 삶 속에 잘 통합시키는 방법을 배워야지. 안 그러면 그것에 휘둘리게 돼. '중간'은 없어.

의심이 실패에 대한 두려움과 맞물려 가중되면 악순환이 일어나. 자신감은 위축되고 어떤 것도 이룰 수 없게 되지. 두려움이 그렇듯 의심도 맞서면 충분히 극복할 수 있고, 또 그렇게 해야 해. 내가 추천하는 방법은 환한 대낮에 의심을 엄격한 심판대 위에 올려놓는 거야 (아무래도 새벽 3시에 이런 일을 하는 것은 어렵지). 먼저 당신의 의심과 두려움을 조목조목 적어놓고 그것을 찬찬히 살펴봐. 환한 곳에서 쪽지를 집어 들어. 흡수할 만한 지혜가 있으면 빨아들이고 껍데기는 쓰레기

통에 던져버려.

자신감을 높이는 방법이 있을까? 난 그렇다고 믿지만 이 작은 책에서 다룰 사항은 아닌 것 같군. 이 책은 부자 되는 방법에 관한 책이니까. 대신 당신에게 한두 가지 생각할 거리를 남겨주겠어.

첫째, 만약 당신이 대단히 심각한 걱정에서 벗어나본 적이 있거나 죽음의 문턱에 가본 경험이 있다면, 터무니없을 정도로 매사에 신중해졌거나 아니면 일상적인 두려움에서 해방됐거나 둘 중 하나일 거야. 해방감은 인간의 삶에서 정말로 중요한 것은 없다, 어떤 것도 두려움 자체만큼 끔찍한 것은 없다는 깨달음에서 나와. 역설적이지만 바로 거기서 자신감이 생기지. 모든 것이 가능하다는 믿음 말이야.

둘째, 당신은 자신이 유일무이한 존재라는 것을 기억해야 해. 이는 과학자들이 충분히 증명한 사실이야. 당신과 똑같이 자랐고 당신이 갖고 있는 것과 똑같은 성격과 흠을 가진 사람은 그 누구도 없었고, 앞으로도 없을 거야. 그런데도 자신을 믿지 않는다는 거야? 당신이 존재한다는 사실, 그날 배출된 난자와 수백만 마리의 정자 가운데 가장 동작이 빠른 놈이 만나 당신이 만들어졌다는 사실만으로도 기적이야. 그 결과가 당신일 확률이 과연 얼마나 되겠어? 그래, 지금 의자에 앉아서 이 책을 읽고 있는 당신 말이야. 그런데도 자신을 믿지 않는다고? 자연도 믿었는데? 운명도 믿었는데? 그리고 원한다면 당신의 신도 믿을 텐데?

부를 쌓는 일은 그나마 쉬운 일이야. 생명을 낳거나 아이를 키우는 일, 혹은 한밤중에 사고로 죽은 어린아이의 집을 찾아가 부모에게 비극적인 소식을 전하는 것에 비하면 훨씬 쉬운 일이지. 이에 비하면 치명적인 병으로 얼마 살지 못할 아이를 키우는 일은 얼마나 힘들겠어? 정신 나간 파라오를 위해 기념물을 짓는 현장에서 무자비한 관리자의 채찍을 맞아가며 바위를 나르는 일은 또 어떻고?

해낼 수 있다, 최선의 노력을 다할 수 있다는 믿음만 있으면 부자가 되고 못 되고를 떠나 자갈 하나 정도는 치울 수 있을 테고, 그러면 태산은 아니더라도 작은 산 정도는 우르르 무너뜨릴 수 있을 거야. 다른 바보들은 경외감에 넋을 잃고 갈채를 보낼 테고. 그 정도면 당신의 노력에 대한 충분한 보답이 될 거야. 그러다 보면 점차 그런 과정을 즐기는 법을 알아가겠지.

부자가 되고 싶다면 일에 열심히 매달려. 하지만 일에 대한 믿음 역시 필요해. 그리고 무엇보다 자신감이 있어야 앞뒤 헤아리지 않고 부를 향해 달려갈 때 주위에서 날아들 온갖 비난과 비웃음에 맞서 자신을 보호할 수 있어.

직감을
믿어라

10년 전에 누군가(지금까지도 누군지 모르겠어)가 데니스 출판사 런던 본사의 입구 로비에 놓여 있던 내 가방에 잡지 한 부를 두고 갔어. 들어본 적 없는 잡지였어. 얇았지. 정말 굉장히 얇았는데 잡지가 얇다는 건 별로 좋은 일이 아니야. 게다가 인쇄된 종이는 조잡했고, 광고는 거의 없었어. 디자인은 아무리 좋게 말해도 초보적인 수준이었어. 지저분하다는 느낌마저 들더군. 그런데도 나는 그 잡지가 마음에 들었어. 헨리 루스가 1923년 〈타임〉을 공동 창간하면서 처음 구상했던 생각을 되살려 만든 잡지였지. 원래 그의 아이디어는 전 세계 뉴스를 한데 모아 뉴스 요약판을 만들자는 거였어. 결국 그는 편집 방향을 좀 더 광범위하게 잡아 세계 굴지의 잡지를 만들었지.

잡지 이름은 〈더 위크〉였어. 그날 밤 워릭셔의 집으로 돌아가는 길에 천천히 두 번 읽었어. 한 시간 정도 걸린 것 같아. 아이디어는 단순했지. 물론 실행하는 것은 또 다른 문제였지만 말이야. 여러 신문과 잡지에 실린 기사들을 인용 또는 발췌해서 주제별로 모아두었는데, 출처는 정확하게 밝혀놓았더군. 칼럼에는 '지루하지만 정말로 중요한 것' 또는 '분명 사실일 거야. 타블로이드 신문에서 읽은 거거든' 같은 재치 있는 헤드라인을 달아놓았어.

영국, 유럽, 미국, 아시아의 여러 신문과 잡지에 실린 주요 기사들을 요약해서 모아놓았어. (대체 이걸 어떻게 번역했을까 궁금한 기사들도 몇몇 있었어) 옆에 지도를 그려놓고 뉴스의 출처인 도시와 나라들을 화살표로 표시해놓았어. 도서, 음악, 미술 리뷰도 있고 건강, 여행, 테크놀로지, 부동산 기사도 있었지. 특히 마음에 들었던 것은 작은 박스 기사로 처리된 '금주에 뽑은 건강의 적'과 200자의 짤막한 길이로 된 '편집자가 올리는 글'이었어.

귀엽더군. 재치 넘치고. 하지만 성공할 가망은 없어 보였어. 광고도 없었고, 든든한 배급망도 없었고, 마케팅도 없었으니까. 그게 아니라면 내가 이름을 들어보지 못했을 리 없지. 당시 〈더 위크〉가 세상에 설 자리는 없는 듯 보였어.

물론 나는 잡지를 만든 졸리온 코넬(알고 보니 예전에 신문사에서 기자와 편집자로 일했던 친구였어)에게 편지를 써서 아이디어를 격려해주는 것을 잊지 않았어. 근처에 올 일이 있으면 언제든지 사무실에 들르라는 말도 했지. 그리고 이후로도 잡지 두 권이 더 내 손에 배달됐지만 그에 대해서는 잊어버리고 있었어.

한참 시간이 흘러 결국 졸리온은 나를 찾아왔어. 그는 투자자를 찾고 있었어. 주변 친구들이 그에게 투자했지만 그 액수가 그리 크지 않았던 거지. 모든 사람이 〈더 위크〉의 아이디어를 좋아했고 다들 졸리온을 좋아했지만, 그를 위해 수십만 파운드를 선뜻 투자할 사람은 없었어. 그는 사업 자금을 마련하려고 런던에 있는 자기 집을 팔고 시골로 이사하기까지 했어. 배짱 두둑한 용감한 친구였지. 비록 자라온 환경이나 성격은 전혀 딴판이었지만 나는 그가 마음에 들었어.

지나고 나서 보면 모든 상황이 정확히 눈에 들어오는 법. 졸리온은 내 생각에 동의하지 않을지 모르지만 그때 이미 〈더 위크〉는 실패할 조짐이 뚜렷이 보였어. 재정 상태가 엉망이었는데 자금이 충분하지 못한 상태에서 창업하면 그런 경우가 많지.

몇몇 큰 출판업자들은 내가 아니었다면 자신들이 투자했을 거라고 말했어. 그렇다면 그때는 왜 투자하지 않은 거지? 하긴 졸리온이 털어놓기를, 그는 내 이름도 데니스 출판사 이름도 들어본 적이 없다고 했어. 아무튼 〈더 위크〉에 아무도 큰돈을 투자하지 않았던 것은 결국 아무도 잡지가 살아날 수 있다고 보지 않았기 때문이야. 주요 잡지로 자리 잡는 것은 고사하고 살아남기조차 힘들다고 본 거지.

데니스 출판사의 임원진도 마찬가지였어. 내가 주간지에 투자하겠다고 하자 극구 반대했지. 주간지는 현금을 잡아먹는 귀신이다. 특히 빚이 있고, 광고는 없고, 구독자는 애처로울 정도로 몇 안 되고, 가판대 판매도 없고, 소액 투자자들밖에 없는 주간지라면 더더욱 위험하다. 회의실에선 고성이 오갔지. 다들 소리를 질러댔어. 그날 회의에 참석한 동료 위원들에게 내가 이미 투자했다고 차마 말할 수 없었어. 며칠 동안 그 말을 하지 못했는데, 심지어 나의 재정자문을 맡은 이언 레게트에게도 털어놓지 못했어. 하지만 나는 졸리온의 아이디어에 매료되어 〈더 위크〉를 가져야겠다고 결심했어. 안 된다는 말만 늘어놓는 치들에게 본때를 보여줄 작정이었지.

말은 쉽지만 좋은 사업 방식은 못 돼. 투자의 장단점을 임원들과 철저하고 솔직하게 논의하지도 않고 다른 회사를 편입시키기 위해 투자를 결정하는 것은 경박하고 건방진 행동이야. 결코 좋은 사업 방식이 아니야. 하지만 모험심 있는 사업가라면 이런 사업을 잡아야 한다고 생각했어. 나는 경영인이 아니야. 주판만 굴리는 사업가와도 다르지. 나는 야망 있는 사업가이고, 배짱도 있었지. 결국 우리 회사의 경영인, 회계사, 재정자문들은 사업을 인수하기로 결정했어. 하지만 그건 다 한참 뒤에 일어난 일이야.

나는 돈도 있었고 '감'도 있었어. 손등과 목 뒤의 털이 곤두서고 뭔가 해서는 안 될 일이지만 결국은 하고야 말 것 같은 조짐이 느껴지지. 이런 걸 상업적 직감이라고 해. 오랜 세월을 구르다 보면 자연스레 얻어져. 타고난 사람은 없어. 나는 〈더 위크〉를 통해 이런 직감을 얻었어.

노련한 사업가가 돈 냄새를 맡고 접근하는 것을 보면 마치 암사자가 엎드린 채 코를 처들고 쿵쿵거리는 것과 비슷해. 사자는 자신의 새끼를 옆에 앉혀. 그리고 좀 더 냄새를 맡지. 이어 몸을 일으키고 터벅터벅 사냥에 나서. 그런데 아무도 없어. 아무것도 안 보이고 아무 소리도 안 들려. 하지만 분명 냄새가 나. 사자는 먹이가 가까이 있다는 것을 알아. 음식 말이야. 먹이야말로 사자가 노리는 거지. 나 또한 그렇고.

그래서 나는 〈더 위크〉에 많은 돈을 투자했어. 그리고 돈을 잃었지. 왜 아니겠어? 이언 레게트는 내가 과하게 욕심을 부렸다며 몹시 걱정했어. 충분히 그런 걱정을 할 만한 사람이야.

데니스 출판사의 몇몇 재능 있는 직원들에게 도움을 청했어. 잡지 편집에는 관여하지 않도록 세심하게 신경 쓰면서 말이야. 편집은 제대로 하고 있었으니까 군이 끼어들어 일을 복잡하게 만들 필요가 없었지. 그런데도 〈더 위크〉는 더 많은 돈을 잃었어. 그래서 나는 창간자인 졸리온 코넬과 편집자 제러미 오그레이디를 제외한 소액 투자자들의 권리를 모두 사들였어. 그런 뒤에야 겉으로 표시 나지는 않았지만 〈더 위크〉는 서서히 궤도에 오르기 시작했어. 한 파티장에서 내가 모르는 어떤 사람이 우리 잡지 애기를 꺼내는 것을 듣고 얼마나 짜릿했는지 몰라. 더 믿기지 않는 것은 독자들이 서서히 우리 잡지에 매료되기 시작했다는 거야. 정말이야. 그저 좋다고만 말하는 게 아니라 근본주의 기독교도들처럼 우리 잡지로 개종했다니까. 출판계에서 일한 지 30년 만에 그런 일은 처음이었어.

모임에 가면 모르는 사람들이 내게 달라붙어 자기가 〈더 위크〉를 소개해서 구독하게 만든 친구들이 얼마나 많은지 떠들어댔어. 그러면서 나보고 잡지 내용을 바꾸면 안 된다고 조언하는 거야. 편집에 간섭해서는 안 된다는 거지. 물론 난 끼어들 생각이 전혀 없었어. 졸리온과 제러미에게 부고 기사와 날씨 정보를 싣도록 부탁한 게 전부였다고. 생각해봐, 한 주 지난 날씨를 싣는 잡지라니!

나는 유명한 사람들을 줄줄이 만났어. 영국 총리, 미국 대통령, 영화 제작자, 특급 영화배우 같은 정말로 유명한 사람들 말이야. 그들이 내게 관심을 보이며 말을 건넨 이유는 내가 〈더 위크〉 오너였기 때문이었어. 매달 잡지가 발행될 때마다 독자들이 늘었지. 이번 주에는 100명, 다음 주에는 200명, 그다음 주에는 300명 하는 식으로. 그리고 잡지 구독을 취소하는 사람은 거의 없었어.

그 이후는 대충 짐작할 수 있을 거야. 〈더 위크〉는 지금 내가 영국에서 발행하는 잡지 가운데 가장 많은 이윤을 내는 잡지가 됐어. 가격 대비 이윤으로 보자면 이제까지 내가 소유했던 모든 잡지 가운데서 최고야. 놀랄 만큼 많은 이윤을 남기고 있지. 현재 〈더 위크〉는 세계에서 가장 명성이 높은 잡지 가운데 하나인 〈이코노미스트〉보다도 영국에서 더 많은 구독자를 확보하고 있어.

〈더 위크〉는 이제 막 미국판을 내기 시작했는데, 편집장인 윌리엄 포크의 지휘하에 성공 가도를 향해 달려가는 중이야. 물론 내가 처음에 5,000만 달러를 투자했지. 본부장인 저스틴 스미스는 신문업계의 전설 헤럴드 에번스 경을 찾아갔는데, 그는 즉각 〈더 위크〉의 가능성을 알아봤어. 헤럴드는 지금 미국판 〈더 위크〉의 편집위원이야. 승자를 알아보는 눈이 대단히 빠른 사람이지.

자신의 직감을 믿어. 직감의 노예가 되지 말고 직감이 신호를 보낼 때 곧장 밀어붙이라고. 바로 그때가 당신이 진정 부자가 되고 싶은지 아닌지 결정할 때야. 이런 문제는 신중하게 찬찬히 고민한 다음에 결정을 내릴 수 없어. 차근차근 해나가서는 부자가 될 수 없어. 단박에 먹잇감을 낚아채는 포식자가 되어야 부자가 될 수 있어. 인내심을 갖고 기다리고, 늘 경계심을 늦추지 말고 냄새를 맡다가, 먹잇감이 나타나면 그동안 모았던 엄청난 힘을 한꺼번에 터뜨리며 덤벼들라고.

물론 나중에 사냥한 고기를 나눠주는 건 상관없어. 부자가 되고 싶다면 자신의 판단을 믿어야 해. 당신의 사업을 관리하는 사람들이 고기 조각을 나눠 갖게 해줘. 그들은 작은 조각을 얻겠지. 하지만 심장과 간은 당신 몫이야.

분산, 바구니를 여러 개 만들어라!

달걀도 그렇고 세상도 그렇고 언젠가는 다 깨지기 마련. 좋은 아이디어도, 모진 결심도, 뜻밖의 행운도 최악의 사태를 피하게 해주지는 못해. 여기에 대비해야 해. 언젠가는 반드시 찾아올 테니까 말이야.

내가 영국에서 자수성가해서 부자가 된 데는 두 가지 이유가 있어. 내 회사를 완전히 소유했고, 첫 번째 바구니에 달걀이 들어오자 더 많은 바구니를 준비하기 시작했지. 내가 어떻게 왜 이런 일을 했는지 들려줄게.

꼭 잡지 사업이 아니라도 좋아. 어떤 사업도 어떤 아이디어도 괜찮아. 목표를 분명히 하고 일에 매진하다 보면 돈을 벌 수 있어. 사업이 잘되면 확장할 수도 있고, 프랜차이즈를 내거나 다른 도시로 혹은 다른 나라로 넓혀갈 수도 있어. 하지만 그래 봤자 달걀이 더 많이 들어왔을 뿐 여전히 똑같은 바구니일 뿐이야.

만약 당신이 패스트푸드 체인점을 열었다면 여기서 끝나는 게 아니야. 사람들의 취향은 쉽게 변하고 손님들은 변덕이 심하기 마련이거든. 당신이 투자한 것을 보호하려면 새로운 바구니를 만들 필요가 있어. 음료수 사업을 시작하거나 인수하는 것을 생각해볼 만해. 아니면 브랜드 커피도 괜찮고. 당신의 체인점이 대단히 성공한 다음에 이런 일을 벌여야 하는 건 아니야. 새 바구니가 옛 바구니보다 더 큰 가치를 만들어내는 경우도 종종 있으니까.

'초크 풀 오너츠'가 좋은 예가 되겠군. 유명 커피 전문점의 이름 치고는 형편없지. (지금도 뉴욕에서 대단히 인기 있는 커피로 뉴욕 슈퍼마켓에서 쉽게 구입할 수 있어) 왜 그렇게 멍청한 이름을 갖게 됐을까? 1923년 브로드웨이 43번가에서 견과류를 파는 가게를 냈던 윌리엄 블랙이 만든 또 다른 바구니이기 때문이야. 열여덟 번째 견과류 가게를 냈을 때 커피도 함께 팔기 시작했거든. 첫 번째 바구니는 임대료를 내면 딱 맞을 정도의 수익을 냈지. 그런데 두 번째 바구니는 큰돈을 안 겨주었어. 그의 커피는 훌륭했고, 라디오를 통해 흘러나오는 기막힌 광고 노래는 더 훌륭했지. '억만장자의 돈으로도 살 수 없는 훌륭한 커피.' 나는 지금도 그 노래를 흥얼거릴 수 있어.

오늘날 '초크 풀 오너츠'는 대기업이 소유하고 있어. 그들은 이 괴상한 이름을 바꾸지 않았지만, 대신 '초크 상점'이라는 이름의 가게를 열기 시작했지. 나는 이게 실수라고 생각해. 이미 자리 잡은 브랜드 이름에 손을 대는 행위는 그 이름이 얼마나 괴상한지 더욱 부각시키기만 할 뿐이거든. 결코 좋은 마케팅이라고 할 수 없지.

'초크 풀 오너츠' 이야기에는 눈여겨봐야 할 또 다른 진리가 숨어 있어. 블랙은 커피 판매에 주력하면서 견과류 사업을 상당 부분 축소했어. 오늘날 뉴욕에서 견과류를 사려는 사람들은 '초크 풀 오너츠'를 함께 떠올리지 않아. 이처럼 성장하기 위해 자기 아이의 목을 조르는 것은 생각보다 훨씬 흔하게 벌어지는 일이야. 예를 들어, 성공한 월간지를 갖고 있는 사람이 동일한 대상을 다루는 주간지를 창간했다면 월간지 판매 부수가 줄어드는 것은 어쩔 수 없는 일이지. 밤이 끝나면 낮이 돌아오는 것처럼 당연한 거야. 그런데도 주간지를 창간해야 할까?

그렇고말고! 백 번이고 천 번이고 그래야지! 왜냐? 주간지를 창간하는 게 좋은 아이디어라는 것을 알면서도 시도하지 않는다면 경쟁자들이 당신 대신 그렇게 할 테니까. 그러면 당신은 주간지는 갖지 못하고 월간지는 타격을 입는 최악의 상황이 되겠지. 이를 가리켜

'야만인의 침략' 원칙이라고 불러.

당신이 지금 요새 안에 신성한 암소들과 함께 있고, 밖에서는 야만인들이 포위 공격을 하고 있는 상황이라고 상상해봐. 요새 안의 음식이 다 떨어져가지만 암소를 죽일 순 없어. 그건 끔찍한 죄악이거든. 그런데 야만인들이 요새를 뚫고 들어오면 어차피 암소들은 죽게 돼. 당신이 암소 몇 마리를 죽여 이를 먹고 힘을 보충한다면 야만인들의 공격을 막아낼 수 있을지도 몰라. 결국 당신은 암소를 한두마리 잡아먹어. 지난주만 해도 생명의 상징이었던 바로 그 암소들을 말이야. 진화하지 않으면 죽는다는 것을 깨닫는 것은 더 없이 중요한 덕목이야.

이와 똑같은 일은 상업과 정치에서도 늘 벌어져. 최근 들어 인터넷의 성장으로 음악 산업은 타격을 입기 시작했어. 점점 더 많은 사람이 불법인 줄 알면서도 돈을 지불하지 않고 노래를 다운로드 받고 있지. 그 결과, CD 판매는 급격히 위축됐고, 음반 회사들은 수십억 달러가 자신들의 주머니에서 빠져나가 주가가 곤두박질치는 것을 멍하니 바라보고만 있어야 했어.

오랫동안 싸구려 플라스틱처럼 보이는 물건에 비싼 값을 매겨 엄청나게 성장했던 음반 회사들은 처음에는 이런 상황에 어리석게 반응했어. CD라는 신성한 암소를 잡아먹어야 할 시점을 놓친 거지. 그들은 그저 해적질과 불법 다운로드가 중단되기만을 바랐어. 그래서 그것을 막는 데 모든 노력을 기울였지. 어리석은 자들. 야만인들은 그렇게 쉽게 그만두지 않는 법인데.

하지만 음반 회사들이 헤쳐나가야 했던 문제는 새로운 게 아니었어. 그저 사업의 다각화를 꾀하면 되는 거였지. 웹사이트 냅스터가 생겨난 이후 그들은 오래된 낡은 바구니를 고집할 게 아니라 새 바구니를 마련해야 한다는 걸 인정했지. 물론 애플의 아이팟은 여기서 예외였지만 말이야. 오늘날 음반 회사들은 상업적인 압력에 굴복해서 결국 이런 전략을 세우는 중이야.

그렇다고 그들을 너무 몰아붙여선 안 돼. 사업을 시작해보면 알겠지만, 재빠르게 변하는 현실에 곧바로 대처하는 것은 어렵기도 하고 두렵기도 한 일이니까. 사람들은 대게 자신에게 편안한 방식 그대로 계속 돈을 벌 수 있게끔 모든 것이 그대로 있어주기를 바라는 경향이 있어. 하지만 세상은 그대로 머물러 있는 법이 없지. 흐름을 파악하고 재빠르게 대처하지 않으면 좌초하게 마련이야. 빙하 시대가 닥치기 직전 마지막 남은 대륙에서 허둥지둥하던 공룡들 신세가 되는 거지.

이와 달리 재빠르게 더 많은 바구니를 마련한 사례도 있어. 리처드 브랜슨이 바로 그런 인물이야. 그가 벌인 버진의 사업 가운데 몇몇은 그렇게 주목받지 못했어. (혹시 버진 콜라라고 들어본 사람 있으려나?) 하지만 요점은 그게 아니야. 리처드가 벌인 버진의 사업들이 모두 망한다면 그때는 서구 자본주의가 어둠의 대양 속으로 가라앉은 후라고 말할 수 있을 만큼 그는 온갖 분야에 손을 댔어. 투자정보 서비스에서 항공 사업까지, 음악 매장에서 철도 여객 수송 서비스까지 수많은 바구니를 만들었지. 그는 쉴 틈 없이 움직이는 사람이었어. 개인적으로 겪어봐서 잘 알아. 예전에 템스강 근처에 정박해놓은 그의 보트에서 그를 종종 깨워준 적이 있어. 그런데 어느 날에는 내가 모닝커피를 채 마시기도 전에 그가 계속 전화를 걸어대는 거야. 때때로 샤워를 하면서도 옷을 입고 일을 할 정도였어.

리처드가 완성한 성공의 법칙을 요약하면 이래. '누구보다도 많은 바구니를 소유하거나 공동으로 소유하라.' 이것은 분명 억만장자가 되는 한 방법이야.

그렇다면 얼마나 많은 바구니를 노려야 할까? 이치에 닿는 한 많이 노려. 처음에는 주력 사업과 관계있는 것들로 한정하는 게 좋아. 리처드도 그랬어. 그는 미국에서 '암거래' 음반을 수입하는 것으로 사업을 시작했어. 공짜가 아니라는 점만 제외하면 요즘의 불법 다운로드와 비슷했지. 이어 리처드는 음반점을 열었고, 다음으로 음반회사를 시작했어. 순서가 반대였나? 상관없어. 서로 다른 사과였지만 기본적으로는 같은 과수원에서 따온 사과들이었으니까.

부자가 되기 위해 리처드 브랜슨처럼 예외적인 길을 갈 필요는 없어. 하지만 그의 전략은 좋아. 아니 근사하다고 해야겠지. 나는 몇 차례 바구니를 만들려다가 포기한 적이 있는데 이참에 몇 가지 고백해 볼까 해.

- 기회가 있을 때 (가령 돈이 남아돌 때) 더 많은 잡지를 사들였어야 했어. 여유가 됐다면 신문도 괜찮았을 거야. 최근까지도 지역 신문은 구인, 구직 광고로 짭짤한 수익을 올리고 있으니까. 판을 놓친 거지.

- 좀 더 일찍 라디오나 텔레비전 프로그램 제작에 뛰어들 생각을 했어야 했어. 인기 있는 많은 텔레비전 쇼는 기본적으로 '잡지' 포맷을 느슨하게 따르거든. 텔레비전을 보는 애들이나 잡지를 읽는 애들은 상당히 비슷하지. 내용은 말할 것도 없고.
- 잘 돌아가고 있는 인터넷 사업 한두 개에 투자했어야 했어. 그걸 놓친 건 정말 멍청한 실수였어. 매일 시를 쓰느라 너무 많은 시간을 소비했기 때문인데, 그런다고 변명이 되진 않지.

좀 더 자세히 들여다보면 내가 놓친 다른 기회들도 있을 거야. 하지만 과거의 실패에 미련을 두고 싶어 하는 사람은 없어. 너무 고통스럽기 때문이지.

물론 모든 바구니가 투자할 만한 가치가 있는 건 아니야. 데니스 출판사는 인터넷에 관한 한 장사를 잘했어. 7~8년 전에 대부분의 거대 잡지사들이 폭발적으로 성장하는 인터넷에 현금을 쏟아부을 때 우리는 한 발 물러서기로 했거든. 실로 엄청난 돈을 투자해댔지. 내가 아는 한 영국 출판사는 인터넷 사업에 2년 동안 5,000만 달러를 투자할 계획이었어. 사업을 확장하기 위해 거대한 건물에 입주하면서 말이야. (결국 확장하기는커녕 주저앉고 말았어) 이런 전략은 순전히 기관투자가들을 만족시키기 위한 거였지. 인터넷이 돌아가는 상황을 전혀 모르는 치들이었지. 망한 게 당연하다고 생각해.

데니스 출판사는 웹사이트를 신중하게, 그리고 잘 만들었어. 콘텐츠를 충실히 채워 넣고 종이 잡지들에 웹사이트 광고를 실었지. 하지만 운동장만 한 크기의 거대한 바구니를 짜는 일에 말려들 생각은 없었어. 푼돈이나마 벌기도 전에 쇠퇴할 게 뻔했으니까. 그럴 여유도 없었고.

이런 현명한 방책은 가이 스니스비의 작품이었어. 지금도 나와 함께 일하고 있는 친구야. 그는 인터넷과 그에 관련된 모든 것을 엄청 좋아했지만, 거기에 돈을 투자하는 것은 극구 반대했어. '성장할 때까지 기다리자. 성장하는 것을 봐가면서 투자하자. 돈벌이가 되게 만들자.' 이게 그의 계획이었어. 결국 그가 옳은 것으로 드러났지. 그 덕분에 1,000만 달러 정도를 아낀 것 같아. 더 될지도 모르지. 고마워, 가이. (거봐. 똑똑한 인재를 고용하면 다 남는 장사라니까)

한편 대서양 건너편 미국에서는 데니스 출판사에서 오랫동안 일해온 국외추방자 영국인 로저 먼포드가 가이 같은 역할을 맡았지. 로저는 한 푼도 헛되게 쓰지 않는 사람이야. 타고난 절약가로 별명이 '짠돌이'지. 스타벅스 커피가 식으면 전자레인지에 여러 번 데워 마시고도 남을 사람이야.

데니스 출판사의 미국 인터넷 부서를 맡은 로저는 가이처럼 뛰어난 직감을 타고난 사람이야. 미국은 영국과 상황이 달랐어. 미국에선 대부분의 잡지가 가판대에서 팔리는 것보다 정기구독자한테 나가는 부수가 더 많았거든. 출판업자가 처한 상황이 영국이랑 완전히 반대였지. 그런데 정기구독자를 확보하는 데는 비용이 많이 들어.

평균적으로 한 명의 '유효' 구독자, 즉 다른 잡지를 얼마나 많이 구독하느냐와 상관없이 그 잡지를 꾸준히 계속 구독해주는 독자를 확보하는 데는 50~100달러 정도의 비용이 들지.

내 말이 무슨 뜻인지 알겠어? 이런저런 상황을 감안해서 로저는 〈맥심〉 웹사이트의 온라인 구독자를 확보할 수 있겠다고 판단하고는 승부수를 던지기로 작정했어. 영국에서는 먹혀들지 않을 전략이지만 뭐 어때? 그가 있는 곳은 미국이었는데. 짠돌이 로저는 내 돈 수십만 달러를 미국 인터넷 사업에 쏟아붓기 시작했어. 우리는 존재하는지조차 몰랐던 거대한 새 바구니를 만들었던 거야.

그 과정에서 그도 마음이 편치만은 않았을 거야. 하지만 결국 보상을 얻었어. 우리는 고객 한 사람에게 50~60달러를 쓰는 대신 푼돈을 써서 정기구독자를 확보할 수 있었어. 수십만 명의 새로운 구독자가 생겼지. 아주 흥분되는 일이었고 실로 대단했어. 그 덕분에 우리는 〈맥심〉 웹사이트를 젊은이들을 위한 북미 최고의 인터넷 포털로 키울 수 있었어. 게다가 다행스럽게도 〈맥심〉 종이잡지를 가판대에서 구매하는 사람들이 계속 있었어. 그들이 낸 돈으로 웹사이트에 계속 투자할 수 있었지. 고마워, 로저. (이제 알겠지. 똑똑한 인재를 고용하는 게 얼마나 이익이 되는 장사인지를)

이런 전략은 창업 단계에는 적합하지 않아. 사업을 막 시작했다면 하나의 바구니에 역량을 집중하는 게 나아. 거기에 당신 삶(그리고 첫 번째 사업의 성패)의 모든 것이 달려 있다는 듯이 말이야. 하지만 일단 사업이 순항해서 돈이 들어오기 시작하면 재빨리 다른 사업 기회를 찾는 게 좋아. 바구니는 많을수록 좋으니까.

사업을 다각화하면 달걀을 낳고 부화시킬 자리를 많이 확보할 수 있을 뿐만 아니라 언제든 어떤 달걀에든 집중할 수 있는 자신감을 얻을 수 있어. 가령 하나의 사업이 어려움에 처해서 손을 보거나 다시 생각해볼 필요가 있을 때 다른 바구니에 다른 달걀이 있으면 옳다고 생각하는 것을 밀어붙일 수 있지. 새롭게 손을 보든지 아니면 아예 사업을 접든지.

창업한 사업가가 흔히 겪는 문제 중 하나는 자신이 벌인 사업을 마치 자신이 낳은 아이처럼 생각하기 쉽다는 거야. 조심하지 않으면 정말로 '아이'가 될 수도 있어. 이건 위험하기도 하거니와 전혀 생산적이지 못해. 당신은 달걀을 낳고 바구니를 만드는 사업을 하는 게 아니야. 부자가 되는 사업을 하는 거지.

하나의 바구니에 하나의 달걀밖에 없다면 그것을 매각하는 것(사업을 접는 것은 당연하거니와)은 엄청나게 어려운 일일 수밖에 없어. 사업이 뜻대로 안 돼서 포기한다는 생각은 그 결정이 아무리 타당하더라도 좀처럼 감당하기 어려운 아픔이니까. 대신 다른 바구니에 담긴 달걀들이 잘 굴러가고 있다면 어느 정도 냉정한 상태에서 문제를 해결할 수 있지. (사실은 '어느 정도'만 그래)

이런 이유로 나는 우리 회사에서 벌이는 어떤 사업을 과감하게 접자고 주장할 수 있는 거야. (나의 재정자문 이언 레게트도 나와 비슷해) 하나의 사업에 몸담고 있는 젊은 친구들에게는 죽느냐 사느냐의 문제겠지. 하지만 여러 개의 사업을 운영하는 사람에게는 해결할 필요가 있는 또 하나의 문제일 뿐이야.

물론 이런 장점이 있는 반면, 하나의 사업에 직접 몸담고 뛰어다니는 사람들의 열정과 통찰력을 따라가지 못한다는 약점은 있어. 그래도 사업을 다각화해서 다른 나라에 다른 바구니를 여럿 만들어놓으면 어려운 사업상의 결정을 좀 더 쉽게 내릴 수 있어. 이건 대단히 중요한 장점이지.

내가 이제까지 손에 넣은 바구니 가운데 가장 큰 것은 첫 번째나 두 번째 사업이 아니야. 스무 번째로 벌인 사업이었지. 하지만 두 번째 바구니를 만들지 않았다면 스무 번째 바구니도 없었을 거야. 그리고 앞으로 바구니를 두어 개 정도 더 만들 생각이야.

많이 듣고
많이 배워라

매년 수많은 낯선 사람들이 나를 만나러 와. 이런 사람들이 정말로 많아. 그래서 내 사무실에는 이런 방문객들만 전담하는 전문 개인 비서가 세 명이나 있어. 사실 전화 받는 일도 하니까 일종의 비서를 보좌하는 비서라고 해야겠군. 이런 게 다 허영이나 과시용이라고 생각할 사람도 있겠지. 하지만 정말 분주한 날 내 사무실에 와본다면 생각이 달라질 거야. 잘 통제된 혼란 그 자체니까. 한꺼번에 두 사람을 만나야 할 때도 많아. 그래서 사무실과 위층의 내 아파트를 연결하는 계단을 만들었어. 회의실이 부족하다는 이유만으로 그렇게 한 건 아니야. 부엌 식탁은 언제든 편안한 분위기에서 이야기를 나눌 수 있게 해주는 훌륭한 공간이거든. 내가 시가를 피우거나 편안하게 마사지를 받는 동안 직원들이 공손하게 대기하고 있는 조용한 비서실은 별로야. 매주 정해진 날에 사람들이 나를 만날 수 있는 장소에 있고 싶어. 사람들이 내게 하려는 말을 제대로 들을 수 있게 말이야.

내가 특별히 사교적인 사람은 아니야. 솔직히 말하면 나는 우리 회사가 제일 좋고 편해. 하지만 듣기를 멈추는 것은 배우기를 멈추는 것이나 마찬가지야. 그리고 배우기를 멈춘다면 이제 자리에서 물러나 다른 사람에게 운전대를 맡길 시간이 된 거지.

남의 말을 귀담아듣는 것은 사업가로서 자신감과 끈기를 발휘한 후 내보일 수 있는 최고의 무기야. 그런데 아직도 큰 회사를 경영하는 수많은 간부는 '모르는 사람'이나 '아랫사람'의 말을 듣는 시간이 1년에 몇 주도 되지 않아. 회사 경영진이나 부장급 사람들과 상의하는 것은 물론 중요하지. 하지만 당신이 모르는 사람, 당신 업계의 사람, 심지어 당신의 회사에서 묵묵히 일하는 사람과의 대화도 필요한 법이야. 어쩌면 그게 더 중요할지도 몰라. 경험과 약간의 돈과 시간만 있다면 수많은 부류의 사람을 만날 수 있어. 몽상가, 사기꾼, 미친 사람, 싹이 보이는 사업가 등등. 모두 해줄 말이 있을 텐데, 대개는 시간 낭비만 하겠지만 그렇지 않은 경우를 만난다면 당신은 더 부자가 될 수 있을 거야. 훨씬 부자 말이야.

여기서 잠깐 옆길로 새서 공손함에 대해 몇 마디 하고 싶군. 나는 이 책에서 공손함이라는 미덕에 독자적인 장을 할애하기는커녕 부제를 달고 설명하지도 않았어. 공손해봤자 늘 실패만 한다면 공손한 패자밖에 되지 않기 때문이야. 공손함은 부자가 되는 데 있어 중요한 덕목이 아니야. 대신 도움은 줄 수 있어. 힘을 제대로 받지 못할 때 기름칠해주는 용도 정도는 되지. 부자가 되려는 사람이 공손히 말한다면 어느 정도 무게감이 실리고 같이 사업을 하고 싶은 사람이라는 인상을 줄 수 있으니까. 이건 내 경험상 세계 어느 나라에서도 먹히는 미덕이야. 물론 미국에서도 잘 통하지. 미국인들은 거의 돈을 숭배하는 것만큼 공손함을 숭배하거든.

하지만 공손하게 남의 말을 듣기만 할 뿐 행동에 나서지 않는다면 아무런 소용도 없어. 불행히도 이런 예는 무수히 많아. 남의 말을 잘 듣고, 받아 적고, 자신의 보잘것없는 말을 곁들이고, 생각해보겠다는 언질을 주고, 방문하기로 되어 있는 다음 사람을 만나는 일이 대단히 가치 있다고 다들 느끼잖아. 하지만 사업은 말로 떠드는 게 아니야. 결정, 그것도 짧은 시간에 내려지는 어려운 결정에 달려 있지.

오랫동안 그런 만남을 수없이 겪어본 내가 해주고 싶은 충고는 만남의 시간을 가능한 한 짧게 하라는 거야. 다만 승자를 만났다는 직감이 드는 경우는 예외야. 그럴 때는 시간에 구애받을 필요가 없지. 그런 경우가 아니라면 어떤 만남이든 20분으로 제한해. 20분이 지나면 누군가 들어와서 방문객을 재빨리 밖으로 안내하도록 해두라고. 방문객의 사업 계획이나 아이디어에 흥미가 없으면 솔직하게 털어놓는 것이 나아. 어떤 면에선 그게 더 친절한 거야. "동료들과 상의해본 다음에 다시 연락드리죠"라고 말하고 싶겠지만, 그래 봤자 결국 신경 써야 할 새로운 문제가 생길 뿐이고, 가장 소중한 자산인 시간을 낭비하는 꼴밖에 안 돼.

나는 공손함과 효율성을 조율하는 일에 서툴렀는데, 시간이 지나면서 조금씩 나아졌어. 특히 개인 비서인 웬디, 캐롤라인, 애미의 도움이 컸어. 방문객이나 내가 형식적인 대화에 빠졌다 싶으면 지체없이 끼어들라고 이들에게 미리 말해놓았거든. 그리고 이들은 그런 면에서는 정말 칼 같았지!

혹독한 스케줄에 따라 약속을 빽빽하게 잡는 것은 진짜로 도움이돼. 방문객이 당신을 만나기 위해 기다리고 있는 다른 사람들을 보면 덜 꾸물거리게 될 테니까. 만약 방문객의 제안을 곰곰이 생각할시간이 정말로 필요하다면, 반드시 그들에게 연락을 주겠다고 밝혀. 아이디어가 있는 사람은 마음이 조급하기 마련이라서 명확히 말해두지 않으면 어딘가로 계속 전화질을 해댈 테니 말이야.

이제 아이디어 소유 문제에 대해 말해볼 차례군. 누군가가 찾아와서 당신이 이미 생각했거나 실행에 옮기기 시작한 아이디어를 제시한다면 곧바로 말을 끊고 상황을 말해줘. 그게 올바른 행동이야. 전혀 상관없는 사람들이 똑같은 아이디어를 생각해내는 일은 꽤나 흔하게 일어나는 일이야. 왜 그런지 과학적으로 설명할 수는 없지만정말로 그런 일이 비일비재해.

그런데 아이디어는 누구의 '소유'도 될 수 없어. 특정 아이디어를상표로 등록하거나 이에 대해 특허권을 얻거나 판권을 얻는 일은 불가능해. 다만 아이디어의 실행을 보호하고 등록할 순 있지. 이것은사업하는 사람이 알아야 할 중요한 사실이고, 당신에게 아이디어를 들고 찾아오는 사람들이 종종 오해하는 점이기도 해. 그런 사람 중에는 비밀 유지 계약서에 사인하라고 요구하는 경우도 많은데, 나는 흔쾌히 사인하는 편이야. 왜 그렇게 하냐고? 그건 비밀 유지 계약의 법 집행은 대부분 극히 허술해서 좀처럼 사람들이 생각하는 것처럼 돌아가지 않기 때문이야.

3M의 포스트잇 아이디어를 예로 들어 설명해볼까. '한쪽 면 끝에 풀칠이 되어 있어서 어떤 물건(특히 종이)의 표면에 붙일 수 있고 흔적을 남기지 않고 뗄 수 있는 다양한 크기의 종이쪽지.' 이게 너무 길면 이렇게 줄여서 말해도 상관없어. '마음대로 갖다 붙일 수 있는 접착제가 칠해진 종이.' 이제 3M의 연구개발원인 스펜서 실버 박사가 접착제를 막 개발해냈는데 아직 3M의 신제품 연구원 아트 프라이가 그 사용처를 생각해내지는 못한 상황이라고 가정해보자고. 이때 당신이 위의 설명문을 들고 특허청을 찾아간다면 어떻게 될까? 그래봤자 당신은 아무것도 얻을 수 없어. 왜일까?

그건 3M이 접착제 제조법을 소유하고 있기 때문이야. 제조법은 아이디어를 실행하는 방법이지. 만약 당신이 훨씬 더 좋은 접착제를 만들어서 거기에 다른 이름을 갖다 붙이고 시장에 내놓는다면, 3M이라도 당신을 막기 힘들 거야. 아이디어는 저작권이나 특허권의 보호 대상이 아니야. 그 대단한 아이디어를 실행하는 방법만이 보호를 받을 수 있어. 당신이 만든 접착제가 정말로 대단하다면 당신은 그걸로 사업을 하면 돼. 멋지지!

같은 논리로, 월트 디즈니는 만화에 등장하는 모든 말하는 쥐에 대한 권리를 소유하고 있지 않아. 동물이 말한다는 생각은 월트 디즈니가 태어나기도 전에 작가들과 예술가들의 마음속에 이미 존재했으니까. 월트 디즈니가 소유한 것은 미키 마우스와 미니 마우스라는 특정한 말하는 쥐의 '외모와 느낌'(그리고 기타 여러 속성)이야. 당신의 사업이 아이디어를 실행해서 돈을 버는 사업이라면 이 점을 잘알고 이에 대해 상당한 전문가가 되어야 해. 시중에 도움이 될 만한책들이 많이 나와 있으니까 한번 찾아보도록.

　이제, 사람들이 당신을 찾아와서 자신의 아이디어를 상의하는 문제로 돌아가보자고. 그런데 만약 아이디어를 제공한 사람이 당신 회사의 직원이라면 어떻게 해야 할까? 그가 생각해낸 아이디어를 회사가 개발해서 엄청난 성공을 거두게 됐다면? 이때 성공의 열매는누가 소유해야 할까?

　'회사가 소유한다'가 답이야. 당신이 회사의 소유주고 당신이 고용한 직원이 회사에서 일하는 도중에 아이디어를 제안했다면 당신이 성공을 차지하는 거지. (이제 내가 늘 똑똑한 직원을 고용해야 한다고 말한이유를 알겠지?) 예외가 있다면 회사와 직원이 별도의 계약을 맺었거나 혹은 직원이 전혀 회사의 도움 없이 개인적으로 아이디어를 생각하고 개발해냈고 그 아이디어가 당신의 사업과 아무런 관계가 없는경우야. 그 이외에 정상적인 사업 과정에서 직원의 아이디어를 진척시켜 성과를 얻었다고 해서 그에게 보상해줄 필요는 없어. 특히 당신의 돈이나 회삿돈으로 아이디어를 시험하고 개발했다면 더더욱그럴 필요가 없지.

물론 부당해 보일 수도 있어. 어쨌든 아이디어를 낸 사람은 그이니까. 그가 그 아이디어를 밀어붙이고 열심히 거기에 매달려 성과를 냈으니까 말이야. 그렇다면 그도 자신의 아이디어가 거둔 재정적 이득의 일부를 누릴 권리가 있지 않을까? 이 문제는 나중에 다시 생각해보기로 하고, 그보다 먼저 외부 사람이 대단히 멋진 아이디어를 들고 당신을 찾아와 아이디어의 실행을 도와달라고 하는 경우를 살펴보자고.

이것은 전혀 다른 문제야. 신중하게 일을 진행해야 해. 비밀 유지 계약서의 합의는 대개 실효성이 없다지만 그렇다고 당신이 선심 쓰는 척하거나 막 나가도 된다는 뜻은 아니야. 중요한 건 이 사람이 아이디어를 실행하는 단계에 얼마나 근접했는가 하는 거야. 만약 그가 당신을 찾아와 이런 말을 한다고 해봐. "제가 생각해낸 아이디어는 색깔이 있는 종이쪽지인데, 이것은 종이 위에 붙일 수 있고, 그 위에 글자를 쓸 수도 있고, 이후 흔적을 남기지 않고 떼어낼 수도 있습니다." 그렇게만 말한다면 세상에 이런 바보가 없지. 그런 아이디어는 함부로 발설해서는 안 되는, 매우 신중하게 보호해야 하는 거니까.

만약 그가 샘플을 하나 만들어 왔는데 썩 훌륭하지는 않지만 그럭저럭 쓸 만하다면 경우가 좀 달라. 어쨌든 그는 자신의 아이디어를 실행했으니까. 만약 당신이 여기에 투자할 생각이 있다면 그 사람과 법적 협약을 맺어야 해.

이런 게 다 그저 형식일 뿐이라고 생각할지도 모르지만 절대 그렇지 않아. 협약이 결정적으로 중요한 의미를 갖는 상황은 당신이 생각하는 것 이상으로 대단히 많아. 소유권이 전부야. 무엇을 누가 소유하는지 하는 문제가 논란이 되면 돈 버는 사람은 변호사밖에 없어. 소유권 분쟁 때문에 회사가 넘어가고 당사자들이 미쳐버린 사례는 무수히 많아. 미국에서 텔레비전 수상기를 누가 발명했는가 하는 문제가 대표적인 예지.

그런데 당신 회사에서 일하는 젊은 직원이 멋진 아이디어를 내서 성공했다면? 이 경우는 어떻게 되지? 그건 당신 차지야. 당신이 그냥 가지면 돼. 만약 당신이 생각이 있고 훌륭한 인격을 갖춘 사람이라면 섭섭하지 않게 보상해주고 그녀를 승진시키면 돼. 그리고 공개적으로 그녀에게 고마움을 표시하는 거지. 만약 당신이 역겹고 배은망덕한 썩을 놈이라면 그녀에게 보상해주지 않을 테지. 어쨌든 당신은 부자가 될 거야. 하지만 생각이 트인 오너라면 그보다 더 부자가 될 수 있어. 당신의 똑똑한 직원이 그런 멋진 아이디어를 냈다면 나중에 다른 멋진 아이디어도 낼 수 있을 테니 말이야. 회사가 섭섭하게 대하면 당연히 그녀는 계속 회사에 남아 있지 않을 테고, 그 아이디어는 다른 회사로 넘어가겠지.

물론 이 책의 주제는 훌륭한 인간이 되자는 게 아니야. 그리고 내가 계속해서 귀가 아프도록 말하지만 부는 그 자체로는 특별히 훌륭한 것도 아니고. 내가 이제껏 본 바로는 부가 누군가를 더 나은 사람으로 만들어주지는 않더라고. 그렇지만 계속해서 남의 말을 듣고 배우는 것은 부자가 되려는 사람에게 대단히 중요한 덕목이야. 그러니 부자가 되고 싶다면 많이 듣고 많이 배워!

10장

행운의 여신을 대놓고 비웃어줘

팔자 사납게 태어난 나는
기어 다니기 시작할 때부터 안 좋은 일뿐이었다네.
그나마 악운이라도 없었다면
내겐 운이 전혀 없었을 테지.

■ 부커 티 존스 앤 윌리엄 벨, 〈팔자 사납게 태어난 사람〉

떨칠 수 없는
의혹이라는 이름의 벌레

총알이 날아다니는 전투 현장에 있었던 군목들은 "군대 참호에는 무신론자가 없다"라고 자랑하곤 해. 마찬가지로 일상생활에서 총알이 날아다니는 전투를 치르는 우리도 대부분 운을 믿어. 대개는 은밀하게 믿지만 그래도 믿는 건 믿는 거니까.

　세계의 주요 종교들은 신도들 사이에 퍼져 있는 '미신'을 뿌리 뽑기 위해 오랫동안 부단한 노력을 기울였어. '미신'이 경전을 조롱하거나 적어도 경전과 맞지 않아 보이기 때문이지. 경전은 달리 말하면 초자연적 교리라고 할 수 있어. 이런 점에서 종교 지도자들은 이유는 전혀 달라도 철학자들, 과학자들과 입장이 같아. 그리고 옛 미신들은 이제 더 이상 세계 대부분의 지역에서 영향력을 행사하지 못하고 있는 게 사실이야. 하지만 운이나 흉조, 길조는 여전히 과학자들도, 철학자들도, 종교 지도자들과 현인들도 어찌할 수 없는 힘을 갖고 있어.

그렇게 생각하지 않는다고? 당신은 의자에서 일어나 두드릴 나무 조각을 찾아 두리번거리거나(영어에서 나무를 두드린다는 표현은 불운을 피하기 위한 행위를 의미한다─옮긴이) 자기 비하의 심정으로 숙명에 고개를 숙인 적이 얼마나 자주 있었지? 아마 수도 없이 많을걸. 나도 마찬가지고, 내가 아는 대부분의 사람도 그랬어.

우리는 모두 운명의 여신의 포로로, 대부분 미신에 사로잡혀 있어. 낸시 레이건이 세상에서 가장 막강한 권력을 휘두르던 자신의 남편이 러시아와 군비 축소 협정을 맺으러 가기 전에 점쟁이를 꼭 만나봐야 한다며 고집을 부렸다는 이야기를 듣고 의혹의 눈초리를 보냈던 사람도, 다우닝가 10번지(영국의 총리 관저가 위치한 곳─옮긴이)에서 '치유력 있는 수정'을 몸에 달고 생활한다는 기이한 소문을 듣고 웃음보를 터뜨렸던 사람도 다 마찬가지야.

우리는 블레어 부인과 레이건 부인을 비웃을 순 있어. 하지만 누군가는 승자로 태어나고 누군가는 패자로 태어나는 게 아닌가 하는 의심이 끊임없이 고개를 쳐들고, 기도를 드리거나 희생양을 바치면 가혹한 운명을 달랠 수도 있지 않을까 하는 생각이 한시도 잊히지 않는 경험은 정도의 차이는 있을 뿐 다들 겪어봤을 거야. 그렇다면 부를 추구하는 과정에서 운과 관련해 우리는 무엇을 할 수 있을까?

솔직히 말하면 아무것도 없어. 우리가 할 수 있는 일은 전혀 없어. 내가 이렇게 말하니까 운이라든지 운명, 혹은 행운의 여신 같은 것의 존재를 확고부동하게 거부하는 소수의 영혼(영혼이라는 말을 사용함으로써 내가 또 실수를 저지른 건가)이 내게 보내는 조롱과 경멸의 소리가 들리는 것만 같군. 그런데 당신들도 그렇겠지만 난 그런 것들이 실제로 작용하는 것을 본 적 있어. 나의 어리석은 행동이 행운에 의해 전화위복이 되는 것을 보았지. 파국을 맞을 것만 같았던 상황이 한순간 또 다른 기회로, 혹은 생뚱맞게도 홈런으로 역전되는 것을 경이롭게 쳐다보기도 했어. 그리고 정말 대단한 업적과 노고가 믿기지 않는 사건의 연속으로 물거품이 되는 것을 본 적도 있어. 대개는 다른 사람들에게 일어난 일이었음을 미리 말해야겠군. (방금 마지막 문장을 덧붙인 것이 혹시 행운의 여신에게 고마움을 표시하기 위함은 아니었을까)

그러다가 내게 불운이 찾아왔어. 결국은 전화위복이 됐지만 아무튼 그땐 불운이었지. 1980년대 말, 작게 생각하고 크게 행동하던 시절이었는데, 코네티컷에 있는 별장에서 갑자기 쓰러진 거야. 나중에 밝혀진 바에 따르면 로스앤젤레스의 한 호텔에서 레지오넬라병에 걸렸다고 하더군. 레지오넬라병은 호텔과 병원 같은 대형 건물의 에어컨 시설에서 번식하는 레지오넬라 박테리아가 일으키는 병으로 치사율이 대단히 높아. 특히 나처럼 코카인 중독에 과체중에 골초에 몰트위스키 중독인데도 자신의 몸이 티타늄으로 만들어졌다고 믿고 방탕하게 사는 돈 많은 멍청이에게는 치명적이지.

비행기가 뉴욕에 착륙한 후 나는 바로 공항에서 가까운 병원에 가야 한다는 운전사의 조언에도 불구하고 곧장 별장으로 가자고 고집을 피웠어. 여자친구가 별장에서 기다리기로 했는데 거기서 혼자 밤을 보내야 한다면 무서워할 게 분명했거든. 물론 그녀의 외모는 대단했지. 남자들은 죽을 때도 섹스를 생각한다더니 이거 원! 하지만 다음 몇 달 동안 섹스는 꿈도 꾸지 못하게 될 줄 그때 생각도 못 했어.

그런데 심한 고통과 메스꺼움에 시달리는 와중에 내린 그 어처구니없는 결정이 결국 내 생명을 구했어. 나는 운이 좋았어. 당시에는 운이고 뭐고 아무 생각도 할 수 없었지만 말이야. 나중에 보니 행운이었지. 코네티컷의 병원에는 진단의가 24시간 대기하게끔 되어 있어. 코네티컷은 미국에서 가장 부유한 주에 속해. 그곳의 병원 응급실은 사람들로 북적거리고 혼란스러운 대도시의 시내 병원들과는 완전히 달랐어. 별장 옆에 사는 이웃(또 한 번 운 좋게도 그는 약제사였는데, 나를 보니 치명적인 병에 걸린 것 같다고 판단했지)이 나를 댄버리 병원으로 후송한 지 몇 분 만에 진단의가 바로 과감한 진단을 내렸는데 결국 그의 진단은 옳았지.

만약 내가 그때 운전사의 조언을 받아들여 뉴욕의 한 병원에 갔다면 몇 시간, 심지어 며칠 지난 후에야 지치고 흥분한 응급실 의사가 와서 당혹스럽고 무척 희귀한 증상을 진단했을 거야. 물론 그때 나는 이미 회복할 수 없는 폐 손상으로 혼수상태에 빠져든 다음일 테고.

그 병은 내게 또 다른 의미에서도 행운이었어. 나의 인생을 바꿔

놓았으니까. 죽음의 문턱에 다다랐던 나는 갑자기 제정신을 차렸지. 얼마나 심각했느냐고? 의사가 내 종교가 뭔지 물어볼 정도였어. 목사를 불러야 할지 신부를 불러야 할지 물어보더라고. 그때 기억이 지금도 생생해. 나는 얼음주머니로 가득한 침대에 누워 스파게티 한 봉지에 든 면발보다 많은 튜브에 연결된 채 희미한 목소리로 겨우 겨우 농담을 뱉어냈어. "목사와 신부는 됐어요. 고마워요, 의사 양반. 한데 혹시 알고 지내는 투기 자본가는 없나요?" 나를 계속 깨어 있게 하려고 얼음물을 퍼붓던 간호사가 그 말을 듣더니 피식 웃더군.

다시 돈 버는 문제로 돌아가보자고. 그게 더 흥미로운 이야기일 테니까. 나는 대단한 불운이라고 생각했으나 실은 전화위복이 된 행운 덕분에 수백만 파운드를 번 적 있어. 1990년 내가 소유한 영국 회사들은 아주 잘 돌아가고 있었어. 적어도 내 생각에는 그랬어. 나는 미국 파트너들과 새로운 사업을 구상하느라 아주 바빴지. 영국 회사들은 빠르게 성장했고, 피츠로비아라는 센트럴 런던 지역에서 사무실을 하나둘 넓히다 보니 서로 떨어진 다섯 곳에서 일을 봐야 하는 상황이 됐어. 일 처리 면에서는 명백히 비효율적이었지. 당시 데니스 출판사의 대표이사를 맡고 있던 사람은 한때 우리 회사의 재무이사로 일했던 검증된 회계사였어.

첫 번째 교훈. 재무이사니 최고재무책임자니 대표이사니 하는 직함을 절대 만들지 말 것!

회사 재정 상태가 좋고 수입이 괜찮다는 말에 안심된 나는 대표이사(실명은 아니지만 편의상 그를 크리스토퍼라고 부를게)에게 피츠로비아에

216

서 새로운 본사로 쓸 건물을 물색해보라고 했어. 그는 근사한 건물을 하나 찾아냈어. 건물을 살 정도의 여유는 없었지만 이곳저곳에 분산된 사무실을 하나의 건물에 통합하면 돈이 절약될 거라고 보고 그 돈으로 임대료를 내기로 계획했어. 곧 협상이 시작됐고 크리스마스이브에 마무리됐어. 그때 나는 여자친구들을 잔뜩 데리고 카리브 해에 가서 호텔 스위트룸과 별장에 머물며 휴가를 즐기고 있었지.

두 번째 교훈. 협상이 진행되는 동안에는 절대로 휴가를 떠나지 말 것!

새 본사 건물은 무척 마음에 들었어. 직접 사진을 찍어서 휴가지에 가지고 갈 정도였지. 채드위컴 하우스라고 불리는 이 건물은 지금도 런던 볼서버 스트리트에 가면 볼 수 있어. 묘한 느낌이 들지만 기품 있는 건물이야. 어떤 런던 토박이는 "실속은 없고 허풍만 가득" 하다고 평했는데, 사실 맞는 말이야. 속은 비었고 겉만 화려하지. 하지만 겉모습은 정말 멋지다고!

웅장한 채드위컴 하우스 건물 양옆에는 화려한 연철 울타리가 둘러져 있어. 기둥에는 수많은 석조 이무깃돌이 놓여 있고, 판유리 창문들이 도열해 있지. 주랑 현관은 간소한 멋이 일품이야. 아쉽게도 건물에 깊이는 없어. 하지만 뭐 어때? 채드위컴 하우스는 딱 보기에 유망한 사업이 운영되는 건물처럼 보이고, 우리에게 과분할 정도로 넓었는걸.

그리고 운명의 전화가 걸려왔어. 휴가는 그걸로 끝장났지. 대표이사인 크리스토퍼가 너무도 바쁜 나머지 회사의 재정 상태를 면밀하게 주시하지 못했던 거야. 괜찮은 이윤을 내기는커녕 데니스 출판사는 그해 가까스로 손해를 면했어. 연말 결산 보고에 커다란 구멍이 나 있었지. 나는 그것도 모르고 잘되고 있는 줄로만 알았던 거야. 부정한 짓거리나 뒤가 구린 거래가 있었던 건 절대로 아니야. 그저 회계상의 실수가 있었고, 회사 컴퓨터의 회계 프로그램을 바꾸면서 이것이 악화됐던 것뿐이야.

세 번째 교훈. 회계 시스템(혹은 회계사)을 바꾸고 숫자를 다시 한번 체크해보면 반드시 실수가 발견되기 마련이다. 안 그러면 내 손에 장을 지지겠어!

그때를 돌아보면 크리스토퍼가 다른 사람의 책임까지 어깨에 짊어진 게 아닌가 싶어. 하지만 그게 바로 대표이사와 CEO가 봉급을 받는 이유야. 자신의 임기 중에 사건이 일어나면 스스로 책임을 져야 하지. 크리스토퍼는 당연히 그렇게 했어. 다만 이런 위기를 겪으면서 그의 얼굴이 부쩍 여위더라고.

절박해진 우리는 채드위컴 하우스 계약을 취소하려고 했어. 어림없었지. 면책 조항도 없었고. 나는 런던으로 돌아가 대단히 고약한 이자를 물며 융자를 받았어. 어리석었지. 겨우 이런 일로 기업 융자를 받다니 말이야.

네 번째 교훈. 절대적으로 어쩔 수 없는 상황이 아니라면 회사를 위해 절대로 기업 융자를 받지 마라. 혹시 받아야 한다면 계약에 한도를 설정해 융자 액수가 어떤 한도 이하로 줄어들면 근저당권을 해지할 수 있게끔 해야 한다!

데니스 출판사는 결국 그 근사한 건물로 본사를 옮겼어. 그곳에서의 생활은 만족스러웠지만 몇 달간 아주 궁핍한 상태에서 버텨야 했지. 크리스토퍼는 미국에 본부를 둔 라이벌 회사에서 일자리를 얻었어. 그는 지금도 미국 서해안에 살며 거기서 일하고 있어. 그의 그곳 생활이 무척 행복하다는 말을 덧붙여야겠군. 나는 대표이사와 재무이사를 새로 뽑았어. 삶은 계속돼야 하니까.

그로부터 얼마 후, 나와 파트너는 미국에서 대박을 터뜨렸고 현금을 손에 넘칠 정도로 쥐었어. 수천만 파운드에 달하는 거액이었지. 너무도 인간적이었던 나는 당연하게도 최대한 빠른 속도로 그 돈을 쓰기 시작했어. 아마 세계 기록을 세우지 않았을까 싶을 만큼 물 쓰듯 썼지. 새 차, 새 집, 그리고 새 와인 저장실까지. 하지만 완전히 바보는 아니었는지 새로 재무이사로 들여앉힌 이언 레게트가 일을 아주 잘했어. 그는 내가 회사와 무관한 몇몇 괜찮은 것에 투자하도록 했어. 그 가운데 하나가 채드위컴하우스였어. 나는 헐값으로 건물을 사들여 6~7년 후에 본사를 훨씬 큰 사무실 지구로 옮기면서 그것을 팔았어. 물론 상당한 이익을 남겼지. 그것도 꽤 굉장히 짭짤한 이익이.

다섯 번째 교훈. 돈을 잘 굴리는 사람의 말을 귀담아듣고, 터가 좋은 자산에 투자해라. 현금으로 사들인 다음 몇 년 동안 팔지 않고 갖고 있기만 하면 된다.

그런 그렇고, 대체 뭐가 전화위복이 된 불운이라는 걸까? 그건 바로 1990년 연말 결산 보고에 나 있던 커다란 구멍이야. 잘 생각해보라고. 내가 만약 진상을 알았더라면 멋진 새 건물에 임대로 들어가지 않았겠지. 그랬다면 건물을 살 상황에 처하지 않았을 테고, 결국 부동산 사업을 하지도 않았을 거야. 나중에 내게서 건물을 사 간 부동산 개발업자에게 엄청난 액수를 쥐어짜낼 처지도 못 됐을 테고. (이언이 알아낸 바에 따르면 채드위컴하우스는 개발업자가 조금씩 매입하고 있던 시내 블록의 정중앙에 있었어. 그 때문에 그는 어쩔 수 없이 터무니없는 가격을 치르고 건물을 사들여야 했지.)

내게 많은 돈을 벌어다준 것은 똑똑한 인재가 아니었어. 운이었지. 다만, 나는 운이 가져다준 기회를 잡을 준비가 되어 있었어. 내가 가장 좋아하는 철학자인 세네카가 말하길, "운은 준비와 기회가 만났을 때 일어나는 것"이라고 했어. 나는 이보다 훌륭한 정의를 본 적 없어. 그래서 계속 반복해서 말하는 거야. 준비하는 자는 기회가 늘어난다. 행운은 준비하는 자의 것, 준비하는 자는 기회가 늘어난다. 다들 반복해서 완전히 암기하고 일상의 금언으로 삼았으면 해.

오랜 세월 동안 이야기되면서 이 말은 평범한 지혜로 굳어졌어. 가령 골프 선수 게리 플레이어는 이런 말을 했어. "행운, 그거 우스운 거다. 열심히 연습하면 행운도 따라오는 법." 하지만 원본이 갖는 심오함을 따라갈 순 없어, 세네카의 말을 꼭 명심해둬. 준비가 열쇠야. 항상 미리 준비하고 있어. 무거운 짐은 미리 들어놓고, 숙제도 미리 해두라고. 일을 해나가면서도 기회가 왔을 때 바로 알아채도록 늘 경계를 늦추지 마. 그리고 기회가 오면 잽싸게 잡아.

미리 준비되어 있지 않으면 기회를 구걸하고 다닐 수밖에 없어.

그러다 보면 결국 후회하게 되고 '만약 그걸 했더라면' 하고 아쉬워하게 되지. 그리고 준비됐더라도, 가령 사소한 일을 처리하느라 바쁘거나 이혼으로 삶이 엉망이 됐거나 이사를 하거나 등등의 사정에 파묻혀 정신이 없다면 행운은 또다시 당신을 피해 갈 거야. 그러면 몇 달 혹은 몇 년 후에 이렇게 말하겠지. "내가 그 기회를 잡았더라면. 준비도 갖췄는데 충분히 신경을 쓰지 못했어." '만약 그걸 했더라면'보다 더 슬픈 말은 세상에 없을 거야.

내가 30년 동안 알고 지내는 사람 얘기를 해주지. 그는 나보다 더 유능한 출판인이야. 1970년대 초에 우리 둘 다 출판 사업을 시작한 이래 나보다 항상 더 뛰어났어. 그는 사업가로서도 더 유능했지. 홀륭한 정보망을 갖고 있어서 앞으로 어느 쪽이 유망해질지 항상 나보다 먼저 알았어. 글솜씨도 나보다 한 수 위였어. 출판 사업에선 좋은 글솜씨도 꽤 중요할 수도 있거든. 그는 나보다 남의 말을 더 자주, 그리고 더 꼼꼼하게 듣는 편이었어. 그는 협상할 때는 유리한 위치를 점하기 위해 지독한 면모를 보이기는 했지만 공정함을 지키는 편이었고, 나보다 참을성도 많았어. 그런데도 세상에. 그에게는 성경에 나오는 욥의 참을성도 부족했던 모양이야.

고통으로 얼룩진 욥처럼 그는 지독한 불운에 시달렸어. 금을 캐냈는가 싶으면 쓸모없는 찌꺼기여서 부서지고 말았어. 또 다른 금광을 발견했나 싶었는데, 물만 잔뜩 들어 있었지. 한마디로 되는 일이 없었어. 세상만사가 그에게 비우호적이었어. 이보다 더 사람을 지치게 만드는 일도 없을 거야.

결국 그의 성격은 망가지기 시작했어. 언제부터인가 자기보다 재능도 없고 결단력도 부족하지만 성공한 사람을 보면 공공연히 적개심을 드러내더라고. 내가 그를 슬슬 피하게 된 데는 다 이유가 있다고. 다른 사람들도 마찬가지였어. 내가 죄의식을 느꼈기 때문일까? 그의 발끈하는 빈정거림과 언짢음이 불편해서? 나도 모르게 내가 상스럽게 히죽거릴까 봐 걱정돼서? 아니면 내 마음 한구석에서 악운이 전염될 수 있다는 미신을 믿기 때문에? 뭐가 정답인지는 모르겠어. 어쨌든 그가 부자가 될 만한 자질과 자격이 충분했다는 건 알아. 적어도 나만큼은, 어쩌면 나보다 훨씬 더 부자가 될 자격이 있었지. 그렇다면 대체 무엇이 우리를 이렇게 다르게 만들었을까? 냉정하게 분석해보면, 우리 인간들이 '운'과 '불운'이라고 부르는 모호한 세계의 비밀을 조금이나마 알 수 있을 거야.

앨버트의 불행

이 책에서 상당히 많은 시를 보았을 거야. 내가 직접 쓴 시도 있고 나보다 훨씬 뛰어난 시인들의 시도 있어. 이렇게 시를 인용한 데는 다 이유가 있어. 시를 쓰기 위해서는 자신의 생각을 압축해서 구현해야 하는데, 이 과정에서 작가 자신도 생각하지 못한 진리로 가는 지름길이 종종 드러나거든. 아래 시는 얼마 전 의도하지 않은 상황과 '운'의 법칙에 관해 내가 쓴 짧은 시야.

왼발만 둘

의도하지 않은 일은
민첩한 두 다리로 매혹적인 춤을 만들어내지.
하지만 왼발만 둘인 우리의 춤은 형편없다네.
모든 발레리나는 우연에 의해 태어나는 것일까?

아마 그럴지도. 하지만 내가 깨달은 점은 조금 달라.
행운의 신들은 아무한테나 은혜를 베풀지 않아.
무대에 흩뿌려진 꽃다발은 대부분 쟁취하는 것,
그리고 운은 땀 흘려 얻은 소득이라네.

그런데 운이 그저 '땀 흘려 얻은 소득'일 뿐일까? 한 사람이 '넘어지고 몸을 추슬러 일어나고 처음부터 다시 시작하기'를 얼마나 많이 반복해야 결국 지쳐서 낙담하게 될까? 나는 앞서 "뭔가를 헤쳐나갈 때는 계속 전진할 수밖에 없다"라는 처칠의 말을 언급한 바 있어. 시가를 피워대며 인생의 침체기에 도달한 늙은 영웅이지만 자신이 위대해질 운명이라고 철석같이 믿는 자라면 그럴 수 있지. 하지만 나머지 우리는?

행운이든 불운이든 운에 관한 유일한 진실은 그것이 결국은 변한다는 사실이야. 평균의 법칙(뭔가가 일어나면 그것과 반대되는 일도 일어날 수 있다는 이론—옮긴이)이 이것을 증명해주지. 그리고 여기에 나와 나의 '불운한' 친구(편의상 앨버트라고 부를게)를 갈라놓은 차이가 있어.

앨버트는 시장의 주요 흐름과 상반되는 경향에 지나치게 신경을 쓰느라 자주 혼란스러워했어. 길 위에서 걸림돌이나 방해물을 만나면 돌파하지 않고 방향을 바꿔 운을 돌리려 했지. 그가 체력이 부족했던 건 아니야. 앨버트는 넘칠 정도의 에너지와 체력을 갖고 있었어. 하지만 처칠이 말한 것처럼 '계속 전진'하지 않았지. 대신 새로운 목초지, 햇볕이 잘 드는 황금 고지를 계속해서 찾았어. 철학자 라이프니츠의 표현을 따르자면 "가능한 세계 중 가장 최선인 세계"를 찾았다고나 할까. 그곳에 갔다면 그가 행운을 잡아 원하는 성공을 얻을 수 있었을까? 그러기는커녕 그는 바로 앞선 모험에서 그토록 어렵사리 꿰맞춘 지도를 한번 써보지도 못하고 또다시 낯설고 위험한 동네를 헤매고 다녀야 했을 거야. 만화가 로버트 크럼이 즐겨 말했던 "계속 전진"을 하지 않았기 때문에 말이야.

이렇게 "싸우지 않고 도피"하는 행태는 포식자의 습성이 아니라 먹잇감의 습성이야. 자기계발서에서는 강조하는 사실이긴 한데, 사실 협력을 맺고 공생 진화를 추구해서는 부자가 될 수 없어. 물론 이게 더 나은 세상을 만드는 방법일 수는 있지. 당신이 더 행복해질 수 있고, 더 나은 경영자가 될 수는 있어. 하지만 부자가 될 수는 없어. 마음은 부자가 되겠지.

부자가 되려면 포식자처럼 행동해야 해. 앨버트는 포식자가 아니었어. 앨버트는 기민하게 재빨리 영역을 이리저리 옮겨 다니느라 행운을 만날 기회를 놓쳤어. 운을 자기 쪽으로 끌어오지 못한 거지. 자신의 운을 개척하지 못했던 거야. 다음 언덕에 펼쳐진 푸른 초원에 지나치게 집착했다고 할까.

다시 말하지만 앨버트는 나보다 똑똑해. 교육도 많이 받았고, 대학에서 좋다는 책은 다 읽었지. 그는 나처럼 독학으로 공부한 사람이 아니야. 하지만 이런 식으로 지성을 쌓고 상상력을 개발한 사람에게는 약점이 있어. 행동하기 전에 너무 많은 생각을 한다는 거야. 그는 하나의 선택지를 놓고 계속 저울질을 해. 한마디로 일이 잘못됐을 때를 미리 상상하는 데 선수지. 그래서 위험부담을 최소화하기 위해 아직 경쟁자가 없는 새로운 시장 분야로 재빨리 옮겨가는데, 그럼으로써 또 다른 불확실함에 처하게 되지. 또다시 실수하게 되고 말이야.

시장에 경쟁자가 없는 이유는 대개 하나야. 자연은 진공 상태를 싫어하는 법이거든. 시장에 달려드는 사람이 없다는 것은 대개 시장성이 전혀 없다는 뜻이나 마찬가지야. 앨버트는 늘 미디어 게임에서 조금씩 앞서갔어. 내 생각에 그는 몽상가야. 몽상가가 부자가 되는 경우는 극히 드물어. 구글에서 일하는 젊은 친구들에게는 미안한 말이지만 사실이 그래.

소프트웨어를 새로 출시할 때 이런 문제를 자주 보게 돼. 뛰어난 소프트웨어 개발업자가 멋진 제품을 생각해냈는데 이미 알려져 있는 어떤 문제를 해결해주는 제품이 아니라면 어떻게 될까? 개발업자는 자신이 만든 소프트웨어가 해결할 수 있는 문제를 억지로라도 찾아내야 해. 정 없으면 만들어내기라도 해야지. 안 그러면 사용자도 없고 투자자도 없을 테니까. 물론 돈도 벌 수 없지. 오늘날 세계 전역의 재무부서에서 가장 널리 사용되는 소프트웨어인 스프레드시트가 바로 이런 예에 해당해. 스프레드시트가 발명되기 전에는 누구도 새로운 재무 모델을 시험해보고 효율적인 방안을 찾느라 많은 시간을 보내지 않았어. 오늘날에는 모든 사람이 당연하다는 듯이 이렇게 하고 있지.

하지만 몽상이나 새로운 기술이 그처럼 뜻밖의 결과를 안겨주는 경우는 극히 드물어. 그런데도 앨버트는 그런 것들을 생각해내고 이해하느라 지나치게 많은 시간을 쓰고, 기계에는 젬병인 나 같은 사람들에게 이런 멋진 새 개념을 설명하며 우월감을 느끼느라 에너지를 소모했어.

앨버트와 나 사이에는 다른 점도 있어. 그는 파트너링을 신봉하는 사람이어서 직원들에게 자사주를 나눠주고 성과를 배분하는 정책을 폈어. 이 문제에 대해서는 별도의 장을 할애해 설명할 생각이야. 여기서는 앨버트가 나눌 이윤이 생기기도 전에 이익금을 나누는 방식을 세세하게 논의했다는 점만 짚고 넘어가기로 하지. 앨버트는 이런 제도가 동료들의 사기를 진작시킬 거라고 믿었어. 하지만 그런 계약을 준비하는 데는 대단히 많은 시간이 소요될 뿐 아니라 부자가 되기 위해 우선으로 필요한 앞만 보고 달리는 추진력에도 혼란을 주기 마련이야.

앞서 말한 바 있지만 앨버트는 협상에 임할 때 무자비하고 세심한 부분을 챙기는 데 명수였어. 그는 완벽주의자이기도 해서 절대로 직권 위임을 하는 법이 없었지. 그는 일을 워낙 훌륭하게 해냈기 때문에 조금이라도 그보다 못한 결과는 받아들이려 하지 않았어. 이 말은 모든 일을 혼자서 직접 했다는 뜻이야. 게다가 그는 어떤 이유로든 처음에 일이 제대로 안 되면 똑바로 될 때까지 계속, 또 계속 시도하는 습성이 있었어. 완벽할 때까지.

이 책의 뒷부분에 가면 위임의 중요성을 살펴볼 거야. 젊은 관리자들이 실수하는 것을 지켜보지 못하는 습성 때문에 앨버트는 오랫동안 계속 값비싼 희생을 치러야 했어. 엄청난 시간을 낭비한 것은 물론이고, 경영에도 큰 손실을 입었지.

그는 직원들에게 공정했고 때로는 공정한 것 이상으로 잘 대해줬지만, 직원들은 그를 좋아하지 않았어. 왜냐하면 직원들이 성장할 기회를 얻을 수 없었기 때문이야. 자본주의 사회에서 잘 굴러가는 회사의 좋은 점은 인재를 훈련하고 성장하도록 격려하는 기회를 준다는 거야. 돈을 제외하면 부자가 되었을 때 가장 좋은 점이 바로 이런 거지.

모든 것을 혼자서 하려는 습성 때문에 앨버트는 행운이 바로 자기 앞까지 찾아왔는데도 그것을 놓치곤 했어. 그를 보고 있노라면 이런 얘기가 생각나. 예비 신랑이 멋진 결혼식을 위해 교회와 연회장, 새집을 단장하는 데만 열을 올리는 바람에 정작 신부 될 사람이 기다림에 지친 나머지 다른 남자와 결혼했다는 얘기 말이야. 마찬가지로 앨버트는 신경을 너무 많이 썼고(50대 중반이 되면서 상황이 갈수록 절망적이 됐으니까) 자신과 자신의 운명을 지나치게 심각하게 받아들였지.

그와 몇 번 술자리를 같이한 적이 있어서 누구보다 잘 알아. 누군가를 아는데 이보다 좋은 방법은 없을 거야. 나는 그에게 우리는 돈 많은 상인일 뿐이라고 말해줬어. 우리가 1,000만 달러를 벌었든 5억 달러를 벌었든 100년이 지나면 다 소용없는 일이라고도 했지.

돈이 얼마나 많아지는가는 중요하지 않아. 몸이 얼마나 망가지는가가 중요한 일이지. 암에 걸리는 것이, 먹을 게 없는 것이, 사랑하는 누군가를 잃는 것이 중요한 일이야. 돈이 지나치게 많아지는 것은 전혀 중요하지 않아. 그저 게임의 일부일 뿐이지. H. L. 멩켄은 이런 말을 했어.

돈이 최고의 가치를 갖는 이유는 우리가 돈을 과대평가하는 세상에 살고 있기 때문이다.

정말 맞는 말이야. 만약 해초가 과대평가되는 세상에 살고 있다면 나는 해초를 수없이 모았을 거야. 그리고 그것을 즐겼겠지. 그렇다고 해서 그것이 정말로 중요한 거라고 나 자신을 기만할 생각은 없어. 그건 그저 해초일 뿐이니까.

하지만 앨버트는 그걸 몰랐어. 그는 좀처럼 웃는 법이 없었지. 파티에서 장난삼아 완전히 발가벗고 달빛 아래서 춤추는 것은 생각도 못 할 사람이었지. 몰트위스키에 진탕 취해서 〈듀크 오브 얼(Duke of Earl)〉이나 〈다두론론(Da-Doo-Ron-Ron)〉 같은 팝송을 크게 소리쳐 부를 사람이 아니었어. 사실 그런 노래의 가사도 몰랐을걸. 그는 사람들이 자신을 어떻게 생각하는지에 온통 신경이 가 있었어. 엄숙함에 사로잡혀 있었던 거지. 그래서 협상하면서도 마음을 비우지 못하고 상대방을 노려보다가 거액이 걸린 협상 테이블을 박차고 밖으로 나가기 일쑤였어.

이 말을 조금 다르게 표현해볼까? 운명의 여신은 앨버트처럼 자신을 쫓아다니는 구혼자는 좋아하지 않아. 그녀는 기분이 나면 엉뚱한 짓을 서슴지 않는 미친 녀석을 좋아하지. 운명의 여신은 자신을 필요로 하는 사람, 자신을 떠받들 필요가 있는 사람에게는 다가가지 않는 법이야. 만약 앨버트가 행운을 얻으려고 노력하기를 중단하고 그저 돈 버는 일에만 전념했더라면, 고약한 행운의 여신이 방문했을 때조차 그녀를 무시했더라면, 그녀가 작은 호의를 보낼 때마다 큰 소리로 저주를 퍼부어댔더라면 어떻게 됐을까? 행운의 여신은 변덕이 죽 끓듯 해. 헤헤거리며 그녀에게 잘 보이려 했다가는 오히려 행운과 영영 멀어질 수 있어.

결국 앨버트는 스스로 불운아라고 말하기 시작했어. 대놓고 그렇게 말하지는 않았지만 분명 그랬지. 내가 보기엔 지나칠 정도로 자주. 굳이 노먼 빈센트 필이 쓴 《노먼 빈센트 필의 긍정적 사고방식》을 읽지 않더라도, 부정적인 행동을 반복하다 보면 결국 자신을 부정적인 방향으로 길들이게 된다는 것은 누구나 다 예상할 수 있을 거야. 아이러니하게도 앨버트가 주위 사람들을 즐겁게 해주려고 뒤집어쓴 불운의 가면은 요즘 너무도 잘 들어맞고 있어. 그는 정말로 가면처럼 되어가고 있으니까. 이건 정말 위험하고 멍청한 게임이야.

어리석은 짓이지. 어쩌면 그도 알고 있을 거야. 하지만 운이 없으면 누구도 부자가 될 수 없어.

운이라는 건 존재하지 않는다고 태연히 무시할 수 있는 사람은 없어. 삶이든 사랑이든 사업이든 돈 버는 것이든 마찬가지야. 설령 당신이 초자연적인 것이라면 그것이 무엇이든 거부하는 사람이더라도, 진정한 무신론자나 철저한 인본주의자이더라도 이 행성에서 생명이 시작된 데 어느 정도 운이 작용했음을 인정하지 않을 도리가 없을 거야. 신앙을 믿든 운을 믿든 둘 중 하나지.

"행운은 용감한 사람 편이다"라는 말이 있지. 옛 속담이 맞아. 하지만 돈을 너무도 절실하게 원하는 사람은 행운이 특별히 경멸하는 것 같아. 자신이 이미 손에 쥔 운을 잃을까 봐 두려워하는 사람도 행운이 멸시하는 것 같고. 셰익스피어의 《오셀로》에도 그런 말이 나오잖아.

가난해도 마음이 풍족하면 부자가 부럽지 않지만
백만장자라 한들 가난뱅이가 될까 봐 걱정을 한다면
엄동설한처럼 쓸쓸한 법

운에 관해 내가 해줄 수 있는 말은 행운의 여신이 모습을 보이면 대놓고 비웃으라는 거야. 그녀가 베푸는 은혜를 두둑이 챙기고 재빨리 행운을 거머쥐어. 하지만 고맙다는 말은 절대로 하지 마. 그리고 그녀가 또 다른 희생자를 찾아 떠나면 깡그리 잊어버리라고. 신사적인 행동과는 거리가 멀지만, 당신이 내게 알아내려는 건 신사가 되는 방법이 아니잖아. 부자가 되는 방법을 내게 묻는 거지.

마지막으로 운이라고 하는 난감한 현상에 대해 못다 한 말들을 적어둘게.

- 행운에 대비하되 행운을 좇지는 마라. 행운이 찾아오게 하라.
- 행운을 직접 만들어라.
- 자신의 처지를 한탄하거나 스스로 '불운아'라고 부르지 마라(살아 있다는 자체가 행운이다).
- 용감해라. 대담하게 행동해라. 행운에 고맙다고 하지 마라. 그런다고 들리는 것도 아니니까.
- 자기 할 일을 꾸준히 해라. 언덕 너머에 펼쳐진 푸른 초원을 탐내지 마라.
- 모든 일을 혼자서 하려고 하지 마라. 권한을 위임하고 다른 사람에게도 권한을 위임하는 법을 가르쳐라.
- 대부분의 포식자는 먹잇감보다 운이 좋다는 것을 기억해라.
- 징징거리고 한탄만 하는 사람은 하루에 백번도 더 죽는다. 스스로에게 영웅이 되어라.
- 영웅이 아니라면 그런 척이라도 해라. 결국은 실제로 그렇게 될 것이다.
- 일단 해라. 허락을 구하는 것보다 저지르고 나서 사과하는 편이 훨씬 쉽다.
- 부를 추구하는 것을 너무 심각하게 생각하지 마라. 이건 단

지 게임일 뿐이다.

- 다음번에 행운의 여신을 만나거든 날 대신해서 엉덩이를 한 대 찰싹 때려줘라.

- 행운을 얻어 부자가 되어라. 그런 다음 아낌없이 나눠줘라. (곧 이 문제를 살펴볼 것이다.)

- 아들 이름을 '앨버트'라고 짓지 마라. (이건 농담이다!)

11장

벼룩이 코끼리와
협상하는 기술

협상 중인 요새는 이미 반은 넘어간 것이나 마찬가지다.

■ 러시아 속담

약점
보완하기

협상이라는 주제에 대해서는 과장되고 시시껄렁한 말들이 수도 없이 많이 전해지고 출판됐는데, 특히 정치가들이 한 말이 많아. 존 F. 케네디는 자신의 불길한 대통령 취임 연설에서 친애하는 국민에게 이렇게 호소했어.

두려움 때문에 협상해서는 절대 안 되겠지만, 협상을 두려워 해서도 절대 안 될 것입니다.

과연 미국 역사상 가장 과대평가된 대통령의 입에서 나왔을 법한 알쏭달쏭한 말이야. 외양은 그럴싸하지만 알맹이는 빈약하기 그지없지. '두려움 때문에 협상'을 한다면 그것은 '협상'이 아니야. 이름에 굴복하는 것일 뿐이지. 그리고 이어지는 문장을 보면, 그는 상호 이익이 되는 협의를 끌어내기 위해서는 항상 상대방의 말을 귀담아들어야 한다고 말했어. 그런데 세계에서 가장 막강한 권력을 가진 사람에게서 굳이 이런 말을 들어야 할까? 이건 그저 상식일 뿐이잖아.

협상은 미국 경영 석학들이 펴낸 두툼한 책들에서도 인기 있는 주제야. 흥미로운 책들이지만 부자가 되는 것과는 전혀 관계가 없어. 물론 슬로건 같은 허접한 글로 부자 대열에 한번 끼어보려고 버둥거리는 저자들이야 예외겠지만 말이야.

중대한 협상은 부자가 되는 것과 밀접한 관계가 있어. 협상을 잘하는 사람은 상황에 따라 다른 결과를 얻어낼 수 있거든. 그런데 많은 사람들이 놀랍게도 자신이 협상을 잘한다고 믿고 있어. 내 경험에 의하면 실은 지루한 말을 늘어놓을 뿐인데 말이야.

- 우리는 대부분 협상에 서투르다.
- 대부분의 협상은 불필요하다.
- 상대방은 당신만큼 똑똑하거나 당신만큼 멍청하다.
- 결국 '약점을 커버'하는 것이 성패를 결정한다.
- 탐욕을 부리는 자와 필요로 하는 자가 싸우면 대개는 탐욕을 부리는 자가 이긴다.

모든 협상은 약점이 있기 때문에 시작되는 거야. 당신이 흥정하고 협상하는 과정 자체에 매료된 별종이 아니라면 말이지. 물론 옥신각신 다투는 것도 흥미로울 수 있지만, 그것은 적어도 이 책에서는 목적에 이르는 수단일 뿐이야.

당신이 입씨름을 유달리 좋아한다면, 구닥다리 방식으로 돈 벌 생각은 접고 차라리 정치가가 될 것을 고민해보라고 권하고 싶어. 그러면 자산이나 자본을 잃을 위험을 감수하지 않고도 매년 시민들을 유린하고 약탈할 수 있으니까, 이 몹쓸 자식아(말이 난 김에 이야기하자면 나의 이런 거친 언어에 익숙해졌으면 해. 그리고 사실 정치가에 대해서는 그들만 안 그럴 뿐 모두 이런 식으로 생각하잖아).

우리 같은 일벌레에게는 중요한 때 발휘할 협상 기술이 꼭 필요해. 평범한 사람들이 곤란에 처했을 때 법에 호소하는 것이나 마찬가지지. 대부분의 '협상'은 사실 협상이 아니야. 일상적인 삶의 일부일 뿐이지. 그것을 처리하는 방식은 관여하는 인물이 누군지, 논의하는 주제는 뭔지, 당신의 일상적인 일 처리 방식은 어떤지, 당신의 기분은 어떤지에 따라 그때그때 달라져.

사소한 예를 들어볼까. 직원 한 명이 매일 아이를 학교에 데려다주고 수업이 끝나면 집으로 데려오고 싶어 해. 이런 일은 분명 그의 '정상적인' 근무 시간을 잡아먹을 거야. 쉽지 않은 일이지. 만약 그 직원이 당신에게 중요한 인재라면 해결책을 '협상'하기 위해 무진 애를 쓸 거야. 그렇지 않다면 근로기준법이나 내규를 들먹이며 얼렁뚱땅 넘어가려 할 테고. (개인적으로 나라면 그렇게 하라고 허락할 거야. 그건

내가 게으른 경영자이고 적어도 직원 문제에서는 감상적인 구석이 있는 노인네이기 때문이지)

　어떤 결정을 내리든 간에 당신이 하는 일은 협상이 아니야. 그저 문제를 해결하는 거지. 이건 중간급 직원들의 봉급을 협상하는 일이라든가 인적 자원에 관련된 대부분의 문제, 직함을 정하는 문제, 성과 심사, 잘나가는 상품 가격을 정하는 문제도 마찬가지야. 중대한 협상은 사랑에 빠지는 것과 같아. 당신은 아마 몇 차례 이성과 가볍게 놀아본 적이 있을 테고, 한두 번은 상대방에게 강하게 끌린 적도 있을 거야. 어쨌든 사랑에 빠지면 다들 알 거야. 즉시 눈에서 불이 일어난다는 것을! 협상도 그래. 아마도 한 번 혹은 두 번 정도 그런 경험이 있었을 거야, 그렇지?

관리와
협상

관리와 협상을 혼동해선 안 돼. 이 둘은 전혀 다른 자질을 요구하는 별개의 분야야.

　좋은 회사와 잘 돌아가는 조직체라면 어디든 훌륭한 관리자와 훌륭한 직원들을 필요로 해. 이건 부인할 수 없는 사실이야. 무슨 일이 있어도 이 사실은 명심해야 해. 하지만 유능한 직원을 뽑고, 가능성 있는 직원을 잘 키우고, 동작이 굼뜨고 투덜거리기나 하는 직원은 자르고, 변화하는 환경에 잘 대처해가는 세속적인 업무를 사명감 갖고 수행해내는 관리자를 구하는 일은 협상이 아니야. 그건 능력 있는 사람들이 대접받는 체제를 회사에 마련하는 일이지. 인맥이나 학연, 지연이 발을 못 붙이게 하고, 성공을 꿈꾸는 모든 사람에게 공평하게 기회와 격려가 돌아가는 그런 체제 말이야. 여기까지는 쉽게 이해되지?

그런데 모든 조직은 그것을 만든 사람의 성향을 반영하게 마련이야. 궤변처럼 들리겠지만 역사가 이 사실을 증명해줘. 심지어 오래전에 죽은 창립자의 영향력이 수십 년 동안 계속해서 어른거리는 경우도 많아. 할리우드의 높은 양반들이 내게 해준 얘기인데, 옛날의 MGM 영화들은 워너 브러더스의 영화들보다 약간 덜 '어두운' 분위기였다고 해. 소위 '가풍'이라는 건데, 창립자로부터 오랜 세월 동안 계속 이어져 내려와 감독과 제작자, 심지어 배우들에게까지도 스며들어 있는 양식이지.

당신이 관심을 가질 유일한 가풍은 효율적으로 조직된, 돈 버는 기계 같은 곳이면서 일하기에도 좋은 직장이겠지. 현명하고 기특한 목표야. 하지만 그런 목표가 아무리 중요하고 기특한들 그건 임원급과 부장급 관리자들이 할 일이야. 즉, 협상이 아니라 문제 해결에 속하는 일이야.

당신은 훌륭한 관리자가 되기 위해 이 책을 읽는 게 아니야. 관리자가 부자가 되는 경우는 거의 없어. 대부분 관리자는 부관에 지나지 않아. 당신은 다른 데를 주시해야 해.

부자가 되는 과정에서 잠시 관리자로 일할 수는 있어. 그리고 일단 그런 역할이 주어진다면 훌륭한 관리자가 되도록 노력해야겠지.

하지만 설령 당신이 관리직이 요구하는 세심한 부분을 챙기는데 재능이 있더라도 더욱 적절한 사람을 채용할 여건이 된다면 머뭇거리지 말고 그 일을 포기하는 게 좋아. 부자가 되려는 사람이라면 누가 어떤 사무실에서 일할지, 크리스마스 파티는 어디서 열지, 회사 내 휴게실 운영과 관련해서 어떤 방침을 마련할지 같은 문제에 신경 쓸 시간이 없어. 그런데도 회사 소유주인 당신이 이런 문제를 느긋하게 살펴보고 있다면, 그 조직은 심각한 문제가 있다고 봐도 될 거야.

개인적으로 나는 나 자신을 우리 회사의 훌륭한 대표이사나 CEO라고 생각하지 않아. 따라서 혹시라도 중간관리자 일에 마음이 가는 사람이 있다면, 그에게 해줄 수 있는 충고는 이래. "세상은 관리자가 되려는 사람들로 넘쳐난다." 대부분의 사람은 부를 추구하기보다는 안정적이고 만족스럽고 남들에게 권력을 행사할 수 있는 자리를 원해. 우리로선 감사한 일이지. 세상의 훌륭한 관리자들이 전부 부자가 되겠다고 나선다면, 그리고 필요한 위험부담을 기꺼이 떠맡겠다고 한다면 당신이나 나 같은 사람에게는 희망이 없을 테니 말이야.

관리 효율성은 물론 대단히 중요해. 충성심도 중요하고, 공정함이나 꾸준함, 타협할 줄 아는 능력도 중요하지. 그런 덕목을 꾸준히 발휘할 수 있는 관리자가 없는 조직은 실패할 수밖에 없어. 하지만 이런 자질은 큰돈이 걸려 있거나 미래가 바뀔지도 모를 치열한 협상이 벌어지는 회의실에서 꼭 필요한 덕목은 아니야. 그건 관리자의 덕목이지 협상가의 덕목은 아니니까.

중대한 협상은 일상적인 조정과 전혀 달라. 전혀 다른 차원에서 접근해야 할 문제야. 협상이 열린다는 것은 적어도 협상에 나서는 어느 한쪽에 약점이 있다는 뜻이지만, 일상적인 교섭에서는 그런 약점이 없어. 따라서 가장 먼저 해야 할 일이자 어쩌면 가장 중요한 일은 그런 약점이 무엇인지 정확하게 파악하는 거야. 중대한 협상에서 약점은 정도의 차이는 있지만 대개 양측 모두에 존재해. 따라서 어느 쪽 약점이 더 절박하고 더 치명적인 결과를 가져오는지 재빨리 판단하는 것이 중요해. 장기적으로 볼 때 약점을 즉각 보완하는 것이 강점을 내세우는 것보다 더 효과적이란 말이지.

이런 이유에서 작은 회사나 개인이 커다란 경쟁업체를 상대로 가능성을 부풀려 협상하는 경우가 종종 있어. 주로 새로 개척된 시장이나 신기술 분야에서 이런 일이 많이 벌어지지. 크고 힘 있는 조직은 혁신적인 신기술을 무슨 일이 있어도 사들여야겠다는 확신이 들면 터무니없는 가격을 지불하기도 하거든. 이런 사례는 경제신문에 셀 수도 없이 자주 등장하는 기삿거리야.

약점을 보완하는 문제는 한편으로 왜 영국에서 농부들이 슈퍼마켓 체인의 힘에 완전히 눌려 노예 신세가 됐는지, 그리고 왜 영국 사람들이 식료품비로 지불하는 돈이 유럽에서 가장 많은지 설명해주는 이유이기도 해. 영국 식품의 질이 뛰어나서가 아니야. 사실 프랑스 같은 나라보다 못한 편이지. 그 이유는 바로 영국 슈퍼마켓들이 약점을 보완하는 문제에 관한 한 누구도 당하지 못할 챔피언이기 때문이야.

아무래도 농부들은 협상에 서투르기 마련이야. 슈퍼마켓 체인은 협상 능력이 뛰어나고. 슈퍼마켓은 현금을 많이 보유하고 있고 물자를 공급받는 제공처가 여러 군데 있어. 반면 농부들은 지금 당장 트랙터도 수리해야 하고 수의사에게 진료비도 줘야 해. 약점을 잡히는 것은 당연히 농부들 쪽으로, 중앙정부의 개입이 없다면 협상의 결과는 빤할 수밖에 없어.

슈퍼마켓에도 아주 사소하지만 약점이 없는 건 아니야. 그들은 식품을 정기적으로, 그것도 대량 구입할 필요가 있어. 그리고 우수한 품질과 꾸준한 공급이 보장되어야 하지. 만약 식품이 부족해지면 약점을 잡히는 쪽이 역전되어 농부들이 슈퍼마켓에 타격을 주기 시작할 거야. 하지만 지금 당장 농부들로선 어쩔 수 없어. 괜찮은 품질의 식품들은 넘쳐나고, 수많은 제공처에서 꾸준히 식품을 대주고, 정부는 개입하지 않기로 결정한 상태니까. 여기서 뭐가 옳고 뭐가 잘못됐는지는 중요하지 않아. 내가 만약 영국 슈퍼마켓이 식품 사업을 주무른 방식으로 잡지 출판 사업과 인터넷 웹사이트 사업을 조정할 수만 있다면 당장이라도 그렇게 할 거야. 농부가 아닌 슈퍼마켓 입장이라면 그럴 수 있어.

창업 회사나 작은 회사에 대한 은행들의 태도도 그래. 당신이 직원들에게 봉급 줄 돈이 부족해서 대출을 받으려 한다면 십중팔구 거절 당할 확률이 높아. (절대적으로 확실히 거절당할 거라고 봐도 좋아) 약점이 너무도 분명히 드러나고 해결이 시급한 문제라서 누구도 당신의 부탁을 들어주느라 시간을 낭비하고 싶지 않을 테니까. 하지만 당신이 가령 그리 머지않은 미래에 성공할 가능성이 높은 비상장회사를 매입하려 하는데, 굳이 대출을 받아야 하는 건 아니지만 대출을 받으면 일을 편하게 처리할 수 있어서 대출을 신청하는 것이라면, 대출해주겠다고 나서는 은행들이 줄을 설 거야. 결국 은행이라는 곳은 이자로 먹고살 뿐만 아니라 전문 서비스를 판매해서 돈을 벌어야 하니까 당신이 중요한 고객이 될 가능성이 있다면 언제든 두 손 들어 환영이지. 은행은 전문 서비스를 원하는 고객을 좋아하지 초라한 사업 계획서를 들고 비굴하게 애걸복걸하는 자에게는 관심이 없어.

코끼리와 벼룩

여기까지 듣고 보니 자본을 손에 쥐고 있는 자들이 마치 정글 속을 누비는 코끼리 같은 존재처럼 느껴진다고? 그럼 제대로 알아들은 거야. 그런데 그게 무슨 뜻인지 알아? 코끼리가 득세하는 정글에서 당신의 사업체는 기껏해야 작은 벼룩에 지나지 않는다는 말이야. 그것도 이제껏 눈에 띄지도 않다가 최근에야 갑자기 불쑥 나타난 벼룩이겠지. 이때 코끼리는 당신을 아주 없애버리거나 아니면 아예 인수해버릴 생각을 할지도 몰라. 그러기 위해 얼마 정도의 금액을 지불할 생각일까? 특히 당신 사업이 규모는 작아도 성장성이 있고, 코끼리는 그렇지 못하다면?

　이런 일이 일어나는 것은 코끼리에게는 주인, 즉 코끼리를 부리는 사람이 있기 때문이야. 게다가 그 주인이란 놈은 항상 코끼리에게 매서운 막대기를 휘두르고 총부리를 겨눠 위협하는, 한마디로 인정사정 봐주지 않는 무자비한 놈이지. 다른 말로는 기관투자가라고 해. 창업자들은 난폭한 야수 같은 기관투자가들을 위해 매일 밤 기도를 올려. "주님, 부탁드립니다. 제발 대기업의 기관투자가들을 꼭 만나게 해주세요."

기관투자가는 주로 연금 회사나 저축 회사인데, 쉽게 말해서 상장 법인회사의 주식을 다량 보유한 주체를 가리켜. 그건 그렇고, 자기 사업을 막 시작한 사람들이 대체 왜 이따위 기도를 올리고 있는 걸까? 대기업의 기관투자가란 존재가 중대한 협상 솜씨를 발전시켜 부자 되는 것과 무슨 관계가 있다고? 관계가 많아. 그것도 아주 깊은 관계가 있지.

코끼리는 주인에게 자신이 최첨단 코끼리라는 것을 보여줘야만 해. 세상 물정에 밝아서 이 험난한 정글에서 다음번에 무엇이 뜰지, 대박 상품이 뭔지 알고 있다고 외쳐야 한다고. 그렇게 하지 못하면 주가가 하락하고, 성질 사나운 기관투자가는 막대기를 휘두르거나 방아쇠를 당겨 코끼리를 없애버릴지도 몰라. 그러고는 낡은 코끼리의 뼈가 정글 바닥에서 썩게 내버려두고 새로운 코끼리를 손에 넣으려 나서겠지.

당신이 좋은 아이디어를 하나 생각해냈다고 치자. 작은 회사에서 아이디어를 잘 키워서 이제 실현 단계에 이르렀어. 아니면 좀 더 후하게 쳐서 사업이 잘 돌아가고 있다고 해도 좋고. 이렇게 되면 코끼리는 자기 주인이 벼룩의 아이디어에 대해 어디선가 듣고는 너는 왜 그것을 생각하지 못했냐고 꾸짖을까 봐 걱정하기 시작해. (다들 알겠지만 대부분 코끼리들은 나태한 경향이 있어) 코끼리는 이제야 자신이 할 일을 깨닫고 굼뜬 몸을 움직여 당신을 찾으러 나서. 한두 번 겪었던 일이 아니니까 이런 일에는 익숙하지.

이렇게 해서 코끼리가 벼룩에게 접근하게 되는 거야. 코끼리가 원해서가 아니라 (그의 대기업 습성에 따르면 모든 것이 그대로 있었으면 좋겠다는 심정 때문이겠지) 벼룩을 깔보는 마음보다 주인을 두려워하는 마음이 강하기 때문이야. 그리고 솔직히 말하면, 코끼리에게도 어느 정도 호기심은 있는 법이니까.

어쨌든 그가 당신을 먼저 찾아 나선 이유를 결코 잊지 말아야 해. 그는 당신을 사랑하는 게 아니야. 친한 척할지도 모르지만 친구는 아니야. 어쩌면 당신을 싫어하지 않을 수도 있고, 조금은 존경할지도 모르지. 분명 당신에게 아부를 늘어놓을 거야. 그러나 기억해야 할 점은 그에겐 선택의 여지가 없었다는 거야. 두려움 때문에 어쩔 수 없이 당신을 만나야 했어. 자기 주인인 기관투자가에 대한 두려움 때문에 말이야.

그리고 그가 마침내 당신을 찾는 날, 만세! 그에겐 참으로 내키지 않은 방문이겠지만 당신에게는 흥미진진한 일이 시작될 거야. 협상이 이루어지는 바로 그때, 당신이 뒹구는 정글에서 숨겨야 할 약점이 뭔지 냉정하게 판단해서 멋진 협상 솜씨를 발휘한다면 당신의 삶은 하룻밤 사이에 바뀔 수도 있어. 영원히 팔자가 바뀔 수도 있다고. 나도 그랬어.

그럼 코끼리가 벼룩에게 접근하는 두 가지 예를 들어보도록 하지.

(물론 벼룩이 코끼리에게 접근해야 할 때도 있는데 이건 그렇게 좋은 상황은 아니야. 이 문제는 나중에 살펴볼 거야)

코끼리가 판단 착오를
일으킨 경우

그럼 젊은 친구들, 편안한 마음으로 내 얘길 들어보라고. 때는 1981 년이었어. PC가 세상에 처음 등장했지. 오늘날 우리가 당연하게 여기는 일상용품은 물론 아니었어. 웬만한 회사 사무실에서도 찾아보기 힘들었어. 컴퓨터 제작 회사와 소프트웨어 업체, 그리고 컴퓨터 전문지를 발행하는 극소수의 출판사들만이 컴퓨터를 사무실에 들여놓았지.

데니스 출판사는 그런 컴퓨터 잡지를 발행하는 작은 출판사였어. 영국 매출액이 수백만 파운드 정도 됐고, 미국에도 진출했지만 굳건하게 자리 잡진 못한 상황이었어. 한마디로 재정 상태가 들쑥날쑥했지. 출판사 오너는 탐욕스러운 벼룩이었지만, 나쁜 짓을 해서 감옥을 들락거리거나 다른 인간에게 시시콜콜 보고나 하며 인생을 허비하지 않기로 결심했어.

그는 유럽 최초의 컴퓨터 잡지 주식을 창립자인 안젤로 즈고렐렉에게서 경영권 행사가 가능한 정도로 사들인 참이었어. 잡지 이름은 〈퍼스널 컴퓨터 월드〉, 줄여서 PCW라고 불렀지. 큰 잡지는 아니었어. 벼룩은 안젤로와 함께 일련의 전시회를 열어 하드웨어와 소프트웨어 업체들이 자신들이 만든 최신 제품들을 선보일 기회를 주었어.

이 모두가 PCW의 판매 부수와 신용도를 높이는 데 기여했지.

벼룩의 회사는 PCW에 좋은 편집자들과 필자들을 데려오느라 노력을 아끼지 않았어. 경쟁 잡지들이 별로 없었기에 그렇게 힘든 일은 아니었지. 잡지에는 일급 디자이너가 한 명 있었고, 대단히 의욕적인 광고 세일즈맨도 한두 명 있었어. 솔직히 돈이 넘쳐흐르는 풍요로운 직장은 아니었지만 일할 의욕만은 넘쳐났지. 잡지가 다루는 컴퓨터 산업이란 것이 새로 등장한 짜릿한 분야였으니까. 무엇보다 기술 혁명이 일고 있다는 흥분이 있었어. PCW는 바로 그 혁명의 한가운데 있었고, 직원들도 오너도 그 사실을 잘 알았지.

다른 잡지 벼룩들이 슬슬 이 분야에 주목하기 시작했어. 컴퓨터 잡지 사업에 잇달아 뛰어들어 잡지를 창간했지. 하지만 충분히 투자하지 않았고, PCW만큼 좋은 잡지를 만들지 못했어. 결국 대부분 문을 닫거나 시들해졌어. 탐욕스러운 벼룩은 현금을 끌어모으기 위해 팝 음악과 판다를 다룬 단발성 잡지를 만들었어. 시시껄렁한 잡지였지만 돈을 꽤 벌어서 이를 PCW에 투자했어. 이런 투자 결정은 벼룩의 인생에서 손꼽을 만큼 중요한 사업상의 결정이었어.

이제 벼룩과 그의 잡지는 시류를 타기 시작했어. 컴퓨터 시장이 확대되면서 PCW는 성장 가도에 올라섰지. 매달 잡지가 발간될 때마다 독자들이 늘었고, 광고도 더 많이 붙었어. 물론 잡지도 더 많이 홍보됐고. 안젤로 즈고렐렉과 벼룩은 대단히 뿌듯했어.

그러다가 재앙이 닥쳤어. 어리석게도 벼룩이 팝 음악 주간지에 손을 댄 거야. 자기가 무슨 미다스의 손이라고. 주간지는 처음에는 성공하는 듯했지만 갈수록 현금을 잡아먹는 끔찍한 괴물로 변해갔어. 벼룩은 공포에 질린 나머지 회사를 우호적인 파트너들에게 절반 정도 가격에 매각할까 생각했어. 이들을 업계 용어로는 '백기사'라고 불러. 다행히도 거래는 성사되지 않았어. 파트너들이 팝 음악 주간지를 즉시 폐간하라고 권고했는데도 벼룩은 그럴 용기도, 이해력도 없었거든. '백기사'들이 물러나자 재앙이 눈앞에 들이닥쳤지. 점점 몸집이 커져가는 PCW를 유지하는 데 필요한 현금도 물론 고갈됐어.

결국 벼룩은 팝 음악 주간지를 폐쇄했어. 선택의 여지가 없었어. 물론 결과론적 이야기이지만 그가 백기사들과의 거래에서 비타협적인 태도로 버틴 덕분에 회사 지분의 반을 넘기지 않을 수 있었어. 그래도 현금이 부족한 상황은 여전히 위협적이었지. 그런데도 탐욕스러운 벼룩은 기회를 얼른 잡아 백만장자가 되려는 꿈을 버리지 않았어.

그런 그에게 상냥한 키다리 아저씨가 접근해왔어. 그는 동료와 함께 영국 최대의 잡지 재벌인 EMAP를 건설한 바로 그 사람이었지. 그의 이름은 데이비드야. 데이비드와 벼룩은 여러 차례 만났어. 훗날 데이비드와 그의 동료 로빈은 벼룩과 좋은 친구가 돼. 하지만 이때는 친분을 다지는 게 아니라 중대한 협상을 벌여야 할 때였지.

데이비드와 로빈은 치열한 경쟁이 벌어지는 잡지 업계에서 신화적인 존재였어. 그들의 성격과 외양은 완전 딴판이었어. 데이비드는 세련되고 호리호리한 체형에 사근사근해 보였지. 딱 보면 많이 배운 친구라는 것을 알 수 있었어. 처세에도 능해서 공직에 진출했다면 일급 외교관도 됐을 거야. 벼룩들의 자산을 빼먹고도 남을 만큼 머리 회전도 빨랐지. 내가 근사한 와인을 처음으로 같이 마신 대상이 데이비드였으니 능히 짐작할 수 있지? 반면 로빈은 재능이 엄청 많지만 성미가 까다롭고 때론 심술을 부리기도 했어. 그는 어리석은 행동을 참지 못했어. 잡지 사업의 사정을 훤히 꿰뚫고 있어서 EMAP 투자자들의 존경을 한몸에 받기도 했지. 그는 식사조차 편하게 하지 못할 정도로 시간에 쫓겼지. 늘 고객과 함께 식사하면서 사업상 만남을 가질 정도였으니까 말이야. 솔직히 그를 처음 만났을 때는 마음에 들지 않았어. (시간이 흐르자 차츰 마음에 들게 됐지만 말이야) 눈치 빠른 데이비드가 이것을 알고 나를 만날 때는 로빈을 데려오지 않으려고 할 정도였지.

어쨌든, 데이비드와 벼룩은 PCW를 EMAP에 매각하는 방안을 놓고 치열하게 씨름했어. 벼룩은 세무사, 안젤로, 변호사들과 상담했어. 미국에 있는 백기사 파트너들과도 이야기를 나눴고. 협상이 한껏 무르익자 벼룩은 데이비드가 겉으로는 침착해 보이지만 사실은 거래를 빨리 매듭짓고 싶어서 안달이라는 것을 눈치챘지. 센트럴 런던에 위치한 벼룩의 아파트에서 만났을 때야. 데이비드는 벼룩에게 지금이 PCW를 팔아야 할 때라고 설득하는 데 거의 성공한 것 같았어. 70만 파운드 정도의 대금으로 사업을 인수하겠다는 조건을 내걸었지. 새 잡지를 인수하는 돈으로는 실로 엄청난 액수였어. 그런데 문제는 벼룩이 엄청나게 탐욕스럽다는 거였지.

지난번에는 요행스러운 운이 벼룩을 살렸다면 이번에는 본능이 그를 구했어. 본능적인 직감도 있었고 백기사들과 다른 이들의 조언도 도움이 됐지. 게다가 시큰둥한 태도를 취하며 데이비드의 눈치를 보니 왠지 긴장하는 거 같았어. 그래서 액수를 더 높게 불렀지. 데이비드는 그만 화를 참지 못하고 말았는데 뭐 그럴 만도 했어.

몇 주 동안 벼룩은 자신의 탐욕과 고지식함 때문에 회사가 살아날 기회가 영영 날아가 버린 건 아닌가 걱정했어. 코끼리를 너무 모질게 몰아붙였나? 그의 주위 사람들도 비슷한 말을 했어. EMAP 코끼리의 경영자들은 다른 벼룩들을 만나고 다녔어. 탐욕스러운 벼룩이 요구하는 100만 파운드보다 낮은 금액으로 PCW와 비슷한 잡지를 인수할 수 있을 거라고 생각했던 거지. 어쩌나. 이번에는 EMAP 코끼리가 약점을 잘못 짚었으니. 아쉬울 게 없다고 생각했던 모양인데 결국 이후 몇 년간 혹독한 대가를 치러야 할 실수를 범한 꼴이 되고 말았어. 왜냐하면 조만간 벼룩은 PCW를 팔겠지만 70만 파운드로는 어림도 없을 테니까. 그럼 이제 그가 어떻게, 그리고 얼마의 가격에 잡지를 넘겼는지 알아볼 차례야.

또 다른
코끼리의 접근

정글에는 코끼리가 한 마리만 있는 게 아니야. 다행스러운 일이지. 코끼리가 한 마리뿐이라면 벼룩은 살아남을 가능성이 거의 없을 테니까. 독점 회사와 창의적인 기업가는 늘 충돌하기 마련이거든.

벼룩이 자신의 아파트에서 데이비드와 운명적인 만남을 가진 뒤 얼마 지나지 않아 또 다른 코끼리가 접근해왔어. VNU라는 네덜란드 코끼리였어. 유럽 전역에 본부를 갖고 있고 온갖 종류의 잡지를 발행해서 풍부한 경험을 쌓은 엄청난 거구의 코끼리였지. 영국에서는 업계를 상대로 하는 거대한 조직을 운영하면서 전통적인 미니 컴퓨터(메인프레임 컴퓨터의 성능과 크기를 간소하게 만든 중형급 컴퓨터 — 옮긴이)와 대형 메인프레임 컴퓨터를 다루는 잡지를 발행했어.

처음 만났을 때는 흔히들 하는 일상적인 절차가 이어졌지. 벼룩은 근사한 접대를 받았어. 비싼 식당에서의 멋진 식사와 훌륭한 와인. 그가 돈을 내는 것도 아니니 마다할 이유가 없었지. 하지만 그런 와중에도 추켜세우는 말을 흘려듣고 협상의 약점이 어디에 있는지 주시하는 것을 잊지 않았어. 이번 코끼리는 베팅을 크게 할 참이었어. 그럴 수밖에 없는 독특한 상황이었지. 벼룩은 이 기회를 충분히 이용할 생각이었어.

벼룩은 대형 컴퓨터 설치가 당분간 계속 성장할 거라고 생각했어. 훗날 데스크톱 컴퓨터라 불리게 될 컴퓨터는 새롭게 뜨는 유망 품목이었지. 작은 방만 한 크기의 기계와 그것을 다루는 기술자들이 필요한 메인프레임 컴퓨터와는 전혀 다른 거였어. 네덜란드 코끼리의 주인은 자신이 부리는 짐승이 유망 품목인 데스크톱 컴퓨터를 놓친다면 무척 화를 낼 것처럼 보였어. 이게 바로 코끼리를 공략할 약점이었어. 그는 몸집이 엄청나게 크고, 그의 주인은 무자비하기가 이루 말할 수 없었거든. 물론 벼룩에게도 약점은 있었어. 이미 알고들 있겠지만 그는 현금 사정이 좋지 않았고 무지 탐욕스러웠지. 관건은 과연 벼룩이 얼마나 오랫동안 현금이 부족한 상황을 견뎌낼 수 있고 자신의 탐욕을 억누를 수 있겠는가 하는 거였어. 얼마나 오래 그래야 할까? 적어도 코끼리가 필사적이 될 때까진 버텨야 하는데, 과연 그렇게 할 수 있을까?

아무튼 벼룩이 세운 계획은 이랬어. 자문위원들은 다들 어리석다며 이 계획을 싫어했지. 벼룩은 코끼리보다 참을성이 많지 않다고도 했어. 하지만 벼룩은 참을 수 있었어. 당분간은 말이야. 게다가 벼룩의 잡지는 시대의 흐름을 잘 타서 매달 잡지가 나올 때마다 구독자가 늘고 광고 수입도 늘었어. 한번은 휴가를 내고 그의 사무실로 찾아온 한 청년에게 PCW 호주판 라이선스를 팔기도 했어. (그래서 그 청년은 나중에 돈방석에 앉게 됐어) 그러는 동안 시장은 계속 커졌어. 그리고 코끼리 주인은 초조해졌고.

네덜란드 코끼리가 처음 제시한 가격은 꽤 괜찮았어. 프랜시스라는 이름의 아주 상냥한 네덜란드인이 협상 테이블에 나왔는데, 함께 점심을 먹다가 100만 파운드를 제시하겠다고 했어. 그러고는 안경 너머로 골똘히 쳐다보았지. 벼룩이 뚫어지게 쳐다만 볼 뿐 아무 말도 안 하니까 이렇게 덧붙였어. "좀 더 드릴 수도 있습니다. 20만 파운드 정도 보류해두었다가 이후 몇 년 동안 PCW가 거두는 실적을 봐서 추가로 지불할 생각도 있습니다."

좋은 조건이었어. EMAP가 제시한 가격의 거의 두 배는 됐으니까. 하지만 벼룩은 아직 상대방이 충분히 필사적이 아니라고 판단했어. 매우 정중하게 거절하고는 와인을 또 한 잔 따랐지. 프랜시스는 현명하게도 그럼 없던 일로 하자고 했어. 연륜 있고 솜씨 좋은, 그러면서도 공손한 협상가였지.

몇 주 후 VNU는 다른 경영자를 내세웠어. 이번에는 그램이라는 이름을 가진 영국인이었어. 벼룩은 그가 금방 마음에 들었어. 하지만 자신의 감정을 드러내지 않으려고 조심했어. 그 자리는 친분을 쌓는 자리가 아니라 협상을 벌이고 서로를 강탈하는 자리였으니까. 그들이 봉급을 받는 이유도, 코끼리 주인이 그에게 기대한 것도 바로 그런 것이었지.

VNU의 호화로운 사무실에서 중요한 만남이 있었어. 벼룩은 마이클이라는 변호사 한 명만 대동하고 그곳에 갔어. 회의가 열리기 전에 코끼리 측에서 PCW의 소액주주인 안젤로 즈고렐렉에게 밀사를 보내 이야기를 건네려고 시도한 적이 있는데, 이 때문에 벼룩은 무척 화가 난 상태였어. 협상은 한 명하고만 해야 해. 내분이 일어나면 그 집안은 망하기 마련이니까. 벼룩은 안젤로에게 VNU가 보낸 앞잡이의 말을 듣지 말라고 했고, 안젤로는 기꺼이 그러겠다고 했어. 벼룩은 회의장에서 자신의 감정을 숨겼어. 중요한 날이었거든. 상대방이 아직 충분히 필사적이 아니라서 어쩌면 그날 결판이 나지 않을 수도 있겠다는 생각은 했어. 그래도 중요한 날이긴 했지.

변호사인 마이클에게는 항상 서류를 가까이에 챙겨두고 있으라고 했어. 언제라도 바로 회의장을 떠날 수 있게 말이야. 마이클은 못마땅해했어. 그는 신중하고 생각이 깊은 사람으로 벼룩의 친구였지만, 협상가는 아니었어. 하지만 벼룩은 그에게 일을 의뢰했지. 그는 그렇게 하겠다고 했어. 프로는 그래야 해.

회의장에선 VNU에서 나온 여러 사람과 자리를 함께했어. 잘은 모르지만 변호사와 회계사도 한두 명 있었을 거야. 회의가 시작되고 새로운 거래 조건이 제시됐지. 벼룩이 예상했던 액수와 거의 정확하게 맞아떨어졌어. 200만 파운드에 상당한 금액을 '보류금'으로 마련해둔다는 조건이었어. 엄청난 금액이었어. 실로 엄청난. EMAP가 제시한 가격의 세 배나 되는 막대한 액수였지.

벼룩은 한참 동안 대답하지 않았어. 대신 그는 한창 잘나가는 잡지 사업 얘기와 호주판 라이선스 얘기, 그리고 성황리에 열리고 있는 전시회 얘기를 꺼냈어. 또한 조만간 컴퓨터 잡지를 최소한 한 종 이상 새로 발행할 거라는 말도 했어. 이번에는 PC 업계를 대상으로 할 거다. PC 하드웨어와 소프트웨어 업체를 대상으로 하는 업계 잡지를 낼 거다. 이 분야야말로 네덜란드 코끼리의 전문 분야다. 뭐 그런 얘기들이었지.

결국 논의는 다시 거래 조건으로 돌아왔어. 벼룩은 그램과 프랜시스의 눈을 바라봤어. 다른 사람들은 안중에도 없었지. 그는 마음을 비우고 그들을 똑바로 바라봤지. 이 협상의 결과가 어떻게 되든 나는 상관하지 않겠어. 협상 중에는 마음을 깨끗이 비우자. 백만장자가 되든 말든 상관하지 말자. 속으로 이렇게 생각하면서. 벼룩은 마침내 입을 열었어.

"300만 파운드로 하겠습니다. 그리고 그 액수의 12분의 1은 보류금으로 묶어두어야 합니다. 이게 제가 제시하는 가격이고 타협은 없습니다."

　다들 너무도 놀랐어. 회의장이 쥐죽은 듯 조용해졌지. 진심으로 한 말인지 그냥 해본 소린지 모르겠다는 표정들이었어. 벼룩이 변호사를 보며 고개를 끄덕이자 그가 서류를 챙겨 가방에 집어넣었어. 둘 다 자리를 뜨려고 일어섰어. 방문을 나서기 전에 벼룩은 다시 한 번 그램과 프랜시스를 쳐다보았어. 머릿속은 텅 비었고 눈은 좀비처럼 멍하게 풀린 상태였어.

　"여러분의 제안은 고맙게 생각합니다. 제가 말했듯 가격은 300만 파운드, 그리고 25만 파운드는 제3자가 보관해두는 기탁금입니다. 추가로 말하자면 〈퍼스널 컴퓨터 월드〉를 매각하더라도 업계를 대상으로 하는 컴퓨터 잡지를 창간할 생각입니다. 곧바로 연락 주시지 않으면 다음에는 400만 파운드를 부르겠습니다. 그럼 이만."

　벼룩은 햇볕이 내리쬐는 소호 거리로 나와 카페로 들어갔어. 스푼을 집어 든 벼룩의 손은 벌벌 떨렸어. 마이클의 손도 마찬가지였지.

　"정말 미쳤군." 마이클이 머리를 흔들며 중얼거렸어. "완전히 미치지 않고서야 어떻게 그런 제안을 하겠어. 정말 멍청하군. 그들이 그런 돈을 지불할 것 같아? 게다가 그들을 두고 그렇게 나와버리다니. 그들을 협박하고, 갑작스럽게 어처구니없는 요구나 제시하고 말이야. 그런데 정말 업계 전문지를 낼 생각은 있는 거야?"

　"없어." 벼룩은 순순히 인정했어. "거기 앉아 있자니 갑자기 그런 생각이 들었어. 자네도 알겠지만 돈도 없는데 내가 무슨 수로 잡지를 창간하겠어."

두 사람은 커피를 마시며 앉아 있었어. 마이클이 작은 시가를 하나 꺼냈는데 공교롭게도 네덜란드산이었어. 웨이트리스가 잔돈을 가져오는데, 마이클이 마지막으로 한 번 더 벼룩을 설득하려고 했어.

"난 자네의 변호사이자 친구야. 돌아가서 사과하자. 200만 파운드도 엄청나게 큰 액수야. 영국에서 새 잡지가 200만 파운드에 팔렸단 소리는 들어본 적이 없어. 내 말대로 돌아가자. 꼭 자네가 가야 할 필요는 없어. 나 혼자 가도 돼."

벼룩은 마이클에게 거의 그렇게 하라고 할 뻔했어. 그런데 마음속에서 뭔가가 말렸어. 어떤 직감 같은 게 떠올랐는데 말로 설명하지는 못하겠어. 결국 벼룩은 다소 슬픈 미소를 짓고는 마이클의 팔을 톡톡 치며 이렇게 말했어.

"마이클, 그들은 분명 그 돈을 주고라도 우리 사업을 인수할 거야. 확실해. 그러니 조금만 기다려보자."

그래서 기다렸어.

이야기를 끝맺기에 앞서 잠시 숨을 돌리고 이제까지의 일을 한번 정리해볼까.

- 벼룩은 코끼리가 얼마나 몸이 달아 안달하는지 나름대로 판단했다.
- 벼룩은 추켜세우는 말을 흘려들을 줄 알았다.
- 벼룩은 협상에 나온 코끼리가 자신의 친구가 될 수 없다는 사실을 알았다.

- 벼룩은 그가 좋은 협상가가 아니라는 것을 알았다.
- 벼룩은 자신의 마음을 비우고 결과에 상관하지 않는 초연한 모습을 보일 줄 알았다.
- 벼룩은 적정하다고 생각되는 가격을 미리 설정해서 자신의 부족한 협상 솜씨를 보충했다.
- 벼룩은 마음을 독하게 먹고 제시 가격이 만족스럽지 않자 그냥 나와버렸다.
- 벼룩은 협상에 거짓 요소(업계 전문지)를 끌어들였다.
- 벼룩은 탐욕이냐 필요냐를 놓고 저울질하다가 필요가 탐욕보다 크다고 믿었다.

물론 당신은 이 이야기가 어떻게 끝났는지 알 거야. 우리는 모두 협상 테이블에서 다시 만났어. 이번에는 회계사들과 변호사들을 더 많이 대동했지. 합의한 가격은 300만 파운드, 보류금은 25만 파운드. 내가 요구한 대로였어. 안젤로는 자기 몫으로 100만 파운드를 챙겼고, 나머지 돈은 우리 회사 몫이었어. 나는 〈마이크로스코프〉라는 이름의 업계 전문지를 창간해서 새로 떠오르는 시장의 주도권을 쥘 수 있었어. VNU의 앞길에선 한동안 벗어나 있어야 했지만.

그럼 네덜란드 코끼리는 무엇을 얻었을까? 물론 멋진 잡지를 얻었지. 그 잡지는 24년이 지난 지금도 발행되고 있고, 여전히 많은 돈을 벌어들이고 있어. 또한 그들은 내 도움을 받아 컴퓨터 잡지를 두 종 더 창간했어. 영국에서 발간한 잡지는 망했고, 네덜란드에서 선보인 잡지는 성공했어.

마지막으로 VNU는 매우 영리한 조치를 취했어. 매각 협정을 맺을 때 내가 동종업계에서 일하지 못하도록 단서 조항을 단 거야. (사실 이런 조항은 자산을 매각하는 자를 방해하는 치사한 짓이지. 기간은 가급적 짧을수록 좋아) 그래서 나는 업계 전문지를 제외하고는 3년 동안 컴퓨터 잡지 시장에 발을 들이지 못했어. 3년이면 정말 피 같은 세월이지.

그렇다면 처음에 접근했던 EMAP는 어떻게 됐을까? EMAP는 컴퓨터 잡지 사업에서 결코 성공하지 못했어. PCW가 장악한 정글에서는 어림도 없었지. 하지만 다른 분야에서는 최고의 자리를 지켰고, 지금도 지키고 있어. 그들 때문에 나는 다른 분야에서 계속 고전을 면치 못했어. 하지만 그들은 PCW로 한몫 잡을 기회를 놓쳤어. 애초에 그다지 아쉬울 게 없다고 판단했고, 어쩌면 벼룩의 욕심에 소스라치게 놀랐는지도 몰라.

그들을 비난하는 건 아니야. 나는 사는 입장이 아니라 파는 입장이었기에 그들을 비난할 생각이 조금도 없어. 하지만 그들이 실수한 건 분명해. 데이비드가 소호 아파트에서 선심 써서 100만 파운드 이상을 불렀더라면 나는 탐욕스러움을 접고 받아들였을 테고, 그랬다면 안젤로와 나는 200만 파운드를 추가로 챙기지 못했겠지. 당시의 200만 파운드를 오늘날 금액으로 계산하면 대충 600만 파운드 정도 돼. 협상에서 한 차례 실수해서 놓친 금액치고는 지나치게 많은 금액이지.

협상을 잘하는 몇 가지 비결

- 세심한 부분까지 능숙하게 협상할 줄 아는 사람은 극소수에 불과하다. 당신의 협상 상대도 예외가 아니다.

- 협상에 서투르다면 당신이 지불하거나 받아들일 한계를 미리 정하고 덧붙일 조건을 생각해둬라. 그리고 그것을 지켜라. 맨 처음 떠오른 생각이 가장 좋은 생각이다.

- 대부분의 협상은 불필요하다. 괜히 끼어들지 마라. 협상 중인 요새는 이미 반은 넘어간 것임을 기억해라. 중대한 때를 대비해서 중대한 협상을 아껴라.

- 미리미리 준비해라. 그것도 철저하게. 당신이 모르는 것, 찾아보려고 하지 않은 것이 중대한 협상에서 당신 발목을 잡을 수도 있다.

- 위에서 정글의 예를 들기는 했지만 사실 진짜 골칫거리는 협상의 세부 사항에 있다. 믿을 수 있는 전문가들의 도움을 받아라. 그러나 협상의 결정권이나 의제의 결정을 전문가에게 맡겨서는 안 된다. 협상의 결과를 떠안고 살아가야 할 사람은 그들이 아니라 당신이다. 자문위원들은 설명해주고 조언하는 사람들이지 결정하는 사람들이 아니다.

- 자문위원이 협상 도중에 당신의 방침과 어긋나는 길로 가거든 '타임아웃'을 요청하고 그에게 조용히 충고해라. 계속 그 길을 고집하면 다른 사람을 구하겠다고. 세상에 많고 많은 게 자문위원이다.

- 거래와 사랑에 빠지지 마라. 거래는 거래일 뿐. 다른 거래와 기회는 늘 있기 마련이다.
- 경매로 사업을 따내는 일은 절대 피해라. '승자'가 되더라도 대부분 비싼 값을 치러야 한다.
- 협상의 상대자는 새로 사귄 친구가 아니다. 파트너도 아니고, 막역한 친구도 아니다. 통상적인 공손함 이상으로 그의 환심을 사거나 그의 요구를 만족시켜줄 필요가 없다. 그는 적이다. 중대한 협상의 승자와 패자가 진정한 승자, 진정한 패자라는 사실을 이해하지 못한다면 당신은 협상에서 당할 가능성이 높다.
- 협상하는 자리에서 가급적 감정을 드러내지 말라고 하는 세간의 속설은 무시해라. 뭔가에 대해 감정이 인다면 솔직히 드러내라. 다만 공손함과 위트를 약간 가미하는 것이 좋다. 당신이 위트 있는 사람이 아니라면 상대를 추켜세우거나 자신을 비하하는 것도 괜찮은 방법이다.
- 중대한 협상일 경우에는 들어라. 듣고 또 들어라. 서두를 것 없다. 듣는 일을 할 수 없는 사람은 없다. 그리고 침묵을 무기로 활용해라. 침묵은 사람들을 불편하게 한다. 사람들은 재잘거림으로 침묵에서 벗어나려는 경향이 있는데, 그 과정에서 종종 자신의 약점을 드러낸다.
- 협상이 막바지에 이르렀을 때 당신에게 도움이 되는 거짓 정보를 꺼내들어라. 이런 전략이 얼마나 효과가 있는지 알

면 놀랄 것이다.

- 영국인들이 세계에서 가장 넓은 제국을 건설했을 때 사용한 전략은 딱 하나다. 분열시켜 지배하기. 이것은 항상 먹히는 전략이다. 잘 이용하면 실패하는 법이 없다. 먼저 상대방을 파악해라. 상대 진영의 중역들 개개인마다 접근법이나 목표에 사소한 이견이 있을 수 있다. 이간질하고 틈을 벌려라.

- 대신 당신 진영에서 이런 허점을 보여서는 안 된다. 나는 순전히 이런 함정을 피하기 위해 중역들이 협상에 참여하는 것을 금지한다. 자기 진영에 내분이 일어나는 꼴을 보느니 차라리 혼자 나가 상대방에게 흠씬 깨지는 게 낫다.

- 사람들은 자신이 훌륭한 협상가라고 생각하지만 사실 대부분 그렇지 않다. 만약 당신이 회사의 오너라면 좋든 나쁘든 당신이 최종 결정을 내려야 한다. 당신이 협상을 잘하든 못하든 이 사실에는 변함이 없다.

- 당신이 중대한 협상에서 제대로 해낼 자신이 없다면 다른 사람을 내보내라. 대신 협상에서 일어날 수 있는 모든 가능성을 사전에 미리 생각해서 어떻게 대처할 것인지 주지시켜라. 이런 전략은 상대방에게 타격을 줄 수 있다. 피터와 밥과 나는 과거에 여러 차례 이렇게 했다. 이 경우 당신은 당신이 지명한 사람을 전적으로 믿어야 한다.

- 중대한 협상에서 숨겨야 할 약점이 어디에 있는지 우선 파악해라. 현금 동원력이나 조직 인프라 같은 장점은 대개 그

대로 드러난다. 하지만 약점은 보통 숨겨져 있기 마련이다. 그것을 찾아내서 맞설 전략을 세워라.

- 협상 중에 합의한 사항은 꼭 지켜라. 교활한 사람, 사기꾼과 는 누구도 사업을 같이하고 싶어 하지 않는다. 2500년 전에 쓰인 조로아스터 경전에 이런 말이 있다. "계약은 절대로 깨지 마라. 부정한 사람과 맺었든 올바른 사람과 맺었든 간 에. 계약은 사람을 가리지 않고 모두에게 유효하다."

마키아벨리에 필적하는 영국의 라이벌 사상가 프랜시스 베이컨 의 말로 이 주제를 마무리할까 해. 베이컨은 가난한 상태에서 출발 했지만 뛰어난 협상력으로 제임스 1세 치하의 영국에서 부와 권력 의 정점에 오른 인물이야. 그런 다음 모든 것을 잃었고 말년에는 연 구와 저술로 생을 보냈지. 그가 남긴 《수상록》은 영어로 출판된 가 르침 가운데 가장 지혜롭고 시사하는 바가 큰(그러면서도 비열한) 책이 야. 나는 머리맡에 이 책을 놓고 잠들곤 했어. 아래의 글은 〈협상에 대하여〉라는 제목의 짧은(베이컨의 기준으로도 짧은) 에세이에 나오는 말이야. 1625년에 출판됐으니 거의 400년 전에 쓰인 글이지. 그렇 지만 지금도 모든 구절이 유효해.

누군가와 일할(협상할) 때는 그의 성격과 습관을 파악해서 그 를 앞서가든가, 그의 목적을 간파해서 그를 설득하든가, 그의 약점이나 불리한 점을 잡아 그를 겁주든가, 그에게 영향력을 미칠 수 있는 사람을 알아내서 그를 지배해야 한다. 교활한 사람을 상대할 때는 그가 하는 말에서 참뜻을 가려낼 줄 알아야 한다. 되도록 그에게 말을 하지 않는 편이 좋고, 말을 할 때는 예상하지 못한 말을 건네라. 어려운 협상에서 시를 뿌리자마자 수확하기를 기대해서는 곤란하다. 침착하게 준비해서 서서히 열매가 익게 해야 한다.

베이컨이 나와 같은 시대에 살아서 영국에서 잡지 사업을 하지 않은 게 얼마나 다행인지 몰라. 같은 도시에 그런 경쟁자가 있었다면 나는 결코 부자가 되지 못했을 거야!

12장

소유권이 전부,
무조건 소유하라!

어떻게 하늘과 땅을 사거나 팔 수 있단 말인가?
참으로 이상한 생각이다.
신선한 공기와 시원한 물은 소유할 수 없는 것인데
어떻게 이런 것들을 살 수 있단 말이지?

■ 치프 시애틀, 19세기 아메리칸 인디언 스쿼미시 부족의 추장

사람들이 독자적인 자기 의견을 가지면서부터
사유재산이 시작됐다.

■ 에드워드 E. 커밍스, 미국 시인

소유권의
역설

누군가가 진정 무언가를 '소유'한다는 게 가능할까? 당연히 그런 일
은 불가능해. 인간을 제외한 그 어떤 동물도 물건이나 장소의 소유
를 주장하지 않아. 그저 지킬 뿐이야. 목숨을 지키고, 짝을 지키고,
새끼를 지키고, 무리를 지키고, 영역을 지키고, 음식을 지키지. 개나

고양이를 키우는 집에서 새로 동물을 한 마리 들이면, 처음에는 서로 눈치를 살피고 어쩌면 한두 번 으르렁대다가 이내 평화로워져.

새로 온 동물은 집단의 서열에서 자기 자리가 어딘지 아주 쉽게 찾아. 의회, 법, 공권력, 집행관, 군대, 이런 것들이 없어도 말이야. 인간은 달라. 우리는 생각만 해도 아주 놀라운 것도 '소유'할 수 있다고 믿어. 섬, 광산, 산, 숲, 바다, 이런 것들 말이야. 더욱 놀라운 것은 이름뿐인 존재도 이런 것들을 소유할 수 있다고 생각한다는 거야. 회사, 기업, 나라가 대표적인 예인데 사실 이딴 것들은 이름뿐인 존재잖아. 게다가 우리는 이름뿐인 존재가 실행한 아이디어도 소유할 수 있다고 믿어. 이게 기업 지적재산소유권의 기초가 되는 믿음이야. 그리고 나는 바로 이런 종류의 소유권을 토대로 부자가 됐어.

그중 가장 터무니없는 것은 개인이나 법인이 토지, 강, 언덕, 사막을 '소유'할 수 있다는 생각을 사람들이 보편적으로 받아들이고 있다는 거야. 호모 사피엔스 사피엔스가 작고 약삭빠른 포유류의 눈동자를 이리저리 굴리기 한참 전에 공룡들이 오랜 기간 자유롭게 뛰어다녔던 곳을 소유할 수 있다니. 게다가 이런 토지, 강, 언덕, 사막은 먼 훗날 인간이 이 푸른 행성에 존재했다는 것을 보여주는 증거가 깡그리 사라지고 난 후에도 계속해서 남아 있을 거잖아. 이 책은 철학 서적이나 사회학 서적이 아니고 인류의 법 역사를 다루는 책도 아니지만, 그 어떤 소유권도 부조리하다는 점은 기억해둘 필요가 있어. 그것은 참으로 어처구니없는 생각으로, 아무런 근거도 없어. 모든 인간은 언젠가 죽기 마련이라 그것을 갖고 갈 수 없기 때문이야.

그건 그렇고, 이런 게 대체 부자 되는 것과 무슨 관계가 있지? 그렇게 묻는다면 이렇게 답할 수 있어. "아무 관계도 없어. 이렇게 속에 있던 말을 털어놓으니 이제야 속이 시원하군. 고마워."

하지만 그런 말은 하지 않을 거야. 나의 어설픈 생각을 털어놔봤자 부자가 되겠다는 목표나 부자가 되는 것 자체가 실은 얼마나 멍청한 짓인지 드러내는 꼴밖에 안 되니까. 누군가는 이렇게 말하겠지. "허, 당신에게는 그렇겠죠. 이미 큰돈을 모았으니까요. 부자들은 철학적으로 달관한 척하기도 쉬운 법이죠."

그 말에도 일리가 있어. 하지만 이런 주장도 가능해. 내가 은행에 수억 달러를 넣어둘 수 있었던 것도 부자가 되는 게 그저 게임일 뿐임을 간파했기 때문이라고. 당신이 원한다면 망상이라고 해도 좋아.

부자가 되는 것은 근사해. 적어도 가난한 것보다는 낫지. 하지만 그것이 당신 인생에서, 아니 어떤 사람의 인생에서도 궁극적인 목표가 되어서는 안 돼. 처음에 가난하게 지내더라도 웃고, 진짜 불운을 만나서도 웃을 수 있을 때, 그리고 돈을 벌면서도 여전히 웃음을 잃지 않을 때 당신은 비로소 계속해서 돈을 벌 수 있어. 그러나 당신이 돈이 없으면 절대 행복해질 수 없다는 진지한 믿음을 갖고 필사적으로 돈을 추구한다면, 그리고 이런 추구야말로 의미 있는 일이라고 굳게 믿는다면 내가 보기에는 성공할 가능성이 별로 없어. 물론 마음을 굳게 먹어야겠지. 하지만 부를 좇는 일이 부조리하다는 것을 이해한다면 크나큰 도움이 될 거야.

소설가 G.K. 체스터턴은 《브라운 신부 이야기》에서 이런 말을 했어. "부자가 될 만큼 똑똑하려면 부자 되기를 바랄 만큼 멍청해야 하겠지." 그렇다고 체스터턴이 근사한 음식과 와인을 싫어했던 사람은 전혀 아니야.

알았어. 알았어. 이제 그만하지. 이제 어떻게 하면 빨리 돈을 모을 수 있는가 하는 본론으로 넘어가볼까. 하지만 펠릭스 삼촌은 분명히 경고했다. 나중에 딴소리하지 말길.

소유권은 중요한 게 아니야. 오직 소유권만이 전부지

소유권이 망상이라면, 그래서 우리가 도둑질을 승인하고 있는 꼴이라면, 어떻게 하면 가급적 빨리 '성공한 도둑'이 될 수 있을까? 답은 간단해. 부자가 되고 싶으면 아래 문단을 건너뛰지 말고 차근차근 꼼꼼히 읽어봐.

부자가 되려면 '오너'가 되어야 해. 그리고 모든 것을 다 손에 넣어야 해. 우스꽝스러운 행태임을 인정하되 전력을 다해 회사 지분을 거의 100퍼센트에 가깝게 손에 넣어 지배권을 장악해야 해. 상장회사라면 그게 불가능하겠지만. 이렇게 하려면 당신과 마찬가지로 부자가 되려고 애쓰는 주위 사람들에게 미움받을 각오를 해야 해. 더럽고 비열한 술책이지. 정말로 그래. 〈반지의 제왕〉에 나오는 골룸처럼 당신에게는 소중하겠지만 남들이 볼 때는 그저 '비열한 도둑놈'이지.

앞서 언급한 얼치기 부자론 책에는 이런 말들이 안 나와. 이런 책들은 대부분 부자 근처에도 못 가본 사람들이 쓴 책으로 대개 훌륭한 관리자가 되는 방법, '협력 관계' 만들기, 창의적으로 생각하기, '끝내주는 아이디어' 멋지게 살리기 같은 시시한 내용들이 전부야. 딱 잘라 말하는데, 이런 것들은 다 헛소리야. 부자가 되는 것과 아무런 관계가 없어.

부자가 되기 위해서는 당신이 소유하고 있는 모든 것의 1퍼센트까지 소유해야 해. 이 1퍼센트라는 수치는 대단히 중요해. 온갖 험한 꼴을 당하면서도 기필코 쟁취해야 해. 소유권을 얻으려고 상대방을 고소하기도 하고, 협상 테이블에서 서로 고함을 질러대고 쾅쾅거리고, 애원하고 빌기도 하고, 거짓말하고 속이기도 하겠지. 최후의 수단으로 소유권을 두고 거래를 하기도 해. 아무튼 당신이 손에 넣거나 만들어낸 것은 조금도 다른 사람에게 넘겨줘서는 안 돼. 절대로 절대로 안 돼. 조금의 양보도 안 돼. 누구에게도 안 돼. 이유가 무엇이든 간에 정말로 피치 못할 사정이 아니라면 지분을 넘겨주지 마.

EMAP 코끼리를 대표해서 협상에 나왔던 예전의 내 '라이벌' 로빈과 데이비드 기억하지? 그들은 모두 나보다 훨씬 유능한 출판인이었어. 내가 잘나가던 시절에도 그들이 마음만 먹었다면 나를 싹 쓸어버릴 수 있었을 거야. 그런 그들은 EMAP 주주들을 위해 영국에서 가장 거대한 미디어 회사를 만들어주고 25년이 지난 뒤에 무엇을 얻었을까?

정확히는 모르겠어. 안다고 해도 여기서 밝힐 수는 없지. 당시 시장 시세를 볼 때 대충 300만 파운드나 500만 파운드 정도는 벌었을 거야. (어쩌면 1,000만 파운드일 수도 있지) 겨우 그 정도냐는 말이 들리는 군. 자기 시간을 희생해가며 몸 바쳐 일해 주주들과 변호사들과 은행가들을 엄청난 부자로 만들어준 대가가 그 정도라니. 세금을 제하고 나면 겨우 수백만 파운드에 불과하잖아. 정말 형편없는 금액이지.

내 이야기를 하자면, 지금은 기억도 안 나는 거래 한 번에 그보다 많은 돈을 번 적도 있어. 언젠가는 발행하지도 않은 잡지를 라이벌에게 팔아넘기고 50만 파운드를 거머쥐었지. 하루 일하고 50만 파운드면 꽤 짭짤하지 않아? 그러면 대체 왜 이런 차이가 생긴 걸까? 대체 왜?

그건 내가 오너이기 때문이야. 내가 모든 것을 소유했으니까. 그리고 가엾은 내 친구 데이비드와 로빈은 한창때 일만 했지 아무것도 소유하지 않았어. 기껏 EMAP 주식 조금과 괜찮은 봉급, 근사한 연금을 받는 정도였지. 당신이 부자가 되고 싶다면 이 점을 꼭 기억해 둬. 소유권은 가장 중요한 게 아니야. 오직 소유권만이 중요해.

돈 버는 데 다른 건 소용없어. 주주들의 고마움도 중요하지 않아. 괜찮은 봉급, 회사 차, 건강 보험, 연금도 중요하지 않아. 대부분의 자사주(대개는 봉급생활자에게 하는 쥐꼬리만 한 약속, 그것도 절반 정도는 지켜지지 않을 약속에 불과하지)은 큰돈이 못 돼. 동료들의 감사하는 마음도 다 소용없어.

부자가 되기 위한 경주에서 중요한 것은 당신이 무엇을 소유하고 있는가 하는 거야. 재능이 없어도, 위트가 부족해도, 운이 따르지 않아도 창업할 때 정당하게 얻은 지분 이상을 계속해서 탐내고 소유한다면 부자가 될 수 있어. 반면 당신에게 주어지는 것만 취하면 결코 부자가 되지 못해.

오래전 우리 회사가 아직 초창기였을 때, 회사 동료 네 명이 모여서 오랫동안 이야기를 나눈 적이 있어. 정확히 기억나진 않지만, 어느 술집에서 부장, 발행인, 디자이너, 편집자 이렇게 넷이 모였을 거야. 그들은 작은 모의를 했어. 자신들이 내 작은 회사에 대단히 중요한 존재라는 것을 알고는 내게 지분을 양도할 것을 요구하기로 한 거야. 드디어 호랑이 굴에 들어가기로 한 거지.

그들은 정중했고 세련되게 처신했어. 내가 회사 지분을 100퍼센트 갖고 있다는 점을 지적하고는 20퍼센트 정도는 그들에게 나눠줘도 지장이 없을 거라고 말했어. 그런다고 내가 돈을 내야 하는 것도 아니고, 그런 요구는 정당하다고 주장했지. 정확히 그렇게 말했어. 그들은 나만큼이나 많은 시간을 일했고(바쁜 날에는 10시간에서 12시간까지도) 회사를 성공시키기 위해 전력을 다했으니까. 심지어 지분을 얻는 대신 봉급을 조금 삭감할 용의도 있다고 했어. 덧붙이기를 그들은 지분을 '분산'하는 것은 자기들에게 커다란 동기를 불어넣는 일이라고 주장했어. 지금도 생생히 기억하는데 정확히 이런 용어를 썼어. 어떻게 그걸 잊을 수 있겠어. 그리고 어쨌든 회사 지분의 80퍼센트는 내가 갖고 있으니 내가 여전히 사장일 거라는 말도 빼놓지 않았어.

만약 내가 그들에게 지분을 '분산'하지 않으면 그들은 회사를 떠날 작정이었어. 그것도 사전 통지 없이 곧바로. 차마 그러고 싶지는 않았지만 그것 말고는 그들에게 다른 선택의 여지가 없었으니까. 그러면 회사는 엄청난 타격을 입을 테지. 어쩌면 문을 닫을지도 모르고. 그들은 내가 협력하지 않을 경우, 새로 차릴 회사의 이름까지 정해두고 등록도 마친 상태였어. 내 라이벌이 될 작정을 한 거였어. 그들은 진심이었어. 그건 다시 말해 거래를 하겠다는 뜻이었지. 이 모든 불쾌한 일은, 아깝지만 내가 20퍼센트의 지분을 앞으로의 그들 실적을 봐가면서 넘겨주면 충분히 피할 수 있었어.

친구이자 동료로서 그들은 내게 자신들의 요구를 냉정하게 생각해보라고 했어. 속으로는 나도 그들이 옳다는 것을 알고 있을 거라면서. 정당한 요구였지. 내가 어떻게 했을까? 나는 그 자리에서 그들을 해고했어. 아니, 그들이 문을 박차고 나갔던가. 어느 쪽인지 기억나지 않아. 어차피 그때나 지금이나 그게 중요한 건 아니지. 중요한 건 내가 회사 지분을 온전히 보존했다는 거야. 여차하면 내가 혼자서 모든 회사 일을 해야 할 판이었어. 기사도 쓰고, 페이지 디자인도 하고, 전화도 받고, 광고도 팔고 말이야. 하지만 그렇더라도 지분은 하나도 넘겨줄 수 없었어. 사랑하는 친구라도 할 수 없고, 정당한 요구라도 할 수 없고, 회사에 충성하는 사람이라도 할 수 없어. 무슨 일이 있어도 지분만은 안 돼. 윤리를 들먹이며 협박해도 나는 눈 하나 깜빡하지 않아.

그들은 결국 회사를 새로 차렸어. 잡지도 창간했고. 그들이 회사를 접었는지 다른 곳에 매각했는지는 잘 모르겠어. 어쨌든 그들 중 두 명은 다시 내 밑으로 들어왔어. 물론 나는 그들을 비난하지 않았어. 지금까지도 그들 모두와 친하게 지내고 있어. 중요한 것은 그들 중 누구도 부자가 되지 못했다는 거야. 앞으로도 그러겠지. 나는 그들을 비난하지 않았어. 상황이 바뀌었다면 나 또한 그들처럼 행동했을 테니까. 하지만 내가 그랬다면 지분을 얻는 데 성공했을 가능성이 훨씬 높았겠지.

"배신한 사람이 결코 잘되지 못하는 이유는? 실패했다면 우물쭈물 망설이게 되고, 성공했다면 그건 배신이라고 부를 수 없으니까!"

내가 그때 20퍼센트 정도의 지분을 넘겼다면, 30년이 지난 지금 이들 네 명에게는 과거 배당금을 현재의 자산 가치로 환산했을 때 8,000만 달러는 떨어졌을 거야. 이게 바로 소유권을 분할했을 때의 문제야. 간단한 수학 법칙이 이렇게 무서워.

문제는 또 있어. 내가 이들 네 명에게 20퍼센트를 주었다면, 회사에 들어와 열심히 일한 다른 사람들이 가만히 있었겠어? 이들에게도 비슷한 대우를 해줬다면 어떻게 됐을까? 이봐, 젠장. 나는 자선사업가가 아니야. 구세군이 아니라 돈 벌기 위해 애쓰는 기업가라고. 나는 사람들에게 봉급을 주고 일을 시켜. 그것도 꽤 많이 주는 편이야. 즐거운 직장 분위기를 만들려고 노력하는 편이기도 하고. 실적과 결과에 따라 부장급 직원들에게 상당한 보너스를 주지. 지금까지 이렇게 보너스로 나간 돈만 해도 수백만 달러는 될 거야.

하지만 지분을 나눠주지는 않을 거야. 그 누구도 예외는 없어. 아무리 아끼는 사람도, 회사에 충성하는 사람도 안 돼. 공정하지 않아도 할 수 없어. 원래 자본주의는 공정한 게 아니야. 인생도 공정하지 않아. 우리가 우연히 타고난 유전자도 공정하지 않아. 별도 달도 머나먼 알파 센타우리 항성의 가스 구름도 모두 공정하지 않아.

혹시나 해서 하는 얘긴데, 세상의 모든 사람은 자신을 위해 살아가. 사랑하는 사람과 친한 친구들만 예외지. "포로는 없어! 하나님은 자신의 백성들만 알지!" 19세기 옥스퍼드 볼리올 칼리지의 교수였던 벤저민 조웨트는 이런 따끔한 조언을 남겼어. "물러서지 말고 설명도 하지 마. 그냥 밀어붙여. 그들이 울부짖든 말든."

세상에서 가장 공정한 것은 돈을 버는 거야. 그것도 많은 돈을. 그런 다음에는 그것으로 원하는 것을 마음대로 할 수 있어. 이 책의 말미에 이런 주제에 관한 장을 마련했어. 한창 돈을 버는 시점에는 공정함을 생각하고 논하느라 낭비할 시간이 없어. 돈 버는 것과 공정함은 서로 무관하니까.

이 모든 말이 추잡하게 들리더라도 할 수 없어. 만약 형제와 같이 사업을 시작하려고 한다면, 먼저 사업은 당신이 소유하고 형제는 사업을 위해 일한다는 원칙을 세워야 해. 소유권을 얻기 위해 집요하게 싸워. 사업에서는 이게 가장 중요해. 이게 먹히지 않으면 당신이 지분의 75퍼센트를 소유하겠다고 고집을 피워. 이유는 중요하지 않아. 아무거나 그럴듯한 이유를 갖다 붙여. 당신이 대주주가 되지 않으면 사업을 같이하지 않겠다고 해. 화를 내. 소리도 지르고. 이유를 종이쪽지에 잔뜩 적어 코앞에 들이대. 당신이 더 오랜 시간 일하겠다고 말해. 투자처도 더 많이 알아보겠다고 해. 뭐든 말해. 대신 무슨 일이 있어도 회사 지분만은 당신이 더 많이 확보해야 해.

그런 다음 온건한 사람으로 돌아가면 되잖아. 이제 온건해질 수 있는 여유가 생겼으니 말이야. 이렇게 하면 당신은 형제보다 더 부자가 될 거야. 어쩌면 훨씬 더 부자가 될지도 모르지. 그렇게 간단하고 악랄하고 추잡한 거야. 나라면 내가 무척 사랑하는 동생 줄리언에게 그런 짓을 했을까? 물론이야. 그래야 한다면 생각할 것도 없지. 그가 내가 번 돈이 모두 필요하다고 하면 그에게 줄까? 당연히 줄 거야. 하지만 내 회사의 지분만은 절대로 절대로 안 돼! 왜냐하면 소유권이 사업의 전부이니까. 당신이 부자가 되고 싶다면 이 점을 꼭 명심하라고.

파트너십의
즐거움과 위험

생각해보니 나는 그런 적이 없었어. 동생에게 주식 하나 준 적 없어. 그리고 그도 내게 지분을 달라고 부탁하지 않았어. 줄리언은 성실한 아내와 사랑스러운 두 아이를 둔 건실한 사람이지. 더럽고 피 묻은 내 지분을 원할 사람이 아니야. 나는 누구에게도 내 주식을 단 하나도 넘긴 적이 없어. 그런데도 내가 아는 대부분의 사업가와 달리 미국의 '백기사' 파트너들인 피터 고드프리와 로버트 바트너와는 30년이 넘게 멋진 관계를 유지하고 있어.

영국에서 나는 100퍼센트 소유권 확보 원칙을 철저하게 고수했어. 미국을 비롯한 다른 지역에서는 피터 그리고 밥과 손을 잡았지. 수십 년이 지난 지금도 우리는 여전히 함께 일하고 있어. 우리는 세

272

계 각지에서 운영되는 많은 회사를 함께 만들었어. 이런 회사들의 소유권 분할 방식은 제각각이야. 내가 80퍼센트를 소유하고 그들이 각자 10퍼센트씩 소유한 회사도 있어. 세 명 모두 33.3퍼센트씩 소유한 경우도 있지. 내가 소액주주가 된 경우도 한 차례 이상 있었어. 한번은 상황이 바뀌는 것을 봐가면서 서로의 지분을 조정했지.

이런 방식이 문제가 된 적은 없었어. 사업을 오래 하면 따르기 마련인 온갖 시련과 고난을 굳건히 뚫고 견뎌대는 바위처럼 단단하게 파트너십이 맺어져 있었거든. 물론 몇 번인가는 서로에게 소리를 지른 적도 있고, 서로에게 괴로움을 털어놓은 적도 있지. 하지만 무엇보다 우리는 돈을 좇는 스릴을 무척 즐겼어. 우리는 수도 없이 여러 번 서로를 백만장자로 만들어주었어. 딱 한 번 밥이 피터를 고소할까 생각할 때(아니, 반대였나) 나는 믿음직한 중개인 역할을 맡기도 했어. 무슨 일 때문이었는지는 기억이 안 나는군. 하지만 요점은 이거야. 파트너십은 몫을 어떻게 나누느냐 하는 문제에 관한 한 두 가지 원칙을 따른다는 거야.

1. 누가 사업에 어떤 자본을 투자했느냐?
2. 누가 그 사업에서 어떤 일을 했느냐?

나는 내가 피터와 밥에게 훌륭하고 정직한 파트너였다고 믿어. 물론 그들도 내게 그런 파트너였어. 우리는 좋은 팀이야. 나는 창조적으로 일을 벌이는 이단아 기질이 있으며 위험을 떠맡길 좋아해. 피터는 신중하고 고집이 세며 영리해. 좀처럼 뭔가를 확신하지 않지. 대신 협상에는 도가 튼 친구야. 꼼꼼한 밥은 와일드카드야. 그는 어리석은 짓이나 실수를 참지 못해. 숫자에 대단히 밝아서 계산하는 일은 그가 전문이야.

밥은 피터와 내가(특히 내가) 조용히 덮어두려고 하는 약점을 기꺼이 들춰내 지적하는 사람이야. 오래전 밥은 우리 회사들 중 하나에 개인적으로 1센트도 더 투자하지 않겠다고 선언했어. 우리에게는 덩치가 엄청났던 이 회사를 유지하기에 충분한 자금이 없다는 것을 피터와 나보다 훨씬 먼저 깨달았던 거야. 우리는 이전에는 생각지도 못했던 일을 해야 할 판이었어. 그것은 회사를 상장하는 거였지. 그게 밥의 방식이야.

피터가 거의 회사에 붙어있다시피 하며 덩치가 큰 회사를 빚 없이 돌아가게 하려고 발버둥 칠 때, 내가 영국 회사에서 일하던 부장들을 빼내 미국 회사의 급한 일을 맡길 때 밥은 그저 자기가 아는 사람들을 찾아가 회사를 상장해야 한다고 말했어. 밥이 없었다면 피터와 나는 죽도록 일하고 걱정하느라 몸이 망가졌을지도 몰라. 우리는 당시에도 꽤 부자였지만 장차 20억 달러 규모의 기업이 될 회사에 자금을 댈 만큼 부자는 아니었어.

이게 바로 진정한 파트너십의 좋은 점이야. 짐 나르는 것을 도와줄 형제를 확보하는 거지. 그리고 일이 잘못되면 슬픔을 함께 나눌 술친구가 생기고, 떳떳하게 뭔가를 할 수도 있고 말이야. 나쁘지 않지.

그런데도 나는 왜 줄기차게 소유권을 확보하라고 고집하는 걸까?

그건 간단해. 피터나 밥과 사이가 틀어지면 언제라도 그들과의 파트너십을 깨고 떠날 수 있으니까. 나는 3,000마일 떨어진 곳에 지배권을 확보해둔 내 회사에서 내 일을 하면 돼. 그들도 같은 생각일 거야. 비록 우리의 우정이 깊고 서로를 아끼는 마음이 있지만, 누구라도 원한다면 서로 결별할 수 있다는 것을 알기 때문에 파트너십 관계에 위기가 닥쳤을 때 서로 타협할 수 있는 거야.

만약 피터와 밥이 내가 손대는 모든 사업에 관여하고 있었다면, 만약 우리의 파트너십이 내가 큰돈을 벌 수 있는 유일한 희망이었다면 그 관계는 시작도 하기 전에 와해되고 말았을 거야. 30년이나 지속될 것이라고는 상상도 할 수 없었겠지. 파트너십은 결혼과 달라. 결혼한 상대방을 위해서는 기꺼이 죽을 수도 있어. 모든 것을 공유하고, 어쩔 수 없는 경우에는 사람도 죽일 수 있지. 하지만 파트너십 관계에서는 돈 버는 게 최우선 과제야. 우정과 호의는 나중이야. 그것도 나처럼 운이 좋아야 누릴 수 있는 얘기지.

친애하는 독자 여러분들도 나처럼 운이 좋아서 언젠가는 훌륭한 파트너를 만나 성공을 누렸으면 좋겠어. 하지만 그전에 먼저 자신의 입지를 확고히 다져야 할 필요가 있어. 새로 시작한 사업이나 손에 넣은 사업의 지배권을 가급적 많이 확보하고, 파트너를 만나 새로운 활동 영역을 모색하는 것은 그런 다음에나 하라고. 그게 위험을 분산하는 좋은 방법이야. 파트너는 멋진 기회야. 하지만 편리할 뿐 결혼과는 달라. 당신 소유의 뭔가를 의지할 거점으로 삼는 것, 그게 중요해.

부자가 되려는 사람에게 소유권이 그토록 중요한 다른 이유로는 뭐가 있을까? 소유권이 있으면 시간을 넉넉하게 쓸 수 있어. 파트너십을 생각해보거나 다른 투자처를 알아보는 여유를 말하는 게 아니야. 소유권이 있으면 사업이 잘 돌아가지 않을 때 죄송하다는 말을 하느라 시간을 허비할 필요가 없어. 또한 어떤 조치가 필요할 때 파트너들을 설득하느라 몇 주를 허비할 필요도 없지. 따라서 사업을 확장하고 돈 버는 데 집중할 수 있어. 설령 돈을 잃더라도 죄의식을 느낄 필요가 없어. 이 또한 소유권이 주는 장점이지.

이제 소액주주들과 투자자들에 대해 얘기할 차례가 됐군. 내가 소유한 회사에도 소액주주들이 있어. 그리고 나는 항상 그들을 차별하지 않고 이익을 챙겨주려고 필요 이상 노력하는 편이야. 하지만 그들이 짐스럽지 않다고 말하지는 못하겠어. 예를 들어볼까. 내가 앞으로 3년 동안 모든 이익을 회사를 성장시키기 위해 재투자하고 싶다고 밝힌다면 분명 이렇게 불평하는 소액주주가 있을 거야. "당신한테는 좋겠죠. 하지만 나는 그렇게 투자하지 않을 때 회사가 지불해야 할 배당금이 얼마나 되는지 보고 결정하겠어요. 당신의 투자 계획은 일단 보류하고 싶군요."

이렇게 되면 회의를 열고 계산기를 두드리고 유리한 위치를 차지하려고 아웅다웅하는, 길고 고통스러운 과정이 시작되는 거지. 내가 억지로 밀어붙일 수 없다는 뜻이 아니야. 억지로 밀어붙이는 데 소중한 시간과 에너지가 많이 든다는 이야기야. 끝없이 이어지는 회의에 참석하는 것보다 훨씬 더 많은 시간과 에너지가 소요되지. 시간은 건강과 목숨과 더불어 무엇으로도 대체할 수 없는 소중한 거야.

게다가 난 시간 낭비는 딱 질색이거든. 부자가 되고 싶은데 소액주주들과 함께 상의하면서 일할 수밖에 없다면, 장담하는데 분명 합의를 끌어내는 데 몇 주, 심지어 몇 달도 걸릴 거야. 이건 어쩔 수 없는 일이야.

주주 사이의 계약에 삽입될 수 있는 흥미로운, 그러면서 매우 효과적인 조항이 하나 있는데 여기서 소개하는 게 좋을 것 같군. '멕시코 총격전'이라고 부르는 조항인데 나는 딱 한 번 그것이 사용되는 것을 봤어. 행해지기 전에는 긴장감이 넘치지만 주주들 사이의 분쟁을 재빨리 해결하는 것만은 분명한 사실이야. 이런 거야.

회사의 약관에 심각한 분쟁을 다스리는 조항을 삽입하기로 양측이 동의해. 만약 분쟁이 해결되지 않으면 다음 조치가 취해지도록 하지. 분쟁 당사자인 주주들은 각자 회사 전체를 어느 정도 가격을 주고 살 의향이 있는지 신중하게 생각해. 각자 지분을 얼마나 소유하고 있는지는 중요하지 않지만, 그들이 제시하는 금액은 구할 수 있는 한도 내에 있어야 해. 물론 각자 보유하고 있는 지분의 가치는 빼야겠지. 이제 각자 회사의 가치라고 생각하는 액수를 쪽지에 적어 봉투 속에 넣고 밀봉한 다음 중립 변호사나 전문가를 찾아가. 그 가격을 주고 회사를 살 의향이 있다는 뜻이지. 변호사가 봉투를 열어. 높은 금액을 제시한 이가 회사의 오너가 되지, 그는 승자의 견적가를 기준으로 해서 차액을 상대방에게 지불해.

'멕시코 총격전'은 긴장감 넘치는 훌륭한 해결책이고, 다양하게 변형될 수 있어. 하지만 결점이 있어. 그건 당신이 어느 쪽이냐에 따라 다른데, 대개 소액주주에게 유리한 방식이야. 소액주주의 입장에서 볼 때 이건 회사를 확실히 소유할 수 있는 유일한 기회야. 대주주가 소액주주에게 회사를 매각하는 것이 가능해지니까. 하지만 약관에서 그 조항이 지우면 전혀 소용없는 일이지. 물론 소액주주가 더 높은 가격을 제시해야만 효력이 발휘되지. 대주주의 입장에서 보면, 충분한 현금이 있을 때의 얘기이지만 골치 아픈 녀석을 제거할 수 있는 확실한 기회야. 그래도 대주주는 잃을 게 더 많아. 숨겨야 할 약점을 이것저것 생각해야 하는 입장이니까.

만약 당신이 지분을 50퍼센트 정도 갖고 동등한 파트너 입장에서 사업을 시작했다면(내가 절대로 그렇게 하지 말라고 말했지만!) '멕시코 총격전'을 활용해보는 것도 좋을 거야. 몇 달 동안, 심지어 몇 년 동안 지겹게 논쟁하고 협상하느라 잠도 못 자고 영혼이 황폐해지는 것을 막을 수 있으니까. 내가 대주주라면 절대로 그런 조항을 약관에 넣지 않을 거야. 반대로 내가 소액주주라면 그런 조항이 없는 회사에는 투자하지 않겠지.

많은 사람이 이 책을 읽을 거야. 아직 회사 전체를 소유하지는 않았지만 성공적인 사업을 운영하고 있는 소액주주들과 파트너들이 책을 읽고 내게 엄청난 이메일과 편지를 보내겠지. 그들은 내가 소유권을 공유하는 문제를 과장하고 있다고 주장할지도 몰라. 어쩌면 그들 말이 맞을지도 몰라. 나는 지금까지 욕심이나 부릴 줄 알았지 아무것도 모른 채 고독한 껍질 속에 웅크리고 있었던 멍청이니까. 분명 그럴 거야. 하지만 적어도 나는 상당한 부자야. 소유권에 대해 내가 여기에 적어놓은 사항들은 전부 내게 통했던 사실들이야.

파트너로 사업에 참여하거나 소액주주로 투자하기 전에는 대단히, 정말 대단히 신중해야 해. 적어도 끈기 있고 양식을 갖춘 변호사(그런 녀석을 찾을 수 있다면 말이지만)를 만나 오랫동안 이야기를 나누고 회사의 정관을 꼼꼼하게 검토하는 일은 꼭 해야 해. 이런 일에 들인 시간이 미래에 수천 배, 수만 배의 보상으로 되돌아올 테니까. 결혼과 달리 이런 일은 모험하기에 앞서 게임이 끝났을 때 어떻게 될지 찬찬히 생각해볼 필요가 있어. 과연 어떻게 끝날까? 사업에 최소한의 피해만 주고 파트너의 마음에 상처를 입히지 않고 끝내려면 어떻게 해야 할까? 이는 당신이 파트너십 계약에 사인하기 전에 진지하게 생각해봐야 할 질문들이야.

요약하자면, 당신이 잘 돌아가고 있는 사업을 이미 완전히 소유한 상황이 아니라면 가급적 어떤 식의 파트너십에도 뛰어들지 말라고 말해주고 싶어. 시간을 많이 잡아먹고 신경 쓸 일이 너무 많아. 다른 선택지가 있다면 좁고 외로운 길일지언정 혼자 힘으로 부를 향해 걸어가는 게 좋아. 앞서도 말했지만 부자가 된다는 것은 추잡하고 외로운 일이야.

회사 상장의 문제

비상장회사를 운영하고 소유하는 것과 상장회사를 운영하는 것은 전혀 다른 일이야. (주의할 점. 정의에 의하면 상장회사를 '소유'하는 것은 불가능해. 대신 철저한 감시와 조사를 기꺼이 참아낼 자신이 있다면 지배권을 획득하는 것은 가능해) 조금 앞서간다고 생각할지도 모르겠군. 당신이 어떤 분야에서든 이미 부자가 되어 있어야 가능한 주제이니까 말이야. 하지만 그런 목표를 이뤄서 부자가 됐다면 지금이야말로 회사를 상장하는 문제를 다루기에 적절한 시점이야. 상장하는 것은 대단히 큰 부자가 되는 한 방법이므로 간단하게나마 살펴보는 게 좋을 것 같아.

나는 상당히 큰 상장회사로 성장한 마이크로웨어하우스를 설립하는 일을 도왔고, 회사를 상장하는 과정에서 한 역할을 맡기도 했어. 작은 역할이었지만 말이야. 내가 많은 지분을 소유하고 있었기에 그만큼 서명해야 할 서류가 많았던 것뿐이야. 실제로 회사를 상장하는 까다로운 일은 대부분 미국 파트너들인 피터와 밥, 특히 피터가 했지. 내가 상장하는 과정에서 주도적인 역할을 했다가는 일 전체가 와르르 무너질 수도 있겠다는 것을 그들은 누구보다 잘 알았거든. 그건 결코 좋은 생각이 아니야. 엄청난 돈, 실제로 수억 달러가 걸린 일이었으니까.

그런데 나는 왜 적임자가 아니라고 하는 걸까? 나는 오랫동안 열심히 일해왔고, 사업하는 친구들과 터놓고 지낼 수 있을 만큼 기반도 닦았어. 하지만 비상장회사를 공공 영역(우리의 경우 나스닥)에 올려놓는 복잡한 절차가 진행되는 동안 협상 테이블에선 나처럼 엉뚱하고 퉁명스러운 별종들은 환영받지 못해. 생각해봐. 투자 은행가들과 족제비처럼 생긴 부관들을 상대로 끝없이 협상을 해야 하고, 변호사들은 레몬 씹어 먹은 듯 잔뜩 인상을 쓴 채 자기들끼리만 아는 까다로운 표현들을 써가며 논의를 해대. 이때 곱슬머리 영국 놈이 주머니에서 담배를 꺼내 피워 문다면 어떻게 될까? 건물 전체에 소개 명령이 내려지고 소방대원과 경비원들이 출동할지도 몰라.

피터와 밥은 영리한 친구들이야. 그곳은 내가 낄 자리가 아니었어. 그런데도 나는 어쩔 수 없이 설명을 듣고, 회의에 참가하고, 유능한 기업 변호사들의 말을 이해하려고 애써야 했어. 그래서 나와 파트너들이 이전과는 다른 세상에 들어가고 있다는 것을 실감할 수 있었지. 조만간 엄청난 규모의 대중이 모은 자금이 우리에게 위임되겠지. 까딱 잘못했다가는 긴박한 상황에 처할 수도 있어. 감옥에 갈지도 몰라. 그러면 우린 뭘 해보지도 못하고 게임이 끝나버릴 거야.

예를 들면 이래. 내가 상장기업이 된 회사의 대표이사가 된 이후에 누군가와 전화 통화를 하거나 식사를 같이하던 도중에 어리석게도 사업이 지금 잘되고 있으며 조만간 공식적으로 그 사실을 발표할 거라는 말을 무심결에 했다면 나는 위험한 일을 한 거야. 더욱 나쁜 것은 피터와 밥을 비롯한 다른 임원들도 같은 위험에 처하게 만들었다는 거야. 내가 무심코 한 말을 들은 사람이 잽싸게 우리 회사 주식을 산다면 나는 감옥에 가게 될지도 몰라. 그런 얘기를 해줘서 고맙다고 내게 최상급 포므롤 와인 한 상자를 보냈다면 확실히 감옥행이지. 어쩌면 피터와 밥도 같이 가게 될 거야.

이게 바로 사업가들이 처한 얄궂은 신세야. 사업가들은 사업이 얼마나 잘되고 있는지 서로에게 실없이 떠벌리는 습성이 있어. 거의 전염병 수준이지. 하지만 내가 상장기업에 몸담고 있으면서 그렇게 정보를 주고 와인을 받는다면 설사 그럴 의도가 없었더라도 내부자 거래에 해당해. 이건 상장법인의 주식과 지분을 가진 사람들의 세계에서는 절대로 일어나서는 안 되는 일이야.

내부자 거래가 무엇인지는 쉽게 이해할 수 있어. 당신이 상장기업 운영에 관여하고 있다면 회사 사정이 어떻다는 것을 모두가 알게 될 때까지는 그 누구도 그 사실을 알아서는 안 돼. 무슨 얘긴지 알겠어? 좋은 소식이든 나쁜 소식이든 상관없어. 자문위원들과 회사 동료들 밖으로 어떤 소식이든 새어나가지 말아야 한다는 뜻이야. 특히 다가오는 분기 수입과 관련된 정보는 절대로 안 돼. 아예 말을 하지 마. 혼자 있을 때도 입을 닫고 있어. 그런데 이건 우리가 기억해야 할 수백 가지나 되는 규칙과 규정 중 하나일 뿐이야.

피터는 술잔을 앞에 두고 내 옆에 앉아 끝없이 계속 말했어. 사업에 관한 정보는 절대로 함구해야 한다고. 나는 거의 편집증에 빠져 입도 벙긋 못할 정도였지. 미칠 정도로 답답했어. 물론 시간이 지나니까 어느 정도 감을 잡을 수 있었고, 결국 아무 탈 없이 끝까지 지낼 수 있었지. 그렇긴 해도 몇 년 후 지분을 다 팔아치우고 그 끔찍한 곳에서 벗어났을 때 내 기분이 얼마나 홀가분했는지 몰라.

이제 엉뚱한 소리는 그만할게. 회사가 상장되면서 나는 거액을 벌었어. 그리고 비상장회사와 달리 상장회사는 지분을 팔면 팔수록 더 부자가 돼. 더 많은 사람이 지분을 사고, 그러면 손에 들고 있는 지분의 가치는 더 올라가지. 이상한 소리처럼 들리겠지만 사실이 그래. 비상장회사에서는 아무도 내 지분에 손대지 못하도록 사실상 문을 잠가놓았지. 모든 것을 한꺼번에 매각할 준비가 될 때까지 말이야. 그런데 상장회사는 모든 게 거꾸로 돌아가.

여기에는 지분 매각도 포함돼. 상장회사 임원들이 내부 정보를 이용해서 우연으로라도 친구들에게 돈을 벌게 해줄 수 없듯이, 자신 역시 주머니 불리는 일을 할 수 없어. 가령 회사 사정이 좋지 않을 때 지분을 매각한다든가 하는 일은 금지되지. 회사 사정이 좋지 않다는 것을 모든 사람이 알게 될 때까지는 안 된다는 말이야. 무슨 말인지 알겠어?

비상장회사에서는 신경 쓰지 않아도 되는 이상한 규칙과 교훈은 또 있어. 성장이 제일 중요해. 주가 성장이든 기업의 매출 성장이든 무조건 성장해야 해. 그리고 '적절한' 시장에 있는 것도 중요해(가령 인터넷 같은). 수익은 별로 중요하지 않아. 인터넷으로 거래하는 회사가 초기에 한 푼도 벌지 못하더라도 아무도 신경 쓰지 않아. 중요한 것은 우리가 뜨고 있는 시장에서 초창기보다 지금 얼마나 성장했는가 하는 거야.

내가 지금 '우리'라고 말하고 있지만 실은 '피터'라고 하는 게 맞아. 마이크로웨어하우스를 상장하기 전에도 그랬고, 그 후에도 피터 고드프리가 주도적으로 회사를 이끌었으니까. 자연스럽게 그가 그 일에 매달리게 됐어. 여기서도 진정한 파트너십에서 믿음이 갖는 힘이 드러나. 달이 가고 해가 갈수록 피터는 점점 더 자신과 코네티컷 관리 팀을 정신적, 신체적으로 기진맥진한 지경까지 몰고 갔어. 그는 스스로 의장, CEO, 대표라고 생각했지. 나는 그가 그렇게 해준데 대해 지금까지도 행운이라고 생각해. 그의 엄격한 기질과 세세한 면을 챙기는 배려심은 이렇게 힘든 과업을 수행하는 데 더없이 적격이었어. 게다가 마라톤 임원회의(때로는 열 시간 이상 계속되는)와 기관투자가들의 심기를 달래는 일에도 그만한 인재가 없었지.

문서 업무만 해도 나는 손도 못 댈 정도였어. 언젠가 보고서와 회의록, 문서들로 두툼해진 커다란 가방 두 개를 들고 비틀거리며 중역 회의실로 들어섰던 때가 생각나. 이어 밥이 가방 세 개를 들고 들어왔지. 그리고 피터가 캐비닛 크기의 파일 무게에 휘청거리는 비서를 대동하고 당당히 들어왔어. 모두 갑자기 웃음을 터뜨렸어. 어쩌면 조금은 겁먹었던 건지도 몰라. 다들 긴장하고 있다는 것이 곧 드러났지. 상장회사를 관리하는 일은 이렇듯 예전에 잘 굴러갔던 파트너십의 한계를 시험해볼 수 있는 기회가 돼.

마이크로웨어하우스는 5억 달러에서 시작해 10억 달러, 20억 달러 매출을 올리는 기업으로 성장했고 여섯 개 국가에서 회사를 운영했어. 밥과 나는 사실상 우리가 소극적인 자세로 그저 편승하고 있다는 것을 알았어. 최선을 다했고 신중하게 처신했지만, 피터처럼 제대로 요령 있게 일을 처리하지는 못했어. 우리는 계속 기업가적인 입장에서만 생각했기에 도움이 안 되는 제안들만 내놓았어. 개인적으로 역량이 부족하다는 것을 절감했지. 너무도 뼈저리게 말이야.

비상장회사는 피터가 마이크로웨어하우스를 경영하는 그런 식으로는 결코 돌아가지 않아. 비상장회사는 모든 게 수익과 자본금에 달려 있어. 투자 금액과 이익 창출의 균형이 맞아야지. 성장만 해서도 안 되고 수익만 좋아서도 안 돼. 비상장회사에서는 성장 그 자체가 목표가 아니야. 비상장회사는 성장하는 것이 타당할 때 비로소 성장해.

하지만 상장회사는 오로지 주가를 올리기 위해서만 존재하며, 주가는 놀랍게도 '투자분석가'에 의해 결정돼. 이들은 성장만이 유일한 신으로 떠받들어지는 딴 세상 사람들이야. 중기 전략이나 장기 전략은 그들의 판단에 따르면 겁쟁이들, 아마추어들에게나 필요한 것일 뿐. 그들에게는 이번 분기의 실적, 이번 분기의 성장만이 중요해. 가끔은 이윤이라는 것이 추잡한 말처럼 들리기도 한다니까. 그래서 우리가 '이윤'을 남겼다면, 더 많은 '성장'을 이끌어내기 위해 투자했어야 할 돈을 지금 '낭비'하고 있는 것은 아닌지 '투자분석가들'이 묻기도 해. 웃기지!

그래도 그 덕분에 나는 엄청난 부자가 됐어. 우리 셋 모두 대단한 돈을 벌었지. 이것은 부인할 수 없어. 우리가 가진 마이크로웨어하우스 주식을 매각하면서 우리 주머니에 수억 달러의 돈이 들어왔으니까. 피터의 놀라운 역량이 보상받은 거야. 모든 게 잘 끝났지.

그런데 대체 어떻게 끝냈을까? 우리는 거대한 투자 컨소시엄을 통해 마이크로웨어하우스를 다시 비상장회사로 돌려놓았어. 갑자기 우리가 더 이상 필요 없어졌지. 소위 '프로'들에게 일을 넘겼으니까. 내가 아는 한 그들도 그걸 환영했어. 마침내 모든 게 끝나서 피터도 무척 기뻤을 거야. 그의 아내 바버라가 기뻐했다는 것은 말할 필요도 없지!

매각이 있었던 다음 날 저녁, 맨해튼의 작은 식당에서 축하연을 열었는데, 피터가 들어오던 모습이 생각나는군. 가죽 재킷에 야구 모자를 쓰고 우리가 있는 테이블로 다가오는 그를 처음에는 알아볼 수 없었어. 5년 동안 단정히 정장을 입고 넥타이를 맨 모습만 봐왔으니 그럴 만도 하지. 게다가 그의 손에는 항상 들고 다니던 두툼한 서류 가방도 없었어. 하지만 활짝 웃는 그의 얼굴에는 지난 세월 고생한 흔적이 진하게 새겨져 있었지. 그는 다른 사람들의 놀란 모습을 보며 양손을 앞으로 내밀고 유쾌하게 마틴 루서 킹을 흉내 냈어.

"드디어 자유의 몸이 되었다네! 드디어 자유를 얻었어! 전능하신 신이여, 마침내 내가 자유로워졌나이다!"

밥과 나는 우리의 파트너를 혹독한 일터에서 다시 끌어냈어. 모든 게 잘됐지. 지금도 나는 우리가 대체 어떻게 그 끔찍한 미로를 빠져나올 출구를 찾아낼 수 있었는지 모르겠어.

이게 내가 상장회사에 대해 아는, 그리고 알고 싶은 전부야. 내가 볼 때 그 동네는 제정신이 아닌 곳이고, 그곳의 주가는 정신이 온전한 사람들이 결정하는 게 아니야. 아마 오랫동안 시장에서 주식이 거래됐던 회사라면 사정이 다르겠지. 하지만 어떤 회사든 처음 상장되고 몇 년 동안은 골머리를 썩이는 조정 작업과 폭주하는 업무량, 그리고 거의 테러나 다름없는 비열한 술책을 견뎌내야 해. 평범한 사람들이라면 감당하기 어려운 일이지. 하지만 이봐, 친구! 부자가 되고 싶다면 가끔은 악마와 거래할 필요도 있다네. 짧은 거래든 긴 거래든 아무도 상관하지 않아. 특히나 '투자분석가들'은 전혀 신경 쓰지 않아.

13장

위임과 승진이라는 무기

> 노동에는 두 가지 종류가 있어.
> 첫째, 지표면이나 지표면 가까이에 있는 물질들의 위치를
> 서로 바꿔놓는 일.
> 둘째, 다른 사람에게 그런 일을 하도록 시키는 일.
> 첫 번째 노동은 즐겁지도 않고 보수도 적지만,
> 두 번째 일은 즐겁고 돈도 많이 받지.
>
> ■ 버트런드 러셀, 《게으름에 대한 찬양》

이번 장은 이 책에서 가장 짧은 장이 될 거야. 위에 인용한 철학자 겸 수학자인 버트런드 러셀의 말이 모든 것을 말해주지. 음, 거의 모든 것이라고 해야겠군. 그렇다고 러셀이 부자였다는 말은 아니야. 그는 너무 영리해서 부자가 되지 못했어.

인용문을 다시 읽어보고 잠시 생각해봐. 그의 말이 사실이 아닌 상황이 언제일지. 잘 생각해보면 꽤 다양한 상황들이 있어. 예를 들어, 거친 입담을 자랑하는 미국의 '청취자 모독 DJ' 하워드 스턴이

자신의 쇼를 새로 생긴 위성 라디오 네트워크로 옮긴다고 해보자고. 이렇게 하면 수억 달러를 벌 수 있을 테니 잘 선택한 거야. 그는 원하는 만큼 남들을 씹으며 즐거움을 누리고 원하는 만큼 크게 부자가 될 자격이 충분히 있는 사람이야. 그런데 만약 그가 자신의 쇼를 다른 사람에게 맡긴다면 얼마나 벌 수 있을까?

생각할 것도 없어. 한 푼도 못 벌어. 청취자들이 원하는 건 하워드 스턴이기 때문이야. 그는 지표면이나 지표면 가까이에 있는 물질의 위치를 옮기는 일을 본인이 직접 해야 하는 경우야. 다른 사람에게 그 일을 하도록 시킬 순 없어. 청중이 그를 대신해서 나온 사람을 받아들이지 않을 테니까. 배우, 유명인사, 왕, 정치가, 예술가 등이 이런 부류에 속해. 그들의 일은 그들밖에 할 수 없어. 직접 그 일을 하지 않으면 일을 잃게 되지. 그러면 일에 따르는 수입도 없어져.

분명 그들도 몇몇 가지 일은 다른 사람에게 맡길 수 있어. 하지만 가령 엘리자베스 2세 여왕은 자신의 지위를 유지하려면 공식 회견을 갖고 사람들을 만나고 행사에 얼굴을 보이는 강행군을 따라야 해. 나이 어린, 한창때의 사람이라도 체력이 달릴 수밖에 없는 고된 일정이지. 이렇듯 여왕에게도 직접 모습을 드러내는 것은 스턴의 경우와 마찬가지로 강제적인 의무나 다를 바 없어.

1861년 젊은 빅토리아 여왕은 남편인 앨버트 공의 죽음으로 깊은 절망에 빠진 나머지 공식 석상에서 모습을 감췄어. 하지만 대신들과 국민들이 이를 가만히 보고만 있지 않았어. 몇 년 후 빅토리아 여왕은 왕가로 돌아오지 않으면 폐위시키겠다는 가혹한 통보를 받앉어. 놀랍지 않게도(그리고 대단히 슬프게도) 그녀는 비틀거리며 다시 무대로 돌아와야 했어.

사람들이 생각하는 위임은 그런 정도의 문제야. 하지만 부자가 되려는 욕망을 가진 우리 같은 사람들에게 위임은 상상도 못 할 만큼 중요한 일이야. 게다가 러셀도 말했듯이 그것은 무척 즐거운 일이기도 해.

내가 게으르기 때문에 이렇게 말하는 게 아니야. 전혀 그렇지 않아. 위임이 책임감 있게 행사되면 다른 사람에게서 최고의 능력을 끌어낼 수 있고, 그 과정에서 당신은 부자가 될 수 있어. 우리가 상상할 수 있는 최고의 '선순환'이 바로 이런 거겠지. 당신을 더 부자로 만들어주도록 도와서 당신은 부자가 되고, 그는 그 과정에서 자신의 가치를 증명하는 거야. 마술 같은 일이지!

왜 그토록 많은 사람이 위임에 서투른지 나로선 의아할 뿐이었어. 마침내 그 답을 알아냈는데, 그건 바로 옛날부터 우리의 골치를 썩여온 소유권과 관계있었어. 위임하면 소유권을 잃을까 봐 두려워했던 거야.

당신이 회사의 오너고 회사의 목적이 당신이 부자가 되는 거라면, 영광이 누구에게 돌아가든 상관없이 돈만 많이 벌어다주면 좋은 일이지. 그런 환경에서라면 위임을 적극 활용하는 것이 당신에게 큰 이익이 돼. 하지만 당신이 회사의 오너가 아니고 지분도 없다면 권력이 좋아서 부장 일을 맡은 것일 수도 있어. 모든 사람이 이렇진 않겠지만 그런 경우가 꽤 많아. 이래라저래라 하며 사람들을 부려 먹는 걸 좋아하고, 사람들에게 일 시키는 걸 좋아하는 사람 말이야. 이를 생각하면 진짜 권력이나 기회를 다른 사람한테 잘 위임하려 들지 않는 것도 이해할 수 있어. 일을 떠맡은 사람이 당신을 능가할 수도 있고, 그렇게 되면 당신의 보잘것없는 실력이 만천하에 드러나게 될 테니까.

배배 꼬인 심사라고 생각할지도 모르지만, 사업하면서 여러 사람을 만나본 바에 따르면 위임하려 들지 않는 사람들의 심리는 대부분 이래. 처음에는 우리 회사 안팎의 많은 사람이 그렇게 행동하는 것이 이해되지 않았지만 지금은 충분히 이해해.

두목 행세하기 좋아하는 사람들, 명예욕을 좇는 사람들은 권력 기반을 다지는 데 가장 큰 관심을 보여. 애처롭고 조금은 슬픈 일이지만 우리는 이런 사람들을 쉽게 볼 수 있어. 학교에서도, 놀이터에서도, 대학에서도, 그리고 첫 번째로 들어간 직장에서도 말이야. 관찰력이 남다르다면 평생 이런 사람들을 볼 수 있을 거야. 그런 골목대장 같은 치들이 세상에 득실대는 것 같아. 이들이 주로 몸담는 직업은 권력깨나 있어 보이지만 큰 기술이 없어도 되는 경비, 교도소 간수, 출입국 검역 관리, 하급 공무원, 군대 하사관 등이야. 이런 직업에 순전히 그런 치들만 있다는 것은 아니지만 이런 이들의 비중이 상당히 높다는 것은 누구도 부인하지 못할 거야.

당연해. 그런 직업에 있으면 쉽게 눈에 띄는 데다가 그들도 일은 해야 먹고살 수 있으니까. 대개는 밉살스럽고 골치 아픈 존재들이지. 그런데 이보다 더 영악한 사람들도 있어. 어쩌면 지금 당신 바로 옆에서 일하고 있을지도 몰라. 이들이야말로 진짜 악마들이지. 비굴하게 아첨하고, 사실을 왜곡하고, 운까지 좋은(여기에 가끔은 재능도 있는) 이들은 중간 간부 자리에 올라 이미 자기 사람들을 곳곳에 심어 놓았을 거야. 이런 유형의 밉살맞은 관리자들도 때로는 음침한 목소리로 사원 교육과 위임에 대해 떠들어대곤 해. 하지만 "악마도 필요하면 성경을 인용할 수 있다"는 옛 속담도 있듯, 그런 치들에게는 음흉한 속셈이 있어. 자신이 더 이상 올라가기 힘들다는 것을 알 뿐만 아니라 남들도 마찬가지로 별수 없다고 확신하며 즐거워하지.

그들은 일을 맡길 때 당사자가 도저히 제대로 완수할 수 없겠다 싶은 불가능한 업무를 떠맡겨. 고약하고 멍청한 짓거리지. 이것을 어떻게 맞받아치면 좋을까? 어쩔 도리가 없어. 다만 당신이 회사의 주인이라면 그들을 해고할 수 있겠지. 나도 그런 식으로 몇 명 잘랐는데, 누구를 해고하면서 즐거움을 느낀 건 그때가 처음이었어. 일을 가르쳐주지도 않고 맡기지도 않으면서 우쭐대고 으스대기나 하는 상사는 어떻게 해볼 도리가 없어. 부서를 옮기거나 직장을 옮기는 것 말고는 무엇을 해봤자 괜히 시간 낭비만 할 뿐이야.

부자 되기의 포인트는 이런 하찮은 치들을 상대하지 않는 거야. 물론 모든 정치가 그렇듯 사내 정치에 나름대로 재미를 느끼는 사람이 있어. 하지만 대부분의 사람에게는 피곤하고 짜증스러운 일이지. 사무실에서 실랑이를 하다 보면 생산성은 떨어지고 사기는 저하되기 마련이야. 게다가 낭비되는 시간은 많고, 결근하는 직원은 점점 늘어날 뿐이야. 사태가 이쯤 되면 밉살맞은 여우가 부서를 장악하고 있으니 한시바삐 도려내야 한다는 신호야.

진정한 위임은 전혀 달라. 일을 맡기는 자와 맡는 자 모두에게 기쁨이 될 수 있어. 당신이 회사의 오너라면 누가 위임의 적격자인지 항상 살펴봐야 해. 그는 똑똑한 사람이야. 어쩌면 당신보다 더. 열심히 일하고 자신의 일을 사랑하지. 똑똑한 질문을 하고, 잡담하거나 빈둥거리며 시간을 낭비하지 않아. 자신의 실수가 무엇인지 귀담아 듣고 고쳐서 다시는 반복하지 않아. 바로 이런 사람에게 일을 맡겨야 해.

특히 회사의 초창기에 위임과 승진이라는 무기를 잘 사용하면 부자가 될 수 있어. 의욕이 넘치는 사람들은 안정적이고 편안한 일자리를 버리고 기꺼이 당신을 위해 일할 거야. 낙관적인 기대가 있고 모험적인 일이라면, 그리고 위임이라는 달콤한 기회와 승진 약속이 주어진다면 절대 마다할 리 없지.

모든 사람이 부자가 되려고 일하는 건 아니야. 사실 대부분의 사람이 안 그렇지. 하지만 존경받는 것을 마다할 사람은 없어. 승진에는 존경이 따라와. 그리고 위임에는 승진이 따라오지. 따라서 당신 회사가 젊고 아직 불안하다면, 능력에 따라 보상하고 위임과 승진의 기회를 주는 것은 회사를 튼튼하게 만드는 재료가 돼.

여기서 조심해야 할 사항이 하나 있어. 위임과 승진의 대상으로 당신과 똑같은 사람을 고르려고 하지 마. 회사를 만들고 키워가려는 사람들은 대개 이런 실수를 저지르는 경향이 있어. 당신 성격에는 좋은 점도 있고 나쁜 점도 있을 거야. 그런데 당신의 조직이 이미 갖고 있는 장점을 강조하고 약점을 보완하지 않는다면 이건 명백한 실수야. 예컨대 당신이 기록하고 정리하는 일에 서투르고 종종 충동적인 언행을 보인다면(꼭 누구랑 닮았군!) 당신에게 없는 관리 능력을 갖추고 성격이 차분한 사람을 택하는 게 좋아. 물론 기질과 능력이 비슷한 사람에게 중요한 일을 맡기는 게 쉽긴 해. 그러나 쉬운 만큼 잘못된 방법이야. 당신이 회사의 창립자나 오너라 하더라도 모든 것을 직접 할 수는 없어. 시간이 아무리 남아돌더라도 불가능하지. 회사 초창기에 위임과 승진 프로그램을 세심하게 준비해놓으면 충성을 다하고 일의 효율성을 제고하며 동료 사이의 우애를 다지는 분위기가 자연스럽게 형성될 거야. 이런 분위기에서는 밉살맞고 비열한 치들이 발을 붙이기가 어렵지.

지도자라면 누구나 직원들의 사기가 중요하다고 입을 모아 말할 거야. 물론 중요하지. 하지만 그런다고 해서 일 처리를 제대로 하지 못한 게 덮어지지는 않아. 끈기, 자신감, 성공하겠다는 굳은 결심, 행운을 대신할 수도 없어. 그렇지만 세상에 맞서 우리끼리 똘똘 뭉치자는 사기가 팽배해 있으면, 게다가 책임감 있게 행사되는 위임과 실적에 따른 승진이 보장된다면 태산도 옮길 수 있어. 그리고 그 태산 밑에는 황금이 묻혀 있지. 바로 당신의 황금이.

그런데 위임이 정확히 뭘까? 이렇게 설명할 수 있어. 동료들과 직원들에게 당신의 일보다 더 중요한 일을 맡기고 당신은 그저 올바른 방향을 알려주기만 하면 되는 거, 이게 바로 위임이야. 그런데 왠지 이렇게 조언해줘도 풋내기들은 제대로 이해하지 못할 것 같으니 아주 쉽게 설명해주지.

　내 말은 나태하게 설렁설렁 지내라는 말이 아니야. 비사교적으로 일만 오래 하지 말라는 거야. 당신은 분명 그렇게 하겠지. 돈을 번 부자들이 대부분 그렇게 했거든. 당신이라고 다를까. 그런데 지금에 와서 돌이켜 생각해보니 그때는 몰랐던 사실이 보여. 예전에 나는 속담에 나오는 트로이 사람처럼 죽어라 일만 했어. 멍청한 짓이었지. 당신은 이런 함정을 피할 수 있어.

　한 젊은이가 아무렇지도 않게 열여섯 시간 동안 일한 뒤 잠시 밖으로 나가 술 한 잔과 즉석 카레로 간단히 요기를 하고는 다시 사무실에 돌아와 소파 위에서 몇 시간 눈을 붙여. 매일 이런 생활이 반복되지. 주말에도 쓸데없이 일거리를 만들어내서 자신을 기진맥진하게 만들어. 한마디로 여유가 없지. 남의 흠을 찾는 데는 재빠르지만 남에게 일을 맡기거나 칭찬하는 데는 인색해. 지나치게 열심히 일하지만 좀처럼 남에게 일을 맡길 줄 몰라.

　회사 초창기에 나는 갈수록 나 자신과 직원들을 들들 볶았어. 누가 체력이 좋은지, 누가 더 열심히 일하는지 기록 경쟁을 벌이는 것만 같았지. 그래서 내가 부자가 됐을까? 아니야. 몸은 피곤해지고 성질만 버리고 거만해졌을 뿐이야. 게다가 내가 좀 더 현명하게 처신했다면 피할 수도 있었을 잘못된 판단으로 일을 망친 적도 있어. 결론적으로 내가 한 일이라고는 내가 엄청난 체력의 소유자임을 내 '부대원들'에게 과시한 것밖에 없어. 나는 광산에서 가장 열심히 땅을 파는 광부였어. 두 사람 몫의 석탄을 거뜬히 캐냈지. 참 대단했어.

그런데 내가 생각하지 못한 것은 내가 몸담고 있는 곳이 광산이 아니라는 점이었어. 일한 시간만큼 봉급을 받는 것도 아니었지. 광부들은 부자가 되지 못해. 튼튼해서 다행이라고 해야 할지 불운하다고 해야 할지 모르겠지만, 아무튼 건강에 안 좋은 유독한 환경에서 오랫동안 버텨봤자 남들 이야깃거리밖에 안 돼. 다행스럽게도 3년 정도 지나자 이런 광기의 발작이 결국 사그라들더군.

남들에게 일을 맡기면서 빡빡하던 스케줄을 느슨해지자 그때부터 부자가 되기 시작했어. 정확한 상황은 확실히 기억나지 않아. 좋은 사람을 뽑는 것은 내게 일도 아니었지. 그래, 모두 그렇게 생각할 거야. 우리 회사는 상당히 좋은 실적을 거두고 있어서 인재들이 몰려들었어. 내 밑으로 들어온 인재들 중 내가 모르는 사람도 있을 정도였지. 그들은 조금씩 일거리를 훔쳐갔어. 그리고 나는 그렇게 위임하는 것이 유리하다는 판단을 내렸던 것 같아.

노퍽 브로즈(영국 남동부 강과 호수로 이어진 습지대)에서 배를 타고 '잠적'했던 일은 확실히 도움이 됐어. 여름이었는지 겨울이었는지 기억나지 않지만, 아무한테도 말하지 않고 아무 계획도 없이 그저 쉬려는 생각에 배를 타고는 갈대밭과 왜가리들이 즐비한 강변 마을을 돌아다니며 몇 주를 보냈어. 대부분의 시간을 혼자 지냈지. 학창 시절 친구인 브루스 소퍼드가 잠깐 동행했는데, 그는 말이 없는 편이어서 같이 다니기에 좋은 친구였어. 그렇게 무작정 여행을 떠난 동안에도 내 작은 회사는 계속 돌아가고 있었어. 회사에 있는 똑똑한 젊은 친구들은 내가 없는 상황에 차츰 적응했어. 일을 알아서 떠맡았고, 내가 돌아간 후에도 그 일을 계속 책임지고 맡았어. 그래, 정황이 대충 그랬던 것 같군.

처음에 내가 회사를 운영한 방식은 그다지 좋은 방법이 아니야. 영리하지 않은 방식이지. 그런데 당시 내게는 어떤 식으로 회사를 이끌어가야 한다는 모범을 보여주는 사람도 없었고, 경영 기법 같은 것은 전혀 알지도 못했어. 그저 세상이 나를 중심으로 돌아가고 있다고 생각하고는, 내가 미친 듯이 열심히 일하면 모든 게 잘될 거라고 믿었어. 마치 무한히 많은 원숭이를 타자기 앞에 앉혀놓고 무작위로 계속 일을 시키면 언젠가 셰익스피어 못지않은 희곡 한 편이 얻어지겠지 하는 심정과 비슷했어.

다행히도 우리 회사는 운이 좋아 이렇듯 혼란스러웠던 초기를 견뎌내고 살아남았어. 당시 나와 함께 일했던 동료들에게 큰 빚을 진 셈이지. 회사가 일하기에 즐거운 직장이었다는 점도 도움이 됐던 것 같아. 그렇지 않았다면 진작 문을 닫았을지도 모르지. 게다가 젊은 이들은 웬만한 강도의 노동에는 꿈쩍도 하지 않아. 몸이 강철로 만들어졌다고 생각하니까.

하지만 당신들은 꼭 그렇게 사업을 시작하지 않아도 돼. 내 책을 읽고 내가 저질렀던 어처구니없는 실수들과 이런저런 난관들을 이미 알게 되었으니 타산지석으로 삼으면 되잖아. 게다가 요즘에는 리처드 브랜슨 같은 본받을 만한 역할 모델들도 많아. 1970년대 초에는 이런 책들도, 역할 모델도 많지 않았어. 내 눈에만 보이지 않았는지는 모르겠지만.

그럼 현명하게 위임하는 법을 어떻게 배워야 할까? 시행착오를 겪으면서 배우는 수밖에 없어. 나는 이제까지 사업을 해오면서 의욕적인 도전에 가장 잘 대처하는 사람이 뜻밖의 인물이었던 것에 계속 놀라곤 해. 말 잘하는 사람이랑 일 잘하는 사람은 대개 다르더라고. 예컨대 나는 예전에 나 자신이 협상을 잘한다고 생각했는데 전혀 그렇지 않다는 것을 깨달았어. 나는 협상 자리에 나설 만한 인물이 절대 아니었어. 지시만 내려야 하는 사람이었지. 상대방이 약점이 많아서 절박하게 매달리는 상황이라면 이것도 괜찮아. 하지만 끈기와 합리적인 협상을 통해 윈윈 상황을 만들어내야 한다면 이는 문제가 있어.

이런 상황에서 나는 위임해. 생각할 것도 없이 바로 그렇게 하지. 우리 회사에는 나보다 끈기 있고 상대방의 말을 귀담아들을 줄 아는, 그리고 파트너가 될지도 모르는 상대방의 심기를 상하지 않게 하면서 최선의 거래를 이끌어낼 줄 아는 직원들이 있어. 그들은 필요하다면 타협하겠지만 굴복하지는 않아. 나라면 벌써 관심을 잃고 다른 흥미로운 거래를 찾아 나섰을지도 모르는 상황에서도 그들은 합의가 이루어질 때까지 끈질기게 협상을 벌이지. 나는 거액의 자산을 매각하는 협상에는 이들을 끌어들이지 않아. 상대방의 입장을 지나치게 많이 헤아려주니까. 하지만 서로에게 이익이 되는 거래와 조정이 필요한 경우에는 그들의 솜씨가 나보다 훨씬 낫다는 것을 기꺼이 인정해.

이런 경우 말고 또 무슨 일을 위임할까? 사실 지금 나는 거의 모든 일을 위임하고 있어. 회사 경영에서도 손을 뗐지. 그렇게 한 지 꽤 오래됐어. 그런데 라이벌들은 이 말을 안 믿어. 내가 그렇게 말해도 다 안다는 듯 미소만 짓지. 아마 그들이 위임에 서투르기 때문에 그럴 거야. 하지만 그들은 틀렸어. 나는 회사를 경영하지 않고 있으며, 그럴 생각도 없어.

나는 매일 사무실에 앉아서 회사 돌아가는 상황을 일일이 지켜보는 대신 전체적인 상황을 통제할 수 있는 시스템을 만들었어. 그래서 특별한 이유가 없는 한, 회사 경영에 관여하지 않아. 대신 거부권을 행사하지. 내 직함은 의장인데 상황을 봐서 임원회의에 참석할지 말지를 결정해. 평균적으로 내가 매년 참석하는 회의가 회사마다 대여섯 번 정도 되는 것 같아.

내가 참석하지 않으면 의장석은 대표이사 혹은 CEO가 차지해. 물론 회의록이 자세히 작성되지. (임원회의 기록은 반드시 꼼꼼히 읽어보는데 정확하게 바로바로 작성되지 않으면 난리를 피우기도 해. 내게 의사록은 과거에 일어난 일을 기록해두는 비망록이 아니라 현재 상황을 이해할 수 있게 도와주는 도구야) 한편 나는 개인 재무 관리인인 이언 레게트를 모든 회사의 임원직에 앉혔어. 내가 회의에 참석하지 않아도 그는 꼭 참석하지.

내가 행사하는 거부권은 모든 임원에게 상세히 설명해줬기 때문에 다들 잘 알고 있고, 이들은 임원진에 들어오기 전에 이에 따르기로 동의했어. 많지 않은 항목이지만 오랫동안 효과적인 가이드라인 역할을 해왔어.

내가 명백한 허락을 표명하지 않는 한,

1. 임원들은 임원진에 누구를 들이거나 배제하기로 결정할 수 없다.
2. 임원들은 회사의 본사 위치를 옮길 수 없다.
3. 임원들은 덩치가 큰 자산을 처분할 수 없다.
4. 임원들은 중요한 새 제품이나 사업을 매수하거나 출시할 수 없다.
5. 임원들은 자신들의 보너스 지급과 봉급 인상을 결정할 수 없다.

이게 전부야. 이런 가이드라인 안에서 회사 경영진은 자유롭게 자신이 맡은 일을 하고, 사업을 키우고, 연초에 정한 수익 목표를 달성하려고 노력해. 수익 목표도 자기들끼리 합의해서 정하지. 물론 합의할 때 이언이 눈을 동그랗게 뜨고 지켜보고 있지만 말이야! 사업의 어떤 부문이 잘못되고 있다 싶으면 그때 내가 개입해. 뭔가를 출시하거나 매수 또는 매각할 일이 생기면 그건 항상 내 몫이야.

이렇게 회사를 운영하려면 경영진과 이사들을 믿어야 해. 내가 이렇게 할 수 있는 것은 다 오랜 경험을 통해 위임의 기술을 터득했기 때문이야. 위임과 포기는 달라. 아예 손 놓고 있는 주인은 부자가 될 수 없어. 나는 손 놓고 있는 게 아니야. 매일 촌각을 다투며 부대원들을 옆에 대동하고 부지런 떨지 않을 뿐이지. 광산에서 땀을 뻘뻘 흘리며 일하던 시절은 이제 지났다고.

솔직히 털어놓으면, 경영진도 이런 방식을 선호하는 것 같다는 생각이 들어. 그들은 확실히 자주 대담한 결정을 내리는데, 거기서 짜릿함을 느끼는 것 같거든. 우리 회사 경영진은 변동이 많지 않기로 업계에서 유명한데, 그게 다 내 시스템이 제대로 돌아가고 있다는 증거가 아닌가 싶어.

이런 식으로 회사를 운영하면서 생기는 문제점을 보완하기 위해 내가 하는 일이 하나 있어. 직원들이 잘하고 있는 일을 열심히 찾아보는 거야. 웹사이트나 잡지를 보다가 혹은 회의록이나 재무보고서를 검토하다가 이런 것을 발견하면 담당자에게 친필 메모를 보내서 격려해줘. 자주 이렇게 하지. 또한 직원들이 퇴근한 뒤에 본사에서 800미터 정도 떨어진 내 개인 사무실에 찾아오도록 초청하기도 해. 내가 회사를 직접 찾아갈 때는 대개 예고 없이 그 자리에서 결정할 때가 많아.

내가 왜 이렇게 하는 걸까? 나는 시도 쓰고 싶고 숲도 가꾸고 싶은데 이런 일을 하려면 시간이 많이 필요하기 때문이야. 내가 주도적으로 내 삶을 이끌어 나가고 싶다는 이유도 있어. 회사에 나보다 유능한 경영자들이 많다는 것도 하나의 이유겠지. 오너가 경영에 세세하게 집착하면 능력 있는 인재들이 떠나간다는 사실을 깨달았기 때문이기도 하고.

무엇보다 중요한 이유는 내가 오래전에 위임하는 법을 배웠고, 젊은 경영자들에게 실수할 기회를 주고 일이 잘못되더라도 비난하지 않아야 한다는 것을 깨달았기 때문이야. (물론 그들이 계속해서 똑같은 실수를 되풀이한다면 해고해야겠지만 말이야) 또한 재능 있는 친구들이 걸음마를 뗀 뒤 엄마 품을 떠나 힘차게 약진하는 것을 지켜보는 것이 좋기 때문이야. 그런 과정을 내가 도왔다는 사실에 조금은 자부심을 느끼기도 하고. 또 나는 쉽게 지루함을 느끼는 편이거든. 이 밖에도 이런저런 이유가 있지.

내가 만든 시스템이 최고라는 말은 아니야. 당신도 당신만의 시스템을 생각해내면 돼. 나처럼 회사를 운영하려면 무엇보다 믿음직한 경영자들이 옆에 있어야 해. 그런데 혹시 다른 사람들이 당신 회사를 키우기 위해 열심히 땀을 흘리고 있는데 당신만 사무실에 없다면 죄책감을 느낄지도 모르겠군. 그 심정 알지. 나도 예전에 그랬거든.

이쯤 해서 위임에 있어서 정보기술(IT)이 미치는 해악에 대해 한마디하는 게 좋겠군. 먼저 고백하건대 나는 이메일, 문서 파일, 무선 단말기, 다운로드, 휴대전화에 관한 한 러다이트에 가까워. 솔직히 말하자면 그런 것들을 혐오하지.

임원들이 이메일을 체크하느라 시간을 낭비하는 것을 보면 화가 치밀어. 매일 몇 시간이나 이렇게 보내는데, 그 내용이라는 게 이웃에 사는 누구 동생이 아이를 낳았다더라 하는 실없는 소리들뿐이잖아. 한번은 회의 중에 삑삑거리는 휴대전화을 집어 던진 적도 있어. 탁자 밑에서 몰래 휴대전화을 들여다보다가 내게 들켜서 호되게 당한 사람도 있지. 이건 매너의 문제만이 아니야. 그런 것들은 중대한 의사결정에 필요한 흐름과 집중력을 깨는 방해물이기도 하거든.

이것만으로도 충분히 나쁜데 이게 다가 아니야. IT의 성장이 직장에서 위임하는 데 얼마나 큰 타격을 주고 방해가 되는지 몰라. 어쩌면 당신은 휴가나 출장을 가서도 계속 휴대전화으로 사무실에 연락을 해댈지도 몰라. 그렇다면 당신의 경영 스타일은 어떻게 되는 거지? 그리고 동료들에 대한 믿음은? 그건 결국 당신이 동료들을 믿지 못한다는 것을 보여주는 증거일 뿐이야. 진정 위임하지 않았다는 뜻이지. 결국 당신은 쓸데없이 참견하고 세세한 점까지 통제하는 관리자란 소리밖에 안 돼. 그러니 절대로 그러지 마!

부자가 되고 싶으면 위임하는 법을 배워. 위임하는 척하는 법 말고 정말로 위임하는 법을. 위임은 부자가 될 수 있는 막강한 도구일 뿐만 아니라 당신의 소중한 자산, 즉 당신을 위해 일하는 사람들을 최대로 활용하고 진정 격려해줄 수 있는 유일한 방법이야. 진정한 위임은 당신이 부자가 되는 것을 도와줄 거야. 그러니 위임을 적극 활용하라고.

14장

적절한
보너스의 선

은행을 뭐하러 털어? 은행을 세우면 되는데.

■ 베르톨트 브레히트, 《서푼짜리 오페라》

수익을 키우고
나눠 갖기

앞서 소유권을 확보하라는 말을 누누이 했고 파트너십을 맺을 때는 신중해야 한다고 당부했지만, 나는 수익을 나눠 갖는 것을 열렬히 찬성하는 사람이야. 인센티브를 내걸면 일에 집중할 수 있고, 경쟁과 목표 의식이 생기기 때문이지. 다만 잘한 일도 없는데 인센티브를 주거나(이런 경우가 많아) 계약상 그럴 필요가 없는데도 자산 매각에 따른 수익금을 나눠 갖는 것은 반대야.

회사의 수익은 어떤 일이 있어도 사업을 성장시키는 데 써야 해. 수익을 창출하거나 목표액을 달성한 사람에게 적절한 보너스를 주는 건은 회사를 성장시키는 하나의 방법이야. 이렇게 하면 당신 몫이 줄어들 테고, 어느 해에는 사장보다 돈을 더 많이 버는 직원이 생길 수도 있겠지. 그래도 그렇게 해. 미친 소리 같지? 하지만 나한텐 아주 효과 있는 방법이었어!

하지만 자산 매각으로 얻은 수익은 달라. 당신의 자산을 큰돈 받고 팔았을 때 그 이익의 상당 부분을 거래에 어떤 기여도 하지 않은 사람에게 나눠 주는 것은 반대야. 그럴 필요도 없을뿐더러 그건 공정하지도 않아. 자산을 매각해서 얻은 수익을 직원들에게 배분하는 것은 논리적으로 말이 안 돼. 당신이 자산을 매각했으면 이제 직원들은 새로운 오너 밑에서 계속 일하게 될 거야. 원래 그렇게 하도록 되어 있고, 그렇지 않으면 법에 호소하면 돼. 그런데도 왜 당신이 그들에게 이익을 나눠줘야 하지? 그들에게 일할 의욕을 불어넣어줘야 할 사람은 당신이 아니라 새 오너잖아.

직원들이 감사할 거라고? 웃기는 소리 하지 마. 수년 동안 우리 회사에서 애지중지 키워온 직원들이 어느 날 갑자기 더 좋은 조건을 찾아 회사를 떠나는 것을 수도 없이 봤어. 뒤 한 번 돌아보지 않던걸. 그렇다고 그들을 탓할 생각은 조금도 없어. 오히려 나는 그들이 경쟁사에 스카우트될 정도로 우리 회사가 그들에게 능력을 키우고 성장할 기회를 줬다는 게 자랑스러워. 뿌듯한 일이지.

데니스 출판사를 거쳐간 직원들 중 지금 우리 회사의 경쟁사에서 임원으로 일하고 있는 사람들이 제법 있어. 나는 그들과 관계가 좋은 편이야. 자랑스러운 친구들이지. 그들 중 많은 이들이 나를 '턱수

염 기른 난쟁이'라고 부르며 좋아해. 하지만 그들도, 그리고 지금 우리 회사에 남아 있는 그들의 옛 동료들도 내 자산의 수익을 나눠 가질 자격은 없어.

내가 배은망덕한 사람이라고? 이게 자본주의의 마음에 안 드는 점이라고? 난 그렇게 생각하지 않아. 직원들은 봉급을 받고 일해. 봉급은 어떤 상황에서도 보장되어 있지. 또한 국민연금이나 의료보험 같은 복지 혜택도 받아. 그들은 사실 아무런 위험도 떠맡은 게 없어. 오너가 아니니까. 처음 회사에 지원했을 때 조금 긴장하고 불안했던 게 전부지. 자본가 존 폴 게티는 이런 멋진 말을 남겼어.

패기 없는 자는 땅을 물려받아도 그 밑에 묻힌 광물을 캐낼 줄 모르지.

맞는 말이야. 위험은 보상이야. '성실하게 그날 하루 일하고 적절한 돈을 받는 것'은 위험을 무릅쓰는 것과는 전혀 달라.

당신이 우리 회사에서 일한다면 괜찮은 수준의 봉급을 줄 거야. 일하기에 훌륭한 직장이 되도록 노력할 거고, 그럴 필요가 있으면 인센티브도 주고, 연금도 주고, 어쩌면 당신과 당신 가족의 의료보험도 내주고, 당신의 업무 능력을 키워 개인의 가치를 높이도록 가르치고, 유급휴가를 보내주고, 들볶거나 부당한 차별을 하지 않을 것이며, 직장 생활의 안전도 챙길 거야. 이 모든 멋진 것들을 제대로 일관성 있게 해줄 거야. 다만 내가 가진 자산을 매각해서 얻은 수익은 한 푼도 나눠줄 수 없어. 공정하지 않아? 내 말에 동의할 수 없다면 다른 직장을 알아봐. 이게 바로 내가 부자이고 당신은 그렇지 못한 이유야. 게다가 우리가 일하는 자본주의 시스템은 이렇게 돌아가. 이를 바꾸고 싶다면 정계에 들어가. 정계에 있어도 이를 바꾸기가 어렵겠지만 그건 또 다른 얘기지.

물론 여기에도 예외는 있어. 중요한 예외지. 다른 곳에서 매력적인 조건을 제시했는데도 거절하고 계속 우리 회사에 남아서 회사를 키운 원로급 임원들, 대단히 오랫동안 나와 함께 일한 직원들, 매각된 자산을 키우는 데 결정적인 공을 세운 핵심 인력들 같은 이들은 분명 매각 수익을 나눠 가질 자격이 있어. 하지만 그들이 감수한 위험 부담과 보상액은 적절하게 조절할 필요가 있어.

연간 수익을 임원들에게 인센티브로 배분하는 문제는 어떨까? 절대적으로 필요하지만 여기에는 골치 아픈 문제가 하나 있어. 나는 사업하는 내내 이 문제를 제대로 처리하지 못했던 것 같아. 오너의 목표는 단순해. 관리의 효율성과 생산성을 높이고 낭비를 줄이는 것, 그래서 회사를 계속 성장시키면서 미래의 수익을 향상하는 거야. 여기서도 균형이 중요한데, 많은 경영자가 단순히 비용을 줄이는 것으로 목표액을 달성하려고 해. 이건 치명적인 실수야.

멍청한 자들은 아무 때고 모든 데서 비용을 깎으려 들어. 잠깐은 수익 창출의 귀재처럼 보일지도 모르지만, 터무니없이 낭비가 심한 부문에서 비용을 절감한 게 아니라면 그 순간은 금방 지나가고 제품의 질이 곤두박질치게 되어 있어. 비용을 절감하는 문제는 어떤 사업에서도 중요한 문제이지만(정부는 비용 절감을 생각하지 않아도 돼. 정부를 소유할 수 있다면 얼마나 좋을까!) 그게 경영진의 주요 목표가 되어서는 곤란해. 대신 연간 수익과 미래 성장을 위한 투자를 적절하게 조절하는 것이 열쇠야. 원가 대비 소득이 높으면 좋겠지만, 그저 보너스 목표액을 맞추기 위해 원가를 절감해서는 안 돼.

이 책의 취지와 어긋나는 사실을 하나 알려줄까. 어떤 이유에서인지 뛰어난 직원들 중에는 돈에 그다지 연연하지 않는 이들이 제법 많아. 이들이 원하는 건 안정된 직업, 남들의 존경, 배움의 기회, 주목받을 기회 같은 거야. 대개는 일할 맛이 나고 자신의 가치를 인정해주는 회사에서 괜찮은 봉급을 받으며 일하는 것 이상을 바라지 않지.

반면 이 책의 취지에 공감하는 당신이나 나 같은 인간들은 오로지 부의 추구만을 목표로 삼는 탐욕스러운 작자들이야. 우리는 위와 같은 순진한 사람들에게 우리의 죄악을 전염시키지 않도록 세심하게 신경 써야 해. 이들은 '세상의 소금' 같은 존재들이니까 말이야.

'세상의 소금'에게 인센티브를 준다면 당신은 더 부자가 될 수 없겠지. 그러는 대신 일을 잘했으면 잘했다고 격려해주고, 칭찬을 아끼지 말고, 공정하게 대하고, 강단 있게 대하고, 동지애를 느끼게 해주면 돼. 이런 일들은 돈으로 보상해주는 것보다 수고스럽지만 효과가 아주 좋아.

물론 뭔가를 소유함으로써 얻어지는 재정적 보상에 반대하는 주장들도 있어. 전 세계 주요 종교들이 주로 이렇게 가르치지. 사실 종교야말로 다국적 거대 기업들에 필적하는 자산과 재원을 확보한 조직이야. 아무튼 과거에 사람들은 종교가 영원한 진리를 전하는 것이라고 믿었는데, 세월이 지나면서 이런 진리가 점차 잊히고 있어. 여기서는 종교가 부의 획득에 대해 어떤 태도를 갖는지 간단하게 살펴보도록 하지. 먼저 성경을 보면 〈마태복음〉 19장 24절에 그리스도의 아들이 직접 했다는 다음과 같은 말이 나와.

부자가 하나님의 왕국에 들어가느니 차라리 낙타가 바늘구멍을 통과하는 것이 더 쉽다.

구약에 부자를 두둔하는 견해가 있다는 것을 생각하면 상당히 강경한 발언이 아닐 수 없어. 〈마태복음〉에는 이런 말도 있지.

보물을 땅에 쌓아두지 마라. 거기에 두면 좀과 녹이 슬고 도둑이 들어 훔쳐 갈 수 있으니. 오직 너희를 위하여 보물을 천국에 쌓아둬라.

고무적인 말이지. 수백 년 동안 가톨릭은 교회에 기부하는 것은 자신을 위해 '보물을 천국에' 쌓아두는 방법이라고 가르쳤어. 기부를 많이 할수록 구원의 기회도 늘어나니 빈자의 한 푼으로는 어림도 없다. 주교들이 이렇게 외치고 다녔지. (당시 주교들은 왕처럼 살았어. 대주교는 황제나 마찬가지였고. 여기서 계속 말해봤자 부질없는 일이지만 이를 입하는 증거는 많아)

이번에는 유대인 선지자가 등장한 때보다 오래됐다는 힌두교의 경전 〈바가바드기타〉를 볼까.

노동에 온 마음을 바치되 보상을 바라지 마라. 노동은 보상을 바라고 하는 것이 아니니 노동을 결코 멈추지 마라.

악마가 자기 멋대로 성경을 인용하듯, 이 구절도 이렇게 아름답게 와전될 수 있으려나. "나는 결코 부자가 될 생각이 없었어. 그런데 좋아하는 일을 하다 보니 우연히 부자가 된 거야." 하지만 나는 그렇게 말하지 않아. 오랜 세월이 지나다 보니 구절의 원래 뜻을 이해하기가 어려울 뿐이야.

내가 행복해지는 방법에 대한 책을 쓰고 있다면 이런 식으로 조언해줄 거야. 맡은 일이 무엇이든 애정을 갖고 열심히 하다 보면 만족도 얻고 결국은 존경을 받게 된다. 하지만 그렇게 해서는 부자가 될 수 없어. 그리고 당신은 지금 부자가 되려고 이 책을 읽는 거잖아, 안 그래?

코란과 도교, 그 밖의 많은 종교와 철학에서 우리는 이 책에서 찬양하고 있는 바로 그 태도를 경고하는 구절을 찾을 수 있어. 심지어 〈월스트리트〉 같은 최근의 할리우드 영화조차도 탐욕에 대한 경고를 주 내용으로 해. 경고하면서 살짝 윙크를 보내긴 하지만 그래도 경고는 경고야. 이렇게 다들 경고하는데도 우리가 계속 수익을 좇아야 할까?

여기서 내가 장황하게 살펴볼 질문은 아니야. 나는 시인, 그것도 진지한 시인이 됐고 매일 세 시간 정도 그런 질문들과 씨름하며 보내. 하지만 당신은 여기에 흥미를 보이지 않을 테지. 어쩌면 나를 위선자라고 생각할지도 모르겠어. 이미 보물을 땅에 충분히 쌓아둔 다음에야 시를 쓰는 것이니까 말이야.

나는 보물을 쌓아두기 위해 인생의 대부분을 허비했어. 몇 달 동안 미국에서 망명 생활을 하며 부를 약탈한 다음 유럽으로 가져오는 생활을 되풀이했지. 많은 밤을 뉴욕의 아파트에서 뉴욕의 상징이라고 할 수 있는 기이한 사이렌 소리와 거리의 소음을 들으며 뜬눈으로 지새웠는데, 그 순간에도 내 마음은 수천 마일 떨어져 있는 영국 시골 정원의 물가를 거닐고 있었어.

여기서 잠깐 숨을 돌리고, 내가 과거 고난의 여정을 시간이 흐른 뒤 어떻게 인식하게 됐는지 소네트 형식으로 표현해볼게.

방탕한 아들

나는 대담하게 바빌론의 탑으로 들어가네.
친구 한 명도 없는 그곳에서
나는 성경에 나오는 탕아가 되지.
수많은 시간이 흐르는 동안
워릭셔의 정원에서 끈기 있게 싹을 틔우는
꽃 따위는 생각할 여유도 없다네.

그곳에서 피어나는 금어초도, 다가오는 5월제도

내겐 먼 나라 얘기일 뿐.

보기 좋은 수익을 올리는 데만 혈안이 되어 있었지.

그러는 사이 푸른색 물망초는 고개를 숙이고

아쉬워하는 사람도 없이 오솔길에서 시들어가네.

이제 바빌론의 미로에 갇혀

무상한 것을 좇느라 오도 가도 못 하는 신세가 된 나는

사이렌 소리를 들으며, 시들어가는 꽃을 위해 눈물을 흘리네.

울어서 해결된다면야 당연히 통곡을 하겠지. 하지만 마몬을 숭배했던 길고 긴 그 세월은 한순간도 되돌릴 수 없어. 내가 보지도 못한 채 시들어버린 봄날의 물망초를 되돌릴 수 없는 것처럼. 지금 그 오솔길을 통째로 사버리면 되지 않느냐고? 대서양 너머에서 몇 년 동안 땀 흘려 일궈낸 부라면 그 정도는 살 수 있을 거라고? 그렇게 생각할 수도 있겠지. 하지만 부자가 되고 싶다면 너무 오래 생각하지 않는 게 좋아.

수익
보호하기

조만간 누군가가 당신의 수익을 가로채려 할 거야. 이건 부당한 게 아니야. 당신도 분명 다른 사람의 수익을 훔치려 시도했을 테고, 어쩌면 어느 정도는 성공했는지도 모르지. 태양 아래 새로운 것은 없

으며, 수익은 무한정 널려 있는 게 아니야.

따분한 잔소리는 그만하고 여기 또 다른 사업가나 거대한 기업이 있다고 가정해보자고. 그들은 당신 제품이 무척 마음에 들어서 그와 비슷하게 생긴 것을 만들기로 했어. 그들은 당신을 업계에서 몰아내려고 해. 어떻게 해야지? 먼저 자본주의 사회에서 라이벌과 경쟁하는 게 어떤 의미인지부터 알아보자고.

"경쟁은 자본주의를 견딜 수 있게 해주는 모든 것이다." 엄격한 경쟁이 없으면 서구식 모델에 바탕을 둔 사회 체제는 의회 같은 민주적 장치가 아니라 비대하고 욕심 많고 난공불락인 독점이 지배하는 세상이 될 거야. (이미 그렇게 됐다고 말하는 사람도 있어) 당신은 이런 상황을 그리 좋아하지 않을 거야. 하지만 내 나이 또래나 윗세대 사람들은 이를 경험한 적이 있어.

농담하지 말라고? 그렇다면 당신은 전쟁 후 배급제가 시행되었던 시대를 기억할 만큼 나이가 많지 않은가 보군. 혹은 프레디 레이커가 저가 항공사 개념을 들고 나오기 전 시대가 어땠는지 모르거나. 당시는 브리티시항공과 미국 자회사가 항공 사업을 좌지우지하면서 자기들 마음대로 요금을 매기던 시절이었어. 사실상 경쟁이라는 것이 없었지. 비싼 돈을 낼 여력이 없으면 평생 비행기 구경도 못 할 형편이었어. 그렇다면 영국 중앙우체국이 전화통신 사업을 맡고 있었던 때도 모르겠군. 가짜 공채를 발행해서 브리티시 텔레콤이라는 자회사를 발족시켰지. 이들에게도 경쟁자가 없었어. "아파트에 전화를 새로 들이고 싶다고요? 물론 가능하죠, 부인. 선불로 만만찮은 금액을 내면 우리가 괜찮은 시간에 설치해드리죠. 넉 달 정도 기다리면 됩니다." 그것도 운이 좋았을 때의 얘기야. 불만이라도 털어놓으면 더 길어졌다고.

1950년대부터 1980년대까지 영국에는 독점적이고 비민주적인 노동조합과 독점적이고 비민주적인 국영 기업들이 벌이는 다툼밖에 없었어. 영국 국민들은 끼어들 자리가 없었지. '고객'이라는 말은 거의 모든 사람에게 남의 얘기였어. '개인 사업자들'만이 이런 말을 썼지.

전 세계 사람들이 입을 모아 영국을 '유럽의 환자'라고 불렀어. 사실 완전히 틀린 말은 아니었지. 모든 산업이 정부 소유거나 그렇지 않더라도 정부가 실질적으로 규제하는 독점 구조여서 경쟁은 발을 붙일 수 없었으니 그런 말을 듣는 것도 당연했어. 여기서 마거릿 대처의 정책을 세세하게 논할 필요는 없을 것 같아. 내가 보기에 그녀는 전쟁광이고 온통 자기 생각밖에 안 하는 사람이야. 하지만 그녀는 영국 경제를 장악하고 있던 노조를 박살 냈고, 국가 소유의 주요 산업을 민영화하는 정책을 사회당, 자유당, 보수당 모두가 부르짖게 만드는 분위기를 조성했어. 내가 이런 말 하는 게 듣기 싫다면 토니 블레어에게 물어봐. 부드럽고 얌전한 어조이긴 하지만 결국 똑같은 말을 듣게 될 테니까.

대처는 기민하게 세금 감면 정책을 취하지 않았어. 유럽 문제, 연금 정책, 의료 정책, 관료주의의 병폐 같은 수많은 사안에 대한 자신의 생각을 밀어붙였을 뿐, 결코 남의 말을 듣지 않았지. 하지만 경쟁이라는 달콤한 향기를 다시 상인의 나라(전통적으로 영국을 속되게 가리키는 표현—옮긴이)에 가져온 공은 인정해야 해. 나를 포함한 수많은 사업가들은 그 때문에라도 그 늙은 여인에게 항상 고마운 마음을 갖고 있어.

오해하지 마. 나는 천성적으로 노동당 지지자야. 죽을 때까지 노동당을 지지할 거야. 당파심 같은 건데 우습긴 하지. 하지만 내 친구 리처드 네빌의 말대로 "보수당과 노동당이 보여주는 간발의 차이가 지금 나와 친구가 떵떵거리며 살 수 있는 토대가 됐다"라고 여전히 믿고 있어.

아무튼 경쟁이 사라지면서 영국은 거의 무너지기 직전이었어. 그게 전적으로 노동당 때문이라고는 할 수 없어. 제2차 세계대전으로 폐허가 되면서 시장은 사라지고 자본은 없었으니까. 그때 우리가 처했던 심연은 내가 평생 발버둥 쳐도 빠져나올 수 있을까 의심스러울 만큼 절망적이었지. 그런데 대처가 우리를 벼랑 끝에서 구해낸 거야. 현재 노동당 행정부보다 이 사실을 잘 아는 사람들은 없을 거야. 그들은 대처와 존 메이저의 정책을 슬쩍 가져와 자기들의 정책인 것처럼 만들었지. 그것도 아주 성공적으로. 그게 바로 경쟁의 효율성이야!

경쟁은 토머스 칼라일이 '우울한 과학'이라고 부른 경제학을 배우는 학생들의 머릿속에나 있는 감상적인 개념이 아니야. 우리가 서구 자본주의라고 부르는 괴물의 심장이자 간이자 영혼이자 정수이지. 경쟁에 어떻게 대응하는가, 경쟁을 어떻게 뚫고 헤쳐나가는가에 따라 당신이 부자가 될지, 그리고 계속 부자로 살아남을지가 정해져.

나는 싸움꾼이야. 삶에서도 그렇지만 사업에서도 누가 도발해오면 즉시 공격에 나서지. 하지만 이런 본능 때문에 숱하게 길을 잃고 헤맸고, 그래서 발톱을 세우고 적을 향해 달려들기 전에 신중하게 생각해야 한다는 것을 배웠어. 예를 하나 들어볼까.

1990년대가 시작될 무렵, 영국에서 발간되는 컴퓨터 잡지의 절반 이상이 내 소유였어. 꽤 돈벌이가 잘 됐지. 가장 중요한 잡지는 〈컴퓨터 쇼퍼〉라는 덩치 큰 녀석이었는데(지금도 우리가 발행하고 있어), 한창때는 1,000페이지를 광고로 도배하는 유럽에서 몇 안 되는 잡지였어. 이 잡지는 그야말로 꼭 붙들고 있을 만한 가치가 있었지. 당시 영국에서 우리의 최대 라이벌은 VNU라는 네덜란드 회사였는데, 그램 앤드루스가 대표로 있었어. 그래, 1982년 VNU가 데니스 출판사로부터 PCW 잡지를 매입하는 일을 지휘했던 바로 그 사람이야.

뉴욕의 파크 애버뉴에 본사를 둔 유력한 잡지사 지프 데이비스가 내게 연락을 해왔어. 지프 데이비스는 역사상 가장 뛰어난 잡지 발행인으로 꼽히는 빌 지프가 소유한 회사야. 빌은 나와 통화하고 싶다고 했어. 그와는 이전에 몇 번 만난 사이였고, 내 파트너인 피터, 밥과 함께 미국에서 발행한 〈맥유저〉라는 잡지를 1986년 그에게 매각하기도 했지. 모두가 그 거래로 이익을 봤어. 빌은 내가 〈맥유저〉를 매각한 뒤에도 1년 정도는 뉴욕에서 잡지를 맡아달라고 부탁했어. 거창하게 잡은 목표액에 도달하면 매각 대금을 올려주겠다는 제안을 했기 때문에 나는 기꺼이 수락했지. 결국 우리는 목표액에 도

달했어. 큰돈이 걸려 있었으니까. 거의 2,000만 달러에 가까운 금액이었어. 하지만 그건 몇 년이나 지난 얘기였지. 아무튼, 우리의 대화는 이런 식으로 진행됐어.

"안녕하세요, 펠릭스."

"오랜만이에요, 빌."

"잘 지냈어요?"

"그럼요. 고마워요. 그런데 무슨 일이죠?"

여기까지는 술술 넘어갔어. 빌과 태평스럽게 대화를 나눌 때는 긴장해야 해. 몹시 굶주린 도베르만 개가 근처에서 노리고 있는 캄캄한 골목을 지나가며 휘파람을 부는 기분이라고나 할까. 휘파람을 분다고 해서 그렇게 효과가 있는 것은 아니지만 기분은 조금 나아지지. 그의 대답은 소름이 끼칠 정도로 공손했어.

"우리는 곧 유럽에 건너갈 생각입니다, 펠릭스."

"그래요."

"적어도 당신에게는 알려야 할 것 같아서요."

"좋죠, 빌. 점심이나 같이합시다. 당신이 좋아하는 일본 요리로."

"그런 뜻이 아니에요."

"아……."

"우리는 유럽에서 컴퓨터 잡지를 창간할 생각이에요."

"어떤 잡지죠, 빌?"

"우선 두 종을 낼 생각인데……."

"어디서 낼 거죠?"

"대충 짐작이 갈 텐데요, 펠릭스."

"아, 그래요."

대화는 거기서부터 내리막길을 달렸어. 우리 사업에 엄청난 위협이 되는 재앙이라는 것을 금방 깨달았어. 내가 눈치챘음을 빌도 알았고. 대화는 대충 이렇게 끝났어.

"우리 같이 이야기를 나눠야 할 것 같은데요."

"물론이죠."

"우리는 당신 회사를 사들이고 싶어요. 아니면 적어도 지분의 51퍼센트는 사고 싶어요."

"아하."

"우리와 함께 프랑스, 독일, 영국에서 잡지 창간하는 일을 할 수도 있겠죠."

"음."

"당신이 회사를 맡아줘도 좋고."

"음."

"필더러 당신에게 연락하라고 하겠소, 펠릭스."

"좋으실 대로."

"우리의 제안을 진지하게 생각해볼 건가요?"

"물론이죠."

"우리가 손을 잡는다면 유럽 컴퓨터 잡지 시장을 평정할 수 있을 거예요."

"생각해보죠. 빌."

이후 1~2년 동안은 온통 이 일만 생각했어. 그렇게 해서 인생이 바뀌었지. 전화 한 통으로 말이야. 컴퓨터 출판 업계에 몸담지 않은 사람에게는 아무런 의미도 없는 대화였을 거야. 하지만 내게는 세상이 완전히 무너지는 날벼락이었지.

생각해서 해주는 말 같지만 지분을 51퍼센트나 넘기라는 소리는 나를 파멸시키겠다는 뜻이나 마찬가지였어. 독립성을 잃게 될 테니까. 그건 결국 빌이나 그의 CEO가 내게 시키는 일은 무엇이든 군말 없이 고분고분 들어야 한다는 뜻이야. 파란 소변기에 오줌을 갈기라면 그렇게 해야 할 거야. 나는 고용인의 신분으로 전락할 테고, 막대한 투자를 받은 최고 품질의 잡지를 발행함으로써 유럽의 라이벌 컴퓨터 잡지들을 뭉개버릴 테지. 결국 떠돌이 세일즈맨 신세가 되는 거야. 대단히 돈 많은 부자 세일즈맨이긴 하지만 그래도 세일즈맨이라는 사실에는 변함이 없지. 살인청부업자와 다를 게 뭐 있어.

그런데 내가 뭘 할 수 있었을까? 빌 지프는 그냥 한번 허세를 부려보는 인간이 아니야. 그는 온다고 했으면 반드시 와. 만약 필의 연락을 받지 않는다면 (필은 빌의 수석 법률고문이야) 나는 제대로 찍힐 게 뻔했어.

지프 데이비스는 당시 최고였어. 컴퓨터 잡지를 발행하는 세계 최고의 출판 기업이었지. 내가 여우라면 그들은 호랑이라고 할 수 있었어. 그것도 미국의 투자은행가 친구들에게 엄청난 돈을 투자받을 수 있는 호랑이. 그들이 영국에서 내게 대적하는 경쟁지를 낸다면 시작도 하기 전에 게임이 끝난 것이나 다름없을 게 뻔했어. 러시아가 북대서양의 조그만 섬을 침략하는 것이나 마찬가지일 테니까. 그런데 정말로 그럴까?

영국은 미국과 달라. 북미 전역의 인구가 3억 명인 데 비해 영국은 인구가 겨우 6,000만 명밖에 안 돼. 영국 광고업계는 편협하고 까다롭고 심술궂지. 미국 동부와 서부 해안에서 내가 점심을 같이했던 근사한 옷차림을 한 사람들과는 아주 거리가 멀어. 영국은 인쇄비도 많이 들고, 종잇값도 비싸. 봉급은 더 싸고. 앞서 보았듯 미국과 달리 가판대에서 팔리는 잡지가 정기구독으로 나가는 물량보다 더 중요해. 마진은 더 적지. 광고 수입과 판매 부수 수입의 비중이 완전히 반대야. 판매 부수당 광고업자들이 지불하는 돈은 미국보다 훨씬 적어. 예산은 더 빠듯해. 우리는 따뜻한 맥주를 마셔. 그리고 아침부터 회의로 힘을 빼지 않지.

유럽은 또 달라. 지프 데이비스는 영국(그리고 독일과 프랑스)이 규모만 작을 뿐 미국과 비슷하다고 생각했던 모양이야. 완전히 잘못 짚은 거지. 그리고 그들이 자신들의 실수를 깨달으려면 시간이 걸릴 수밖에 없었어. 이는 곧 그만큼 돈을 잃어야 한다는 뜻이야. 과연 그들은 어느 정도 손해를 감수하고 사업에 뛰어들려는 걸까?

어쩌면 기회일 수도 있었어. 싸워서 이길 기회 말이야. 내가 그들보다 낫다는 것을 내 텃밭에서 입증할 수 있는 기회. 전적으로 낙담할 일만은 아니었지만 내겐 우군이 필요했어. 그리고 돈도 있어야 했지. 그래서 난생처음 라이벌과 손을 잡기로 했어. 몸을 낮추고 어색한 기분으로 소호에서 몇 블록 떨어진 VNU의 근사한 사무실을 찾아갔어.

이들은 돈이 있었어. 상장회사였으니까. 그리고 다국적 회사였지. 게다가 VNU는 지프 데이비스를 싫어했어. 정확히 말하면 극도로 혐오하는 쪽이었지. 나의 적의 적은 친구라고 할 수 있지. 특히나 적이 내 목에 칼을 들이대고 공격해 올 것 같아 내 편이 절실한 상황에서는 아주 소중한 친구야.

결국 VNU는 한배를 탄 친구가 됐어. 네덜란드 사람들은 대개 괜찮지. 상투적인 고정관념이지만 내 경험으로는 그래. 협상 잘하고, 거래 말끔하고, 뒤끝 없고. 그런데 내가 여우고 지프 데이비스가 호랑이라면 VNU는 무엇일까? 그들은 매머드야. 덩치가 너무 커서 다른 동물들과는 좀처럼 실랑이를 하지 않는 매머드. 눈보라가 몰아치면 여우는 얌전히 있겠다는 조건으로 매머드 밑에 기어들어가 바람을 피할 수 있지.

데니스 출판사와 VNU는 영국에서 그럭저럭 사이좋게 지냈어. 서로 직원들을 빼가기도 하고(대개는 내가 그들의 직원을 빼왔지) 서로 자기 잡지에 광고를 싣게 해달라고 업자들을 졸라댔지. 하지만 솔직히 말하면, 두 회사는 서로를 좋아했고 존경했어. 특히 나는 그들의 CEO인 그램 앤드루스가 마음에 들었어.

그램에게 이 소식을 알렸어. (어쩌면 그는 이미 알고 있었을 거야) 그는 걱정했어. 그것도 아주 많이. VNU는 네덜란드에서 꽤 큰 회사였고, 전 세계적으로 사업을 넓혀가는 중이었어. 지프 데이비스보다 더 큰 회사였지. 지프의 자금력으로도 그들을 사들일 수 없었어. 아마 그럴 마음도 없었을 거야. 하지만 호랑이는 영국과 유럽에서 이들 사업에 타격을 입힐 수 있었어. 한 치의 양보도 없는 치열한 싸움이 펼쳐질 판이었어. 그래서 그램과 나는 논의를 했어.

상장회사는 신중해야 해. 비상장회사와 같은 방식으로 우군을 만들 수 없어. 까딱 잘못했다가는 상장회사 관련 법률을 위반할 수 있으니까. 그램은 자기들 텃밭에 들어온 호랑이를 물리치기 위해 VNU가 데니스 출판사와 손을 잡겠다는 확답을 주지는 않았지만, 다양한 방안을 마련해서 다른 사람들의 반대를 막을 수 있었어.

나는 분주해졌어. VNU도 바쁘게 움직였지. 나는 빌의 제안을 거절했는데, 아마 그는 나의 그 같은 결정에 다소 어리둥절했을 거야. 우리는 함께, 그렇지만 은밀한 공모는 없이(결단코!) 지프 데이비스와 싸웠어. 거리에서, 광고업자들의 사무실에서, 가판대에서 그들과 힘겨운 경쟁을 벌였지.

지프 데이비스는 저돌적으로 계속 밀어붙였어. 수백만 달러를 영국 본부에 쏟아붓고 또 쏟아부었어. 입이 딱 벌어질 만큼 엄청난 규모였지. 그들은 우리 회사에서 기자들과 편집자들을 대거 빼갔어. 직원들 봉급으로 엄청난 돈을 썼고, 강가에 근사한 사무실을 얻었지. 판매 인센티브는 나조차 군침이 돌 정도였어. 직원들 주차장은 모델들만 있으면 자동차 전시장이라고 해도 믿을 만큼 근사한 차들로 넘쳐났어.

그들은 작은 광고를 내는 사람들도 근사하게 접대했어. 〈컴퓨터 쇼퍼〉에 반쪽짜리 광고를 낸 스코틀랜드 사람을 아내와 함께 초청

해서(물론 항공비는 그들이 지불했지) 오페라 구경을 시켜주기도 했지! 영국에서 그런 마케팅은 들어본 적도 없었어. 그들은 텍사스 크기의 4분의 1밖에 안 되는 나라에서 미국식으로 호들갑스럽게 일을 벌였던 거야.

나는 몸이 부서져라 일에 매달렸어. 대표이사인 앨리스테어 램지와 판매의 달인 이언 웨스트우드(웨스티) 등의 도움으로 그들을 공격하기 위해 생각해낼 수 있는 온갖 더러운 술수와 계략을 동원했어. 다들 신경쇠약 일보 직전이었어. 게다가 그들과 결전을 치르느라 쓴 돈은 어떻고. 그렇지만 결코 포기하지 않았어.

결국 우리가 이겼어. 그들은 두 손 들고 야밤에 도망쳤지. VNU와 데니스 출판사의 연합 전선에 EMAP가 보여준 약간의 도움, 그리고 퓨처에서 일하는 내 친구 크리스 앤더슨의 도움을 받아서 귀찮은 녀석을 몰아낸 거야. 그런데 이를 위해 우리는 어떤 대가를 치러야 했을까?

친구들, 놀라지 말게. 우리는 무려 2년 동안의 수익을 모조리 잃었어. 빌 지프를 물리치기 위해 2년 치 수익을 포기해야 했다고. 〈컴퓨터 쇼퍼〉의 수익이 아니라 전체 회사의 수익을 2년이나. 과연 지금이라도 내가 그렇게 했을까? 아니, 절대로 안 해. 멍청한 짓이니까. 통쾌하긴 했지만 멍청한 짓이야.

필과 빌의 제안을 귀담아듣는 게 나을 뻔했어. 자존심을 버리고 그들과 협상했어야 해. 그래서 기꺼이 그들의 앞잡이가 되는 거야. 그래서 지프 데이비스 데니스가 유럽에서 사업을 벌이는 데 거치적

거리는 녀석들을 박살 내는 거지. 지프 데이비스 데니스? 그게 바로 우리 회사의 새로운 이름이야. 줄여서 ZDD.

정말 그렇게 했어야 해. 영웅이 되어봤자 남는 것도 없잖아. 물론 우리가 이겨서 기뻤지. 왜 아니겠어. 우세한 무기와 대단한 확신으로 무장한 적에게 맞서서 단결해서 싸우면 그들의 기세를 꺾고 결국은 패배시킬 수도 있음을 내가 입증해 보였으니까. 짜릿한 일이었지. 그렇긴 해도 결국은 피루스의 승리, 즉 상처뿐인 영광이었어. 내 기억이 맞다면 VNU나 EMAP 둘 중 하나는 지프 데이비스의 잡지들과 함께 시장에서 사라졌어. 그래서 뭐?

다행히 나는 잡지 사업으로 부자가 됐어. 그런데 나는 무엇을 위해서 그렇게 싸운 거지? 빌이 나를 자신의 하급 파트너로 여겨서? 내가 적어도 영국에서는 유능하다는 것을 입증해 보이려는 은밀한 욕망 때문에? 빌이 나와 통화한 후 내가 자신의 멋진 제안을 받아들일 거라고(멋진 제안이긴 했지) 생각했기 때문에? 그게 그렇게 가슴에 사무친 걸까? 무의식적으로라도?

지금은 잘 모르겠어. 그때 이후로 많은 일이 일어났고 알코올도 들어간 상태라서 말이야. 확실한 건 내가 빌과 손잡고 호랑이의 앞잡이가 됐다면 지금보다 더 큰 부자가 됐을 거라는 사실이야. 그것만은 확실하지.

그렇다면 이제까지 말한 경쟁은 다 뭐야? 경쟁이 쓸모 있다는 소린 뭐냐고? 내가 아는 건 당신이 잡으려는 총알보다 피해야 하는 총알이 더 많다는 사실이야. 경쟁자들은 영감을 주기도 하지만 짜증을 불러일으키기도 해. 매머드를 공격하는 것은 멍청한 여우나 하는 짓이야. 새끼가 태어났을 때를 노려 은밀하게 밤의 어둠을 틈타 해치우지 않는 한, 그런 쓸데없는 짓은 하지 마. 그렇다고 항상 머리를 숙이고 숨어 있는 게 능사는 아니야. 그리고 경쟁자들이 있으면 정직해지지.

경쟁에 대해 내가 해주고 싶은 충고는 당신이 싸울 의향이 있는지, 더 큰 경쟁자에게 맞서 꼭 싸워야 하는지 확실히 하라는 거야. 그가 당신을 사들여서 당신 앞마당에 진을 치고 싶어 한다면 그렇게 하도록 하는 것도 괜찮아. 적절한 가격만 받는다면 말이야. 만약 경쟁자가 작은 녀석이라면 그를 고용하든가 사들이든가 아니면 그와 손잡는 것도 괜찮아. 그가 고집을 꺾지 않으면 과감한 조치를 취해서 짓밟아. 그게 먹히지 않으면 친구가 되거나 공모하는 법을 배워 매머드에게 맞서 싸워. 하지만 친구여, 호랑이에게 맞서 싸우지는 말길. 부자가 되고 싶다면 그래 봤자 손해일 뿐이야.

더 많은 수익을 올리는
스물한 가지 방법

아래 항목들은 수익을 거두고 나누고 키우는 방법과 관련해서 내가 터득한 사항들을 정리한 거야. 곧이곧대로 따라 하라는 소리는 아니야. 내 방법이 당신에게는 맞지 않을 수도 있으니까. 그래도 몇몇 사항은 보편적인 진리로 적용할 수 있을 거야.

연말 보너스를 두둑이 챙겨줘라.

당신의 회사 경영자들이 사업을 키우면서 이익을 얻고 수익률을 높이는 데 집중하려면 보람을 느낄 수 있어야 해. 실적이 좋은 사람에게는 대우를 잘 해줘. (그렇게 하면 당신이 세운 목표를 달성하느라 그들이 늦게까지 일해야 하는 핑곗거리를 애인이나 배우자에게 대기도 좋아)

현재 하고 있는 사업에서 일정 정도의 투자액을 확보해라.

당신은 사업이 성장하기를 바라면서 이익도 얻고 싶어 하겠지. 균형이 열쇠야. 연말 회계에서 거둔 수익의 일정 부분을 새로운 프로젝트에 투자하면 경영자들이 지금 하고 있는 사업에서 수익을 내도록 격려하면서 그들에게 사업을 키우고 위험을 떠맡을 기회를 줄 수 있어. 인내심과 믿음이 있어야 가능한 일이지만 잘만 되면 효과가 좋아.

경비를 낮춰라.

항상 명심해야 할 사항이지. 사업을 운영하는 데는 경비가 은근히 많이 들어서 까딱하면 집에서 쫓겨날 수도 있어. 새롭게 만든 회사든 오래된 회사든 경비가 갈수록 '몰래' 늘어나는 일은 피할 수 없어. 서서히 그렇게 되지. 따라서 정기적으로 체크해서 불필요한 비용을 줄여야 해. 그렇다고 죽는소리를 낼 때까지 꽉 쥐어짜서는 곤란하겠지.

보너스 정하는 것은 반드시 직접 해라.

나는 멍청하게 한 번 이런 일을 남한테 맡긴 적이 있는데, 1년 후 우리 회사는 이윤을 아주 적게 낸 여섯 명의 임원들에게 터무니없이 많은 보너스를 어쩔 수 없이 줘야 했어. 그들 중 네 명은 자발적으로 보너스의 절반을 돌려줬어. 그들도 너무 많은 금액이라고 생각했던 거지. 다른 두 명은 보너스를 그대로 갖겠다고 고집을 피웠어. 그들은 지금 내 밑에서 일하고 있지 않아. 앞으로도 그럴 일은 없을 거야. 하지만 이건 전적으로 내 잘못이야. 직접 챙겨야 할 일을 다른 사람한테 맡겼으니까.

임원들에게 보너스를 지급할 때는 공동 실적도 고려해라.

임원들에게 지급되는 연말 보너스의 일부는 공동 실적에 따라 산정해야 해. 보너스 전체를 이렇게 해서는 물론 안 되지만 동료들 사이의 압박은 훌륭한 자극이 될 수 있어. 임원 중 한 명이 게으름을 피운다는 것을 다른 동료들이 깨닫게 되면 한 명 때문에 자신들의 보너스가 삭감될 수도 있으니까 주의를 주겠지. 그것도 아주 강력한 주의를.

잘한 일은 칭찬해줘라.

시시하게 일했는데도 마구 칭찬해서는 안 돼. 직원들은 평범한 것과 비범한 것을 구분할 줄 아는 상사를 존경하는 법이야. 모든 직원이 인센티브 보너스나 당근에 반응을 보이지는 않는다는 것을 기억해. 그들은 뇌물보다는 인정받기를 원해.

농땡이 치는 자, 무능한 자, 아부를 떠는 자, 명예욕에 사로잡힌 자는 가차 없이 잘라라.

이런 자들을 해고하면 당신 기분이 좋아지고, 직장 분위기도 좋아질 뿐만 아니라, 직원들 사기 또한 올라가는 법이지.

회사 소유의 특전을 제공하는 데 냉담하게 처신하라.

이것도 모이면 상당한 돈이야. 이 문제에 있어서 내 태도가 극도로 낡아빠졌다고 말할 수도 있지만, 회사 앞으로 되어 있는 신용카드와 휴대전화, 회사 경비로 가는 여행과 회식, 1등석 비행기 티켓은 여전히 부정적으로밖에 보이지 않아.

흥청망청 노는 것은 피하라.

사기를 진작시킨다고 판매 팀원들을 겨울에 플로리다로 데리고 가서 거창한 강연을 열어줘봤자 해변에서 놀면서 다 잊어버릴걸. 이런 데 돈 쓰지 마. 판매부장이 꼭 가야 한다고 고집을 피워도 무시해. 대신 조용한 곳에서 하루 정도 판매 팀원들이 고객들에게 제품을 소개하는 실력을 높일 수 있는 자리를 마련해봐. 유명한 연수원에서 판매 교육을 받게 하는 것도 좋고.

당신이 직접 돈을 대서 직원들에게 합법적인 특전을 베풀어라.

이상한 말처럼 들리겠지만 이건 제법 효과가 있어. 나는 가령 직원들이 결혼식 할 때 내 롤스로이스나 벤틀리 자동차를 기꺼이 빌려줘. 실적이 좋은 직원에게는 전 세계에 있는 내 집 중 한 곳에서 묵게 해주기도 하지. 직원들에게 아이가 태어나면 커다란 장난감을 보내줘. (초창기에는 이렇게 했는데 지금은 태어나는 아이들이 너무 많아서 곤란해) 내가 세금을 다 내고 남은 돈으로 베푸는 것이기 때문에 이런 특전은 법적으로도 문제가 안 돼.

모범을 보여라.

사무실에 근사한 가구를 들여놓고 멋진 미술작품과 우아한 페르시안 양탄자로 멋을 부리고 싶다면 개인 돈을 들여서 그렇게 해. 칸막이 방에서 일하는 하급 관리자가 당신의 방을 보고 회삿돈으로 그렇게 했다는 것을 안다면, 어떻게 그가 절약하기를 바랄 수 있겠어? 사치품이 있고 없고가 문제가 아니라 누구 돈으로 그렇게 했느냐가 중요해.

임원과 일 대 일로 만나 연말 목표액을 넘어서도록 격려해줘라.

여러 명이 참석하는 임원 회의에서보다는 일 대 일 미팅에서 재정 결산을 보고 격의 없이 의견을 표명하는 것이 더 큰 효과를 발휘해. 이렇게 하면 분명 뭔가 깨닫게 되거든.

경영자들을 믿고 지원해줘라.

위임에는 책임이 따르는 법. 공개적으로 경영자들을 믿고 지원해줘. 그들이 제대로 하지 않으면 개인적으로 불러서 진지하게 말해주고. 그래도 제대로 안 하면 그때는 해고해야겠지. 하지만 그들을 깎아내리지는 마. 동료들을 험담하는 경영자들이 있으면 호되게 야단쳐. 사람들의 자존심과 자신감은 대부분 바깥세상이 믿는 것보다 훨씬 나약한 법이야.

인재를 발굴하고 기회를 줘라.

인재는 겉에다 나 인재요 하고 써 붙이고 다니지 않아. 자신의 의견을 제대로 표현하지 못하거나, 수줍음이 많을 수도 있어. 인재는 캘빈 클라인 정장을 입고 회의장에서 파워포인트 그래픽으로 딱 부러지게 프레젠테이션하는 그런 사람만이 아니야. 당신 회사에서 일하는 티셔츠를 입고 다니는 낮은 직급 사람도 인재일 수 있어. 인재를 찾아내는 경영자에게 보상을 내걸어. 인재를 발견하면 테스트하고 능력을 키워줘. 쓰러질 때까지 일을 시켜. 더 많은 일거리를 주고 책임을 맡겨. 칭찬해주고 보상해줘. 그러면 당신한테 돈이 마구 쌓일 거야.

경쟁사의 인재와 대화를 나눠라.

아무리 봉급을 많이 받고 좋은 대우를 받는 경쟁사 직원이라도 퇴근 후 같이 술 한잔하자는 제안을 거절한 경우는 이제까지 한 명도 없었어. 이런 자리를 갖다 보면 경쟁사가 무슨 일을 벌이는지 잘 알 수 있어. 게다가 이렇게 만난 친구들 가운데 좋은 인상을 받아 나중에 빼내오는 경우도 종종 있었어. 인재를 모으는 것보다 사업에서 더 중요한 건 없어. 수익은 대충 정해져 있고, 그것을 내 몫으로 만드는 것은 바로 인재들이야.

비밀주의를 배격해라.

중간급, 임원급 경영자들에게 정보를 많이 털어놓을수록 그들은 당신을 더 존경하고 더 열심히 일할 거야. 많은 경영자가 이런 정책에 반대하는데, 이는 남들이 모르는 것을 자기만 알 때 생기는 권력을 좋아하기 때문이야. 나는 그런 권력에는 관심이 없어. 내가 관심 있는 것은 오직 부자가 되는 거야.

협력업체에도 수익을 조금은 나눠줘라.

연간 수익의 일부는 중요한 협력업체를 접대하는 데 써. 혹은 그들이 당신을 접대하게 하든가. 그들이 마음에 든다면 당신 집으로 초대하는 것도 좋아. 우리는 주요 고객을 방문하는 것을 중요하게 생각해. 그런데 거래처를 기억하는 것도 중요해. 그러다 보면 중요한 시장 정보를 얻을 수도 있어.

라이벌을 험담하지 마라.

이건 당신이 멍청하고 허약하다는 신호밖에 안 돼. 나는 가능하면 번거롭더라도 라이벌을 칭찬하려고 노력하는 편이야. 그들이 칭찬받을 만한 경우도 있지만, 더 중요한 건 그들이 조만간 내가 한 말을 듣게 된다는 거지. 굳이 그들을 적으로 돌려세울 필요는 없잖아. (그들이 당신만큼 자기 회사에 대한 소유권을 많이 확보하지 못한 사실에 대해서는 속으로만 불쌍히 여기라고)

빨리 매각해라.

당신이 기업가 성향이라면 경영하고 있는 사업의 자산을 불리느라 허우적대서는 진짜 돈을 모을 수 없어. 당신은 경영자가 아니라 부자가 되려는 사람이야. 자산 가치가 정점에 달했을 때 기회를 놓치지 말고 잽싸게 매각해. 가치가 계속 올라가는 것은 아니니까 말이야. 상황이 좋을 때 손을 떼고 새로운 모험을 찾아 나서. 자산을 계속 붙들고 있어봐야 돈만 낭비할 뿐이야. 사실 나도 그러지 못했어. 그게 나의 가장 큰 결점이지.

돈 버는 일 자체를 즐겨라.

재산은 표식일 뿐이야. 시간은 되돌릴 수 없어. 매일매일 끙끙앓으면서 손에 넣어야 할 만큼 그렇게 가치가 있는 건 이 세상에 없어. 지금 하고 있는 일이 마음에 들지 않으면 집어치

우고 새 일을 찾아봐. 자신을 비참하게 몰아가면 미쳐버릴 수
도 있어. 치료 방법은 그냥 훌쩍 벗어나는 거야.

자산을 홍보할 기회가 있으면 절대 놓치지 마라.

내가 쓴 시집을 사서 읽어봐.《절반의 물잔(A GLASS HALF
FULL)》도 좋고《외로운 늑대(LONE WOLF)》도 좋고 두 권을 다
사면 더 좋지. 동네 서점에 없으면 'www.felixdennis.com'
에서 살 수 있어. 낭송 CD가 딸려 있는데, 어쩌면 내 시집을
읽고 당신의 인생이 완전히 바뀔지도 모르는 일이잖아. (미안
해. 유혹을 참을 수 없었어)

15장

혼자서는 부자가
될 수 없지!

속된 자들은 남들을 따라 하다가 실수를 하고
배운 자들은 남들과 다르고 싶은 생각에 대중을 경멸하지.
그래서 만약 군중이 우연히 옳은 길을 간다면
그들은 고의로 잘못된 길을 가지.

■ 알렉산더 포프, 《비평론》

목표에
집중할 것

학습에 관해 알렉산더 포프는 불멸의 구절을 남겼어. 그는 조금 아
는 것이 얼마나 '위험한 일'인지 잘 알고 있었어. 몇몇 사람들이 상당
한 성공을 거둔 이후에 보이는 행태에 대해서도 같은 말을 할 수 있
어. 한마디로 성공에 눈이 머는 거지.

　나도 그처럼 성공에 눈이 멀었던 적이 많아. 사실 그런 일들을 기
억에서 들추는 것 자체가 끔찍하게 싫지만 뭐 어쩌겠어. 이야기하기
로 마음먹었으니 들추어내야겠지. 무슨 일이야 생기겠어? 만약 어

떤 사람이 운 좋게 골을 넣어 돈을 조금 버는 것을 보고 갑자기 당신이 축구의 신이 되려고 열을 올린다고 상상해봐. 제2의 펠레나 마라도나 같은 존재 말이야. 그렇다면 당신은 초점을 잃은 거야.

당신이 얻으려는 게 뭐야? 당신은 부자가 되고 싶어 해. 이것이 바로 당신이 벌이는 일의 초점이 되어야 해. 부자가 되는 것 말이야. 세계에서 가장 유명한 운동선수가 되려는 게 아니잖아. 신문 발행과 방송 사업에서 루퍼트 머독과 대결하려는 것도 아니고, 구글 검색 창에 당신 이름을 입력하면 수천 가지 결과가 뜨는 것도 당신의 목표가 아니야. 당신은 부자가 되고 싶어. 그것도 합법적으로, 그리고 가급적 빨리 말이야.

그게 바로 우리의 목표야. 불행히도 존 레넌이 지적했듯, '다른 계획들을 세우느라 바빠서 정작 중요한 일은 놓치는 게' 우리 삶이야. 나도 그랬고, 내가 아는 다른 사람들도 그랬어. 부자 되기에 집중해야 한다는 것을 잊고 성공을 거둔 첫 번째 일에 매달리는 것은 흔히 저지르는 실수야.

내가 왜 잡지 발행인이 됐을까? 잡지를 좋아해서? 아니야. 1967년 런던의 번화가 킹스 로드에서 히피 잡지를 팔면서 자그마한 성공을 맛보았기 때문이야. 바로 그거야. 한 번에 2실링 6펜스면(반은 내 몫이고 반은 오너인 리처드 네빌의 몫이었지) 리듬앤드블루스 드러머나 번화가의 쇼윈도 장식가로 일하면서 버는 것보다 더 많이 벌 수 있겠다고 생각했지. (맞아, 당시 난 옥스퍼드 스트리트 가게의 진열장을 장식해주는 일을 했어. 그게 어때서?)

킹스 로드에서 잡지를 판 뒤 리처드 네빌의 아파트에서 서로의 몫을 나누면 내 가방에 100파운드 정도 남는 날도 있어. 100파운드라! 당시 내가 아는 그 누구도 2주 동안 100파운드를 벌지 못했어. 그런데 나는 그 돈을 하루에도 벌 수 있었어. 그래서 잡지 발행인이 됐지. 그건 좋은데 그만 목표를 잊고 말았어. 부자가 되려는 목표 말이야. 대신 세계 최고의 잡지 발행인이 되려고 결심했어. 그리 똑똑하지 못한 생각이었지.

왜 그럴까? 우선 너무 오래 걸리는 일이었고, 그 일 때문에 좀 더 돈이 되는 다른 일들을 못 했으니까. 나는 1982년에야 수백만 파운드를 벌었어. 그때 내 나이는 서른다섯이었지. 세상에! 서른다섯이면 이제 앞으로 살날이 반밖에 안 남은 거잖아.

나 정도의 재능이면 스물다섯이나 스물여덟 정도에 그 정도 돈을 벌었어야 해. 내가 천성적으로 타고난 잡지 발행인이라는 확신 때문에 그렇게 못 했던 거지. 실로 멍청했어. 8~9년은 페트루스나 레치나 같은 고급 와인을 마시면서 느긋하게 보낼 수도 있었는데 말이야. 나 자신이 잡지를 발행하는 일을 사랑하게 됐다고 믿었던 게 실수였어. 그 자체가 비극이라고 할 수는 없지만, 잡지 사업에 매달리느라 돈을 벌 수 있었던 다른 사업들을 외면했으니 안타까운 일이긴 했지.

당신에게 기업가적 기질이 있다면 어떤 사업에서도 돈을 벌 수 있을 거야. 하지만 나는 돈이 되는 사업에 뛰어들지 않고 상대적으로 빈곤한 종이 잡지 사업을 열심히 파고들었어. 이 점을 명심하라고.

개인적으로는 마음 아픈 일이지만 새겨듣도록 해. 부자가 되려거든 부가 모이는 사업으로 뭐가 있는지 신중하게 둘러봐. 그래서 돈이 되는 사업에 뛰어들어. 그리고 거기에 노력을 집중해. '돈이 여기 있소' 하고 표시된 곳에.

개인적으로 의심이 많이 가지만 행여 내가 평생을 바쳐 해온 일이 가치 있는 것이었다고 치자고. 그렇다고 내가 자식들을 잡지 사업에 뛰어들게 해야 할까? 농담이 심하군.

잡지 사업이 뭐지? 내가 하는 일은 수백만 그루의 나무들을 베어내고 펄프를 고르게 편 다음 양면에 문자와 이미지를 인쇄하는 일이야. 그렇게 만들어진 제품을 디젤을 잡아먹는 트럭에 싣고 가게에 갖다 나르면 60퍼센트 정도가 고객들에게 팔리지. 남은 잡지는 다시 디젤 트럭에 싣고 공장에 가져와서 잘게 잘라 연료로 쓰거나 박스 포장지로 재활용해. 그게 바로 잡지 사업이야. 이게 멋진 사업처럼 들려? 전혀 그렇지 않을 거야. 내가 장성한 내 아이들이 그런 사업에 몸담게 놔둘 것 같아? 절대 어림없지. 잡지 사업은 몇십 년 안에 시들해질 거야. 잡지 사업은 이미 성장이 끝난 부문이야. 운이 좋아 독점하지 않는 한 큰돈을 벌 가망이 없어. 그런 면에서 나는 운이 좋은 편이었지.

그렇다면 나는 어떤 사업에 마음이 끌렸어야 했을까? 컴퓨터 소프트웨어, 테크놀로지, 닷컴 창업, 유선·위성 방송, 부동산, 환경 폐기물 처리, 대체 에너지, 상인 은행업 등등 내가 잡지 말고 이런 사업에 손을 댔더라면 짧은 시간에 훨씬 많은 돈을 벌었을 거야. 이런 사업에 대해 뭘 좀 아느냐고? 전혀. 하지만 1967년에 나는 잡지에 대해 아무것도 몰랐어.

이게 바로 집중의 힘에 관한 첫 번째 교훈이야. 부자가 되고 싶다면 항상 목표를 주시해. 그리고 절대 목표를 잊지 마. '돈이 여기 있소' 하고 표시된 사업을 잡아.

타이밍의 문제

좋은 타이밍을 대신할 수 있는 건 없어. 여기에는 항상 운이 작용하지만 그 운이라는 것도 스스로 만들어낸 경우가 많지. 나는 내 친구 돈 아티요와 함께 오래전에 두 권의 전기를 집필한 적이 있어. 첫 번째 전기는 무술 영화 스타 이소룡에 관한 책이었어. 우리는 보수적인 출판인 올리버 칼데콧이 운영하는 런던의 와일드우드 하우스라는 작은 출판사에서 책을 내기로 하고 보잘것없는 액수의 선금을 받았어. 올리버는 친절한 사람으로, 이소룡 전기를 최초로 내면 수천 권은 팔 수 있으리라 생각했지. 당시 이소룡은 홍콩과 영국에서 숭배의 대상이었거든.

그 무렵 돈 아티요와 나는 빈털터리였어. 우리는 쿵후는 물론 이소룡에 대해서도 전혀 몰랐어. 그렇다고 둘 다 영화를 좋아한 것도 아니고, 이전에 책을 써본 적도 없었지. 이런 우리가 이소룡 전기 집필을 맡겠다고 나선 이유는 다음과 같았어.

1. 우리가 생각해낸 아이디어였다.

2. 각자 타자기가 있었다.

3. 우리는 아시아에 가본 적 있었다.

4. 둘 다 돈이 궁했다.

와일드우드 하우스와의 합의에 따라 올리버가 홍콩, 영국, 캐나다, 뉴질랜드, 호주에서 우리가 쓴 전기를 출판할 권리를 갖기로 했어. 이 계약에 다른 나라는 언급되지 않았는데, 그것은 책의 출판을 원하는 다른 나라가 있으리라고는 생각지 못했기 때문이야.

돈과 나는 조사에 몰두했어. 빠듯한 예산으로 홍콩을 방문해서 인터뷰 자료를 엄청나게 모은 뒤(거짓말 같겠지만 이소룡과도 직접 인터뷰했어) 런던의 소호에 있는 내 아파트로 돌아와 타이핑하기 시작했지. 집필이라는 말보다는 타이핑이라는 말이 더 적절한 표현이야.

예술적 야망과는 거리가 먼, 돈벌이를 위한 작업이었어. 하지만 재미있었고 무엇보다 우린 돈이 필요했어. 그때 기가 막힌 타이밍에 마주친 거야. 우리에겐 실로 그랬지. 1973년 7월 홍콩에서 이소룡이 갑자기 죽었어. 하룻밤 사이에 그는 전 세계적인 슈퍼스타가 됐지. 그리고 그때 우리는 그의 전기를 거의 다 써가고 있었는데, 당시로선 그에 관해 쓰인 첫 번째 전기였어.

세상은 이소룡 마니아로 들끓기 시작했어. 그가 출연한 영화들은 수많은 나라에서 엄청난 관객들을 모았지. 잠시였지만 그는 세상에서 가장 유명한 사람이 됐어. 대부분의 영화가 한두 대륙에서만 관객들을 끄는 데 비해 이소룡은 유럽과 미국은 물론 아프리카, 남미, 인도, 중미, 중동, 아시아 가릴 것 없이 스타였어.

내 요청으로 돈은 비행기를 타고 다시 홍콩에 갔어. 비행기 표를 살 돈이 없어서 올리버가 우리에게 돈을 빌려주었지. 이소룡이 죽은 병원에 갔던 돈은 사건의 내막을 알게 됐어. 의사와 간호사들을 인터뷰하고 이소룡의 정부와 양아들을 만나면서 그가 죽은 날 무슨 일이 일어났는지 상황을 파악한 거야. 물론 사진도 잔뜩 입수했지.

그것은 충격적인 이야기였어. 팬들이 그의 죽음을 수상쩍게 여겼기 때문에 더더욱 흥미를 끌었지. 그 와중에 추문회와 이소룡의 부인 린다가 운영하던 골든 하베스트 영화사는 이소룡의 명성을 보호하기 위해 없는 얘기까지 만들어냈어. 그가 정부의 아파트에서 죽었기 때문에 충분히 이해 가는 일이었지. 한편 범죄 조직이 그의 죽음에 관여했다거나, 심지어 초자연적인 힘 때문에 그가 죽었다는 소문이 온통 홍콩을 휩쓸었어. 이런 소문은 전 세계로 퍼져 나갔어. 그리고 국제적인 미디어 이슈가 됐어.

유명한 사람이 죽으면 항상 음모론과 관련된 소문이 퍼지기 마련이야. 인간의 본성이 원래 그래. 그런데 이소룡의 경우에는 그게 특히 심했지. 그런 소문은 그의 영화에 대한 전 세계 사람들의 관심을 더욱 부채질했어. 그 덕에 센트럴 런던의 슬럼가에서 궁핍하게 지내던 돈 아티요와 펠릭스 데니스는 일약 이소룡 '전문가'가 됐지.

이봐! 그 사건을 취재하는 데 뛰어든 세계 곳곳의 기자들에 비하면 우리는 정말로 전문가였어. 돈이 홍콩에서 돌아왔을 때 가방 안에 잔뜩 넣어온 인터뷰 테이프와 사진들은 그야말로 복덩이였지. 골든 하베스트 자료들이 많았고, 추문회는 홍콩에서 가장 영향력 있는 인사였으니까. 전 세계의 상업 미디어들이 홍콩에 몰려갔을 때는 이미 한발 늦었어. 무엇보다 인터뷰할 사람이 없었어. 이소룡의 부인, 정부였던 정패, 제작자, 가정부, 운전사, 촬영장 동료, 병원 직원, 그 외에 이소룡과 관련된 사람들과 영화사 모두가 입을 다물었으니까. 우리는 절묘한 때 들어갔다가 나온 거야.

우리는 일사천리로 책 작업을 끝냈고 와일드우드 하우스가 영국에서 출판한《이소룡: 쿵후의 제왕》은 수많은 이소룡 열성 팬들을 흥분시켰어. 영국의 논픽션 베스트셀러 목록에 곧바로 진입했지. 와일드우드 하우스는 처음으로 베스트셀러를 갖게 됐어. 그리고 돈과 나는 호주머니에 돈을 챙겼고.

이렇게 절묘한 타이밍을 잡은 덕분에 들어온 돈은 정말 엄청난 정도였어. 이소룡에게는 미안한 일이지만 말이야. 나는 우리가 쓴 전기를 전 세계의 많은 나라, 그러니까 유럽 전역과 아프리카, 중남미, 중동, 아시아, 그리고 가장 중요한 시장인 미국에서 출판할 권리가 내게 있다는 사실을 불현듯 깨달았어. 게다가 책의 디자인을 우리 회사가 했으니 원판과 식자도 갖고 있었지. 나의 오랜 친구이자 변호사인 앤드루 피셔와 출판 대리인인 애브너 스타인과 냇 소벨은 엄청 바빠졌어.

그 결과 돈의 호주머니, 내 호주머니, 앤드루의 호주머니, 출판 대리인의 호주머니, 회사 호주머니에 해외에서 출판된 우리의 책이 거뒤들인 돈이 쏟아져 들어왔어. 책은 독일어, 프랑스어, 이탈리아어, 포르투갈어, 네덜란드어, 그리스어, 아랍어, 스페인어 등으로 번역됐어. 이 책은 또한 미국의 음악 잡지 〈롤링 스톤〉을 창간한 나의 영웅 잰 워너를 다시 만날 기회를 만들어주었어.

잰의 단행본 출판사인 스트레이트 애로가 미국 판권을 샀어. 디자인은 존 굿차일드가 새로 작업했는데, 그는 내가 〈오즈〉에서 일하던 시절에 잡지 디자인이 어떤 건지 내게 가르쳐준 사람으로 당시 샌프란시스코에 살고 있었어. 《이소룡: 쿵후의 제왕》은 미국에서도 날개 돋친 듯이 팔려나갔어. 스트레이트 애로에서 출간된 책 중 가장 많이 팔린 책이라는 이야기를 들었지.

이게 모두 다 이소룡의 후광 덕분이었어. 그 덕에 나는 처음으로 큰돈을 만질 수 있었고, 이를 발판으로 사업에 성공할 수 있었어. 쿵후 잡지를 만들고 이소룡 기념품 우편 주문 판매 사업을 벌였는데, 우편 주문 일은 그 방면에 경험이 많은 내 학창 시절 친구 브루스 소퍼드가 맡았어.

1973년 후반부터 1974년까지 쓰러져가는 내 사무실 앞으로 1,000자루가 넘는 우편물이 배달됐어. 우체부는 엄청난 우편물 양에 화가 나서 제일 위층 사무실까지 갖다 주지 않고 그냥 현관에 던져놓고 갔지. 한창때는 하루에 여섯 자루씩 우편물이 배달됐어. 자루마다 우편환과 수표, 돈이 든 봉투가 가득했는데 합치면 1만 달러 정도 됐어. 매일 이런 상황이 되풀이됐지.

기막힌 타이밍은 또 있었어. 한 텔레비전 프로그램 진행자가 영국 전역에 방송되는 자신의 쇼에서 우리 회사에서 판매한 이소룡 기념품을 깎아내렸던 거야. 기념 세트 상품이었는데 돈에 비해 가치가 형편없다고 몰아붙였지. 마치 가족 한 명이 죽은 것같이 애처로운 목소리를 내며(그녀는 독실한 척 건방 떠는 꼴불견이었어) 기념 세트에서 물건들을 하나씩 꺼내 카메라 앞에 보여주더군. 영국 이소룡 협회 가입 신청 카드, 사진들, 배지와 스티커 등등 해서 여덟 가지 정도의 물건이 들어 있었어.

다음 날 이소룡 기념 세트 주문량은 평소보다 1,000건 더 늘었어. 우체국에 직접 가서 우체부가 자루를 카트에 싣고 거리까지 운반하는 것을 도와야 했지. 그 자루 안에 상당한 돈이 들어 있었는데, 우체국에서 분류하느라 며칠 늦어지는 것을 기다릴 수 없었거든.

이것이 바로 타이밍이 갖는 힘이야. 돈과 나는 시간이 가면서 점차 나아지긴 했지만 글솜씨가 그리 좋은 편이 아니었어. 조사를 열심히 하는 기자 타입도 아니었지. 우리 회사는 안정적인 잡지는 고사하고 팸플릿도 겨우 찍어낼 정도로 열악한 사업체였어. 와일드우드 하우스는 베스트셀러와 거리가 멀었지. 우리는 가난했어. 경험도 없었어. 그런데도 우리는 떼돈을 벌어들였어. 부자 되기를 원하는 모든 사람이 타이밍 면에서 운이 좋은 건 아니야. 그런데 우리의 경우 좋은 타이밍을 잡을 수 있었던 건 대체 무슨 까닭일까? 나는 세 가지 이유가 있다고 봐.

첫째, 넘어져서 죽은 유명인사를 제때 만날 수 있었던 기막힌 운이야. (그가 어떻게 죽었는지 알고 싶다면 중고서점에서 우리가 쓴 책을 한 권 사서 읽어봐. 그리고 다른 사람의 말은 믿지 마. 우리는 병원 의사와 직원들과 직접 만나서 인터뷰했고, 풍수지리가 좋지 않았느니, 삼합회 조직이 연루됐느니 하는 말도 안 되는 음모론은 만들어내지도 않았으니까)

둘째, 우리는 본능을 따랐어. 경험도 부족하고 자격증도 없었지만 미친 아이디어를 끈질기게 붙들고 늘어졌어. 하긴 당시에 자격증을 가진 사람이 얼마나 됐겠어.

셋째, 우리는 대단한 속도로 행동에 나섰어. 우리는 적절한 때 적절한 곳에 있었지. 이소룡이 죽은 순간부터 조금도 늦장을 부리지 않았어. 책을 완성하고, 해외판을 만들어 팔고, 미국 출판권을 팔고, 수많은 잡지를 내고, 우편 주문 상품을 개발하고 제작해서 수만 명의 팬들에게 판매하는 일을 몇 주 만에 다 해치웠지. 이 모든 것은 결국 무슨 뜻일까? 완벽한 타이밍이라는 모습으로 등장한 운을 잡자마자 한곳에 집중해서 일했다는 뜻이야.

그렇다면 내가 저지른 실수는 무엇이 있지? 많았어. 초창기에 잡지를 충분히 만들지도, 기념품을 충분히 개발하지도 못했어. 1~2년 후에 우리 회사는 '이소룡 기념 컨퍼런스'를 개최했고, 캐세이퍼시픽 항공사와 손잡고 홍콩 관광 상품을 개발해 팬들에게 판매했어. 수익이 짭짤했지. 그런데 이런 상품을 6개월 이내 개발했다면 훨씬 많은 돈을 벌었을 거야. 가장 큰 실수는 또 다른 책을 써서 출판하지 않았다는 거야. 글 쓸 자료는 충분히 많았거든. 기자 친구 두어 명에게 약간의 돈을 쥐여준 다음 대필을 부탁할 수도 있었어. 분명히 베스트셀러가 됐을 거야. 하지만 당시 나는 스스로 전기 작가라는 착각에 빠져 있었어. 어처구니없게도 우리가 쓴 전기가 위대한 작품이라고 착각한 거지. 와일드우드하우스나 다른 출판사에서 《누가 이소룡을 죽였나?》라는 제목의 책을 냈어야 했어. 그리고 이번에는 공동 출판사로 우리 회사 이름을 올렸어야 했지. 그 정도 책이면 재빨리 만들어지기만 한다면 전 세계적으로 수백만 권은 팔릴 테니까.

이게 다 경험이 없고 앞서 언급한 함정에 빠졌기 때문에 저지른 실수야. 집중력을 잃은 것도 문제였지. 새로운 책을 내기만 하면 무조건 팔려나갈 텐데 잡지 같은 데로 눈을 돌렸으니 말이야. 심각한 실수였지. 집중력 상실. 누가 알겠어? 언젠가 다시 기회를 잡을지. 하지만 1974년에 대필을 맡겨 책을 냈더라면 벌어들였을 막대한 돈은 영영 이별이야.

적절한 환경을
조성할 것

혼자 힘으로는 결코 부자가 될 수 없어. 누구도 그럴 수 없어. 적절한 환경을 조성하거나 그런 환경에서 일할 때 부자가 되는 거야. 인간은 협력하고 서로 다투면서 살아가는 존재야. 이웃끼리 서로 작당해서 당신을 외면하고 누구도 당신을 만나주지 않는다면, 당신의 말을 듣지도 않고 당신에게 물건을 사거나 팔지 않는다면 당신은 돈을 벌수 없어. 혼자서는 돈을 벌 수 없지. 부자가 된다는 것은 재빠른 손놀림으로 만들어내는 속임수인데, 청중은 없고 자신을 볼 수 있는 거울뿐이라면 아예 그 속임수를 쓸 기회조차 없으니 부자와는 영영 이

별인 거지.

지폐 자체가 착각이야. 당신이 평생 가도 만나지 못할 사람, 결코 가보지 못할 은행, 전혀 상관없는 정부에서 보증하는 약속일 뿐이지. 50파운드짜리 지폐나 100달러짜리 지폐는 그 자체로는 양면에 멋진 인쇄가 되어 있는 종잇조각에 불과해. 신용카드도 당신이 시계나 자동차, 요트, 집을 살 수 있게 약속해주는 작은 사각형 플라스틱에 불과해. 당신이 은행과 거래하거나 지폐와 신용카드를 사용한다면 집단적인 착각에 동조하는 거야. 찰스 매케이가 "대중의 미망" 혹은 "군중의 광기"라 부른 것에 이미 동의했다는 얘기지. 혼자서는 그런 걸 사용할 수 없어. 마법이 작동하려면 다른 사람들도 똑같이 그것을 믿어야 해.

충분한 사람들이 단기간의 미망을 공유한다면 하룻밤 만에도 엄청나게 큰돈을 벌 수 있어. 17세기 중반 네덜란드에서 불었던 '튤립 열풍'이 대표적인 예야. 튤립은 광기가 휘몰아치기 전에 40년 동안 네덜란드에 수입품으로 들어왔는데, 1635년 사람들이 튤립 뿌리 하나를 얻기 위해 갖다 바친 귀중한 물품들은 다음과 같아.

밀 4톤
호밀 8톤
침대 하나
황소 네 마리
돼지 여덟 마리

옷 한 벌

와인 두 상자

맥주 4톤

버터 2톤

치즈 1,000파운드

은으로 만든 술잔 하나

위의 품목들을 현재 가치로 계산하면 5만 달러가 넘어. 그게 당시 튤립 뿌리 하나의 가격이었어! 연극이 막을 내리면 거액을 번 사람과 잃은 사람이 생기지. 몇 년 만에 튤립 뿌리의 가치는 오늘날 1달러가 채 못 되는 정도까지 떨어졌어. 이게 바로 사람들이 단기간의 미망에 집단으로 크게 빠져들 때 일어나는 경이로운 일이야.

마찬가지로 동료들과 공모자, 그리고 한두 명의 전문가에게 도움을 받지 않고 개인이 순전히 자신의 힘으로 부를 얻는 것은 거의 불가능해. 당신이 사업을 한다면 조만간 변호사가 필요할 거야. 공인회계사 없이 사업에 뛰어드는 건 바보짓이야. 그리고 당신의 아이디어나 재능을 믿고 함께 일해줄 사람들도 필요해.

가끔 사악한 천재가 인터넷이 연결된 컴퓨터 한 대로 온 세상의 돈을 전부 훔쳐내는, 007 영화에나 나올 법한 일을 상상해. 하지만 이런 일조차 순전히 개인 혼자서는 꾸밀 수 없어. 어쨌든 사악한 천재라도 그가 컴퓨터로 나쁜 짓을 할 동안 금괴를 지켜줄 사람이 필요하고, 그보다 먼저 컴퓨터를 만든 사람이 있어야 그런 일이 가능하겠지. 그의 나쁜 행위가 파문을 일으킬 수 있게 인터넷을 발명한 사람도, 그리고 인터넷을 사용해서 그가 벌일 악행의 희생자가 될 엄청나게 많은 사람도 필요해. 게다가 악의 하수구가 막힐 때 막힌 곳을 뚫어줄 앞잡이들도 고용해야 해. 무슨 얘긴지 알겠어? 혼자서는 할 수 없다는 소리야. 환경을 조성할 필요가 있어.

그렇다고 근사한 사무실을 얻고 모든 장비를 제대로 갖춰야 한다는 말은 아니야. 사업을 하는 것과 관련된 환경에서 가장 중요한 요소는 인적 자원이야. 사업을 막 시작한 사람이든 업계에 깊숙이 발을 들여놓은 사람이든 인적 자원은 대단히 중요해. 훌륭한 인재를 얻기 위한 노력을 게을리하지 않는다면 부자가 될 확률을 대단히 높이 끌어올릴 수 있어.

멍청한 사람들은 고용하기 쉬워. 세상에는 멍청한 사람들이 넘쳐날 정도로 많지. 그들 중 많은 이들은 몹시도 성격이 밝아서 아침마다 당신에게 사랑스러운 미소를 보낼 거야. 하지만 그런 사람들은 당신이 부자가 되는 데 도움이 되지 않아. 사업 초창기에는 이런 사람들은 절대적으로 피해야 해. 당신에게 필요한 사람은 똑똑한 사람, 교활한 사람, 능숙한 사람이야.

그나저나 똑똑하고 교활하고 능숙한 사람들이 왜 당신 같은 얼간이를 위해 일하지? 간단해. 똑똑하고 교활하고 능숙한 사람들은 대개 위험을 꺼려. 반면 부자가 되기로 작정한 당신은 위험을 꺼리지 않지. 믿거나 말거나 당신이 부탁하면 당신보다 훨씬 똑똑한 사람들이 당신 밑에서 일하겠다고 찾아올 거야. 못 믿겠다고? 그렇다면 내가 이 책을 잘못 썼나 보군. 내가 특별히 똑똑한 사람 같아? 아닐걸. 나는 똑똑한 사람이 못 돼. 그 정도는 나도 알아. 대학 근처에도 못 갔고, 학교는 졸업도 하기 전에 쫓겨났지.

당신은 똑똑할 필요가 없어. 능숙하지 않아도 돼. 약간의 교활함과 부자가 되려는 확고한 의지만 있으면 돼. 당신보다 훨씬 똑똑하지만 위험을 꺼리는 자들에게 적절한 대우를 해주고 승진시켜주고 같은 방향을 가도록 이끌어주면 그들은 당신의 배를 멋지게 몰아줄 거야. 분명한 사실이야. 내가 바로 그랬으니까.

같이 일하자고 그들을 설득하는 것은 문제가 아니지만, 가치 있는 사람과 그렇지 않은 사람을 구별하는 것은 꽤 힘든 일이야. 다들 비슷비슷하게 보이거든. 그래서 바로 여기에 당신의 에너지와 집중력을 쏟을 필요가 있어. 직원들, 동료, 협력업체, 고객 모두가 인적 자원이야. 그들을 가려내는 것은 대단한 솜씨가 필요한 일이야. 돈을 벌 수 있는 적절한 환경을 조성하는 것, 그게 가장 중요해. 다시 말하지만 혼자서는 부자가 될 수 없어.

적절한 환경을 만들려면 노력과 경험과 집중력과 솜씨가 있어야 해. 이 일을 잘 해내면 당신은 자신과 주위 사람들이 놀랄 만큼 쉽게 부자가 될 거야. 반면 이 일을 잘 못한다면 머리가 잘려 나간 병아리처럼 제자리를 맴돌다가 몇 년 후에는 파산하고 말겠지. 물론 이런 결과는 다 당신이 자초한 거야.

'인적 자원'을 고를 때
유의할 점

아래 사항들은 직원들과 거래처를 고를 때 유념해야 할 사항들을 오랫동안 조금씩 정리해둔 거야.

- **직원이나 중요한 거래처는 절대 혼자서 고르지 마라.**

  다른 사람을 면접 자리에 데려가든지 아니면 그에게 따로 면접을 한 번 더 보라고 해. 우리는 모두 본능적으로 자신에게 끌리는 사람을 선택하는 경향이 있어. 대개 자신과 비슷한 사람을 존경하거나 믿게 되지. 이건 좋지 않아. 적절한 사람을 고르려면 다른 사람의 판단을 반드시 참고해야 해. 물론 사업 초창기에는 당신 혼자서 모든 걸 판단해야겠지만.

- **면접 서류만 참조하지 마라.**

  당신 앞에 놓인 자기소개서와 추천서 이외에 다른 것을 찾아보는 것은 대단히 귀찮고 성가신 일이야. 하지만 그럴 만한 가치는 충분해. 직원이라면 이전 직장 사람을 만나보고, 협력업체라면 다른 거래처를 만나봐. 싹싹하게 대하고 그들이 하는 말을 열심히 들어. 이렇게 몇 분 동안만 만나보면 당사자와 몇 시간 이야기하는 것보다 더 많은 것을 얻을 수 있어. 원한다면 직원이나 협력업체가 될 사람에게 당신이 다른 참고인을 만나봤다고 말해줘. 쓸데없는 소리를 최소한으로 줄

일 수 있을 거야. 게다가 그렇게 하면 당신이 자기소개서와 추천서 이외의 것에도 신경을 많이 쓴다는 것을 그들이 알게 되지.

• 메모하고 말은 적게 해라.

나의 취약점이 바로 이거야. 이런 일을 정말로 못 해. 그래도 점차 나아지려고 노력하는 편이야. 노트에 면접 보는 사람이 한 말을 적을 필요는 없어. 횡설수설도 좋아. 당신이 받은 인상과 그들의 반응을 적어둔다면 더욱 좋겠지. 그리고 그들의 말이 중단될 때 던질 수 있도록 질문들을 미리 준비해둬. 그런 다음 본능과 직관이 이끄는 대로 대화의 초점을 잡으면 돼.

말을 적게 하라는 말은 당신도 인터뷰 대상이기 때문이야. 당신이 하는 말을 듣고 상대방도 당신이 어떤 사람인지 판단한다는 뜻이야. 그러니 괜히 입을 열어서 당신에 대해 이러쿵저러쿵 생각하게 만들 건 없잖아. "입을 떼서 일을 크게 만드느니 차라리 입을 다물고 바보 취급을 당하는 편이 낫다"라는 말도 있지. 옛 속담에 틀린 말은 없어.

대화를 시작해놓고 갑자기 어색한 침묵이 흐르는데 잡담조차 건네지 않으면 무례하게 보일 거야. 하지만 당신은 공손하기 위해 면접을 보는 게 아니야. 부자가 되기 위해 면접을 보는 거지.

• 좋은 거래처는 세세한 면을 따지는 회사를 존중한다.

미리 상황을 파악해둔 다음, 거래가와 송장에 이상이 있으면 바로 이의를 제기해. 관계를 시작할 때는 모든 게 잘 돌아가. 그런데 시간이 지나다 보면 수상한 비용이 슬쩍 송장에 올라오지. 그럼 바로 이의를 제기해. 당신 거래처의 라이벌은 어떤 거래가를 적용하는지 계속해서 알아봐. 그래서 거래처가 잘못했으면 당신이 손해 본 금액을 환불해달라고 해. (요즘 쏟아져 나오는 얼치기 서적들을 보면 거래처와 기업의 파트너십을 강조하는데, 그건 다 쓰레기 같은 소리야. 거래처를 망할 정도로 부려먹어야만 부자가 될 수 있다면 나는 당장이라도 그렇게 할 거야. 마음이 편치 않겠지만 어쩔 수 없어. 부자가 되는 데 파트너끼리 사이좋게 손잡고 공생하는 것은 전혀 중요하지 않아. 그리고 내 경험상 훌륭한 거래처들은 엄격한 태도를 존중해. 타당한 이유가 있고 정당하고 결재만 제때 된다면 말이야)

• 봉급을 후하게 줘라. 보너스는 더 후하게 줘라.

코흘리개 애들도 푼돈으로 무엇을 얻을 수 있는지 알아. 귀여운 놈들! 당신 회사가 주는 봉급은 충분히 경쟁력이 있어야 해. 보너스는 유혹적일 정도가 되어야지. 철저하게 능력과 실적을 따르되 후하게 줘야 해. 그래야 직원들이 의욕을 갖고 열심히 달려들 테니까. 봉급만 보고 사람들이 당신 밑에서 일하기로 마음을 먹으리라 기대해서는 곤란해. 다른 유인책이 필요해. 그렇다고 봉급이 시장 상황에 걸맞지 않으면 그것도 문제야. 유능한 사람들이 아예 당신 회사에 들어오지도 않을 테니까. 나도 한동안 이런 실수를 겪고서야 잘못을 바로잡을 수 있었어.

• 지원자에게 적당한 다른 일자리가 있는지 알아봐라.

면접을 보러 온 지원자가 막상 지원한 일에는 적합하지 않지만 회사의 다른 일에는 적격일 것 같은 경우가 제법 있어. 지금 그 일을 맡아서 하고 있는 사람이 있더라도 상관없어. 어차피 사장 자리를 제외하면 회사의 모든 자리는 임시직이니까.

이렇게 일자리를 바꾸는 일은 제법 자주 일어나. 이런 기회를 적극 활용해야 해. 특정한 일자리를 얻지 못한 지원자가 나중에 갑자기 연락받고 다른 일자리를 제안받으면 그보다 더 기쁜 일은 없겠지. 일단은 그들의 명예가 회복될 테고, 직함과 봉급이 지금과 비슷하거나 더 많다면 아마 거절할 사람이 없을걸.

• 반드시 승자만 채용해라.

불운이라는 것은 존재할 수도 있고 그렇지 않을 수도 있어. 하지만 분명한 건 그것이 전염된다는 사실이야! 승자나 승자가 될 것 같은 사람만 채용해. 투덜대고 앓는 소리나 하는 직원은 바로 해고해. 그것도 다 전염되니까. 당신은 돈 버는 것이 모든 사람의 최우선 과제인 분위기를 만들어야 해. 패자와 불평분자는 대개 다른 일에 더욱 신경을 쓰지.

• 개인적인 편견이나 호불호는 무시해라.

말은 쉽지만 실천하기는 어려워. 법적으로 당신은 인재를 채용하는 데 있어서 개인적인 편견을 개입시키지 못하게 되어 있어. 훌륭한 법적 제도일 뿐만 아니라 실제로도 아주 좋은 규정이지. 나와 함께 오랫동안 일해온 유능한 직원들과 동료들 가운데도 처음에는 내 마음에 전혀 들지 않았던 이들이 제법 돼.

인재를 채용하는 데 있어 호불호가 끼어들지 않도록 조심해. 충성심, 효율성, 정직함, 강단, 체력, 이런 것들이 중요하지. 똑똑하고 교활한 품성도 괜찮아. 전문가적 자세는 필수 덕목이야. 세상에서 빛을 보겠다는 욕망은 대학 학위보다 훨씬 가치 있어. 이런 것들이 중요해. 당신이 누굴 좋아하고 누굴 싫어하는지는 전혀 중요하지 않아. 게다가 돈 벌어다 주는 직원은 어찌 됐든 다 좋아하게 되어 있어. 장담해.

• 가능하다면 내부 사람을 승진시켜라.

최근에 내 회사 한 곳의 CEO를 새로 뽑아야 할 일이 생겼어. 내 오랜 친구이자 라이벌 회사의 전직 CEO였던 로빈 밀러가 내게 훌륭한 충고를 해줬어. 외부의 지원자, 즉 다른 회사에서 일하다가 우리 회사의 임원직에 지원한 사람이 내부의 지원자보다 적어도 30퍼센트는 더 훌륭하게 보인다는 얘기였어.

왜 그럴까? 당신은 내부 지원자의 단점을 이미 꿰뚫고 있어. 오랫동안 당신과 함께 일해왔으니 그렇겠지. 반면 외부의 지원자는 과거에 그가 어떤 실수를 저질렀는지 전혀 모르는 상태야. 처음 만나서 받은 인상과 이력서에 기재된 사항이 알고 있는 전부지. 실패담은 자기소개서에 쓰지 않는 법이니까. 로빈이 해준 충고는 아주 유익했어. 나는 최종 결정 때 이 점을 충분히 감안해서 판단을 내렸어.

• 임원을 한자리에 오래 두지 마라.

우리 회사에서도 가끔 일어나는 일인데, 이런 상황에선 사업에 매진할 수 없어. 임원은 새 일을 맡고 처음 1~2년 동안 가장 왕성하게 활동해. 그런 다음에는 그 자리에 안착하게 되지. 당신 직원이 자리에 눌러앉아 월급만 축내는 것을 원하지는 않겠지. 한 사람이 당신 회사를 너무 오랫동안 맡고 있으면 그에게 다른 부서나 회사를 만들어보라고 권유해보도록. 조용히 능력을 썩히다가 초라하게 시들면 회사로선 손해일 뿐이니까. 또 그가 그 자리에 싫증을 내고 사임할 수도 있지.

무슨 일을 하든
제대로 할 것

임종을 앞두고 내가 부자 되기에 관해 평생 축적해온 지혜를 자식들에게 들려줄 시간이 얼마 남지 않았다면 이렇게 말해줄 거야.

소유권 확보가 절반이라면
일을 제대로 하는 것이 남은 절반이다.

일을 똑바로 하지 못하는 회사의 지분은 100퍼센트 확보해봤자 소용없어. 부자가 되기 위해 무슨 일을 하든 거기에 열심히 매달려. 당신보다 그 일을 더 잘 해낼 수 있는 사람들을 고용해. 다른 사람의 말을 귀 기울여 듣고 배우고 그 일을 부지런히 익혀. 당신이 얼간이들이나 좋아할 만한 쓸데없는 텔레비전 프로그램을 만들어야 한다면, 가장 재미있는 쓰레기 프로그램을 만들면 돼. 교통사고로 돈벌이하는 구역질 나고 악랄한 변호사라면 동네에서 가장 구역질 나고 악랄한 변호사가 되라고.

미국의 전설적인 악당 알 카포네는 금주법 시대에 자기가 불법 운영하던 맥주 사업에 부패한 맥주를 계속해서 대온 업자를 총으로 쏴버렸어. 그의 부하들은 그를 이해할 수 없었어. 어차피 맥주 사업은 불법이었으니까. 그러면 새로운 업자가 더 좋은 맥주를 갖고 사업에 뛰어든다면 그도 제거해야 한다는 걸까? 맥주의 질이 뭐 그리 중요하다고. 하지만 알 카포네의 생각은 달랐어. 그는 올바른 길을 걸었다면 미국에서 가장 위대한 사업가가 됐을 인물이야.

그는 부패한 맥주가 부패한 사업을 만든다는 것을 알았어. 자기 이름이 쓰레기와 함께 오르내리는 것을 견딜 수 없어 했지. 그는 결국 금주법이 풀릴 거라고 믿었고, 그래서 미국에서 합법적인 맥주의 왕이 되기를 바랐던 거야. 물론 이 꿈은 이루어지지 않았어. 그는 세금을 제대로 내지 않았고, 살인자에 악독하고 잔인한 킬러였으니까.

그렇긴 해도 위의 말대로라면 알 카포네의 사업 방법이 잘못됐어도 그의 태도는 높이 살 만해. 맥주에 관한 그의 생각은 옳았어. 그의 자서전을 읽다 보면 그가 부정한 사업에서 손을 씻고 합법적으로 부를 일궈냈더라면 어땠을까 하는 생각이 들어. 그에게는 세계 최고의 사업가가 될 자질이 충분했거든. 범죄에 손을 대지 않았더라도 분명 엄청난 부자가 됐을 거야.

이게 왜 중요할까? 왜 일을 제대로 하는 게 중요할까? 첫째, 그래야 당신 회사에 인재들이 모여들어. 당신 회사에 재능 있는 직원이 많다는 것은 당신에게 더 많은 돈을 벌 기회가 생긴다는 뜻이야. 둘째, 당신이 실수를 적게 하게 돼. 우수한 경영진이 미리 꼼꼼하게 체크할 테니까. 셋째, 당신 자산에 프리미엄이 붙고 사업의 가치가 높아져. 이 말은 더 빨리 부자가 될 수 있다는 뜻이야. 넷째, 그게 더 즐거워. 일을 제대로 할 때 일하는 게 즐겁고 더 많은 시간을 일해도 지루하지 않은 법이야.

그러니까 당신이 무슨 일을 하든 거기에 집중해. 사업은 당신의 인격을 드러내지. 돈벌이 수단일 뿐만 아니라 자부심의 원천도 되

거든. 최고가 되면, 혹은 적어도 최고가 되고자 노력하면 부자가
되는 과정에 속도가 붙어. 내 말 믿어. 영국에서 최고로 잘나가는
잡지 발행인이 하는 말이니까. (적어도 나는 그렇게 되려고 노력하고 있다
고!) 일을 제대로 하는 데 집중하는 것은 부자가 될 수 있는 중요한
길이야.

HOW TO GET RICH

RICH

4부

성공을 굳히는
결정적 한 판

16장

사업을 매듭짓는 여러 가지 이야기

현명하게 사업을 매각하는 법

나와 피상적으로 알고 지내는 사람이 나를 가리켜 '참을성 있는 사람'이라고 말하기는 어려울 거야. 그보다는 '성마른 사람'이라는 말이 더 쉽게 나올 테지. 하지만 돈을 벌 수 있는 일이라 생각되는 계획이라면 나도 얼마든지 참을성 있는 사람이 될 수 있고, 그보다 훨씬 더한 사람도 될 수 있어.

그런다고 일이 술술 풀리진 않지. 대부분의 사람은 무엇이 잘못됐는지 사후에 냉정하게 분석할 시간을 갖지도 않고 그런 일을 하고 싶어 하지도 않아. 과거의 실패를 되짚어보는 것은 그리 유쾌한 일이 아니야. 하지만 회사나 그와 비슷한 사업체를 소유해서 부자가 되려고 하다 보면 조만간 실패에 부딪히게 돼. 그때 무엇이 잘못됐는지 곰곰이 따져보는 게 좋아.

가까운 장래에 실패할 것 같으면 소액 주주들이나 소액 투자가들이 이득을 볼 만한 드문 기회가 생겨. 내리막길을 걷는 회사의 주식을 그들에게 처분하고 홀가분한 마음으로 떠날 수 있으면 반드시 그렇게 해. 어쩌면 그들은 당신의 주식을 떠맡아 당신이 실패한 일을 다시 일으켜 세울 수도 있을 테니까.

대부분의 사람은 평생 회사나 사업을 접는 일을 거의 겪지 않아. 따라서 폐업 비용에 대해서도 잘 몰라. 다들 그 비용이 얼마 안 된다고 생각해. 그런데 실상을 알고 나면 아마 놀랄 거야. 잡지 사업을 예로 들어주지. 믿기지 않겠지만, 거대 출판사가 죽어가는 잡지를 몇 년 동안 근근이 살려두는 일이 있어. 실무진은 잡지가 가능성이 없고 앞으로도 살아날 희망이 없다는 것을 잘 알아. 가령 이런 비용으로 매년 300만 달러가 든다고 해보자고. 그렇다면 왜 그냥 폐간하지 않고 붙들고 있는 걸까? 그건 바로 폐업 비용 때문이야. 일반적으로 드러나지 않는 실패의 대가지.

이 경우 대개 잡지를 폐간시키면 죽어가는 잡지의 숨만 붙어 있게 하는 데 드는 300만 달러보다 훨씬 많은 돈이 들어. 왜 그럴까? 엄청난 수의 정기구독자들 때문이야. 미국에서는 광고를 많이 싣고 판매 부수를 늘리려고 정기구독 신청을 대단히 싼값에 팔아. 어리석은 관행이지만 다들 이렇게 해. 설령 정기구독 가격이 적정한 수준이더라도 잠재 독자들을 사소한 뇌물을 주고 끌어들이는 수많은 방법이 있어. 휴대용 라디오를 공짜로 준다거나 헬스클럽 회원권 할인 쿠폰을 준다거나 해서 정기구독자를 모집하지. 이런 공짜 선물과 할인가는 모두 잡지사가 져야 할 부담으로 그것만도 상당한 규모야. 광고가 계속해서 들어오는 한 그럭저럭 버틸 수 있어. 그러나 잡지가 시대와 유행에 뒤처지기 시작하면 광고가 줄어들면서 파국이 시작되지.

죽어가는 잡지의 정기구독자가 100만 명이라고 하자. 그들은 대부분 '실제' 구독자가 아니지만 아무튼 그들은 평균적으로 한 부에 1달러씩 여섯 부 가격을 미리 내고 나중에 잡지를 받기로 했어. 이는 바꿔 말하면 잡지를 폐간했을 때 정기구독자에게 돌려줘야 할 금액만 600만 달러라는 소리야. (물론 실제로는 이보다 더 들어. 100만 명의 주소를 확인하고 송금하는 비용이 상당하니까)

잡지 발행인은 폐간에 따르는 다른 비용도 물어야 해. 직원들에게 퇴직 수당을 줘야지, 광고업자들과 인쇄상, 종이업체, 기타 사업을 접는다는 소식을 듣고 난데없이 여기저기서 나타난 이런저런 사람들에게 리베이트를 줘야지. 모두 합치면, 갑작스럽게 사업을 접을 때 드는 비용이 800만 달러에 육박하기도 해.

이제 출판업자는 제작 비용을 최대한 줄이고, 할인 가격에 구독 신청받는 것을 중단하고, 예전 잡지에 비해 얇고 싸게 만들어서 겨우 명맥만 이어가기를 바랄 수밖에 없어. 어쨌든 남은 구독 신청분은 발행해야 하니까. 이렇게 해서 '구독 신청 부담금'을 줄이는 거지. 이러려면 골칫거리 회사가 아무튼 망하지 않고 존재해야 해. 그러다 보면 해고되기를 마냥 기다릴 수 없는 직원들이 다른 일거리를 찾아

보기 시작하겠지. 그러면 퇴직 수당이 줄어드니까 또 부담이 줄어들어. 예전에 미국에서 가장 큰 잡지 기업 하나가 당시 세계에서 가장 유명한 잡지를 폐간시키면서 5년에 걸쳐 이런 식으로 명맥을 이어 갔어. 그 5년 동안 모든 사람이 돈을 잃었어. 왜 그렇게 됐는지 살펴볼까.

5년 동안 손해를 본 금액이 대충 1,500만 달러 정도로 추정되는데, 분명 애물단지를 즉시 처분했을 때 드는 것보다 훨씬 많은 돈이야. 맞아. 하지만 이 1,500만 달러는 5년에 걸쳐 분산됐어. 모기업은 그 정도 부담은 감당할 만한 여유가 있었지. 잡지로 인한 손해는 기업 수익에 사소한 영향만 미쳤고, 임원들은 여전히 연말 보너스를 받을 수 있었어. 더욱 다행스러운 것은 주가가 조금만 떨어졌다는 거야. 그런데 만약 잡지를 갑작스럽게 접기로 하고 800만 달러를 1년 안에 까먹었다면? 임원들의 보너스가 날아가는 것은 물론이고 (이보다 더 공포스러운 일은 없지!), 부정적인 평판과 막대한 금전적 손실로 주가는 곤두박질쳤겠지.

그렇다면 회사가 아무 소용도 없는 자산에 거액을 더 쏟아부은 게 잘한 일일까? 중장기적으로 보면 잘한 게 없어. 회사는 700만 달러를 추가로 낭비했고 (인플레이션을 감안하면 그 금액은 더 되겠지) 쓸데없는 일에 들어간 경영적 부담도 엄청났지. 그러나 단기적으로는 그게 그 상황에서 할 수 있는 최선의 대처였어. 대기업에서는 임원들이 단기적 상황에만 신경을 쓰지. 투자분석가들이 주가를 결정할 때 단기적 성과를 고려하니까.

내가 왜 이런 말을 하는가 하면 실패의 쓴맛이 어떤 건지, 겉으로 드러나지 않는 폐업 비용이 얼마나 되는지 알려주기 위해서야. 만약 당신이 분명 실패하리라 믿는 사업을 '수건돌리기' 게임 하듯 다른 사람에게 넘길 수만 있다면, 그리고 당신이 책임자라면 주저하지 말고 그렇게 해. 귀찮은 수건은 얼른 줘버리고 다른 기회를 찾으라고.

문제는 상황이 언제 실패로 치달을지 어떻게 알 수 있냐는 거야. 그건 알 수 없어. 그 누구도 미래를 내다보는 통찰력을 갖고 있지 않아. 하지만 사업을 하다 보면 분명 남들보다 먼저 그것을 알게 돼. 현실을 똑바로 직시하면 다른 임원들이나 사업가들이 보지 못하는 상황이 보이는 법이야.

이제부터 내가 하는 조언을 꼭 새겨들어. 당신의 회계사들이 하는 말을 꼼꼼하게 들어. 만약 회계사가 없다면, 뭔가 실패할 것 같은 느낌이 들어 조언이 필요할 때 찾아갈 수 있는 믿을 만한 회계사를 마련해둬. 회계사들은 대개 좋은 소리를 못 듣는 집단이야. 위험을 떠맡는 것을 지독하게 싫어해서 회계사들이 세상을 지배한다면 우리 손에 들어오는 것은 기껏 해봐야 콩밖에 없을 거야(회계사를 뜻하는 단어 'bean-counter'를 직역하면 콩의 숫자를 세는 사람이다—옮긴이). 그래도 그들은 전문적인 교육을 받은 사람들이야. 대부분 이전에 재정적 실패가 어떤 것인지 경험해본 사람들이어서 터널 끝의 불빛만 봐도 기차가 오는지 알 수 있지. 그들의 말을 신중하게 경청하고, 그들이 아무리 가혹한 현실을 이야기하더라도 화를 억누르면 상당한 돈을 절약할 수 있어.

물론 무능한 회계사, 부정직한 회계사들도 있어. 나도 애석하게 이런 자들과 일해본 적이 있지. 하지만 대체로 사업을 하면서 그들의 조언에 더 자주, 더 열심히 주목하는 게 백번 옳아. 상황이 어려울 때, 뭔가 기분 나쁜 낌새가 느껴질 때, 그들의 판단이 옳은 경우가 더 많았거든. 하지만 정말 여러모로 정이 안 가는 존재들이야.

그건 그렇다 치고, 그래도 사업이 완전히 망하게 생겼다면 이제 어떻게 해야 하지? 지금까지 내 조언을 충실히 따랐다면 당신이 회사의 유일한 오너라는 얘긴데, 솔직히 방안이 많진 않아. 이제 이 점에 대해서 얘기해볼게.

경영 이론을 다룬 책들은 이런 상황에 처하더라도 절대 당황하지 말라고 충고해. 내 생각은 달라. 아드레날린과 분노의 기운은 대단한 자극제가 된다는 게 내 믿음이야. 물론 계속 당황한 상태로 있으면 곤란하겠지만, 사적인 장소에서 몰트위스키와 회계사를 앞에 두고 버럭 화를 터뜨리면 의욕도 생기고 건강에도 좋아.

절대 절망하지 마. 우리는 거창한 일을 하고 있는 게 아니야. 고작 돈 버는 일에 대해 이야기하고 있을 뿐이야. 때로는 돈을 잃을 수도 있어. 하지만 절망은 당신 목이 부러졌을 때나 하는 거야. 당신의 하나밖에 없는 아이가 죽었을 때, 끔찍한 전쟁이나 기아 또는 전염병이 돌아 수백만 명의 무고한 사람들이 죽었을 때 그때 하는 게 절망이지. 겨우 돈 같은 시시한 것 때문에 절망해서는 안 돼. 이럴 땐 잠시 시를 읽으며 마음의 위안을 얻어보라고. 아래 시는 아서 휴 클러프가 쓴 〈노력해봤자 아무 소용도 없다고 말하지 마라〉의 일부야.

노력해봤자 아무 소용도 없다고 말하지 마라.
애쓴 보람도 얻은 상처도 헛되다고 말하지 마라.
적들은 기운을 잃고 패한 것이 아니니
상황은 예전처럼 계속되고 있네.

희망이 얼뜨기라면 두려움은 거짓말쟁이겠지.
저편 자욱한 연기 속에 감춰져 있을지도 몰라.
전우들은 이제 비행기를 쫓고 있어.
당신 없이도 벌판을 장악하지.

이때 동쪽 창문만이 아니라 모든 곳에서
날이 밝으며 서광이 비쳐오네.
태양이 저 앞에서 서서히 밝아오고
서쪽 너머 땅이 환하게 비치니.

썩 훌륭한 시는 아니지만 적어도 왠지 모를 희망을 주는 시야. 특히 벌판을 자욱하게 덮고 있는 포연을 묘사한 대목이 썩 마음에 들어. 그래서 이제 무엇을 해야지? 실패를 앞둔 당신은 무엇을 해야 할까?

먼저 버틸 수 있는 시간이 얼마나 남았는지 파악해야 해. 닷컴 열풍이 불던 시절에는 이를 '자본 소진율(burn rate)'이라고 불렀어. (멍청한 자들이 닷컴 악당 기업가들의 말에 속아 믿고 맡긴 돈을 그들이 얼마만한 속도로 다 써버리는가 하는 데서 나온 말이야. 언제 그들이 파산하거나 돈을 더 달라고 요

청하는가 하는 거지)

　불법 거래(이건 절대로 해서는 안 돼)의 함정에 빠지지 않고 얼마나 오랫동안 사업을 끌어갈 수 있는지 파악됐으면 이제 재고 목록을 작성해. 여기서 재고란 사무실 가구, 컴퓨터 시스템(이걸 구축하느라고 분명 엄청나게 많은 돈을 들였겠지), 아직 사용하지 않은 문구류, 이딴 것을 말하는 게 아니야. 한때 돈벌이가 되리라 기대했으나 지금은 애물단지로 전락하고 만 당신 회사를 분석하라는 거야. 앞서 뛰어난 소프트웨어 개발업자가 제품을 개발해놓고 자기 제품이 해결해줄 수 있는 문제를 억지로 찾아내는 것처럼, 당신의 회사도 당신한테는 골칫거리이지만 다른 사람 손에 넘어가면 돈을 벌어줄지도 모르는 일이거든. 당신이 미처 생각해보지 못한 다른 사용처가 있을 수도 있어. 다른 관점에서 보면 짭짤한 수익을 낼 수 있다고. 설마 그러겠어 하고 생각하겠지만 의외로 이런 일이 자주 일어나.

　맥도날드 패스트푸드 체인점을 만든 레이 크록의 이야기가 좋은 예야. 크록이 맥도날드 형제가 운영하던 따분한 햄버거 가게를 인수한 까닭은 미국인들이 길 위에서 필요로 하는 음식은 근사한 요리나 고급 햄버거가 아니라는 생각이 문득 들었기 때문이었어. 고속도로로 먼 거리를 오가는 미국인들은 깨끗한 환경에서 만들어지는 일관된 음식과 빠른 서비스를 원했지. 사람들은 햄버거 질이 뛰어나지 않아도 개의치 않았어. 마지막으로 자신이 들렀던 가게, 어쩌면 수백 마일 떨어져 있을 수도 있는 가게에서 먹었던 것과 똑같은 햄버거가 다시 나오는 것, 그게 중요했지. 재빠른 서비스, 깨끗한 환경, 일관된 음식. 그게 바로 미국 역사상 가장 놀라운 성공을 거둔 사업의 비결이었어. 크록은 기존에 있던 제품을 다른 관점에서 보았던 거야.

크록은 햄버거를 발명한 사람이 아니야. 햄버거 가게가 다른 패스트푸드 가게와 전혀 다른 사업거리가 될 수 있겠다고 보았던 거지. 그의 사업체 이름이 오늘날에도 맥도날드인 것은 그저 우연일 뿐. 크록이 사들이기로 결정한 햄버거 가게가 무엇인지는 전혀 중요하지 않아. 그의 천재적 재능은 햄버거를 생산하는 데 있지 않아. 혹시 다음번에 들르는 패스트푸드 가게의 음식에 독이 들어 있으면 어쩌지, 터무니없는 가격이면 어쩌지, 오래 기다려야 하면 어쩌지 하는 미국인들의 불안을 잠재웠다는 데 그의 수완과 재능이 있어. (이 이야기는 엄청 단순화한 거야. 크록이 거둔 성공에는 프랜차이즈를 만든 것도 한몫했어)

이제 끙끙 앓고 있는 당신의 회사를 쳐다봐. 다른 존재로 환골탈태할 수 있을 것 같아? 다른 사람의 도움을 받으면 멋진 호랑이가 될까? 아무리 생각해도 영 가망이 없는 사업이야? 자본을 더 끌어오면 나아질까? 괜히 돈만 낭비하는 것은 아닐까? 분석은 무자비하고 냉혹하게 해야 해. 업계가 돌아가는 사정에 훤한 사람을 안다면 당장 그를 찾아가서 만나봐. 고민을 털어놓고 그의 조언을 들어.

회사가 당신에게든 다른 사람에게든 영 쓸모없는 존재라고 생각되더라도 포기하기는 아직 일러. 최소한 매각은 시도해봐. 예전에 이런 방법을 생각하지 못하고 포기하는 바람에 많은 돈을 날린 적이 있어. 완전히 내 손에 들어온 거나 마찬가지였는데 멍청하게 날렸지. 그 이야기를 해줄게.

예전에 영국에서 〈스터프〉라는 잡지를 발간한 적이 있어. 대대적으로 창간 행사를 벌였지. 〈스터프〉의 아이디어는 젊은 남성들을 겨냥한 다른 잡지와 그렇게 다르지 않았지만(익살스러운 유머, 예쁜 여자들 사진, 성깔 있는 기사), 특히 조립기계와 신기술을 전문적으로 다뤘어. 일반인들은 들어본 적도 없는 기발한 제품에 관심이 많은 녀석들을 위한 백화점 쇼윈도 같은 잡지였다고 말하면 될까. 영국에서 대대적으로 홍보를 하며 출발한 〈스터프〉는 금방 망했어. 그 타격으로 다시 회복하기까지 상당한 시간이 걸렸지. 하지만 불길한 징조가 있었어.

〈스터프〉를 창간하느라 돈이 엄청나게 들었기 때문에 나는 몹시 화가 났어. 우리가 일을 제대로 못 해서 그렇게 됐다고 생각했지. 나는 신경이 날카로워진 채 회의장에서 잡지 사업을 접자고 말했어. 폐간을 알리는 보도자료를 준비하고 직원들에게 나쁜 소식을 전할 준비를 했지. 우리의 결정은 금세 영국 잡지 업계로 새어나갔어. (왜 안 좋은 소식은 그렇게 삽시간에 퍼지는 걸까?)

그다음에 일어난 일이 눈여겨봐야 할 대목이야. 나는 영국의 잡지 발행인 가운데 가장 유쾌하고 빈틈없는 인물인 마이클 헤슬타인과 점심을 같이하기로 되어 있었어. 그래. 당신들이 아는 그 헤슬타인 맞아. 마이클은 오래전에 부동산 개발업자로 나선 후 헤이마켓 출판사를 차렸지. 이어 정치계에 뛰어들었고, 거의 꼭대기 자리에 오를 뻔했어. 개인적으로 그가 그 자리에 올랐더라면 영국이 지금보다 더 살기 좋은 나라가 되지 않았을까 생각해. 어차피 지나간 일이지만.

마이클과는 항상 월튼이라는 해산물 식당에서 만나 점심을 먹었어. 오랫동안 그래 왔지. 마이클은 내가 〈스터프〉를 접는다는 소식을 들었어. 그는 내가 보지 못한 가능성을 보았지. 조립기계장치만 전문으로 다루는 잡지로 새롭게 포장하면 전 세계에 팔릴 수 있을 거라고 본 거야. 익살스러운 유머나 여자 사진은 집어치우고 말이야. 그런 것들은 필요 없다고 생각했어. 그는 내게 그런 제안을 했어. 나는 한 방 먹었지. 슬픔을 달래려고 월튼에 갔다가 그런 말을 듣고는 몹시 당황했어. 잡지를 접기로 작정해서가 아니라 (이런 건 출판 동네에서는 심심치 않게 일어나는 일이거든) 우리가 잡지를 매각할 생각을 까맣게 잊고 있었기 때문이야.

치욕적이었어. 나 자신을 패주고 싶었어. 나는 피해를 최소로 막아보려고 협상 자리에서 이런저런 수를 부려봤지만, 마이클은 중국과 소련 통치자들과도 협상해본 베테랑이었어. 내가 허세를 부리고 있다는 것을 금세 알아차렸지. 내 잡지를 사갈 다른 사람은 없었어. 경매에 부칠 수도 없었어. 데니스 출판사는 이미 공식적으로 〈스터프〉의 폐간을 선언했거든. 나는 함정에 걸려들었지. 빠져나갈 데라곤 없었어.

간단히 정리하면, 마이클은 후하게 인심을 써서 꽤 괜찮은 가격을 쳐줬어. 정확한 금액은 말할 수 없지만, 웬만한 개인은 10년 동안 일해서 그 정도 돈을 벌기 어려운 수준이었지. 그렇긴 해도 사실 큰돈은 아니었어. 다행히 나는 협상에서 한 가지 양보를 얻어냈어. 헤이마켓이 〈스터프〉의 해외 발행권을 갖되 북미, 중미, 남미는 제외해

달라고 했거든. 나는 훗날 적절한 시기를 봐서 미국에서 〈스터프〉를 창간했고 성공을 거뒀어. 경쟁지인 FHM보다 더 많이 팔렸지. 한편 헤이마켓은 전 세계 많은 나라에서 〈스터프〉를 발행했어. 정확히 몇 나라인지는 알고 싶지 않아. 그래 봤자 마음만 아플 테니까.

나는 엄수해야 할 두 가지 원칙을 지키지 않아서 혹독한 대가를 치러야 했어. 잡지를 다른 용도로 활용할 수 있는지 유심히 검토하지 않았고, 데니스 출판사 경영자들에게 〈스터프〉를 매각할 가능성을 조용히 타진해보라고 지시하지 않았어. 그러니 당신의 소중한 꿈을 도랑에 처넣기 전에 같은 분야에서 일하는 다른 회사들을 반드시 한번 둘러봐. 관심을 보이는 데가 두 곳만 있으면 경매에 부칠 수도 있어. 나처럼 잘 갖고 놀다가 쓸모없어졌다고 아무 데나 던져버리는 것보다는 그게 나아. 하지만 그래 봤자 조금 더 나을 뿐이야. 실패는 항상 불쾌하고 모욕적이지.

사업을 접을 때 유의할 점

지금 당신은 몹시 곤란한 상황에 처해 있어. 사업이 가망 없다는 것을 알았어. 다른 식으로 운영해볼까도 생각했지만 전혀 답이 안 나와. 결국 치욕스럽게 전화를 걸고 몇 군데를 돌아다니면서 매각하거나 거저 주려고 해. 그런데도 아무도 관심을 보이지 않아. 이제 어떻게 해야 하지?

물론 비용을 최대한으로 줄이려고 노력해야겠지. 그런데 줄일 비용도 없다면 그것도 소용없어. 그리고 사람들을 해고하는 것은 전혀 즐거운 일이 아니야.

구조조정이
필요하다면

구조조정과 경비 삭감으로 해결 안 되면 뭐가 남을까? 그렇다면 사업을 접는 수밖에 없어. 일단 거래처에 발주했던 재화나 서비스 주문을 중단해. 돈을 지불할 수 없는 상황에서 계속 주문했다가는 윤리적으로 문제가 되는 것은 물론 법적으로도 문제가 될 수 있어. 정말 심각한 상황에 처하게 될 수도 있어. 필요하다면 파산 선언을 해야 할 수도 있어. 부푼 꿈을 안고 사업에 뛰어들었다가 파산한 사람은 당신이 처음도 아니야. 다시 일어서서 달콤한 열매를 맛본 사람들도 많아. 게다가 최근에 파산법이 몰라보게 바뀌어서 절차가 예전보다 훨씬 덜 번거로워졌어. 요즘은 파산을 선언한 사람들을 돕기 위해 당국이 많은 노력을 하는 것 같더라고.

다행히도 나는 아직 파산 선언을 해본 적이 없지만, 사업 초창기에 몇 차례 아슬아슬한 상황까지 몰렸던 적은 있어. 파산에 직면한 기업가들이 어떻게 할지 눈에 선해. 거래처들에 사정을 털어놓으면 다들 고분고분 상냥해지겠지. 잔금을 받아야 하니까. 그런데 그들이 당신에게 연락해도 당신은 만나주지 않아. 거짓말을 하고, 연락을 끊어버리고, 그들이 괜한 헛수고를 하게 만들겠지. 이러면 거래처들은 이를 갈 테고. (어쩌면 이들은 당신 사업이 망하리라는 것을 당신보다 먼저 알고 있었을지도 몰라) 절대로 이렇게 행동하지 마. 숨기는 게 없어야 해. 그들에게 정직하게 대하고 당신이 최선을 다하고 있다는 것을 보여줘. 그것보다 더 좋은 방법은 없어.

특히 국세청 친구들에게는 회사 돌아가는 상황을 솔직하게 알려줘. 초반에 그들의 신뢰를 얻으면 관대하게 대해줄 거야. 처음에는 그들이 동화 속에 나오는 끔찍한 괴물처럼 보일 수도 있어. 하지만 그렇게 무자비한 친구들은 아니야. 그들도 당신처럼 인간이라고. 그들을 괴물 대하듯 하지 말고 인간적으로 대하고, 당신이 최선을 다하고 있다는 것을 보여줘. 그러면 그들의 행동에 아마 놀라게 될걸.

절대 그들을 속일 생각은 하지 마. 세금을 깎을 생각은 아예 접어둬. 당신은 그들의 상대가 못 돼. 그리고 가능하면 작은 거래처에는 최선을 다해 대금을 지불해줘. 큰 협력업체는 그해 예산안에 불량채권 항목이 있어서 잔금을 받지 못해도 짜증 내면 그뿐이지만, 작은 거래처는 그런 항목이 없어서 대금을 결제받지 못하면 그냥 빚으로 남아. 그들은 당연히 대금을 받을 수 있을 거라고 기대해. 그러니 설령 사무실의 멋진 가구를 파는 한이 있더라도 그들에게는 꼭 결제해줘.

당신의 불행 때문에 피해를 보게 된 사람들에게 최대한 솔직하고 성심성의껏 대해야 나중에 다시 사업을 시작할 때 좀 더 수월해져. 어차피 다시 일어서야 하잖아, 안 그래? 그런데 교활하게 굴고 거짓말이나 하고 남들 탓만 한다면 나중에 누가 당신하고 다시 거래하려고 하겠어. 눈에 보이지 않으면 마음도 멀어진다고 말할 사람이 있겠지. 속인 사람도 몇 달 혹은 몇 년 지나면 다 용서하거나 잊게 된다고 말이야. 하지만 우리는 얍삽하게 군 사람은 절대로 용서하지 않고 잊지도 않아. 나는 25년 전에 겨우 1,000파운드를 떼먹은 사람의 이름을 아직도 기억해. 그보다 더 많은 돈을 점심 접대에 쓴 적도 있는데, 아무튼 지금도 그의 이름만 나오면 나는 상대방을 붙잡고 그에 관한 온갖 험담을 늘어놓아. 만약 그때 그가 미안하다고 말하고 솔직하게 행동했더라면, 그런 일이 있었는지도 기억도 못 했을 거야.

실수는 범죄가 아니야. 고의적이지도, 악의적이지도 않아. 하지만 잘못을 은폐하는 것은 범죄이고 고의적이고 악의적인 행동이야. 게다가 언젠가 발각되고 말지. 미국 대통령 리처드 닉슨처럼 말이야. 사업을 접거나 파산 선언을 하는 것은 마음이 아플 수밖에 없어. 내가 해줄 수 있는 충고는 사과하고 정직하게 책임지는 것을 회피해서 상황을 악화시키지 말라는 거야. 그렇다고 실패를 너무 마음에 담아둘 필요는 없어. 재기할 기회는 얼마든지 있으니까.

나 역시 〈월간 쿵후〉를 발행하던 시절에 무리하게 거래를 확장했다가 정말로 파산 선언을 하기 직전까지 간 적이 있어. 그때 내가 방금 말한 절차들을 몸소 겪었어. 아주 고약한 일이지만 가급적 공정하고 책임감 있게 처리해. 실패도 나중에 다 경험이 되는 법이야. 이제 당신은 더 많은 경험을 쌓았어. 그러면 다음에는 똑같은 실수를 저지르지 않도록 유의해. 오래된 복역자가 감방에 들어온 신참에게 이런 말을 하지. "범죄를 저질렀으면 형기를 치러야지. 칭얼대지 마." 맞는 말이야.

회삿돈과
개인 돈

사업상 재앙을 다루는 이번 장의 마지막 주제로 회삿돈과 개인 돈에 관한 이야기야. 대해 조금 얘기할까 해. 파산 선언이나 진실한 사과로도 해결되지 않는 특정한 유형의 재앙을 피하고 정직하게 처신하는 방법에 관한 이야기야.

사업을 시작하는 순간, 당신은 위험을 떠맡게 돼. 상대적으로 대단히 큰 위험일 수도 있어. 운이 좋아 성공했다고 하자. 그러면 어떤 돈이 누구에게 돌아가야 하는가 하는 문제로 골머리를 썩이게 될 거야. 보기엔 간단해. 당신이 소유한 회사이니까 당신의 돈이지. 그런데 당신도 알겠지만 절대로 그렇지 않아. 법에도 그렇게 되어 있지 않고, 당신의 채권자나 국세청도 그렇게 보지 않아. 이 모든 것을 명확하게 알게 되기까지 나는 상당한 시간이 필요했어. 그러는 도중에 한두 번 불행한 경험을 하기도 했지. 지금부터 내 말을 잘 듣고 어떤 돈이 누구에게 돌아가는가 하는 문제로 인해 나를 비롯한 많은 사람들이 저질렀던 실수를 피하도록 해. 사실은 이래.

유한책임회사는 법인이야. 이론적으로는 사람이 아니지만 당신과 똑같이 권리와 의무가 있어. 그래서 개인 소유의 젖소처럼 당신이 내킬 때마다 마음대로 젖을 짤 수 없어. 합당한 이유가 있고 충분한 젖이 있을 때만 특정한 방법을 통해 젖을 짤 수 있지. 만약 허용된 방법에서 벗어나면 금방 곤란한 상황에 처하게 돼.

여기서 내 친구 이야기를 해볼까. 이름은 밝힐 수 없는데 그 이유는 곧 알게 될 거야. 그는 멋진 아내와 두 아이를 거느린 사랑스러운 녀석이야. 나와 거의 비슷한 시기에 나보다 조금 더 많은 자본을 가지고 사업을 시작했지. 그의 사업은 세계를 무대로 했고, 현재 수천만 파운드 정도의 자산 가치가 있어. 〈선데이 타임스〉부자 목록 작성자들이 그의 재산을 그 정도로 파악해서 몇 년 동안 목록 하단에 그의 이름을 올려놓기도 했지. 하지만 그에게는 맹점이 하나 있어. 그는 자신이 곧 자신의 회사라고 믿어. 자신과 회사를 같다고 생각해. 아무리 아니라고 해도 그는 이렇게 믿는데, 이런 오해 때문에 언젠가는 엄청난 대가를 치르게 될 거야.

그는 스페인에 집이 한 채 있어. 아주 근사한 집이지! 전화랑 팩스, 컴퓨터 같은 사무기기를 갖춰놓고 가족과 함께 매년 그곳에서 두 달 정도 머물러. 그런데 그 집은 회사 소유야. 회삿돈으로 그 집을 샀지. 그리고 그는 거기서 노는 게 아니라 업무를 본다고 주장해. 어쩌면 조금은 그럴지도 모르지.

하지만 나처럼 하는 사람은 많지 않아. 나도 세상에서 가장 멋진 집에 머물며 일해. 전용 사무실로 지어진 곳에 매일 여덟 시간에서 열 시간씩 틀어박혀 일하지. 내가 일하고 있다는 것을 확실히 증명할 수도 있어. 나는 그 친구처럼 몇 달 동안 머물며 일하고 있는 척하는 게 아니야. 정말로 집에서 일하고 있어. 전화 통화 내역이나 컴퓨터 사용 기록, 팩스 수신 기록이 이를 증명해주지. 게다가 나는 그 친구와 달리 내 집을 회삿돈이 아니라 내 돈을 주고 샀어.

내 친구는 그렇게 하지 않았어. 스페인의 멋진 해변에서 스노클링을 하거나 축구를 하면서 함께 시간을 보내고 싶어 하는 멋진 아내와 아이들이 옆에 있는데 무슨 일을 하겠어. 그는 단지 일하는 척했을 뿐이야. 나는 이게 커다란 재앙을 초래할 거라고 오래전부터 그에게 경고했어. 이것은 '현물급부'에 해당하는데 가족과 시간을 보내라고 회사가 이렇게 한 건 아니니까 규칙을 위반한 셈이지. 그리고 현물급부는 과세 대상이라 신고해야 하는데 그렇게 안 했으니 법률 위반에도 해당돼.

그런데 이게 그렇게 나쁜 일일까? 물론이지. 유감스럽게도 큰 문제가 될 수 있어. 만약 국세청이 이를 알게 된다면 재판을 걸 거야. 회삿돈으로 근사한 차나 집이나 요트를 사고 신고를 하지 않으면 당신은 범죄자가 돼. 그런 행동은 당장 그만둬야 해. 세무 당국이 당신을 감옥에 보낼 수도 있어. 엄청난 금액의 벌금을 물어야 하는 것은 물론이고. 그렇다면 내 친구는 왜 그렇게 했을까? 그의 생각으로는 그가 회사를 창립했으니까, 자신이 모든 위험을 떠맡았으니까 사용처가 없는 회삿돈은 자기 거라고 본 거지. 그런데 그렇지 않아. 이렇게 하려면 반드시 봉급이나 보너스 혹은 배당금 형식을 취해야 해. 이는 사업하는 사람이 가장 명심해야 할 사항이야. 그건 회삿돈이야. 내 친구가 회사의 유일한 주주라 해도 이 경우 그는 국세청의 돈을 슬쩍 했을 뿐만 아니라 자기 회사의 돈도 훔친 셈이야. 이상하게 들리지. 하지만 사실이 그래.

나는 세금이라면 누구보다도 치를 떠는 사람이야. 영국은 터무니없이 과한 세금을 부과하는 나라야. 영국 정부가 매년 영악하게 국가 운영 경비로 챙겨 넣는 간접세는 세수를 늘리는 데 역효과를 낼 뿐 아니라 도덕적 수치라고 생각해. 상속세도 마찬가지야. 내 생각에는 양도소득세도 그래. 하지만 내 생각은 중요하지 않아. 판사와 경찰관과 세무조사원과 감옥이 내 수중에 있는 게 아니니까. 정부가 이런 것들을 관할하지. 그러니 그렇게 막강한 화력으로 무장한 적에게 도전해서 법으로 정당하다고 규정된 것을 속이려 한다면 미친 짓일 뿐이야.

회사를 혼자 소유한 사람이 세무 당국을 속이고 회삿돈을 떼먹는 방법은 수없이 많아. 내가 군이 여기서 그걸 일일이 나열할 필요는 없겠지. 당신도 쉽게 생각해낼 수 있을 테니까. 하지만 내 말 들어. 그렇게 하지 마. 그래 봤자 손해야. 그냥 세금을 내. 다른 사람도 아닌 영국의 한 수석재판관이 언젠가 말하길, 영국 시민은 자신에게 부과된 최소한의 세금만 낼 권리이자 의무가 있다고 했어. 그렇게 높으신 재판관께서도 국세청에 그렇게 예민하게 반응하지 않았어! 그러니 당신도 법이 정한 최소한의 세금은 내.

나는 수많은 회사를 소유하고 있기 때문에 아예 개인 사무실을 하나 차려서 이 회사에서 내야 할 돈을 다른 회사에서 내는 일이 없도록 관리하고 있어. 좋은 시스템이고 오랫동안 잘 돌아가고 있어. 다 그럴 필요가 있어서 그렇게 하는 거야. 만약에 당신이 영국에서 손꼽히는 부자가 된다면 국세청이 당신에게 특별한 '감시관'을 붙일 거야. 이 유능한 국가의 심복은 눈을 동그랗게 뜨고 당신과 당신의 세금과 관련된 사적, 공적 일을 모두 주시할 거야. 내게도 그런 사람이 붙어 있는데, 내가 이를 안다는 것을 그도 알아.

최근에 나는 세무 당국의 조사를 받았어. 조사가 꽤 길게 진행됐지. 당국도 조사하느라 많은 돈을 썼을 거야. 이런 조사를 받은 것은 처음이었어. 사안이 복잡했는데, 내야 할 세금이 있는지 여부나 그 금액이 얼마나 되는가보다는 언제 어떤 세금을 내야 했는가를 두고 공방이 벌어졌어. 나는 상당한 금액을 내고 조사를 끝내기로 했어. (세무 조사는 항상 이런 식이야. 세금 징수원은 당신을 무사히 내보내주는 예가 거의 없어) 나의 세무사와 회계사들은 내가 내야 할 세금을 한 푼도 고의적으로 떼먹은 적이 없다는 것을 입증했어. 그것을 입증하는 데 돈이 많이 들었어. 그 금액 가운데 일부는 다음 세금 계산서에 부과되어 나오겠지.

나는 조사를 받는 동안 전혀 걱정하지 않았는데, 그건 내가 누구도 속인 적이 없었기 때문이야. 내가 똑바로 정직하게 처신한 또 다른 이유지. 잘못을 은폐하고 혹시나 발각될까 봐 마음 졸이느라 시간을 낭비하지 않아도 되니까.

내가 회삿돈을 부당하게 유용하거나 롤스로이스나 벤틀리 자동차를 회삿돈으로 사지 않았다는 것은 우리 회사 이사들도 알아. 그리고 나는 회삿돈으로 휴가를 가거나 근사한 집을 사지도 않았어. 이것은 내가 내 친구보다 도덕적으로 우월한 사람이라서 그런 게 아니야. 감옥에 한 번 잠깐 간 적이 있는데, 다시는 그런 곳에 가고 싶지 않기 때문이야. (돈 문제로 감옥에 간 건 아니야. 수십 년 전에 내가 낸 히피 잡지를 정부가 물고 늘어졌기 때문이었지)

하지만 내 친구는 아직 감옥에 가본 적이 없어. 앞으로도 그러지 않기를 바라지만, 그가 계속 자기가 곧 자기 회사이고, 회삿돈으로 무엇이든 할 수 있고, 세금 징수원을 속일 수 있다는 어리석은 믿음을 고집한다면 조만간 감옥 구경을 하게 될지도 몰라.

계속 우울한 얘기만 했는데 희망적인 정보를 하나 알려주지. 만약 당신이 미국에서 투자하거나 벌인 사업을 정리한다면 '이중과세 방지 조약'에 해당하는지 반드시 확인해봐. 여기에 따르면 미국에서 거둔 수익에는 세금이 붙지 않고 그 돈을 영국에 가져올 때 세금이 붙어. 혹은 그 반대이거나.

법의 허점을 파고들어 세금을 피해 해외로 도피하는 방법도 있지. 나는 20여 년 전에 딱 한 번 그렇게 해봤어. 그런데 다른 이들에게는 어떨지 모르겠지만 내겐 성가시고 몹시 불편하고 비생산적이기만 하던걸. (당시 양도소득세가 자그마치 80~90퍼센트였음을 생각해봐. 그러니 나 같은 처지의 사업가들이 그렇게 많이 1983년 4월 3일에 같은 콩코드 비행기를 탄 것도 충분히 이해가 될 거야! 그 날짜를 어떻게 잊겠어. 아무튼 어떤 식으로든 해외로 도피해봤자 불편하기만 할 뿐 그럴 만한 가치가 없어)

이쯤 해서 세금 문제를 요약해볼까. 나는 회계사는 아니지만 대충 이렇게 돌아가. 당신 회사가 여유가 있어서 당신에게 돈을 지불한다면, 그것이 지불됐음을 신고하고 그에 따른 세금을 내면 아무 문제가 없어. 대신 회삿돈을 몰래 호주머니에 챙겨 넣고 신고하지 않거나 사적으로 회삿돈을 쓴다면, 그건 허용되지 않은 방법으로 소의 젖을 짜고 있는 거야. 복잡할 거 없어. 내가 해주고 싶은 충고는 단순하게 처리하고, 당신이 당신의 봉급 이상으로 돈을 벌어들이기 시작하면 유능한 세무사를 고용하라는 거야.

결국 부자가 되어본들 더럽고 불결한 감옥에서 1년 이상 보내야 한다면, 그리고 그 와중에 당국이 당신에게 얼마나 많은 벌금을 물릴 것이며 얼마나 오래 그곳에서 썩게 내버려둘지 궁리하고 있다면 그게 다 무슨 소용이야? 뉴게이트 감옥이 헐린 이후 감옥이 많이 나아졌다고는 하지만 내 경험에 따르면 그곳은 전혀 있을 만한 곳이 못 돼.

세상에는 수수료만 주면 당신이 최소한의 세금만 낼 수 있는 방법을 알려주는 전문가들이 널려 있어. 그런 서비스의 가격이 터무니없어 보일지도 모르지만, 세금 징수원을 상대로 값을 깎아볼까 궁리하는 것보다는 훨씬 나은 투자야. 부자가 되는 것은 그렇게 어렵지 않아. 계속 부자로 머물러 있고 싶으면 세금을 꼬박꼬박 내고 아무 때나 신고도 하지 않고 젖을 짜지는 말라고. 이상 설교 끝.

17장

게으른 자들을 위한 위한 요약정리

> 우리가 지금 와 있는 곳은 임자 없는 땅.
> 절뚝거리는 사람들, 아픈 사람들, 저주받은 사람들이
> 이곳에서 모래를 퍼 담고 터널을 내네.
> 우리가 지금 와 있는 곳은 임자 없는 땅.
>
> ■ 〈임자 없는 땅〉

사람들은 대부분 지름길을 좋아해. 하지만 지름길을 찾다가 종종 길을 헤매기도 하지. 혹은 골치 아픈 문제를 단번에 해결해주는 마법의 탄환은 없을까 바라기도 해. 하지만 세상에 그런 것은 없어. 적어도 이 현실 세계에는. 사람들이 요약정리를 바라는 욕망은 충분히 이해할 수 있어. 우리의 삶은 짧고, 나이는 거꾸로 되돌릴 수 없으니까. 하지만 당신이 방금 이 책을 집어 들고 이 장을 펼쳤다면 실망할 가능성이 커. '게으른 자들을 위한 요약정리'는 책의 나머지 부분을 읽는 시간을 줄여주는 지름길이나 마법의 탄환이 아니야. 대신 여기에는 내가 부자가 되는 과정에서 중요했다고 믿는 핵심 사항들을 요

약할 참이야. 그러니 이렇게 미리 경고하지. 앞선 장의 내용을 모르고 이 장을 읽는다면 제대로 이해할 수 없는 대목이 있을 거야.

부의 추구에
대한 경고

키케로는 속내를 알기 어려운 사람이야. 돈으로 어떤 요새도 진압할 수 있다고 했는데 그가 말하는 요새란 뭘까? 적의 요새(그렇다면 적은 또 누구?) 혹은 당신의 요새? 그가 의도한 게 뒤의 것이라고 해보자.

당신의 요새란 이런 거야. 당신 내부의 핵심, 당신의 강직함, 타인의 가치에 대한 당신의 믿음, 소중한 사람이 당신을 사랑한다는 믿음. 스스로의 가치는 말할 것도 없지. 이런 건 다 자신에 대한 믿음에서 나와. 누군가는 자신의 운명에 대한 믿음에서 나온다고 하겠지. 그런데 맹목적으로 돈을 숭배한다면 이 모두를 잃을 수 있어. 자신감과 사랑을 갉아먹게 될 거야. 강직함은 시험대에 오를 거고, 결국 요새는 점령되겠지. 한마디로 꼴사나운 광경이야.

상당한 부를 추구하는 것은 바보들이나 하는 짓이야. 성공한 사람이 거의 없다는 통계를 보면 알 수 있잖아. 아예 처음부터 부자가 되려는 시도도 하지 않는 사람들이 대부분이야. 부자가 적성에 맞지 않기 때문이지. 왠지 패배주의처럼 들린다고? 그렇다면 부를 좇기 위해 엄청나게 오랫동안 삶의 대부분을 바쳐야 한다는 사실을 생각해봐.

그토록 많은 시간을 '낭비'하지 않고서는 부자가 될 수 없어. 태어날 때부터 운이 어깨 위에 올라앉은 행운아가 아니라면 말이야. 하긴 그런 사람은 굳이 부자가 되려고 하지 않아. 이미 어떤 식으로든 부자가 되어 있을 테니까.

시간은 유한해. 이 말은 결국 당신이 써버린 시간만큼 남은 시간이 줄어들었다는 얘기야. 당신이 젊다면 시간이 한없이 멀리 뻗어 있는 것처럼 보이고 언제까지나 당신 편일 것 같겠지. 아무나 나이든 사람의 얼굴을 불쑥 들여다봐. 그의 얼굴에 떠오르는 적나라한 질투가 황급히 감춰지는 것을 볼 수 있을 거야. 나이 든 사람들이 젊은이들을 질투하는 데는 그럴 만한 이유가 있어. 충분하고도 남을 만한 이유가 있지.

만약 당신이 마법의 지팡이를 흔들어 나를 젊은 시절로 되돌려놓는다면 내가 무엇을 내줄 것 같아? 내가 가진 모든 것을 줄 거야. 앞으로 갖게 될 모든 것도 다. 《오디세이》에 보면 이런 말이 나와.

그러자 아킬레스가 대답하기를, "위대한 오디세우스여, 내게 죽음에 대해 위로하듯 말하지 마시오. 어둠의 왕이 되느니 차라리 이 땅에서 가장 비열한 농부의 몸종으로 사는 게 낫소."

호메로스의 말은 항상 옳지.

만약 이 책을 읽고 있는 당신이 젊다면 이 말만은 꼭 기억하길 바라. 당신은 당신보다 나이 많은 누구보다도 부자고, 당신보다 훨씬 나이 많은 사람보다는 훨씬 부자라는 사실을. 당신 앞에 쫙 펼쳐져 있는 시간으로 무엇을 할지는 전적으로 당신이 결정할 문제야. 그러나 가난한 채로 그 여행을 시작했다고 말하지 마. 아직 젊은 당신은 젊음으로 돌아갈 수 없는 나보다 훨씬 더 부자야.

돈은 소유하는 게 아니야. 잠시 맡아두는 거지. 시간은 계속 흘러가게 마련이고, 젊은이들은 세상의 어떤 부자보다 수중에 더 많은 시간을 갖고 있어. 감상적으로 하는 말이 아니야. 엄연한 사실이야. 그런데도 당신은 젊음을 낭비하면서까지 부를 얻겠다고? 정말이야? 이봐 애송이, 잘 생각해. 부를 좇는 일을 시작하기 전에 찬찬히 생각해봐. 부를 얻는 데 들어가는 시간은 계속 늘어날 거야. 그리고 일단 시작하면 당신이 성공하든 실패하든 시간은 되돌릴 수 없어.

그래서 가능성은 별로 없지만 만약 부자가 되는 데 성공했다고 치자. 그래서 무엇을 얻었지? 독립? 남은 인생 동안 하고 싶은 일을 마음껏 하며 호화롭게 사는 거? 행복? 아니야, 아니야. 당신은 이런 것들을 얻을 수 없어. 돈이 너무 많아지면 그 어떤 것도 힘들어. 영국 최고의 지성 프랜시스 베이컨은《수상록》에서 이렇게 경고했어.

부를 미덕의 짐(방해물)이라고 칭한 것보다 좋은 표현은 없다. 라틴어로 군대 보급품이라는 표현은 더 훌륭하다. 짐과 군대의 관계는 부와 미덕의 관계와 비슷하기 때문이다. 보급품은 없으면 안 되고 뒤에 남겨놓고 갈 수도 없지만 전진하는 것을 방해하며, 때로는 여기에 신경을 쓰느라 승리를 잃게 되기도 한다. 부도 마찬가지다.

구구절절 옳은 말이야. 부는 까다롭게 요구하는 게 많아서 당신이 부를 얻었을 즈음에는 좋지 않은 습성의 노예가 되어 있기 쉬워. 부를 잃을까 봐 두려워서 그것을 지키기 위해 더 많은 시간을 쏟을 테지. 그 누구도 독립된 존재가 아니야. "아무도 그 자체로 완전한 섬이 아니다. 모든 사람은 대륙의 일부이며 본토의 한 부분이다." 위대한 시인 존 던의 말을 마음에 새겨놓으라고. "그러니 누구를 위하여 종이 울리는지 알려고 하지 마라. 종은 그대를 위해 울리는 것이니." 아무렴.

그리고 이봐, 부자라고 해서 하고 싶은 것을 마음대로 할 수 있는 건 아니야. 당신이 그렇게 오랜 세월 동안 건강도 잃고, 제정신도 잃고, 때론 인간관계까지 망쳐가며 모아온 재물이라면 누가 훔쳐 가지는 않을까 걱정하면서 항상 눈을 부릅뜨고 지켜보게 되지 않을까? 누구도 이런 과정에서 벗어날 수 없어. 물론 당신은 다를 거라고 말하겠지. 그러나 절대 그렇지 않아. 당신도 예외가 아니야.

행복해질 거라고? 농담이지? 부자들은 행복하지 않아. 나는 여태까지 진심으로 행복하다고 말하는 부자를 단 한 명도 만나보지 못했어. 부자들을 그렇게 많이 만났는데도 말이야. 주위에서 부를 나눠 달라는 소리가 너무도 귀찮게, 집요하게 이어지면 차라리 그들과 관계를 끊고 살아가자는 결심을 하게 돼. 혼자 지내다 보면 망상이 생기고 오만해지지. 무엇보다 외로워. 그리고 이제까지 쌓아온 재물을 즐기려고 마음먹었는데 남은 시간이 얼마 없다는 사실에도 화가 나지. 자수성가해서 부자가 된 사람들이 믿는 유일한 사람은 그들이 부자가 되기 전에 알았던 사람들이야. 새로 부자가 된 사람들에게 이 세상은 더 좁은 세상, 더 각박한 세상, 더 어두운 세상이야. 우습게 들리지? 우습고도 우울한 현실이야.

당신은 과거에 몹시 가난했던 내가 지금 대단한 부자가 되었다는 점을 지적할 거야. 나는 천성적으로 낙관주의자야. 그리고 나는 시를 쓸 줄도 알고, 분주하게 숲을 가꾸기도 해. 내가 행복할까? 아니야. 물론 가끔은 행복해. 혼자서 숲속을 걸을 때, 편안한 의자에 앉아 어려운 시를 쓸 때, 옛 친구들과 조용히 와인을 마실 때, 길 잃은 고양이에게 먹이를 줄 때. 그런데 이런 것들은 부자가 아니더라도 할 수 있는 일들이야. 그렇다면 왜 나는 모든 것을 줘버리지 않는 거지?

왜냐하면 부를 얻느라 너무도 열심히 일했기 때문이야. 부에 오염됐기 때문이야. 그러기가 두렵기 때문이야. 이런 이유들 말고도 더 있어. 내가 나이 들어서 현명해진다면 죽기 전에 모든 것을 나눠줄 용기를 낼 수도 있겠지. 물론 모든 부를 사회에 환원하는 것은 멋지고 훌륭한 일이라고 생각해. (내가 죽으면 내 재산은 '데니스의 숲'이라는 자선단체로 넘어가게 되어 있어. 내 돈으로 좋은 일을 하면서 이렇게 내 이름을 꼭 집어 넣어야 한다고 고집을 피우지. 이건 결코 좋은 신호가 아니야.)

죽은 다음에 돈을 내놓는 것은 대단한 게 아니야. 사실 용기랄 것도 없지. 하지만 죽기 전에 수억 달러를, 혹은 자산의 대부분을 내놓는 건 충분히 자랑스러워할 만한 일이야. 그렇게 생각하지 않아? 그리고 그게 논리적으로도 타당해.

재산을 남겨봐야 무덤가에서 눈물 몇 방울 흘린 뒤 복잡한 유언장을 둘러싸고 몇 년 동안 말다툼이나 할 게 뻔하잖아. (부자들의 유언장이 항상 복잡한 데는 이유가 있어) 그 쓰라린 세월 동안 변호사들은 바늘 한 개의 끝에서 몇 명의 천사가 춤출 수 있는지를 놓고 토론을 벌인 중세 철학자들처럼 당신의 진심이 무엇이었는지를 놓고 잡설을 늘어놓으면서 유족들의 재산을 축내 부를 챙기겠지. 참으로 멋진 유산이야.

당신은 스스로 선택해야 해. 내가 진심으로 하고 싶은 말은 방금 다 했어. 이 부분은 몇 년 전부터 생각하고 있었던 거야. 쓰는 것은 쉬웠지. 키보드를 두드리기 전에 모든 게 이미 마음속에 있었으니까. 몇 년 동안 나를 괴롭혔던 내용을 이제야 털어놓게 되어 얼마나 후련한지 몰라. 물론 당신은 대충 듣고 대수롭지 않게 넘기겠지. 아마 당신은 젊고 가난하게 사는 데 지쳤을 테니까. 그리고 집안에서 학교에서 이래라저래라 잔소리 듣는 것도 지겨울 테고. 그럴 거야. 이제 부를 향한 당신의 여행을 도와줄 중요한 사항들을 정리해주지. 그전에 사소한 부탁 하나만 하면 안 될까?

한 가지 사실만 기억해줘. 지난 여섯 페이지의 내용이 매우 중요하다는 것을. 당신이 이 책에서 읽을 내용 가운데 여기가 가장 중요한 대목이라고 나는 마음속 깊이 진심으로 생각해. 여기에 책갈피를 끼워 넣고 오늘 날짜를 표시해둬. 20~30년 후 종이로 된 책이 귀해졌을 때쯤 다시 한번 들춰봐. 당신이 젊었을 때, 이 책을 처음 읽었을 때를 떠올려봐. 이미 오래전에 죽은 어리석은 부자 시인 한 명이 세상에서 가장 아름다운 저택에 앉아 청록색 바다를 바라보며 시원한

샤토 디켐 한 잔을 마시며 이 글을 썼다고 생각해봐. 그렇게만 해주면 나로선 더없이 기쁠 거야. 더 바랄 게 없을 거야!

그럼 이제 부자가 되는 길을 살펴볼까.

사슬을 끊어라

부자가 되려면 사슬을 끊어야 해. 다른 방법은 없어. 물론 가장 먼저 해야 할 일은 부모님의 집에서 나와 독립하는 거야. 아래층에서 어머니가 식사를 차려주는 집에 살면서 부자가 되는 것은 전혀 불가능하지는 않지만 가능성이 아주 희박하지.

내 잡지 〈더 위크〉에서 읽은 건데(이런 식으로 뻔뻔하게 광고), 일본에서는 수십만 명의 젊은이들이 몇 달, 심지어 몇 년 동안 자기 방에 틀어박혀 지내는 '히키코모리' 현상이 늘고 있다고 해. 씁쓸한 일이지. 현대 사회는 젊은 은둔자라는 새로운 종족을 만들어내고 있어. 기사를 더 소개해볼게. 일본에선 많은 부모가 자식들을 언제까지나 부양할 수 있다고 생각하고 자발적으로 그렇게 한다고 해. 〈뉴욕 타임스〉에 실린 기사에서 한 전문가는 이렇게 말했어. "일본의 부모들은 자녀들의 발목을 꽉 붙들고 있으면서 날아가라고 말한다."

만약 당신이 부모님의 집에서 나와 산다고 하자. 그것만으로도 성과가 있어. 적어도 집세를 내기 위해 일을 할 테니까. 어쩌면 누군가와 함께 살거나 결혼해서 아이가 있을 수도 있겠지. 아무튼 부모로부터 독립했다면 일단 성공이야.

다음으로 사슬을 끊어야 할 대상은 안 된다는 말을 입에 달고 사는 사람들, 부정적인 영향을 미치는 사람들이야. 이런 가엾은 이들이 온 세상 구석구석에 퍼져 있어. 그들은 당신에게 부자가 되려고 노력해봤자 불가능하다고(어리석다고 하지는 않더라도) 말할 거야. 그러면서 당신이 갖고 있는 확신과 낙관적인 생각을 무너뜨리려고 할 거야. 이들은 당신의 부모일 수도 있고, 애인, 남편 혹은 아내, 친구일 수도 있어. 놀랄 것 없어. 그들이 당신을 걱정하지 않는다는 뜻이 아니야. 나름대로는 걱정하지. 하지만 그들은 두 가지 근본적인 두려움 때문에 걱정하는 거야. 먼저 그들은 당신이 스스로를 고통 속으로 내몰까 봐 두려워해. 그렇게 되면 자신들도 피곤해질 테니까. 둘째, 당신이 성공하면 자신의 소심함이 백일하에 드러날지 몰라서 두려운 거야.

당신이 속한 그룹의 서열, 가령 가족의 질서가 무너지겠지. 당신이 부자가 된다면 서열 맨 위에 오르게 되고, 그러면 그들의 자리는 미끄러질 테지. 무엇보다 그들은 엄청난 노력을 들여 그런 혼란스러움에 적응해야 한다는 사실을 참을 수 없어 할 거야. 그들이 원하는 건 익숙함이야. 모든 게 그대로 있으면 안전하다고 착각하는 거지.

그렇다고 그들을 경멸하진 마. 진정시킬 방안을 찾아봐. 혹은 당신이 하려는 일을 가급적 오랫동안 그들에게 숨기든지. 이게 안 되면 그냥 무시하고 곧장 밀어붙여. 말하기도 어렵지만 실천하기는 더 어려운 말이지. 하지만 반드시 그래야 해. 위험을 꺼리는 사람들의 실패(그리고 성공)에 대한 두려움을 달래주느라 인생을 허비할 순 없는 일이잖아.

자식의 미래에 대해 지나친 야망을 품고 있는 부모에게도 똑같은 조언을 할 수 있어. 20세기 미국의 유대인 어머니들이 표본이지. 이들은 무슨 일이 있어도 자기 아들이 의사나 변호사가 되어야 한다고 믿어. 이런 기대는 좋지만 당신을 부자로 만들어주지는 않아. 부모의 기대에 부응하려면 예정된 길을 따라갈 수밖에 없어. 부자가 되고 싶으면 여기서 사슬을 끊어. 그러면 적어도 행복해질 수는 있어.

실패에 대한 두려움은 이 책에서 이미 지나칠 정도로 많이 다룬 주제야. 그런데도 이것이 사람들이 부자가 되는 데 가장 큰 걸림돌이라는 것을 한 번 더 말할게. 당신은 이런 사실을 직시하고 그런 생각에서 벗어나야 해. 역사상 가장 위대한 블루스 기타리스트로 꼽히는 로버트 존슨은 실패에 대한 두려움을 이렇게 노래했어.

내 앞길은 온통 자갈뿐, 밤에는 한 치 앞도 보이지 않네.
내 앞길은 온통 자갈뿐, 밤에는 한 치 앞도 보이지 않네.
마음의 고통 때문에 식욕마저 잃었다네.

정말 그랬을 거야. 존슨은 독살당했어. 여자친구의 애인이 작은 술집에서 일을 꾸몄는데, 들리는 말로는 존슨은 술잔 속에 독이 들어 있다는 경고를 받았다고 해. 그런데도 그는 슬쩍 웃고는 술을 마셨어. 그리고 하루나 이틀 정도 고통 속에서 몸부림치다가 죽었어. 그가 왜 그랬을까 종종 생각해. 아마 자신이 얼마나 위대한 음악가인지 이미 알았기 때문이겠지. (내가 존슨을 역사상 가장 위대한 블루스 기타리스트라고 한 것은 바로 그런 의미에서야. 그는 에릭 클랩튼과 라이 쿠더 같은 음악가들의 존경을 받았어.) 이런 사실을 알면 사람들이 그렇게 무모해지기도 하나 봐.

절벽 끝으로 곧장 걸어가 장난삼아 물구나무서기를 하는 사람들이 있어. 나도 그런 적이 있었어. 수로의 둑을 연결한 좁은 파이프 위를 뛰어다니곤 했지. 만약 거기서 떨어졌다면 물에 빠져 죽었을 거야. 수로는 내가 리듬앤드블루스 밴드와 함께 가끔 연주하던 술집 근처에 있었어. 어떤 날에는 연주해서 번 돈보다 파이프 위를 앞뒤로 뛰어다니며 구경꾼들한테 받은 돈이 더 많았지. 멍청하고 위험한 짓이었어. 어쨌든 내가 떨어지지 않으리라는 건 알았지만 말이야.

당신에게 위험한 곳에서 물구나무서기를 하라거나 목숨을 내걸고 위험에 뛰어들라는 얘기가 아니야. 마음속으로 이전의 삶과 사슬을 끊으라는 거야. 부자가 되는 것은 마음가짐에서 시작돼. 지금 하고 있는 대로 계속 어떻게 하다 보면 얻어지는 게 아니야.

사슬을 끊는 것은 고통스러운 일이야. 내가 아는 거의 모든 부자들은 늦든 빠르든 배우자와 이혼했든가 애인과 헤어진 경험이 있어. 혹은 가족들, 심지어 자식들과도 소원하게 지내지. 이게 다 서열 문제, 세력권 문제와 관계있어. 당신이 나중에 부를 위해 관계를 끊어야 했던 사람들에게 많은 돈을 주더라도 그들은 절대로 당신을 용서하지 않아. 돈이 문제가 아니야. 당신의 성공에 치욕을 느꼈기 때문이야. 당신이 그들보다 부를 좇는 일에 더 몰두해서 그게 굴욕스러윘던 거야. 어쨌든 그들은 속으로 그렇게 생각해. 바로 그렇기 때문에 초기에 사슬을 끊는 게 그렇게 중요한 거야.

집중력, 결단력, 저돌적인 추진력은 조금만 딴 데 신경을 쓰면 흐트러지기 쉬워. 그랬다가는 다시는 기회가 오지 않을 수도 있어. 그리고 이 책이 추구하는 바에 따르면, 가족이나 애인, 친구들은 딱 잘라 말해 신경을 흐트러뜨리는 존재야. 물론 예외도 있어. 당신도 주위 사람들을 챙기면서 부자가 되는 게 가능할 수도 있겠지. 하지만 너무 기대하지는 마. 당신이 상상하는 것 이상으로 옛 생활과 모질게 관계를 끊어야 할 테니까. 그리고 한 번 관계가 틀어지면 다시는 회복되지 않아.

마지막으로, 다른 사람 밑에서 일하는 생활과 사슬을 끊어야 한다는 건 굳이 설명할 필요도 없겠지. 당신이 학교를 졸업한 이후 괜찮은 조건으로 직장 생활을 해왔다면 이게 의외로 하기 힘든 일일 거야.

우리는 일해야 한다는 생각이 머릿속에 딱 틀어박혀 있어. 서구 문명은 노동 윤리 위에 세워졌고, 덕분에 지구상의 모든 종족과 문화에서 가장 앞선 자리를 차지해왔지. 주중 아침 이른 시간에 뉴욕 거리에 서서 수많은 직장인이 높은 강철 빌딩 안으로 걸음을 재촉해 들어가는 것을 지켜보면 노동 윤리라는 게 어떤 건지 알게 될 거야. 왠지 으스스하지만 기분이 좋아지지. 어디선가 집중력, 결단력, 저돌적인 추진력의 냄새가 나는 거 같지 않아. 이는 마약과 비슷해. 그리고 그것이 미국과 미국인들을 풍족하게 만든 원동력이야. 적어도 물질적인 측면에서는.

이제 당신은 안전한 개미 무리, 벌집과 작별을 고해야 해. 많은 사람들이 우리 자신을 규정한다고 믿고 있는 바로 그것에서 떨어져 나와 고독한 사람, 추방자가 되는 거지. 사람들이 처음 만나서 가장 자주 건네는 질문이 뭐지? 그래, "무슨 일을 합니까?"야. 나라마다 대답하는 방법이 다를 수 있지만 서양에서는 대부분 직업을 말해. "나는 교사입니다." "나는 은행에 다닙니다." "나는 낙농업 일을 합니다." "나는 인사과장입니다." "나는 사운드 엔지니어입니다." 이렇듯 직장이 우리를 규정하지.

하지만 이제 당신은 그렇게 자신을 규정할 수 없어. 더 이상 아니야. 당신은 송로버섯을 찾아 땅을 헤집는 멧돼지야. 당신은 토끼의 목을 물어뜯을 준비가 된 족제비야. 당신은 기업가야. 당신은 부자가 될 사람이야. 법만 지킨다면 무엇을 해서 부자가 되든 상관없어.

최근 장례식에 다녀왔어. 요즘 들어 장례식에 갈 일이 부쩍 잦은데, 거기서 학교 다닐 때 사귀었던 여자친구의 어머니를 만났어. 솔직히 그녀의 존재를 잊고 있었지. 그녀의 딸과는 한두 번 데이트한 정도였으니까. 나를 불편한 시선으로 위아래를 훑어보는 노파의 모습을 보고 있자니 그녀와 닮은 훨씬 젊은 숙녀가 내게 빵 조각을 건네고 차 한 잔 대접하던 모습이 문득 떠오르더군.

"결국 이루었군." 그녀가 말했어. 억지웃음을 지으며 꽉 다문 입술이 불편해 보였지.

"아, 예." 나는 그녀가 대체 무슨 소리를 하는지 몰라 그렇게 답했어.

"그럴 만한 가치가 있는 일이었으면 좋겠군."

"뭐가 무슨 가치가 있다는 말씀이신가요, 부인."

"자네는 나를 두렵게 했어. 알고 있었나? 자네가 샐리와 결혼할 줄 알고 내가 얼마나 무서웠는지. 내가 두려웠던 건 자네였어. 나는 아이를 둔 엄마였고 자네보다 서른 살이 더 많아. 그런데도 자네는 나를 몹시 두렵게 했어. 그래서 샐리한테 자네랑 만나지 말라고 했지."

"예, 기억납니다. 왜 그러셨죠?"

"자네가 처음 샐리를 쫓아다니기 시작했을 때 자네한테 학교를 졸업하고 무슨 일을 할 생각인지 물었어. 자네는 나를 뚫어지게 쳐다봤어. 도저히 십 대의 눈처럼 보이지 않았어. 마치 호랑이 눈처럼 매서웠지. 자네는 무례했고 오만했고 위협적이었어. 나는 남편에게도 그렇게 말했어."

"죄송합니다."

"자네는 부자가 되겠다고 했어. 대학을 가거나 어떤 일을 하겠다고 말한 게 아니라, 그저 부자가 되겠다고 했다고. 나는 그 말을 잊을 수 없어."

나는 시시껄렁한 농담을 하며 그녀의 마음을 풀어주려고 했어. 하지만 그녀는 들으려고 하지 않았어. 나이가 많아서 좋은 점이 있다면, 그건 하고 싶은 말을 아무리 지껄여도 젊은 사람은 잠자코 듣기만 해야 한다는 거야.

그녀는 마음속에 담아둔 말을 다 했어. 더 이상 나눌 말이 없었지. 장례식에서 나올 때 두 가지 짐이 내 마음을 짓눌렀어. 옛 친구의 죽음을 슬퍼하는 마음과 어렸을 때 내게 친절하게 대하려 했던 사람을 무섭게 했다는 사실이. 하지만 그녀 말이 맞아. 나는 그런 인간이야. 당신들도 그럴 거야. 필요하다면 절도, 사기, 공갈 협박, 살인만 빼고 뭐든 해야 해. 사슬을 끊어도 당신 발목에 매달린 호랑이는 계속 따라다닐 거야. 언제까지나 당신 곁에 있지. 의지와 노력으로 그를 떼어놓지 않는 한.

사슬을 끊음으로써 당신은 이제 방해받지 않고 엄청난 부를 좇을 수 있어. 당신의 호랑이가 사람들을 위협해서 쫓아낼 테니까. 호랑이가 곁에 없다면 빨리 하나 마련해. 엄청난 부를 축적하고 싶다면 호랑이가 있는 게 좋아. 무슨 말인지 모르겠다고? 뭐 괜찮아. 여기는 누더기가 된 당신의 마음을 논하거나 호랑이에 관한 은유를 토론하는 자리가 아니니까. 중요한 건 사슬을 끊는 거야. 그리고 부자가 되는 거지.

올바른
목표를 골라라

세상에는 돈이 넘쳐나. 그 가운데 일부에 당신 이름이 쓰여 있지. 당신이 해야 할 일은 그 돈을 모으는 거야. 당신이 이 책을 그저 심심풀이로 읽는 게 아니라(그런다고 해도 잘못은 아니야) 진지하게 부자가 되려고 생각하고 있다면, 아래 말을 암기한 뒤 책을 덮고 크게 외쳐봐.

세상에는 돈이 넘쳐난다. 그 가운데 일부에 내 이름이 쓰여 있다. 내가 해야 할 일은 그 돈을 모으는 거다.

했어? 좋아. 그럼 시작하자고. 첫 번째 질문은 빌어먹을 돈이 대체 어디 있느냐는 거야. 산 밑 광산에 묻혀 있다고 하자고. 그렇다면 어떤 산이지? 십중팔구 그 산은 이미 다른 사람들을 부자로 만들어준 산일 거야. 골드러시는 낡은 광산에선 일어나지 않아. 이미 다른 사람들이 그곳에 자리를 잡고 떵떵거리며 살고 있어서 당신이 끼어들게 내버려두지 않을 테니까. 따라서 황금이 묻힌 새 산을 찾아야 해. 조만간 황금이 발견될 산을.

단도직입적으로 얘기할게. 지금은 자동차 판매업을 시작할 때가 아니야. 자동차 판매업은 멋진 일이지만 낡은 광산이야. 당신이 아주 참신한 계획을 갖고 있지 않은 한 그곳에 뛰어들지 마. 맥주를 만들고 유통하는 일도 낡은 광산이야. 영국 전통 에일 맥주 같은 새로운 카드가 없는 한 이는 피해야 해. 물론 당신의 상상력과 수완이 대단하다면 이런 카드를 생각해낼 수 있겠지.

세인트빈센트그레나딘이라는, 내가 자랑스러운 시민으로 있는 작은 나라가 있는데, 이곳에는 맥주 회사가 하나 있어. 하이룬이라는 훌륭한 맥주를 생산하지. 전체 인구가 12만 명밖에 안 되는 나라에서도 이 회사는 꽤 많은 돈을 벌어. 그렇다면 내가 이 시장에 끼어들어 돈을 벌 수 있을까? 물론이야. 어떻게?

먼저 새로운 맥주를 만들어서. 병뚜껑마다 숫자를 적어. 그리고 정부의 승인을 얻어 복권 사업을 벌이는 거야. 한 달에 한 번 추첨해. 당첨된 사람은 상당한 돈을 현찰로 갖게 돼. 총판매액의 50퍼센트를 가져가는 거지. 10퍼센트는 정부에 주고, 40퍼센트는 불우한 아이들이나 고아를 돕는 일, 그러니까 교육 사업 같은 좋은 취지에 쓴다고 하자고. 그런 다음 새 맥주를 본격적으로 출시하면서 세인트빈센트그레나딘에서는 (다행히도) 본 적 없는 대대적인 광고 캠페인을 펼치는 거야. 텔레비전 광고도 만들까. 바텐더가 근사하게 생긴 남자한테 맥주 한잔하지 않겠냐고 물어. "좋아요." 그가 대답해. "미망인과 고아들을 위해서라면 한잔하죠." 그러고는 씨익 웃지. 거품이 이는 맥주가 카운터 위에 쾅 하고 올라오고, 맥주 로고가 화면을 가득 채우고, 옆에는 돈이 마구 휘날려.

내 맥주는 시장에서 하이룬을 몰아낼 거야. (이봐, 이건 그저 예를 들고 있는 거야) 모든 사람이 부자가 되고 싶어 하지. 한 달에 한 번 거액의 수표를 들고 웃음 짓는 사람이 텔레비전에 나와 내 맥주를 광고해. 나는 맥주를 다른 섬에도 팔 거고, 거기서도 같은 방법을 쓸 거야. 맥주 이름을 뭐라고 지을까? 어디 보자. 이곳 사람들은 맥주를 '빈시'라고 하니까, 그게 좋겠군! 빈시 맥주로 하는 거야. 슬로건은 이렇게 되겠지. '미망인과 고아들을 위한 맥주' 혹은 '복권 당첨자를 위한 맥주'. (알았어, 알았어. 인정한다고. 나는 마케팅 슬로건 만드는 솜씨가 형편없어)

그런데 내가 왜 이렇게 나의 사악한 의도를 이야기해서 하이룬 생산업자와 유통업자한테 내가 무슨 말을 하려는 건지 경고해주는 걸까? 이런 아이디어는 하루에 백 개라도 낼 수 있기 때문이야. 아이디어는 아무런 값어치가 없어. 그리고 나는 맥주 사업에 뛰어들 생각이 전혀 없어. (혹시 이것도 다 연막작전일까?)

내가 무슨 말을 하려는 건지 알겠지? 돈이 묻혀 있다고 생각되는 새 광산을 고르고 낡은 광산을 선택할 때는 돈을 벌 수 있는 새로운 카드를 갖고 있어야 해. 지금 뜨고 있는 새 광산은 전자통신, 인터넷, 합법 도박 같은 거야. 부동산은 항상 좋은 사업이지. (작은 부동산으로 시작해도 금방 운을 얻을 수 있어. 그래서 늘 사람들로 북적이는 시장이기도 하고)

당신 이름이 쓰여 있는 돈이 묻힌 산을 선택해. 그게 핵심이야. 산을 고를 때는 본능적인 감도 고려해. 당신의 마음이 끌리는 곳, 본능적으로 고개를 돌리게 되는 곳이 어딘지 잘 생각해봐. 나는 텔레비전 보는 것을 늘 혐오해왔어. 하지만 역설적이게도 생각 없는 쓰레기를 만들어내는 제작자가 되려는 생각은 항상 꿈꿔왔지. 내가 좀 더 일찍 텔레비전 사업에 뛰어들지 않아서 좋은 기회를 놓쳤는지도 몰라. 베버리힐스에 있는 내 회사는 지금도 바쁘게 잘 돌아가고 있지만 말이야. 한 가지는 확실해. 당신이 하려는 일에 아무런 호의나 감정도 없으면서 돈벌이가 된다는 생각만으로 뛰어드는 짓은 피해야 한다는 거. 그렇게 하면 미래가 없어.

잡지 편집자를 한 명 아는데, 그는 글을 쓰고 편집하는 일에 재능이 있어. 그런데도 그는 자신이 출판인이 되어야 한다고 생각하고는 정장 차림에 수표를 쓰고 사람들을 고용하고 해고하는, 출판인들이 하는 그런 일을 해. 미친 작자지. 그는 결코 부자가 되지 못할 거야. 자신이 가진 글쓰기 재능과 편집 재능을 충분히 활용하지 못하고 있으니까. 한마디로 그는 비열한 사업가 노릇을 하느라 너무 분주해.

이런 함정에 빠지면 안 돼. 당신이 해야 한다고 느끼는 일은 하지 마. 당신의 마음을 사로잡는 일을 해. 당신의 타고난 재능을 살릴 수 있는 일을 찾아. 당신 이름이 쓰여 있는 돈이 묻힌 산을 찾아.

아무것도
두려워하지 마

아무것도 두려워하지 마라. 이 또한 말은 쉽지만 행하기 어려운 조언이지. 그런데 이봐 친구, 재수 없게도 삶은 심술궂고, 나쁜 일투성이고, 당신은 죽어. 거기에 익숙해져. 당분간은 계속 그럴 테니까.

두려워할 게 뭐가 있을까? 모든 것이기도 하고 아무것도 아니기도 해. 잠시 내 눈을 통해 세상을 들여다봐. 나는 거대하고 나쁜 우주에서 무가치한 별 주위를 도는 무가치한 행성 위의 벌레만도 못한 존재야. 게다가 그 우주라는 것은 나로선 죽었다 깨도 이해할 수 없어. 걷고 숨 쉬고 자라고 날고 기고 헤엄치는 모든 생명체와 마찬가지로 나 또한 죽어. 언젠가는 내가 사는 행성도 죽겠지. 더 오래 뒤에는 지구의 궤도 중심에 위치한 태양도 바위처럼 죽을 테고. 그러면 지구에는 지독한 어둠이 내려앉겠지. 설령 생명체가 살아 있더라도 아무것도 보이지 않을 거야.

군대와 정부가 두려워하는 자는 자신이 곧 죽는다는 것을 아는 사람이야. 당연해. 그런 자들은 잃을 게 없으니까. 그들은 그래야 한다면 악독한 일을 저지르고 끝장을 볼 수도 있어. 당신은 바로 그런 운명의 사람이 되어야 해. 당신은 죽을 거야. 그 무엇도 이런 사실을 바꿀 수 없지. 그건 되돌릴 수 없고, 이해할 수 없고, 불공평해. 하지만 그로 인해 당신은 자유롭게 돼. 알겠어? 당신은 자유로워진다고.

어차피 죽게 될 텐데 중요할 게 뭐 있어? 아무것도 중요하지 않아. 아무것도. 독한 마음을 먹고 아침에 일어나 불운하게도 당신 눈에 띄는 첫 번째 가젤의 목을 물어뜯을 준비를 해. 왜 목을 물어뜯느냐고? 할 수 있기 때문이야. 아침거리로 삼기 위해서가 아니야. 사냥의 쾌감을 위해서도 아니야. 다만 당신이 그렇게 할 수 있기 때문이야.

부자가 되고 싶다면 먼저 스스로에게 어떤 것도 두려워하지 않겠다는 맹세를 해. 두려움을 완전히 없앨 수 없다면, 두려움을 깔보고 짓밟고 자물쇠를 채워 당신 마음속 가장 구석진 곳에 처박아놓고 거기서 썩어가게 내버려둬. 한번 시도해봐. 하루만이라도. 실패에 대한 두려움을, 스스로가 못나게 보일 것 같은 두려움을, 사랑하는 애인을 잃을 것 같은 두려움을, 일자리를 잃을 것 같은 두려움을, 상사에 대한 두려움을, 그밖에 뭔가 잃을 것 같은 두려움을 인정하지 못하겠다 싶은 날을 잡아서 한번 해봐. 두려움은 보통 새벽 3시쯤 되면 스멀스멀 기어오르지. 한번 웃어주고 꺼지라고 해. 잘근잘근 씹어줘. 침을 뱉어줘. 혹은 팔을 두르고 상냥한 척 프렌치키스를 하려는 시늉을 한 뒤 구역질 나는 목구멍에 날카로운 칼날을 들이대.

해봐. 과감하게 해. 이렇게 하면 당신 삶이 바뀔 거야. 더 좋은 쪽으로 바뀌리라고는 장담하지 못하겠어. 하지만 세상에 그 많은 돈이 다 어디에 있는지, 그리고 그것을 손에 넣기가 얼마나 쉬운지 금방 알게 될 거야. 이미 당신 이름이 쓰여 있는 돈 말이야.

당신 앞을 가로막는 것은 두려움이야. 어떤 종류의 두려움인지 다른 사람은 알 수 없지. 어쩌면 성공할지도 모른다는 두려움일 수도 있겠지. 아무튼 부자가 되고 싶다면 이것만은 명심해. 당신 앞을 가로막는 것은 이런저런 두려움이라는 사실을. 스스로를 탓할 수밖에 없어. 세상에는 배 속에 다이아몬드를 품고 있는 가젤이 숱하게 많아.

저것 봐! 저쪽에 한 놈 있잖아. 당장 가서 목을 물어뜯고 다이아몬드를 가로채. 어쩌면 다이아몬드가 두 개일 수도 있어. 아니라면 이미 내가 하나를 챙겨간 거겠지. 조심해. 내가 자네의 목을 물어뜯을 수도 있으니까. 이봐. 두려워할 건 아무것도 없어. 이렇게 부자가 되는 거야! 부자가 된다는 것은 바로 이런 거야. 포식자가 되는 거지. 킬러 말이야. 먹잇감이 되어서는 안 돼. 두려움에 굴복하지 마. 다른 사람들이 당신을 두려워하게 만들어. 특히 다이아몬드를 가진 가젤들이 당신 앞에서 벌벌 떨게 하려고.

이런다고 무가치한 별 주위를 도는 무가치한 행성 위의 벌레만도 못한 존재에서 뭐가 달라지는 건 아니야. 아무런 차이도 없어. 어떤 것도 어둠이 내려앉는 걸 막을 수 없어. 그 무엇도 어느 날 당신이 숨 쉬고 생각하는 것을 멈추게 되리라는 사실을 바꾸지 못해. 죽어가는 태양 주위를 바윗덩이 지구가 수백만 번 이상 돌고 나면 당신이나 당신의 종족이나 당신의 다이아몬드는 흔적조차 없이 사라질 거라는 사실은 그 무엇도 바꿀 수 없어. 어떤 것도 그렇게는 못 해. 하지만 잠시(잠시만이야, 알겠어?), 지구에 생명체가 숨 쉬고 있는 찰나의 순간 자신을 호랑이라고 생각하는 벌레는 부자가 될 거야.

내가 이 책에 쓴 내용 대부분이 잘못된 것인지도 몰라. 잘못된 길로 인도하는 '허튼소리'일 수도 있어. 충분히 그럴 수 있어. 나는 부자 되기라는 주제에 관해 무결점인 사람이 전혀 아니니까. 하지만 두려움과 그것이 미치는 부정적인 영향에 관한 짧은 대목만은 자신 있게 옳다고 말할 수 있어. 우리를 지배하는 것은 두려움이야. 사랑과 존경 같은 감정들은 두려움을 조금 더 참을 수 있게 해주지. 하지만 결국 우리를 지배하는 것은 두려움이야. 이상하지? 결국 죽게 된다는 것을 다 아는데 대체 두려워할 게 뭐 있다고. 감각이 있는 존재는 원래 이런 걸까?

두려움은 어쩌면 나쁜 게 아닐 수도 있어. 이 책을 쓰면서 무스티크에 있는 내 별장에서 야생 고양이를 한 마리 길렀어. 얼룩 고양이인데 꼬리가 가늘어서 '꼬챙이'라고 불러. 하루에 두 번 내가 부르면 포치에 와. 어제는 마침내 안을 살짝 엿보더니 별장 안에 들어와 페르시안 양탄자를 터벅터벅 밟으며 지나갔지. 그러더니 금세 새끼 고양이처럼 양탄자 술을 갖고 놀더라고. 야생 고양이의 먹고 먹히는 살벌한 세계에선 새끼 고양이 시절이라는 게 없었을 텐데도.

하지만 녀석은 작은 소리나 움직임에도 민감하게 반응했어. 냉장고 돌아가는 소리가 나거나 내가 의자에서 갑자기 몸을 일으키면 문으로 도망쳤지. 왜 그럴까? 녀석은 분명 이곳이 안전하다는 사실을 깨닫기 시작했어. 이제까지 먹던 것보다 좋은 먹이나 우유의 향긋한 냄새에도 익숙해졌지. 훈제연어 냄새야 말할 것도 없고. 그런데도 왜 도망을 쳤을까?

그건 두려움이 녀석을 지배하기 때문이야. 그래서 도망을 치는 거야. 그 섬에 인간을 제외하고는 고양이를 해칠 만한 포식자가 없는

데도, 두려움 때문에 적들을 경계하느라 편안함을 포기하는 거지. 어쩌면 나는 녀석이 인간에 대한 두려움을 완전히 잊지 않도록 더 신경 써야 했는지도 몰라. 그럴 수 있었다면 말이지만. 자신의 그림자를 보고도 놀라서 도망치는 게 나을 수도 있으니까.

부자가 되는 게 여전히 당신의 욕망이라면 두려움을 당신에게 유리하게 다스릴 줄 알아야 해. 그런데 나는 이렇게 했을까? 버럭 화내고 고약하게 굴고 맹렬하게 밀어붙이고 몸을 혹사한 게 다 두려움 때문이었을까? 두려움을 돈 벌기 위한 연료로 사용했던 걸까? 이전에는 이런 식으로 생각해보진 않았지만 그럴 수도 있을 것 같아. 그런데 나는 정신분석이니 무의식이니 하는 말은 도통 믿지 않으니 이걸 확인하고 싶진 않군.

확실한 건 당신이 성공하기를 원한다면 두려움을 다스려야 한다는 거야. 적어도 내 경우에는 그렇게 해서 효과가 있었어. 두려움을 다스리는 기술을 어떻게 얻느냐. 그걸 설명하는 건 내 능력 밖이야. 각자 알아서 자기 내부에 은밀하게 숨어 있는 괴물을 제압해보라고. 부를 쌓는 게임에서 승리하려면 이런 능력은 필수적이야.

"현재의 두려움은 끔찍한 상상에 비하면 아무것도 아니다." 우리의 현인 셰익스피어의 말이야. 아무렴, 그렇고말고. 우리가 멍청하게도 방심하는 사이에 '끔찍한 상상'이 우리의 삶을 지배하게 되지.

전진! 전진!
또 전진!

친애하는 독자여, 낭비할 시간이 없다네. 당신이 이 책을 읽는 동안에도 시곗바늘은 돌아가고 시간은 빛의 속도로 흘러가고 있어. 언젠가 당신이 시계도, 빛도, 돈도 더 이상 필요 없게 되는 시점을 향해 줄달음치고 있어. 벌어야 할 돈은 많은데 시간은 없어! 그런데 뭘 꾸물대고 있어?

내가 어렸을 때 자주 쓰던 표현으로 '네 자전거에 올라타'라는 말이 있어. 지금 바로 당신이 해야 할 일이 이거야. 자전거에 올라타서 당신이 가치 있다고 여기는 일을 위해 힘껏 페달을 밟아. 그렇게 당신의 유일한 적인 시간에 맞서라고. 17세기 영국의 시인 앤드루 마블은 유명한 시에서 젊은 여성을 자신의 침대로 유혹하기 위해 이렇게 말했지.

> 만약 우리에게 충분한 세상과 시간이 있다면
> 여인이여, 그대의 수줍음은 죄가 되지 않는다오.
> ......
> 무덤은 훌륭하고 은밀한 곳이기는 하지만
> 아무도 그곳에서 포옹하지 않는다오.

정곡을 찌른 말이야. 당신은 생각만큼 시간이 많지 않아. 우리 모두 그래. 그러니까 법적으로 문제 될 게 전혀 없는 욕망이라면 지금 당장 실행해. 오늘 시작하지 않으면 언제 시작할 건데? 내일? 내년?

아니면 후년? 지금 당장 시작하지 않으면 결코 시작할 수 없어. 그래 맞아. 지금 당장. 당신의 눈이 이 페이지를 훑고 있는 동안에도 머릿속으로는 계획을 짜고 가능성을 이리저리 재고 있어야 해. 이렇게 계속 머뭇거리는 일을 멈추고 행동에 전념할 때 당신이 얻을 수 있는 것을 잡아챌 계략을 짜고 있어야지.

몸과 마음을 바쳐서 매달려. 정말 온 힘을 다해. 어정쩡하게 조금 하다 말면 윌리엄 버틀러 예이츠가 말한 "실용적인 것만 좇고 상식을 벗어난 이 돼지 같은 세상"에서 성공할 가능성이 전혀 없어. 당신이 추구하는 것은 원래 어리석어. 논리와 통계를 들먹이며 물을 흐려봤자 무슨 소용이야? 그런 것들은 당신이 모험에 뛰어드는 데 괜히 발목만 잡는 걱정거리일 뿐이야. 여기는 충동적으로 몰아붙이는 자리, 신념을 갖고 뛰어드는 자리야. 믿음이 필요한 곳이지. 바로 지금이야. 당신은 부로 향하는 길고 외로운 길의 첫걸음을 지금 떼야 해. 아니라면 당장 이 책을 불 속에 던지거나 창문 밖으로 던져버려. 그게 당신 건강에 이로워.

기회가 오면 와락 덤벼들어 낚아채. 방금 시작했거나 꽤 오랫동안 부를 좇고 있거나 상관없이 기회를 놓쳐서는 안 돼. 만약 가족과 함께 휴가를 떠나려는데 기회가 왔다면 우유부단하게 흔들리지 마. 당신 없이 가족들만 놀다 오라고 하든지 아니면 아예 여행을 취소해. 휴가를 떠났다가 거의 손에 들어왔던 수백만 파운드를 날려버린 사람의 실화를 얘기해주지.

25년 전 내게 처음으로 큰돈을 벌게 해준 잡지가 내 손에 떨어지게 된 것은 원래 그 잡지의 창간자와 협상하던 거대 라이벌 출판사의 대표가 외국으로 여행을 가면서 협상을 질질 끌었기 때문이었어. 아마 그는 협상이 타결된 거나 마찬가지이니 매각할 사람이 한두 주는 기다려줄 줄 알았던 모양이야. 자신의 여행 계획을 바꿀 만큼 그렇게 중요한 사안이 아니었던 거지. 당연히 소중한 자산을 파는 젊은이로서는 화가 날 수밖에. 무례한 처사였지. 대표가 외국 여행을 마치고 돌아왔을 때 잡지의 주식은 대부분 내 것이 되어 있었어. 데니스 출판사가 잡지의 대주주가 된 거야.

내 라이벌이 손해를 본 건 순전히 그 사람 탓이야. 그는 늦장을 부렸어. 그래서 이후 1억 달러의 총수입을 올리게 될 잡지를 살 기회를 놓쳤지. 자신이 잘못 판단해서 이런 기회를 놓쳤다면 자신을 용서하는 게 조금은 쉬울 거야. 하지만 추진력이 부족해서 눈을 빤히 뜨고 기회를 날려버렸다면 자신을 용서하기가 어려워. 필요할 때 행동에 나서야 하지만, 늦장을 부려서는 안 돼. 돈을 벌 기회가 왔다는 아주 미약한 신호라도 보이면 곧장 행동에 나서. 그리고 전진, 전진, 또 전진해야 해.

내 야생 고양이 '꼬챙이'는 절실한 필요에 이끌려 내 별장에 기어들어왔어. 배가 고팠거든. 그래서 무모하게도 들어온 거지. 내가 문을 쾅 하고 닫을 수도 있었고, 녀석을 잡아서 불에 구울 수도 있었는데 말이야! 고양이의 머릿속에 다른 생각이 있었을까? 아무튼 녀석은 필요와 욕망에 따라 안으로 들어왔어. 그리고 이제 돈으로 살 수 있는 최고의 고기와 생선과 우유를 하루에 두 번 먹을 수 있어. 기회를 제대로 잡은 거지.

조심하고 신중해야 할 이유는 많아. 항상 그런 이유가 있지. 이런 것들은 톨킨의 골룸처럼 두려운 마음에 슬쩍 기어들어와 기운을 빼고 낙관적인 생각에 초를 치지. 이런 이유들은 다 던져버려. 아무것도 아니야. 당신의 상상력이 만들어낸 허깨비일 뿐, 으악 하고 소리쳐 겁 한번 주면 사라질 거야.

당신이 부자가 되고 싶다면 부자가 되지 말아야 할 이유 같은 건 없어. 전혀 없어. 그런 건 '이유'가 아니라 '변명'일 뿐이야. 대개는 꿈을 현실로 만들기 위해 갖고 있는 모든 것을 내걸어야 한다는 은근히 두려운 일을 면하기 위해 만들어내는 가련한 알리바이, 절반의 진실, 교묘한 회피야. 두렵기 때문에 그런 변명을 지어내는 것이고, 이는 결국 '만약 그걸 했더라면' 하는 후회로 이어지지.

어쩌면 당신이 성공하더라도 부가 가져다주리라 믿었던 것만큼 행복하지 않을 수도 있어. 하지만 그게 시작하지 않을 이유는 아니지. 어쩌면 내가 잘못 생각하고 있는지도 몰라. 당신이 부자가 되고도 봄날의 종달새처럼 행복할 수 있을지 누가 알아? 이건 직접 시도해보지 않고서는 결코 알 수 없는 일이야. 그러니 지금 시작해.

실제로 나는 온갖 이유를 다 들어봤어. 당신과 비슷한 처지에 있는 사람들의 수많은 상황을 꼼꼼하게 들여다보았지. 몇몇은 내게 조언을 구하러 오기도 했어. 그런데 면밀하게 살펴보면 모든 이유가 다 헛소리였어.

부자가 되지 않는 타당한 이유는 딱 세 가지야. 하나, "부자가 되고 싶은 마음이 없다." 둘, "부자가 되고 싶긴 하지만 그보다 더 중요한 다른 일이 있다." 셋, "너무 미련해서 부자가 되려는 시도조차 할 수 없다." 이런 것들이 타당한 이유야. 특히 마지막 이유가 그렇지.

두 번째 이유가 타당하다는 것은 아래와 같은 가정을 해보면 알게 돼. 빈센트 반 고흐가 그림을 그리지 않았다면, 베토벤이 교향곡을 작곡할 시간이 없었다면, 에밀리 디킨슨이 시를 쓰지 않았다면, 나르시스 몬투리올이 세계 최초의 이중 선체 잠수함을 만들지 않았다면 지금 우리가 살고 있는 세상은 어떻게 됐을까? 이들 모두는 가난하게 혹은 무일푼으로 죽었어. 사상과 철학의 거장들도 그들보다 그리 나은 대접을 받진 못했어.

가족들은 또 어떡하지? 만약 당신의 부모가 당신을 어둡고 축축한 방에 처박아두고 밤낮없이 부자가 되기 위해 몰두한다면 당신의 유년기는 어떻겠어? 그래, 그것도 타당한 이유가 될 거야. 하지만 평범한 사람에게는 적용되지 않는 얘기야. 대부분의 사람이 평범한 가정에서 살아. 우리는 교향곡을 작곡하지도 않고 잠수함을 만들지도 않지. 그리고 아이를 갖지 않는 사람도 많이 있어.

이로써 아이를 가진 사람이 부자가 되는 문제를 언급하게 됐군. 여기서 나는 논란이 되는 입장을 취할 거야. 아이를 가져보지 않은 사람은 부모가 겪는 고충의 깊이를 이해할 수 없어. 아이가 없는 나역시 그 점을 인정해. 그런데 부자가 되는 문제가 거론될 때마다 아이 문제를 비장의 카드로 들고 나오는 사람들이 꽤 많아. "당신은 괜찮겠지. 하지만 나는 책임질 아이가 있다고. 내 가족이 우선이야." 맞아, 그래. 그 말을 털어놓으니 얼마나 홀가분하겠어. 하지만 그 말이 과연 얼마나 진심일까?

　내게 상담하러 오는 젊은 친구들이 많아. 나는 갓난아기가 아장아장 걷고, 개구쟁이가 학교에 가고, 보디 피어싱을 한 청춘들이 정신 사나운 꼴로 세상에 첫발을 내디디는 것을 봐왔어. 그리고 아이들과 부모의 관계가 변해가는 것도 봐왔지. 그것도 소상하게 바로 곁에서. 그렇게 관찰한 바에 따르면, 아이들은 음식과 의복, 집 같은 기본적인 요소들이 부족하지만 않으면 부모가 부자든 가난하든 신경 쓰지 않아. 애들이 신경을 쓰는 것은 넘치는 사랑이야. 애들이 간절히 원하는 것은 그게 전부지. 대여섯 살 먹은 애들이 그렇게 말하지는 않지만 말이야.

　내가 어렸을 때 자란 동네는 정치적으로 공정한 우리 세대라면 '그럭저럭 적당하다'고 표현할 만한 그런 환경이었어. 유년 시절의 일부를 조부모의 좁은 연립주택에서 보냈는데, 슬럼가(그래도 깨끗하게 관리되고 있었어)가 엎어지면 코 닿을 거리에 있는 그곳은 전기도 들어오지 않았고, 어엿한 부엌이나 실내 화장실, 욕실도 없었어. 양철 욕조가 녹슬지 않도록 석탄 창고에 있었어. 별도의 난방 장치 없이 거실에 석탄 난로가 있었고, 여전히 가스등을 사용해서 불을 밝혔어. 부유한 서방 세계에서 볼 때 영락없이 가난한 삶이었지. 경기가 좋지 않을 때면 바깥 화장실에 배치된 반들거리고 역한 냄새가 나는 싸구려 화장지도 사람들이 몰래 들고 갔어. 그러면 말끔하게 사각형으로 잘라놓은 신문 쪼가리로 볼일을 봐야 했지. 개인적으로 나는 신문을 좋아해서 신문 쪼가리를 가져와 정원의 헛간에 몰래 감춰두곤 했어.

그러다가 어머니의 일이 잘 풀리기 시작하면서 우리 가족의 삶이 바뀌었어. 하룻밤 사이에 우리는 '중산층'이 됐어. 자전거가 생겼어. 새로 들어간 아파트의 멋진 욕실에는 현대식 욕조가 있었고, 수도꼭지에서는 뜨거운 물이 나왔지. 부드럽고 푹신한 롤 화장지는 물론이고. 우리는 애완동물을 길렀고, 정원 잔디의 큰 나무 뒤에서 카우보이와 인디언 놀이를 했어.

그럼 이곳 생활이 더 행복했을까? 그렇지 않았어. 나는 조부모의 집에서 멋진 시간을 보냈어. 골목의 다른 아이들도 모두 같은 처지였지. 우리는 우리가 가난하다는 사실조차 몰랐어. 물질적 환경은 애들보다는 어른들한테 훨씬 중요해. 따라서 논리적으로 볼 때 '책임질 아이가 있다'는 변명은 대개 사랑에만 통용되는 말이야. 어린애들은 자기 엄마, 아빠가 부자인지 모를뿐더러 신경 쓰지도 않아. 부자가 되는 데 아무런 지장 없어. 그저 조건 없는 사랑의 표현만이 애들을 잘 키우는 데 중요해.

이제 내가 왜 언뜻 보기에 타당해 보이는 변명을 무시하는지 알겠지. 당신이 부자가 되고 싶은데 어린애가 있다면, 아이를 내세워 부자가 되려고 노력하지 않으려는 핑계를 대지 마. 알리바이로 내세워야 한다면 그러한 논거가 알리바이에 불과하다는 사실을 적어도 공손하게 솔직히 인정해. 물론 아이가 있는 몸으로 부자가 되려고 고군분투하는 것은 아이가 없는 사람들에 비해 힘들 거야. 그런 걸 부인하려는 게 아니야. 하지만 그런 상황에서도 부자가 된 사람들이 수없이 많아. 아이는 치명적인 장애가 아니라 로버트 존슨이 노래했듯이 "당신 앞길에 놓인 자갈"일 뿐이야.

내가 아는 친척 한 명은 사업가의 기질을 충분히 갖고 있지만 평생 가난하게 살았어. 아주 지겨운 녀석이지. 오랜 세월 동안 나는 그가 책임질 자식만 없었다면 자신의 멋진 아이디어로 세상을 바꿔놓았을 거라고 떠벌리는 소리를 지겹게 들어야 했어. 참다못한 나는 밖에 나가서 루이스 조던의 음반 하나를 사와 볼륨을 한껏 올려 틀어주었어. 가사 내용은 이래.

> 네가 사업을 시작했을 때부터 너의 멋진 아이디어에 대해
> 숱하게 들어왔어. 그런데 뭐가 문제지?
> 넌 아직 10달러도 벌지 못했으니.
> 그런데도 넌 나라의 빚도 갚을 수 있다고 떠들고 있잖아.
> 네가 그렇게 똑똑하다면
> 어떻게 해서 아직 부자가 못 된 거야?

그는 평소와 마찬가지로 허풍을 쳐댔어. 그래서 나는 그의 아내와 아이들이 쳐다보는 앞에서 그에게 '알리바이'에 관한 내 지론을 들려줬어. 그러고는 소란스러운 집에서 나와버렸어. 앞으로 다시는 그 집에서 나를 초대할 일이 없을 거야.

지금은 다 자란 그의 아이들은 내가 음반을 틀어주었을 때 묘한 희열을 느꼈을 거야. 집안이 가난해진 것을 당신 탓으로 돌리는 아

버지의 잔소리를 계속 들어야 한다고 생각해봐. 이런 얼간이가 또 어디 있겠어.

떠벌리는 자들을 조심해. 이런 치들은 세상에 엄청 많은데, 당신에게 대단히 좋지 않은 영향을 미치기 마련이야. 당신이 부를 향해 첫걸음 떼는 것을 막고, 재산을 차곡차곡 쌓는 것을 몰래 방해해. 그들이 원하는 것은 당신의 실패라는 것을 항상 기억하도록. 그리고 그들을 무시해.

시곗바늘은 지금도 돌아가고 있어. 당신이 이 책을 읽는 동안에도 빛의 속도로 계속 흘러가고 있지. 바로 지금이야, 시작할 때가. 이제 시작해. 게으른 엉덩이를 떼고 움직여. 배 속에 다이아몬드를 숨겨둔 가젤을 찾아봐. 전진, 전진, 또 전진해. 부자를 향해 출발!

부자가 되려는 사람들을 위한 조언을 역피라미드 형태로 정렬

1. 전력을 다하거나 전력을 다하지 않거나 둘 중 하나일 뿐 중간은 없다.
2. 부정적인 영향을 미치는 사람들과의 사슬을 끊어라.
3. 올바른 목표를 골라라.
4. 두려움을 없애라.
5. 지금 시작.
6. 출발!

18장

계속 부자로
살아남는 법

> 그래서 우리는 계속 일했고, 언젠가 빛을 볼 날을 기다렸죠.
> 고기도 못 먹고 지내던 우리는 빵을 저주했습니다.
> 그러던 어느 여름날 밤, 리처드 코리는
> 집에 가서 자기 머리에 총을 쏘고 말았습니다.
>
> ■ 에드워드 알링턴 로빈슨, 〈리처드 코리〉

원한다면 이 장은 건너뛰어도 좋아. 당신이 부자가 되는 것을 도와
주지 않을 테니까. 하지만 당신이 부를 잃지 않고 계속 부자로 남는
방법을 알려줄 거야. 여기에는 많은 차이가 있지.

이 책을 쓰는 내내 즐거웠어. 진심이야. 이 책을 쓰는데 거의 8주
정도 걸린 것 같아. 이제는 다시 내 일로 돌아가야겠지. 나무도 심어
야 하고, 시도 써야 하고, 돈도 벌어야지. 따라서 이 장은 원한다면 부
록이라고 해도 좋아. 내가 글을 쓰는 것은 그것이 즐겁기 때문이야.

정말 큰 부자가 된다면
뭘 하고 싶어?

나는 훌륭한 산문 작가가 아니지만(훌륭한 철학자는 더더욱 아니지) 많이 읽고 많이 살고 많이 벌고 많이 썼어. 이 모두를 대단히 만족스러울 정도로 즐겼지. 이렇게 하느라 내 호주머니에서 나간 수억 달러가 일반 경제로 내려가며(trickle down: 대기업과 부유층의 부가 늘어나면 그것이 중소기업과 일반 서민들에게 흘러내려가 모두가 성장하게 된다는 이론으로 레이건과 대처 시대에 주로 활용됐다—옮긴이) 다양한 업자들, 전문가들, 자선 단체들의 손에 쥐어졌어. 특히 와인 업자와 마약 중개상은 나 때문에 많은 돈을 챙겼지. 부동산 중개업자와 서점들, 고급 자동차 판매상들도 내 덕을 톡톡히 봤어.

　나는 내가 번 돈의 상당 부분을 섹스와 마약과 로큰롤을 즐기느라 날려버렸어. 축구 선수 조지 베스트(음주, 약물복용, 스캔들로 말썽을 일으켜 선수 생활을 일찍 마감한 비운의 스타다—옮긴이)가 죽기 직전 농담처럼 말했듯 은행 잔고를 탕진했지. 이런 얘기는 지겹게 들어봤을 거야. 하지만 매춘부들은 나와 달리 생활비를 벌어야 하는 입장이고, 그건 프랑스 와인과 싱글 몰트위스키를 취급하는 상인도 마찬가지야. (잠깐 진지하게 말하는데, 내가 여태까지 만나본 가장 똑똑하고 상냥한 사람들 중 몇 명은 매춘부였어)

　마약상들은 지난 10년 동안 나한테서 별로 재미를 보지 못했어. 사경을 헤매는 야단법석을 겪은 뒤 약물을 끊기로 마음먹었거든. 하지만 어리석은 사십 대 때는 그들에게 많은 돈을 안겨줬지. 내게 상담하러 온 젊은 친구들에게 털어놓은 적도 있지만, 마약을 해도 잠깐 동안은 괜찮아. 그렇지 않다고 하는 사람은 뭘 모르거나 거짓말을 하는 거야. 하지만 대개는 마약을 하다가 죽거나 삶이 망가지지. 그게 문제야. 그리고 마약을 할 때는 부자 되기를 멈추게 돼. 그러니 마약 따위는 잊고 계속 전진해.

와인 거래상에 대해 말하자면, 계산을 꼼꼼하게 해두었어. 내가 추산한 바로는 지난 20년 동안 내가 구입한 프랑스산 와인의 총액은 79만 파운드 정도 돼. 100만 파운드를 채우면 개구리 정부에 레종 도뇌르 훈장을 달라고 요구할 거야. 훈장을 받지는 못하겠지만 이 글을 읽는 프랑스 와인 업자가 혹시 정신 나간 로스비프(개구리와 로스비프는 각각 프랑스인과 영국인을 서로 경멸적으로 칭하는 말이다―옮긴이) 한테 증명서와 예쁜 리본을 보내올지도 모르지. 어쩌면 최고급 와인 샤토 페트뤼스를 한두 상자 공짜로 보낼 수도 있고.

내 돈이 또 누구에게 갔을까? 수천 명의 사람이 내가 단독으로 혹은 공동으로 세운 회사에서 일하며 돈을 벌었고, 지금도 수백 명이 우리 회사에서 일하고 있어. 종이를 대고 인쇄를 해주는 업체들도 물론 내 덕을 입었겠지만 그건 사업비용에 해당하니 중요한 게 아니지. 변호사들도 빠뜨릴 수 없지. 회계사와 세무사도 당연하고. 자선단체도 상당한 성과를 거뒀어. 농부들은 자신들이 더 이상 필요 없는 수백만 평의 땅을 내게 팔았어. 은행도 오랫동안 짭짤한 수익을 올렸지. 미술품 거래상, 페르시안 양탄자 판매상, 건축업자, 식당 주인도 있군.

아하, 세금 징수원을 빼놓을 뻔했네. 어떻게 그를 잊을 수 있겠어? 한 해에 1,000만 파운드를 영국 국세청에 갖다 바친 적도 있어. 2,000만 파운드였나. 그러고도 내가 하루 늦게 수표를 냈다고 이자까지 받아가려 했지, 썩을 놈들. 이 이야기가 알려지자 뉴스 진행자 트레버 맥도날드가 자신이 진행하는 〈10시 뉴스〉의 인기 코너 '끝으로'에서 이를 써먹기도 했어. 아주 웃겼지. 국세청 담당자들도 그렇게 생각했을 거야. 그래도 나는 하루 치 이자를 결국 물어야 했어.

그건 그렇고, 나는 국세청에 돈을 낼 때 계좌 이체하지 않고 수표로 지불하는 낡은 방식을 고집해. 수표를 복사해서 추억 삼아 부엌 벽에 핀으로 붙여놓지. (그렇게 벽에 붙여놓은 사본들이 많아) 이 때문에 국세청은 어음교환조합은행에서 하루나 이틀 치 이자를 손해 보게 돼. 2,000만 파운드의 이틀 이자를 계산하면, 대충 8,000~9,000파운드 정도 되나. 이제 어음교환조합은행이 부자인 이유를 알겠지. 나는 세금 징수원 좋은 일 시키느니 은행을 부자로 만드는 편이 좋아.

그렇다면 "죽을 때 장난감이 가장 많은 자가 승자"라는 말이 맞을까? 절대로 그렇지 않아. 바보 같은 소리야. 나중에 살펴보겠지만 "탐욕은 좋다"는 말도 마찬가지야. 탐욕은 좋은 게 아니야. 열이 펄펄 끓는 상태에서 얼음주머니가 가득한 침대에 누워 있는 당신에게 흰옷을 입은 냉정한 의사들이 레몬을 씹은 듯 인상을 쓰며 당신의 운명을 말해주러 올 때 당신 머릿속에 장난감 생각이 들겠어? 그저 인공호흡장치나 신경 쓰이겠지.

큰돈을 버는 것은 배를 조종하는 것과 비슷해. 부자인 당신은 다른 사람들에게 더 이상 사람이 아니야. 금괴를 잔뜩 실은 화물선이지. 그들은 황금을 원하고, 그것을 얻기 위해서라면 무슨 짓이든 할 거야. 최악의 상황도 마다하지 않겠지. 여기에 존 던의 시를 소개할게. 언뜻 보기에는 바다에서 벌어지는 전투에 관한 시 같지만 시인이 말하려는 것은 그게 아니야.

불타는 배

발포된 배의 화염에서 벗어나려면
죽음을 각오하고 물에 뛰어드는 것 말고는 없네.
몇몇 사람들이 적의 배를 향해 앞으로 헤엄쳐 가지만
그들의 발포에 힘없이 쓰러지지.
나중에 발견된 배에는 아무도 없었네.
바다에 있던 자들은 불에 타고, 불타는 배에 있던 자들은
물에 빠져 죽고.

설교자 존 던은 약삭빠른 친구야. 당신이 물건을 잔뜩 실은 배의 주인이라면 불에 타서 죽거나 물에 빠져 죽지 않으려고 항상 경계해야 해. 상황이 돌아가는 것을 보면서 기다려야지.

나는 많은 돈을 기부했어. 친구들과 친척들에게 돈을 주었고, 대의명분이 있는 운동에도, 자선단체에도, 미술 교육과 아동 교육에도, 그 밖에 신문을 읽다가 관심 가는 것이 보이면 기부를 했어. 그리

고 식목 사업을 위해서도 기꺼이 돈을 내놓았지. 어리석은 짓처럼 보일 거야. 대체 왜 그렇게 했을까? 글쎄, 내가 왜 그렇게 많은 돈을 벌었는지 잘 모르겠어. 어쩌면 그저 돈을 벌 수 있었기 때문에 벌었던 것 같아. 옛날에 가난을 혐오했던 것도 이유겠지. 물론 나는 대부호가 되었어. 하지만 결국 돈은 내 손에서 모두 떠나갈 거야. 그것이 속한 곳으로 가겠지. 돈을 필요한 사람의 손에. 어쩌면 안 그런 사람에게도 조금은 돌아갈 거야. 하지만 감상적이 되진 말자고.

그래서 내가 뭔가를 배웠을까? 당신이 부자가 될 때 도움이 될 만한 뭔가를? 그래, 배웠어. 여기에 내가 어렵게 깨달은 진실들을 정리해놓았어. 몇몇 항목은 부자가 된 직후와 관련 있고, 몇몇은 부를 지키는 방법과 관련 있어. 물론 비교적 멀쩡한 정신을 유지하는 방법도 있지. 주의, '비교적'이라는 말에 주목할 것.

• 계속해서 나눠줘라.

당신이 돈을 재빨리 나눠줄수록 더 많은 돈이 당신에게 다시 돌아와. '업보'니 '광대한 우주의 힘'이니 하는 것을 말하는 게 아니라 돈을 지키기 위해 아등바등하는 시간을 돈을 버는 데 쓸 수 있기 때문이야. 괜찮을 것 같은 비상장회사에 투자하는 것도 부를 유지할 수 있는 좋은 방법이지만 꾸준히 계속 나눠주는 것이야말로 확실한 방법이야. 당신이 부를 나눠줄 때는 당신 대신 그 일을 맡아줄 사람을 구하는 게 좋아. 내 경우는 캐서린 비숍이라는 아리따운 숙녀 회계사가 이 일을 담당하고 있어. 물론 나보다 훨씬 그 일을 잘하지.

- **돈을 쓰거나 증여하거나 빌려주거나 투자한 다음에는 그냥 잊어라.**

괜히 지나간 투자나 대부금, 증여에 대해 생각해봤자 불안과 걱정만 커질 뿐이야. 어차피 다 지나갔어. 잊어. 보답이 돌아오면 좋겠지만, 그것이 당신의 최우선 관심사가 되어서는 안 돼. 다만 안전을 위해 투자한 경우라면 문제가 조금 다르지. 그런 종류의 투자는 돈을 걸거나 증여한 거야. 투자나 대부금, 증여를 놓고 누구에게 잘못이 있는지 따지며 시간을 낭비하지 마. 아무리 액수가 크더라도 그러지 마. 만약 잘못이 있다면 그건 바로 당신 잘못이야.

- **친구에게는 절대로 돈을 빌려주지 마라.**

친구에게 돈을 빌려준다면 친구도 잃고 돈도 잃게 돼. 주고 싶은 금액을 주고 그냥 잊어버려. 친척들에게도 그렇게 해. 이 조언을 충실히 따른다면 당신은 엄청난 불행에서 벗어날 수 있어. 나를 믿어. 당신의 정책을 만방에 떠들고 다녀. 그러면 당혹스러운 요구들로 골치 아플 일이 훨씬 줄어들 테니까.

- **당신의 삶에서 거품을 하루빨리 씻어내라.**

당신이 부자가 된다면 이런 일들을 하게 될 거야. 틀림없어.

엄청나게 큰 집을 짓고 해외에서 집을 사고 하인들을 부리고 온갖 나쁜 짓을 하겠지. 도박, 신용카드, 값비싼 옷들, 매춘부, 마약, 음주, 스포츠카, 전용 비행기, 떠들썩한 파티, 근사한 인테리어 디자인, 황금 욕조 등등. 이런 것들은 어차피 피할 수 없어. 하지만 당신이 이런 거품을 빨리 걷어낼수록 건강도 좋아지고 기력을 차려 다시 일어설 수 있어.

• 옛 친구가 유일한 친구다.

슬픈 일이지. 대단히 슬프지만 사실이야. 그리고 옛 친구들이라고 해서 모두가 엄청난 경제적 격차에 쉽게 적응하는 것도 아니야. 시간을 두고 보면 누가 당신 곁에 남을지 알게 될 거야. 놀랍게도 한참 동안은 이런 친구들에게 의지해야 해. 그들은 당신에게 중요한 존재야. 믿을 수 있는 옛 친구만이 당신에게 내려올 때를 말해줄 수 있거든. 누가 감히 당신에게 잘못하고 있다고 말해주겠어? 그런데 당신은 왜 그들과 연락을 취해야 할까? 그 이유는…….

• 고립되는 것에 익숙해져라.

나는 휴대전화나 그와 비슷한 전자 장치를 몸에 지니고 다니지 않아. 적어도 사람들은 그런 사실을 모르지. 나는 이메일 계정도 없고, 앞으로도 이메일을 가질 생각이 없어. 그래서 사람들이 나와 연락하기가 대단히 어려운데, 일부러 그렇게 했어. 믿을 수 있는 소수의 측근과 사업 동료들, 그리고 내 애인만이 밤낮으로 나와 연락할 수 있어. 때로는 그들마저 그러지 못할 때도 있어. 당신이 부자가 됐을 때 신속하게 스스로를 고립시키지 않으면 당신은 금세 미치고 말 거야. 내 경험상 그래. 당신이 변했기 때문이 아니라(물론 변하긴 했지) 당신이 물건을 잔뜩 실은 배의 주인이기 때문이야. 해적들은 끊임없이 당신의 배를 노리지. 그들 모두를 상대해줄 시간이 없어. 피하는 게 상책이야.

• 신비주의 전략은 피해라.

당신에게 연락하기 어렵게 하라고 해서 신비주의 전략을 취하라는 소리는 아니야. 밥 딜런은 이를 두꺼운 판유리를 통해 들여다보는 것이라고 했어. 그럴 필요 없어. 나는 런던이나 뉴욕에서 내가 좋아하는 작은 식당에 자주 들러 식사를 해. 식당 주인들은 내가 돈이 많다는 것을 알지만 어느 정도나 부자인지는 몰라. 나는 정기적으로 예고 없이 회사에 들러서 직원들과 잡담을 나눠. 그들을 내 개인 사무실에 초대하기도 해. 심지어 시집 낭송회 투어를 떠나 청중과 얼굴을 맞대고 그들의 생각을 듣기도 하지. 무스티크에서는 술집에서 처음 만난 요트를 즐기는 사람들을 식사나 술자리에 초대해. 이런 이야기를 하면 다들 놀라워하지. 신비주의 전략 때문에 당신이 가난해지지는 않지만 계속 그렇게 살다 보면 언젠가 미치고 말 거야.

• 돈 버는 일 말고 열정적으로 매달릴 일거리를 찾아라.

내가 쓴 시를 수많은 사람이 기꺼이 사고 즐기게 되리라는 사실을 조금만 일찍 알았더라면 그 고통스러운 구덩이에 빠지지 않았을지도 몰라. 부자들은 쉽게 지루해져. 나도 그랬어. 그래서 하루 일이 끝나면 오락거리를 찾았지. 떠들썩하게 파티를 열며 음주와 마약에 빠져드는 것 자체는 나쁠 게 없어. 하지만 그렇게 하다 보면 언젠가는 몸도 정신도 망가져버려. 내가 지루함을 피하기 위해 멍청하게 놀았던 수많은 밤을 시를 쓰며 보냈더라면 지금보다 더 행복하고 건강한 사람이 됐을 거야. 게다가 더 훌륭한 시인이 됐을 테고!

• 개인 고문을 둬라.

당신 회사의 운영을 돕는 전문가들은 최고의 인재들이지. 당신 개인의 재산을 관리하는 전문가들은 그보다 더 최고여야 해. 일급 변호사, 세무사, 회계사, 부동산 매니저, 사업 고문을 대체할 수 있는 건 없어. 하루빨리 능력 있는 인재를 찾아 고용하고 사이좋게 지내지 않는다면 당신은 엄청난 곤란을 겪게 될 거야. 나는 처음 부자가 되고 몇 년 동안 이런 일을 소홀히 해서 많은 손해를 봤어. 가급적 빨리 이런 전문가들을 찾아 나서는 게 좋아. 그 이유는 나중에 알게 될 거야.

- **사업 초창기에는 사기꾼을 조심해라.**

당신이 처음으로 대박을 터뜨렸다면, 사기꾼을 기민하게 적발해낼 시스템을 아직 갖추지 못한 상태일 거야. 나도 그래서 호된 대가를 치른 적이 있어. 부정한 회계사 한 놈이 내 회삿돈을 빼내다가 붙잡혔는데 이미 수만 파운드를 가로챈 다음이었어. 당시로선 큰돈이었어. 상당한 타격이었지. (그 버러지 같은 놈의 이름은 이언 F야. 아직 잊지 않았어, 이언, 이 망할 자식아) 그가 어떻게 붙잡혔느냐고? 그가 휴가 중일 때 그의 부관이 우편물에서 수상한 물품을 발견했거든. 일 처리를 제대로 안 해놓고 휴가를 떠나는 회계사는 믿지 마! 그리고 여유가 되면 가장 먼저 좋은 회계 시스템을 구축해.

- **회사 직원과 친구 사이로 지내지 마라.**

당신의 재정적 가치가 직원의 재정적 가치의 수백 배 혹은 수천 배가 된다면(계산을 해봐) 그를 친구로 삼으려 하는 것은 어리석은 짓이야. 이것이 엉터리라는 것은 그도 알고 당신도 알고 당신이 안다는 것을 그도 알아. 친구가 되면 세력권이 흐려져. 공정하고 친절하게 대하면 그걸로 충분해. 괜히 서로서로 친구 먹다가 곤란한 일 당하지 말자고.

- **직원과 잠자리를 같이하지 마라.**

멍청한 짓. 부당한 짓. 치졸하고 형편없는 짓. 더 할 말 없음.

• 개인 측근을 고를 때는 극도로 신경 써라.

어쩌면 개인 비서나 운전사, 사업 매니저와 보내는 시간이 배우자나 애인과 지내는 시간보다 많을 수도 있어. 슬프게도 자녀들보다도 이들을 자주 만나게 되지. 개인 측근과 문제가 생기면 즉시 그를 해고해. 대신 해고 사실을 알리면서 섭섭하지 않게 보상해줘. 당신 잘못이라고 말하는 것 잊지 말고. 가까운 측근은 당신의 친구가 될 수 있고, 대부분 시간이 지나다 보면 그렇게 돼. 충분히 있을 수 있는 얘기야. 하지만 필요하다면 약간 거리를 두고 대하는 게 좋아. 그들은 당신 회사의 직원들과 고용 성격이 아주 다르다는 것을 명심해. 그들은 당신 회사가 아니라 당신을 위해 일하는 거야.

• 욕하지 마라.

당신이 자주 들르는 식당의 지배인은 언어적 모욕을 당해도 상관하지 않아. 그러라고 돈을 받는 거니까. 다음번에 특별한 자리를 잡아달라고 부탁하고 두둑한 팁을 안겨주면 별일 없이 지나가. 당신의 가까운 측근도 당신의 고약한 성미와 발끈하는 짜증을 참아낼 수 있어. 하지만 당신 회사 직원들은 그렇지 않아. 당신과 거래하는 다른 회사 직원들은 말할 것도 없고. 대부분이 언어적 모욕을 당하면 불쾌하게 여기지. 옛날에 나는 회사 직원들과 함께 다른 회사 직원들에게 고함을 지르고 짜증을 부린 적이 있어. 당시 우린 한통속이었지. 그리고 그들도 바로 맞받아쳤어. 하지만 지금은 아니야. 당신이 당신 회사의 사장이나 CEO 같은 경영자가 아니라면, 직원의 능력에 대한 당신의 감정을 사람들 앞에 내보이지 말고 혼자서 간직해. 부자가 됐다고 해서 아무한테나 욕할 권리가 주어지는 것은 아니야.

• 안전에 신경 써라.

당신이 돈을 많이 벌었다면 안전에 신경 쓰는 게 좋아. '보안 담당자'에게 부탁하는 것 자체가 이상하겠지. 사기꾼이나 영화배우가 된 기분이 들 거야. 하지만 그런 생각은 잊어. 빨리. 그런 망상에 사로잡힐 거 없어. 당신과 당신 가족에 대한 효과적인 보안이야말로 우선 챙겨야 할 사안이야. 당신이 상당한 부자가 된다면 결국 나처럼 경비 부대를 둘 수밖에 없을 거야. 나라고 좋아서 이러는 줄 알아? 아직도 사기꾼 같은 기분이 들지만 다른 방법이 없어.

• 인재를 발굴하고 승진시키는 일을 절대 멈추지 마라.

이것만 잘 지키면 누구라도 부자가 될 수 있어. 인재는 회사의 전부라고 할 수 있어. 인재는 당신 회사가 계속 순조롭게 성장할 수 있게 하는 결정적인 요인이야. 당신이 오너라면 회사 안팎에서 인재를 발굴할 권리가 있어. 인재를 고용하고 승진시키는 것은 당신 몫이야. 특히 승진 기회를 잘 활용해. 당신이 인재를 적극 등용한다는 소문이 알려지면 인재가 당신을 찾아오기 시작할 거야.

• 계약을 꼭 성사시켜야 하는 것은 아니다.

달콤한 계약이 눈앞에 있으면 거기에 정신이 팔려 판단력을 잃기 쉬워. 많은 기업가들이 자제하지 못하고 무리해서 스스로를 곤경에 밀어 넣지. 어떤 계약도 이 조건 아니면 안 되는 건 없어. 만약 당신이 타당하다고 생각하는 조건을 얻을 수 없다면 그 계약에서 손 떼. 그래서 필요하다면 당신이 당신 회사의 경영을 총괄하고 있다는 것을 보여줘. 상대방 말을 열심히 들어. 하지만 당신이 확신을 갖지 못한다면 없던 일로 해.

• 남에게 이끌리지 말고 당신이 주도해라.

당신은 당신보다 똑똑한 젊은 인재들을 많이 거느리고 있어. 좋아. 하지만 그들을 이끄는 사람은 당신이야. 기회가 찾아온 것 같다고 생각되면 그들에게 검토를 맡겨. 그들이 머뭇거리면 회의를 소집해서 좋은 아이디어를 모아봐. 그래도 적극성을 보이지 않으면 그 계획을 당신의 개인 사무실이나 다른 곳으로 가져가서 거기서 시작해. 기회가 회사에 그냥 방치되어 있다가 묻히게 내버려두지 마. 당신의 직원과 고문은 말 그대로 당신이 고용한 사람, 당신에게 조언해 주는 사람이야. 당신이 주인이야. 당신의 직감을 따라가. 당신이 주도해.

- **건강을 잘 챙겨라.**

이 주제에 대해서는 달리 해줄 말도 없고 그럴 처지도 못 돼. 나는 부자이지 위선자는 아니니까. 하지만 당신이 부를 누리기 위해 오래 건강해야 하는 것은 당연해. 그러려고 부자가 된 거잖아.

- **사업에 싫증 나면 매각해라.**

사업에 관심이 없어졌다면 괜히 열정이 남아 있는 척 연극해 봐야 소용없어. 시들해진 열정은 금세 발각될 테고, 곧 주위 사람들에게 전염될 테니까. 사람들이 그것을 알아차리면 혼자서 힘을 내기보다는 같이 시들해질 가능성이 높지. 즉시 사업을 팔아치워. 그리고 당신의 흥미를 끄는 다른 사업을 찾아서 투자해.

- **매각해야 할 시점이 닥치기 전에 미리 팔아라.**

당신은 기업가야. 당신 회사는 소중하게 키우는 아이가 아니라 부를 얻는 도구일 뿐이야. 자산 가치가 정점에 오르기 전에 팔아. 구매자들은 주식시장에 활기를 불어넣기 위해 일명 '블루 스카이'(성장할 여력이 있는 증권)를 원하고, 좋은 가격을 제시해. 나는 이런 일을 잘하지 못하는 편인데, 다행히도 내 미국 파트너인 피터와 밥이 이런 일을 잘해. 대개 그들 판단이 옳더라고.

• 은퇴는 자살이나 마찬가지다.

큰돈을 모은 사람이 직무에서 공식적으로 물러나면 대개 기세가 확 꺾이기 마련이야. 나의 오랜 친구 돈과 수는 부부인데, 100만~200만 달러(그리고 집 한 채) 정도 모은 뒤 행복하게, 그리고 매우 수수하게 여행하며 지내고 있어. 인도와 인도네시아 등지를 돌아다니고 나 같은 친구들을 종종 만나지. 그들은 이렇게 지내는 것을 좋아하고, 투자처에서는 나오는 이자로 지내는 생활에 만족해. 하지만 내가 아는 사람들 가운데 은퇴해서 만족스러운 삶을 사는 사람은 그들밖에 없어. 흥미롭게도 이들은 예전부터 큰돈을 벌기 오래전에 일찌감치 은퇴하겠다고 말했어. 하지만 부자가 된 대부분의 사람에게 은퇴란 사실상 사망 선고나 마찬가지야.

• 당신은 남들보다 돈이 많을 뿐이지 더 똑똑한 게 아니다.

당신이 당신보다 똑똑한 사람들을 회사에 많이 두지 않았다면, 당신은 아인슈타인처럼 천재이거나 아니면 바보 천치일 거야. 돈을 벌었다고 해서 당신이 똑똑한 것은 아니야. 멋진 차와 근사한 사무실을 갖추고 고급 정장을 걸친다고 해서, 신기술과 연구 인력과 멋진 장비들에 둘러싸여 있다고 해서, 커다란 집에 산다고 해서 당신이 똑똑한 것은 아니야. 그저 부자인 거지. 태양이 당신을 뒤에서 환하게 비추지 않아. 당신은 실수를 모르는 완벽한 인간이 아니야. 결코 교황도, 아인슈타인도 아니라고.

권력의 '완벽함'을 조롱하는 실화를 하나 소개하지. 개인적으로 좋아하는 이야기야. 엄청나게 비싼 기계를 다루는 자가 주인공인데 자신이 모든 것을 안다고 생각했지. 1995년 영국 해군 소속 기관사가 브리티시컬럼비아 해안 근처의 바다에서 엿들은 무선전신 통화 녹취록을 공개한 거야.

해군 목소리: 충돌할 위험이 있으니 당신의 항로를 15도 북쪽으로 돌리시오.

민간인 목소리: 충돌을 피하기 위해 당신의 항로를 15도 남쪽으로 돌릴 것을 권하오.

해군 목소리: 여기는 미국 해군 함선의 대령이오. 다시 말하건대 당신의 항로를 돌리시오.

민간인 목소리: 아니오. 다시 말하지만 당신 쪽이 항로를 돌리시오.

해군 목소리: 이 배는 항공모함 엔터프라이즈요. 미국 해군의 대형 전함이오. 지금 당장 당신의 항로를 돌리시오!

민간인 목소리: 이쪽은 등대요. 오버.

오, 이런. 정찰을 담당했던 그 대령은 분명 평생 오명을 씻지 못했을 거야. 은퇴하는 날까지 '오버' 혹은 '등대'라는 별명으로 불렸을 거야. 오랜 세월 부대에서 충성을 바쳐 일해온 것이 한순간 날아간 거지. 다 태양이 자신을 뒤에서 비춘다고 믿었기 때문이야.

당신이라면 그런 사람을 반갑게 맞이하겠어? 웬걸, 금세 웃음이 터져 나오는 걸 어쩌지 못할걸. 스스로 완벽하다고 믿는 치들은 내치고 약간 서투른 자들을 들여. 이들이 바로 당신 조직에서 고급 전문가와 인재로 성장할 사람들이야. 그들에게 적절한 대우를 해준다면, 달에 토끼가 사느니 당신이 완벽하다느니 하는 헛소리는 그들에게 먹히지 않아. 그래서 애당초 그런 이들을 채용하라는 거야. 그러면 당신은 부자가 될 수 있고 계속 부를 지킬 수 있을 거야.

당신에게 달렸어. 자신의 허풍을 믿고 갈수록 가난해지느냐, 아니면 당신이 고용한 사람의 말을 귀담아듣고 점점 더 부자가 되느냐. 나는 초창기에 나 자신의 헛소리를 믿었어. 그런데 그게 좋은 결과를 낳지 않자 그제야 정신을 차리고 나보다 똑똑한 사람들을 신중하게 채용하기 시작했지. 그랬더니 만사가 풀리더라고.

부를 잃지 않고 부자로 살아남는 기술은 바로 균형이야. 기원전 6세기에 《도덕경》을 쓴 노자는 살아 있는 생명체는 사실상 균형이 전부라고 말했어. 그러면 이웃보다 더 부자가 되려는 사람은 그 균형을 무너뜨리는 걸까? 어쩌면 그럴지도 몰라.

나는 이제까지 식당에서 수많은 철학자와 학자들의 밥값을 대신 내줬어. 나를 냉소적이라고 해도 좋아. 뭐라고 불러도 괜찮아. 다 이유가 있겠지. 그러나 나는 철학적이 되려고 이 세상에 온 게 아니야. 가끔 시를 쓸 때를 제외하면 말이야.

나는 부자가 되려고 이 세상에 왔어. 내 이름이 쓰여 있는 돈을 긁

어모으기 위해서. 그리고 그것을 다 줘버리기 위해서.

이렇게 균형이 중요해!

부를 잃지 않고 부자로 남는 비결은 그거야!

19장

부자가 되는
여덟 가지 비결

두려워하지 마라. 두려움은 두려움을 먹고 자라지.
모든 두려움은 결국 사라지게 되어 있어.
아무도 그런 말을 해주지 않았다고?
친구여, 내 손을 잡고 이 두려움의 심연을 들여다보게.
그리고 뛰어! 그러면 알게 될 거야.

세상에는 비결도 많고 신비도 많지. 하지만 그런 것들은 이 작은 책의 주제와는 그다지 상관이 없어. 부자 되는 '비결'을 찾는 것은 현명한 처사가 못 돼. 설령 그런 비결이 있더라도 나는 아직 발견하지 못했어. 하지만 사람들은 목록과 비결을 좋아하지. 그래서 아주 짧은 목록을 한번 만들어봤어. 일종의 비결 요약정리라고 할 수 있어. 부자 되기와 관련해서 내가 터득한 교훈의 핵심만 추렸어. (이상하게 들리겠지만 이런 목록을 작성하는 일은 시를 쓰는 것과 비슷해. 절대적으로 필요하지 않은 단어는 추려내야 하니까. 바로 이 '절대적'이라는 표현처럼 말이야!)

부자가 되는 여덟 가지 비결

1. 당신이 진정 원하는 게 뭔지 냉철하게 분석해라. 막연한 소망만으로는 부족하다. 강렬한 열망이 필수다.
2. 부정적인 영향을 미치는 사람들과의 관계를 끊어라. 절대로 포기하지 마라. 끝까지 쭉 밀고 나가라.
3. '좋은 아이디어'는 무시해라. 실행에 총력을 기울여라.
4. 집중해라. '돈이 여기 있소' 하고 표시된 곳을 주시해라.
5. 당신보다 똑똑한 인재를 고용해라. 그에게 일을 맡겨라. 수익을 나눠 가져라.
6. 소유권이야말로 진정한 '비결'이다. 지분은 가능한 한 많이 붙들고 있어야 한다.
7. 닥치기 전에 미리 팔고, 사업이 싫증 나도 매각해라. 협상할 때는 마음을 비워라.
8. 두려워하지 마라. 그 무엇도, 그 누구도. 부자가 된 뒤에는 모든 것을 아낌없이 퍼줘라.

20장

위험한 일은
알아서 피할 것!

일거리가 드문드문 있었던 시절을 생각해.
우리 호주머니에는 지폐가 거의 없었지.
우리는 걸핏하면 화를 냈고, 가난했지만 행복했어.
그리고 우리가 쓴 책이 출간된 것을 보며 자랑스러워했지.

■ G. K. 체스터턴 〈패배의 노래〉

이게 끝이야. 그렇게 해서 나는 부자가 됐어. 당신도 그렇게 하면 부자가 될 수 있어. 원한다면 말이지만. 당신이 부자가 되지 않았다고 해도 비난하지 않아. 전혀. 인생에는 돈보다 훨씬 중요한 것들이 있으니까. (부자가 됐으니 이제 그렇게 말해도 된단 말이군. 위선자 같으니라고!) 어쩌면 내가 당신을 혼란스럽게 했을지도 몰라. 사람이 중년이 넘어가면 젊은이들을 혼란스럽게 하는 법이지. 시스템이 우리를 혼란스럽게 하는 것처럼 말이야. 20년 전에 존 갈은 《지구 일람》이라는 책에서 '시스템학'에 대해 이렇게 썼어.

시스템은 본래의 기능과 반대로 작동하는 경향이 있다. 시스템은 대단한 위업을 이룬 직후에 오작동을 일으키곤 한다. (우리 모두는) 앞서 성공한 전략을 새로운 도전에 적용하려는 강한 습성이 있다. 군대는 이제 마지막 전투를 치르기 위해 만반의 준비를 한다.

맞는 말이야. 내 '시스템'은 당신에게 전혀 맞지 않을 수 있어. 하지만 내가 쓴 내용 가운데 많은 것은 '시스템학'이 출현하기 훨씬 이전에, 심지어 자본주의나 역사 시대가 시작되기 이전에도 이미 사실이었어. 기술은 변해. 도구도 변해. 사회 체제도 변하지. 하지만 인간의 본성은 변하지 않아. 당신이 부자가 되기로 마음을 먹었다면, 좁고 외로운 길에 행운이 있길. 그리고 벤저민 조웨트의 조언을 기억해. "물러서지 말고 설명도 하지 마. 그냥 밀어붙여. 그들이 울부짖든 말든."

가장 먼저 할 일? 일단 시작하고 봐.
큰소리 뻥뻥 치면서 곧장 나가라고.
물론 위험한 일은 알아서 피해야겠지!
그럼 성공을 비네.

행운이 함께하길!

이 책은 언젠가 친구들과 함께 저녁 식사를 하면서 나누었던 대화에서 시작됐어. 나는 맬컴 글래드웰이 쓴《블링크》라는 책에 대한 리뷰를 업계 잡지〈매니지먼트 투데이〉에 쓴 적이 있어. 저자는《티핑 포인트》라는 책을 쓴 바로 그 친구야.

식탁에 앉은 친구 한 명이 마침 그 책을 읽었더라고. 그는 책이 괜찮았다고 했어. 떠들썩하게 추켜세울 만큼은 아니지만 읽을 만했다고 했지. "그런데 한 가지 관찰 사항에 대해 책 한 권을 쓴다는 것은 어쩐지 바보 같아. 결국 그 책에서 떠들어댄 것은 직관이 중요하다는 거잖아. 물론 그가 그런 용어를 쓰지는 않았지만. 펠릭스, 자네는 어떻게 생각해?"

나는 사람들을 혹하게 만드는 잡소리라고 생각한다고 했어. 떠돌이 약장수가 파는 가짜 약이라고. 공항 서점에서 우연히 집어 들게 되는 그렇고 그런 자기계발서와 다를 바 없다고. "정말로 세상이 원하는 건 안티 자기계발서야. 훌륭한 경영인이 되는 게 얼마나 어려운 일인지 말해주는 책 말이야. 부자 되기가 얼마나 어려운지 말해주는 책. 말로만 떠들어대는 그럴싸한 통찰력은 꺼지라고 해!"

"그런 책은 팔리지 않아." 내 친구가 웃으며 말했지. "사람들은 꿈을 사지 현실을 사지 않으니까. 그들은 쉬운 걸 원해. 바보들도 지킬 수 있는 약속 같은 거."

"두고 보라지." 이렇게 투덜거리는 가운데 어떤 생각이 떠올랐어. "그딴 책들은 정말로 부자가 된 사람이 쓴 게 아니야. 멍청한 자들을 홀리는 헛소리만 지껄이고 있지. 젊은 친구들이 뭘 보고 배우겠어. 마리 프랑스, 와인 좀 줘. 흠. 두고 봐." 마리 프랑스는 눈을 희번덕거리면서 내게 와인을 건넸어.

그렇게 해서 이 책《빈손으로 시작해도 돈이 따라올 거야》가 세상에 나오게 됐어. 나는 영국 랜덤하우스의 CEO 게일 리벅에게 고마움을 표하고 싶어. 그녀는 자신의 멋진 집으로 나를 초대해서 벽장 속에 가둬놓고는 내가 책을 쓰겠다고 동의할 때까지 풀어주지 않았어. 내가 처음으로 초고를 보낸 허친슨 출판부의 수 프리스턴에게도 감사의 말을 전하고 싶어. 그리고 내 친구이자 대리인인 에드 빅터는 내가 지나가면서 출판 계획을 언급했을 때 무심코 귀중한 말을 흘려줬어. 고마워, 친구.

특별히 고마움을 표해야 할 사람으로 내 편집자인 피오나 맥킨타이어와 에버리 출판부의 직원들을 빼놓을 수 없어. 그들은 내 원고

를 꼼꼼하게 읽어봤을 테니 분명 모두 부자가 될 거야. 충분히 그럴
자격이 있는 사람들이지.

내 좋은 친구들, 특히 돈, 수, 딕, 매리언, 에릭, 스티브, 고마워. 무
스티크에 있는 별장의 식당에서 레이저프린트로 막 뽑아낸 따뜻한
원고를 그들에게 읽어주었지. '별이 창창한 하늘 아래서' 청개구리
들이 개굴개굴 울고 매미들이 스타카토 합창을 하는 동안, 우리는
만찬 식탁에 둘러앉아 훌륭한 와인의 기운을 빌려 열렬하게 기지를
발휘해가며 토론을 벌였어.

수전 무라코시는 책을 쓸 때는 친절하면서도 철저하게 정직해야
한다는 것을 내게 점잖게 일깨워줬어. 그녀가 없었다면 이 책은 중
구난방이 됐을 거야. 모두 그녀의 재능 덕분이야. 모니 매닝스도 반
짝이는 관찰력과 통찰력으로 내게 큰 도움을 줬어.

나의 개인 비서로서 처음부터 끝까지 집필 계획 전체를 이끌어온
캐롤라인 러시, 고마워. 그리고 다른 비서들인 웬디, 애미, 섀런, 마
이클, 토비에게도 고맙다는 말을 해야지. 내가 글을 쓰는 동안 사람
들의 접근을 막아준 장본인들이니까. 내가 미친 짓을 벌이는 동안
회사를 이끌어준 젊은 친구들에게도 감사 인사를 전해야겠군. 앨리
스테어 램지, 브렛 레널즈, 스티븐 콜빈, 존 래거나, 제임스 타이, 모
두 고마워. 그리고 내 돈을 관리해준 이언 레게트와 캐서린 비숍, 그
리고 내가 없는 동안 집안을 잘 관리해준 데이비드 블리스에게도 모
두 고마워.

나의 오랜 파트너 피터와 밥은 이 책의 진정한 영웅이지. 솔직히

그들의 도움 덕분에 내가 이렇게 부자가 될 수 있었으니까. 그들은 한 번도 나를 실망시킨 적이 없었어. 30년 동안 단 한 번도. 내가 이제까지 배운 것들은 대부분 그들에게서 온 거야.

내 오랜 친구인 작가 크리스 로울리를 빼놓으면 섭섭하지. 그에게는 조사를 부탁했어. 무슨 조사냐 하면, 공항 서점에서 쉽게 볼 수 있는《실컷 자고도 백만장자가 되는 법》,《월스트리트의 정복자 칭기즈칸》같은 자기계발서 50권을 검토해달라고 했거든.

그리고 나의 소중한 동반자 마리 프랑스와 우리 어머니. 어머니가 이 책에서 당신에 대한 대목을 읽는다면 그리 기뻐하지는 않을 테지만, 뭐 어때! 나이 예순쯤이면 어머니에게 맞설 줄도 알아야지. 안 그래?

그리고 무스티크에서 이 책을 쓰는 동안 내 별장에 기어들어온 '꼬챙이'라는 이름의 야생 고양이가 있어. 녀석의 부러진 꼬리는 치료해주지 못했어. 하지만 이제 녀석은 쓰다듬어줘도 잠자코 있어. 조만간 녀석을 안아줄 수 있게 되겠지. 고양이들이 다 그렇지만 무척이나 영특한 요 녀석은 이미 냉장고 송풍구가 에어컨을 가동한 실내에서 가장 따뜻한 곳임을 알아차렸어. 바로 그 냉장고가 훈제연어랑 우유랑 구운 햄을 무진장 제공해주는 곳임은 진즉에 알았고.

마지막으로 내가 고마움을 표할 대상은 무스티크 저택의 공동소유자와 내 친구 브라이언 알렉산더가 운영하는 무스티크 컴퍼니, 그리고 내가 자랑스러운 시민으로 있는 세인트빈센트그레나딘 사람들이야. 돈 버는 것도 중요하지만 돈 쓰는 것도 중요하지. 세인트빈센트그레나딘은 카리브해 전체에서 가장 때 묻지 않은 섬이야. 이곳은 심장이 멎을 만큼 기막히게 아름다워.

친애하는 독자들, 언제 한번 이곳에 와서 열대우림과 화산과 폭포와 태양이 쨍쨍 내리쬐는 해변과 조용한 만과 모래사장을 둘러봐. 사방 곳곳이 웃는 얼굴이요, 석양이 지면 온 세상이 초록빛이지. 지상에서 천국에 가장 가까운 곳이야. 그리고 이곳에 오기 위해 그렇게 부자일 필요는 없어!

옮긴이 **장호연**

서울대학교 미학과와 음악학과 대학원을 졸업하고, 음악과 과학, 문학 분야를 넘나드는 번역가로 활동 중이다. 《뮤지코필리아》《스스로 치유하는 뇌》《기억의 과학》《사라진 세계》《리얼리티 버블》《시모어 번스타인의 말》《슈베르트의 겨울 나그네》《데이비드 보위의 삶을 바꾼 100권의 책》《클래식의 발견》등을 우리말로 옮겼다.

빈손으로 시작해도 돈이 따라올 거야

초판 1쇄 인쇄 2021년 12월 7일 **초판 1쇄 발행** 2021년 12월 20일

지은이 펠릭스 데니스
옮긴이 장호연
펴낸이 이승현

편집2 본부장 박태근
W&G2 팀장 최연진
편집 방호준
디자인 김태수

펴낸곳 ㈜위즈덤하우스 **출판등록** 2000년 5월 23일 제13-1071호
주소 서울특별시 마포구 양화로 19 합정오피스빌딩 17층
전화 02) 2179-5600 **홈페이지** www.wisdomhouse.co.kr

ISBN 979-11-6812-066-2 03320